DR. ERICH GLAVITZA

VOLLGAS ODER NIX!

Meine wilden 60er mit

RINDT
McQUEEN
BOND
JAMES

VORWORT

»Do sitzt er ja.« – »Wer?« –
»Na der Glavitzer.« –
»Was, wer? Kenne ich nicht, sorry, nie gehört.«

Langsam, von vorne, wer sitzt da? Na der Erich Glavitza, meinte mein damaliger Freund, der Erich war Stuntman beim Film »Le Mans« mit Steve McQueen. Kopfschütteln und Unglauben meinerseits, als ich vor Jahren in unserem Lieblingslokal, dem »Mario's« im Wiener Bezirk Hietzing, sitze und meinem Freund voller Stolz die in Kalifornien über eine Charity Auction erworbenen Bilder von Steve bei den Dreharbeiten zeigte. Du willst mir jetzt wirklich weismachen, dass hier, in Wien, im Lokal jemand sitzt, der beim Film »Le Mans« dabei war??? Der mit der Baseballkappe? JA, wie das Leben so spielt, mit dem Wort Zufall nicht zu beschreiben.

Er hat uns vorgestellt und von diesem Moment an entwickelte sich eine Freundschaft, die wir immer noch mehrmals die Woche im besagten »Mario's« pflegen. Erich, ein sprichwörtlicher Dinosaurier des Motorsports und der Geschichten aus den wilden und gefährlichen Jahren. Unerschöpflich sind sie, seine Storys, und auch nach Jahren erfreue ich mich an jeder einzelnen, wie auch an diesem Buch, zu dem Erich mich gebeten hat, diese Zeilen als Einleitung zu schreiben. Vielen Dank, Erich, dass ich spät, aber doch dein Freund sein darf und dass Geschichten, wie du sie erzählst, nicht vergessen werden und untergehen – »keep on telling your storys« …

Dein Freund Heinz Swoboda

VOLLGAS ODER NIX /// MEINE WILDEN 60ER MIT RIND, MCQUEEN UND JAMES BOND

Inhalt

You shake my nerves and rattle my brain	4
Rettung aus der Steiermark	18
Brabham auf ein Bier eingeladen	30
GT 40 – Die Amis kommen	48
»Jochen Who«	62
Hasen im Wald	70
First Vienna Racing Car Show	84
Österreich-Tsunami: Formel V	100
The Party is over	112
Abarth oder James Bond	120
007 – On her Majesty's Secret Service	130
Auf nach Lauterbrunnen	140
Es wird Ernst	148
Es wird ein Lotus	168
Triest-Opicina	178
Schweden war immer eine Reise wert	184
Apollo 11 am Mond – Lotus 47 im out	192
Lotus 47: Scheiden tut nicht weh	202
Eine Probefahrt »um den Häuserblock«	212
Steve McQueen	222
Le Mans	230
Whisky a Go Go	246
Sturges geht	260
Game over – Memento mori	274
Epilog	284
Zum Tod Jochen Rindts	286

YOU SHAKE MY NERVES AND YOU RATTLE MY BRAIN

**Too much love drives a man insane
You broke my will – Oh, what a thrill
Goodness gracious – Great Balls of Fire**

»Du bist ein Oasch!«, hörte ich, blickte rechts, aber da war niemand … der Mitfahrer war in den Fußraum geflüchtet. Er wollte nicht sehenden Auges in die Katastrophe. Was war geschehen? Ein LKW-Zug hatte vor mir wie ein störriges Pferd ausgeschlagen. Soll in den besten Familien vorkommen.

Der »Koffer« hatte mich übersehen … mich im riesigen Shelby-Mustang mit Siebenliter-Vau-Acht. Was genau unter der Motorhaube brummte, hatte mich noch nie interessiert, Hauptsache das Ding schob erbarmungslos an. Dieses tat der US-Donnerbolzen ausreichend … vielleicht zweihundert, dreihundert Pferde.

Das geile Kraftwerk hatte für damalige Verhältnisse ordentlich »Schmalz« (Kraft) verpackt. Zum Vergleich: Der »Neinöfa-Pörschl« (Wiener Dialekt für Porsche 911) hatte gerade mal einhundertsechzig Pferde und galt auf der schnellen Meile zwischen Grinzing und »dem Ersten« (Erster Bezirk, Wiener Innenstadt) als das »closest thing to a racecar«.

Zur Sache – Ort der Handlung: Westautobahn, ab Strengberg das berühmte Bergabstück in Fahrtrichtung Linz, während der sechziger Jahre das schnellste Stück der Zweiten Republik. Die Amis hatten den Salzsee in Bonneville, Österreich den Strengberg-Downhill auf der »West«.

Der größte Ford-Händler Österreichs, Ford-Hinteregger – am Dach eine protzige Weltkugel, nach der Pleite war sie weg … also der Wiener Ford-Händler hatte meinem Co, damals bereits ein berühmter Formel-1-Rennfahrer … ja, erraten, es war Karl Jochen Rindt … der mit der eingedrückten Nase … einen riesigen in hellblau lackierten Shelby-Ford-Mustang geborgt.

Jochen war gerade per Flieger von England gekommen und bis nachmittags sollten wir am »Salzburgring« sein. Zehn brandneue Formel-Lotus-Ford warteten auf einen »Shake-Down«. Ich war damals Formel-Ford-Manager, der erste übrigens in Österreich – und wurde nach einem Jahr gefeuert. Das hatte aber mit der Mustang-Geschichte nichts zu tun, sondern war wegen einer nicht programmierten

Ford Shelby Mustang

Erich Glavitza und Jochen Rindt

Trümmerschlacht anlässlich der Premierenparty zum Film »007 – Im Geheimdienst Ihrer Majestät« am Wiener Eislaufverein, wo mein damaliger Partner Peter Huber und ich aus Rache brandneue Ford Escorts zermalmten – aber davon später …

Ich schweife schon wieder ab. Ordnungsruf: Während der Fahrt nach Salzburg rätselten wir, wie schnell der Amischlitten »ginge« … und beschlossen, dieses sogleich zu probieren – nämlich den Wagen Vollgas bis zum »geht-nicht-mehr« auszureiten. Und weil wir gerade zum berühmten Downhill auf der »West« unterwegs waren, nützten wir die Gelegenheit, um den österreichischen Geschwindigkeitsrekord für Landfahrzeuge auf öffentlichen Straßen »fliegend« anzugreifen.

Ich bin mir nicht mehr sicher, aber wenn ich mich recht erinnere, hatte der Shelby die Geschwindigkeit in Meilen angeschrieben. Mühsam rechneten wir zwischen Meilen und Stundenkilometern hin und her. Jochen multiplizierte die Meilen mal eins Komma acht – ich hingegen, von Matheprofessoren zur Exaktheit geprügelt, nahm eins Komma sechs null neun. Ich klärte ihn auf: Eins Komma acht wäre bei Seemeilen – bei Amstetten gibt's aber kein Meer – also die Meilen mal eins Komma sechs.

Irgendwo bei zweihundert Meilen, also über dreihundert »Kilo« (Wiener Dialekt für Stundenkilometer) war am Tacho Schluss. Diese zweihundert Meilen pro Stunde waren eigentlich der Grund der fruchtlosen Streiterei, weil wir der Meinung waren, dass der Kübel niemals über dreihundert »Kilo« machen würde. Aber einen Versuch war es immerhin wert.

Ich bemühte mich redlich, bei der Anfahrt zum Kulminationspunkt des Hügels vor St. Valentin den Achtzylinder von der Kontrabasslage in die Altstimme zu treiben, und wählte deshalb eine »flüssige« Fahrlinie, um nicht wegen ein paar alter VW Käfer oder Opel Rekords womöglich Tempo liegen zu lassen. Bremsen war ohnehin bei Todesstrafe verboten.

Nach der Kuppe brüllte der Motor, dass es eine Freude war – der Zeiger im Drehzahlmesser lag im »Rot« und mich befiel plötzlich ein mulmiges Gefühl, was sonst eher selten der Fall war. Der Grund: die Servolenkung.

Damals eine amerikanische Angelegenheit, aber noch tief in den Kinderschuhen. Im Klartext: Das Lenkrad ließ sich sogar mit einem gebrochenen kleinen Finger mehrmals um die Achse drehen und verbat einem dabei auch nur die Spur eines Gefühls, wie oder wohin die Vorderräder zeigten.

Jochen wusste von meinem Seelenleben wenig, kümmerte sich auch nicht darum – er wusste kaum, ob er selbst eines hatte – und wunderte sich, dass ich ihn bat, die »Miles per Hour« anzusagen. Missmutig und knurrend tat er mir den Gefallen. Anfangs sehr lässig. Ab einhundertzwanzig, nämlich Meilen, also immerhin an der Zweihundertermauer, wurde seine Stimme konkreter. Bei einhundertsechzig … Daumen mal Pi, knappe »zweihundertvierzig Kilo«, glaubte ich, ein Beben in seiner Stimme zu vernehmen … als ein blöder »Koffer« (Dialekt für Lastkraftwagen) vor mir plötzlich ohne Blinker nach links scherte.

Scheiße!

Die ganze Schlamastik passierte ausgerechnet genau an jener Stelle, wo eine kleine »Sutte« (Dialekt für »Senke«) lauerte. Diese »Sutte« war für die damaligen einhundertvierzig Stundenkilometer der üblichen Straßenautos keiner Erwähnung wert … aber nicht für einen Vieltonner aus den USA, mit der Straßenlage eines Heuwagens und Stoßdämpfern, die nicht mal dämpften, wenn sie noch nagelneu in der Schachtel verpackt waren.

Egal, der Shelby bäumte sich auf, das »Tuttel« (Höcker), die sogenannte Ramjet-Box auf der Motorhaube, versperrte den Blick nach vorne … die Fahrt wurde zum Blindflug.

Wo war der »Koffer« mit dem Hänger …? Der Shelby schlingerte erst nach rechts, dann links, zackte wieder nach rechts aus … drehte sich um die Achse … rutschte Hunderte Meter verkehrt … ich erinnere mich noch, dass ich mich kurz umgedreht hatte, um durch das schmale Heckfenster die Flugrichtung zu erraten, als ein riesiger Schatten an uns vorbeihuschte … das musste der LKW gewesen sein … immerhin hatte ich instinktiv an ihm vorbeigezielt … und dann, als hätte ich die Kür in der Höhle von Lourdes unter dem Schutze Mariens gemacht, war das Auto plötzlich wieder gerade.

Irgendwie hatte ich am Lenkrad gekurbelt … dann frei nach meinem Gefühl wieder zurück in die »Geradeauslage«: Das schwere Schiff schlingerte mit einem finalen Ruck in die ursprüngliche Fahrtrichtung … und wir fuhren wieder Richtung Salzburg.

Es war zuerst merkwürdig still im Auto … bekanntlich flüstern alle Amischlitten und ich tat so, als hätte ich alles so gewollt und hätte immer und zu jeder Zeit die Kontrolle über den Wagen gehabt. Es fehlte nur noch, dass ich das allseits beliebte Volkslied »Hoch auf dem gelben Wagen« gepfiffen hätte.

Das Ganze spielte sich im September 1969 ab … genau ein Jahr später krachte Karl Jochen Rindt gegen die Leitplanken in Monza und war tot.

//

Am 20. Juni 1960 stellte sich der schwarze Schwergewichtsboxer Floyd Patterson dem Schweden Ingemar »Thors Hammer« Johansson zum Retourkampf – er hatte ein Jahr zuvor seinen Weltmeistertitel verloren. Patterson schlug nun Johansson in der fünften Runde k.o. – und durchbrach das eherne Gesetz des Faustkampfes »they never come back«.

In den »Rocking Sixties« wurden von uns laufend eherne Gesetze gebrochen.
»But we always came back« und hatten es damals eilig – und zwar immer und sehr.

»Der Halbwilde mit seiner Maschin« war die Hymne der neuen Eiligkeit:
Weil i fahr jetzt jeder Limousin' vor,
schließlich liebt der Mensch von heut den Spurt
zwar hab i ka Ahnung wo i hinfahr,
dafür bin i g'schwinder durt!
(Bronner/Merz/Qualtinger)

//

Wann immer ich mit einem Auto unterwegs war, auch im VW Käfer meiner Mutter – es ging stets um den Grand Prix! Ich konnte nicht einmal »normal« zum Parkplatz unseres Bäckers fahren. Mit der Ferse »Zwischengas« tretend, bremste ich am letzten Tupfer zwischen den geparkten Autos. Die braven Leute von Kapfenberg, gelegen in der Obersteiermark, mussten jedes Mal gedacht haben, ich würde bis in die Backstube krachen. Irgendwie war es sich aber immer wieder ausgegangen.

Der »göwe Vauwee« (gelber VW) meiner Mutter spielte überhaupt eine tragende Rolle in meinem Leben. Er war sozusagen Lotus, Ferrari, Cooper, Lola in einem – und die enge Straße durch das Tal zwischen Kapfenberg und Thörl, genannt der »Graben« (Umgangssprache für Tal), war für uns Nürburgring oder Monte Carlo. Aber nicht weil in Thörl ein Casino war, sondern wegen der Schikanen im »Graben«!

Neben der Straße hatte damals eine Schmalspurbahn Wald und Berge in täglich Ruß gehüllt. Alle paar Kilometer kreuzten die Schienen die Straße. Bekanntlich waren Stahlschienen nicht so leicht im rechten Winkel zu verbiegen, also musste die Straße »ums Eck«. Solche Ecken erinnerten auch Benzinlaien an die Schikane von Monte Carlo – und wenn nicht, dann zumindest uns. »Uns« deshalb, weil ich nicht allein der »Depperte im Auto« war.

Wir rasten ständig in der Konfiguration »wide open« oder im steirischen Dialekt »vui« (voll für Vollgas) an die »Schikanen« ran, mit donnerndem Zwischengas die Gänge runter, räuberten irgendwie durch und dann … dann, »ohne Schwung liegen lassend«, früh wieder auf Vollgas … und weiter ging die fröhliche Jagd. Aber nicht immer. Manchmal endete der »Große Preis« mit Beulen in Tür und Kotflügel.

Als einer meiner Freunde, Gerold Pankl aus dem benachbarten Bruck an der Mur, mit seinem DKW 750 (2-Taktmotor) zu viel des Guten tat, rutschte er mit den Vorderrädern am Anschlag, Gaspedal voll am Boden, gegen die Bordsteinkante. Es war ein linder Sommerabend und Gerold hatte behauptet, die Schikane vor St. Margareten ginge »vui«.

Er sollte nicht mehr die Zeit haben, diese These zu überdenken, als die Felge gleich einer Schleifscheibe einen Funkenstrahl gegen den Himmel schoss und die Zierkappe wie eine fliegende Untertasse in flachem Fluge im Thörlbach landete – zur Kühlung, versteht sich.

Aus dem vorderen Radkasten quoll eine rauchende, dicke schwarze Wurscht (Wurst), es war der Vorderreifen. Gerold hatte das Auto irgendwie auf einer Kuhweide zum Stillstand gebracht, stieg aus, knallte die Tür hinter sich zu, trat gegen die verbeulte Felge und rief in den Wald: »So a Schaß!«

So konnte man es auch sehen.

Im »Graben« auf der Straße nach Thörl kamen wir unseren Phantasien näher. Es blieb natürlich nicht nur bei Tests, ob Kurven »vui« (voll) gingen, der »Graben« war auch der Ort anregender Duelle. Wir lauerten neben der Ortsendetafel von Kapfenberg auf Autos oder Motorräder, die flott daherkamen. Kaum waren sie vorbei, rasten wir los und versuchten sie so schnell es ging zu überholen.

Die meisten Autofahrer machten schon nach einem kurzen Blick in den Rückspiegel großräumig Platz. Es musste ein schockierender Eindruck gewesen sein – im Rückspiegel ein quer gestellter Volkswagen, gleich einem Adler im Sturzflug.

Natürlich gab es nicht nur »Weicheier«, die sofort Platz machten, sondern auch solche mit festen Eiern. Schließlich war man in der Steiermark – Steirer zu sein verpflichtet –, dort gab und gibt man bekanntlich auch heute noch nicht nach.

Die Wehrhaften waren entweder gleichaltrige Verrückte aus der Gegend … oder Grazer oder Wiener. Die »Großstädter« hatten naturgemäß tolle Autos und wir mussten alles aus der Trickkiste holen, um einen der »Schnö'n« (Schnellen) abzufangen.

Merkwürdigerweise krachte es bei uns selten bis nie. Warum, weiß der alte Herr im Himmel allein.

Es blieb auch sonst ohne größere Folgen. Einmal hatte sich ein Altbauer im Gemeindeamt beschwert – irgendwann lauerte deshalb ein Gendarm in den Büschen. Er hatte sich sogar die Mühe auferlegt und war mit dem Dienstfahrrad und mittels Tragriemen schräg umgehängter Dienstledertasche gute zwanzig Kilometer in den »Graben« gefahren und erwartete uns irgendwo zwischen Einöd und St. Margareten, zwei unbedeutenden Weilern zwischen Kapfenberg und Thörl.

Auf uns zu warten war relativ einfach. Er sollte halt nicht »därisch« (taub) sein: Zwischengas, heulende Motoren, quietschende Reifen waren kilometerweit zu hören.

Er musste sich also nur noch ruhig und gelassen an den Straßenrand stellen und konnte uns fast mit dem aufgehaltenen »Kappl« (Dienstkappe) einfangen. Der Herr Gendarm war offensichtlich des schnellen Autofahrens kundig, denn er stellte sich nicht »patschert« (unbeholfen) nach einer Kurve auf – sonst wären wir an ihm vorbeigerast oder hätten ihn glatt flachgemacht, sondern wählte ein Stück Gerade, damit wir ausreichend Zeit zum Bremsen hätten.

Wir hielten an, während er den von uns Gejagten großzügig ziehen ließ. Wahrscheinlich dachte er, der arme Autofahrer wäre auf einer Pilgerfahrt zum Gnadenort Mariazell, auf der Suche nach Stille und Einkehr. Bei uns kannte er keine Gnade und hielt eine halbstündige Moralpredigt. Ich kannte den Gendarmen aus der Nachbarschaft, er war ein sehr guter Bekannter meiner Eltern – im Dorf kennt bekanntlich jeder jeden.

Die Predigt wollte kein Ende nehmen, der von uns Gejagte war längst davon.

Der Gendarm wollte uns nicht mit einer Geldstrafe in die ewige Verschuldung stürzen, er versuchte uns schlicht und einfach zu bekehren. Wir hörten ihm nicht einmal zu und traten von einem Bein aufs andere, in den Köpfen waren wir schon wieder unterwegs. Nachdem alle wichtigen Moralsätze inklusive Strafandrohungen aufgezählt waren, hielt er inne und fragte mich im strengen Oberlehrerton: »Warum fahrst'n den Leut'n nach?«

Ich antwortete: »Damit der nicht glaubt, er ist schnell.«

///

Ich sammelte damals emsig Autozeitungen. Es gab im Gegensatz zu heute nur wenige. Meine Bibel war die deutsche »Auto, Motor und Sport«. Eine für mich nahezu unerschwingliche, vierzehntäglich erscheinende Illustrierte, die neben den üblichen Tests von Opel Rekords, Borgwards und so weiter auch über Autorennen berichtete.

Die Grand-Prix-Fahrer der fünfziger Jahre waren von stattlicher Figur. Die Argentinier Juan Manuel Fangio, Froilan Gonzales oder der Italiener Alberto Ascari verfügten über Brüste, die so groß wie jene von Silvana Mangano (Sexbombe in »Bitterer Reis«) waren. Das Bild von Mangano in den Reisfeldern mit nassen Strümpfen bis über die Knie verfolgt mich noch heute bis tief in die Nacht.

Erst die Briten Stirling Moss, Tony Brooks und Peter Collins ähnelten trainierten Athleten. Moss war für mich ein besonderer Fall. In einem Bild vom Grand Prix in Monaco sah ich, dass er mit nahezu durchgestreckten Armen seinen Lotus lenkte. Sosehr ich das im Wagen meiner Mutter versuchte, es klappte nicht. Entweder erreichte ich mit den Beinen die Pedale nicht, weil ich den Sitz zu weit nach hinten gerückt hatte – oder ich konnte die Arme wie mein großes Vorbild nicht durchstrecken.

Zum Glück hatte Moss die Seitenverkleidungen zwecks Kühlung in Monaco demontiert. Ich bemerkte, dass er mit der Sitzfläche weit vorne und die Lehne nahezu flach gelegt war. Diese Position war im Volkswagen aber nicht machbar. Die Lehne konnte nur bescheiden mittels einer mickrigen Nocke etwas flacher gestellt werden – für eine Stirling-Moss-Position zu wenig.

Zwar ein Hindernis – aber Hindernisse sind bekanntlich dazu da, überwunden zu werden. Ich wählte, wie es nun einmal meine Art war, die direkte Methode. Sicherlich nicht die feinste – aber wie so oft im Leben die wirkungsvollste. Mit Hammer und einem hölzernen Prellbock ging ich zu Werke und trommelte die Lehne brutal nach hinten. Nach einer kurzen Testfahrt nach Aflenz musste ich nachbessern, aber dann saß ich im Lotus-Rennwagen, zumindest was die Lenkerposition anbelangte, und fühlte mich wie Stirling.

Alberto Ascari, 1952

Stirling Moss, Monaco Grand Prix 1961

Stirling Moss, Monaco Grand Prix 1961

Wir trafen einander Jahrzehnte später während der berühmten Autorallye »Ennstal Classic«, als ich ihm diese Geschichte erzählte, lachte er Tränen – sein Kommentar: »Deine Mutter muss gelitten haben!«

Fürwahr, das hat sie.

Nach diesen Testfahrten wollte oder »musste« meine Mutter ausgerechnet in die Stadt fahren. Nachdem ich ihr angeboten hatte, sie zu fahren – sie aber strikt ablehnte, überreichte ich ihr den Autoschlüssel und verzog mich still und leise. Kurz darauf kam sie wieder zurück und fragte mich, was mit dem Auto sei, sie würde die Pedale nicht erreichen. Meine Mutter war von kleinem Wuchs und hatte kurze Beine … sie hatte nicht den Funken einer Chance, die Pedale auch nur zu berühren.

Ich stellte mich wie immer blöd und löste das Problem, indem ich ein Polster mit einem Lederriemen an der Lehne befestigte. Kaum war ich wieder im Auto, flog der Polster auf die Rückbank und ich war wieder Stirling Moss. Mit durchgestreckten Armen näherte ich mich mit Vollgas den Monte-Carlo-Schikanen, bremste den Kübel runter, mit der Ferse Zwischengas und den Schwung nützend mit »wide open« (für Vollgas) ging's wieder weiter.

In den Kurven flatterten die Vorderräder, weil die schreckliche Radaufhängung mit den Drehstabfedern natürlich überfordert war, und wegen der noch schrecklicheren Hinterachse klatschten die hinteren Räder in den Kurven fast zusammen. Ein Glück, dass diese automobilistische Missgeburt kaum mehr als neunundzwanzig Pferde auf die Räder brachte – sonst hätte er die deutschsprachige Bevölkerung halbiert.

Es war eine Zeit des allgemeinen Auf- und Umbruchs. Boogie Woogie, Rock 'n' Roll und die Halbstarkenwelle rollten über die noch immer Sauberkeit und Anständigkeit fordernden Spät-Nazis. Rückblickend habe ich heute den Eindruck, dass Elvis Presley und Bill Haley mehr zur Entnazifizierung beigetragen hatten als alles andere – eingeschlossen die wirkungslosen Versuche der älteren Generation mit ihren Vorträgen über »Wir-waren-immer-dagegen« oder »Wir-waren-nicht-dabei«. Paul Hörbiger war sogar so unverschämt und wollte jedem weismachen, beim Widerstand gewesen zu sein – aber das ist eine andere Geschichte …

Ich erinnere mich an einen Anschlag am Schultor des Brucker Gymnasiums in altdeutscher Schrift, für mich somit kaum lesbar: »Das Tragen von Nietenhosen im Schulgelände ist streng verboten!« – »streng« zweimal unterstrichen.

Natürlich tauchte ich am nächsten Tag in Jeans auf. Die Hosenröhren unten viermal aufgekrempelt, obwohl ich am Vortag in der Badewanne saß und sie nachher »am Leibe« hatte trocknen lassen. Meine Nieren schmerzten wochenlang.

Ich glaube, mich zu erinnern, dass Heidi Brühl in einem Film – natürlich Jugendverbot – unser Jeans-Vorbild war. Die Gute war damals bei uns die populärste Wichsvorlage neben Vera Tschechowa und Karin Baal (Film mit Horst Buchholz: »Die Halbstarken«), Christine Kaufmann war für Sexphantasien zu fad.

Wenn du in den Sechzigern für die Fahrt von Wien nach Salzburg länger als eineinhalb Stunden benötigt hattest, haben sie dir im »Maxing Stüberl« das Du-Wort entzogen. Für die Chronisten: Das »Maxing Stüberl« war ein kleines Gasthaus in der »Maxingstraße« im dreizehnten Wiener Gemeindebezirk Hietzing und zählte Jochen Rindt, Jackie Stewart, Graham Hill und Jim Clark zu den Stammgästen.

Der »Zweinullnullzweier« BMW 2002 war damals das Auto der Primgeiger – erstens für die »Untereineinhalb-Stunden« Wien-Salzburg und zweitens für die tägliche »Hasenjagd« – die dann und nur dann einstiegen, wenn an der Theke im »Scotch« neben der Cola oder dem Tonic ein BMW-Schlüssel lag. Beim »Neunelfer« hatten sie naturgemäß auch nicht »nein« gesagt ... um sich die Briefmarkensammlung im Kabinett des Fahrers bis zum Morgengrauen erklären zu lassen.

Alles andere war »out-of-bounds«. Der Mini, und das galt auch für den Cooper, war für die Mädels deshalb ein Problemauto, weil die hoch über den Schädel getürmten Frisuren nach flotter Fahrt flach gedrückt waren – und in Sachen Haare verstanden die keinen Spaß. Mit einem Opel Admiral, aber auch Mercedes war keine Beute zu machen – damit waren höchstens die »Hasen« hinterm Eisernen Vorhang zu beeindrucken.

///

Apropos Osten. Der spielte naturgemäß für Österreicher eine besondere Rolle. Genügte doch ein »Hupfer« von Wien und man war drüben – und galt dort als Milliardär. Es waren weniger die Kulturstätten (Lenindenkmäler etc.), die begeisterten, sondern es ging allein um die »Hasen«, die feschen Mädels – und als Jungspund war man bekanntlich ständig auf Pirsch.

So eine Jagd hätte mir beinah den Schädel gekostet. Es war in den späten Sechzigern, als ich mit meinem Co Peter Huber am »heißen Sitz« mit einem Citroën DS 21 die Heimat von Fürst Vlad III Dracula auslotete – die flotte Fahrt nannte sich »Donau-Castrol-Rallye«.

Trotz der zwei Tonnen und unfassbaren hundertzehn PS unter der lang gestreckten Haube ließ sich der samtweich gefederte Franzose recht ordentlich über die Steinpfade der Walachei treiben. Wir starteten damals in der so genannten Gruppe N »Serienautos« und lagen in unserer Kategorie – nach Ausfällen und Orientierungsfehlern unserer Gegner, ziemlich weit vorne.

Wir waren schon mehr als achtundvierzig Stunden ohne eine Minute Schlaf unterwegs, als wir hundert Kilometer vor Tirgu Mures an einer »Zwangsrast« für Service und Reifenwechsel hielten. Aber statt uns wie alle ordentlichen Rallyefahrer ums Fahrzeug zu kümmern, die abgefahrenen Reifen wechseln, Öl nachfüllen und vieles mehr, tauchten Peter und ich in die nahe gelegene Hotelbar und waren auf die Sekunde verloren ...

Ein draller Busen, nur mit letzter Kraft von einem engen schwarzen Pulli gebändigt, und pechschwarze Augen wirkten narkotisierend. Man hätte mir ohne Weiteres den Bauch oder die Schädeldecke öffnen können, ich hätte nichts gespürt. Mein Schwanz sah das ähnlich. Er verwandelte sich stante pede in ein freiformgeschmiedetes Stahlrohr. Mit einem Steifen kann man schlecht Rallye fahren, ist die allgemeine Volksmeinung. So etwas störe beim Gasgeben – deswegen suchten wir nach Erlösung.

Der Teamchef sah das naturgemäß anders und zeigte uns die »Gelbe Karte«. Nur widerwillig ließen wir uns in die Fauteuils unserer »Zitrone« fallen und gaben ordentlich Gas. Der Befehl kam sicherlich von den prall gefüllten und deshalb unentspannten Hoden.

Die Strafe Gottes ließ nicht lange auf sich warten. Bei »Einkiloachtzig« (180 km/h) platzten ohne Voranmeldung die Vorderreifen ... erst der linke, dreizehn Kilometer später der rechte ... und als ich die Schlagzahl weiter erhöhte, um die verlorene Zeit wettzumachen, versperrte uns ein unbeleuchteter

VOLLGAS ODER NIX /// YOU SHAKE MY NERVES AND YOU RATTLE MY BRAIN

Erich Glavitza /Peter Huber Citroen DS 21,
Donau-Castrol Rallye 1968

Bahnschranken den Weg. Das schwere Stahlrohr öffnete unseren Citroen wie eine Sardinenbüchse … zum Stillstand brachte uns schlussendlich eine rumänische Dampflokomotive.

Irgendwie waren wir noch aus dem aufgerissenen Wagen gesprungen – das war insofern wichtig, als der rührige Dreipunktgurt im Falle eines Aufpralls wenig hilfreich gewesen wäre.

Ich dürfte damals eine über die Birne bekommen haben, denn ab dem Bild der Lokomotive, von rechts kommend, war in mir der Film gerissen. Peter, noch voll bei Sinnen, konnte uns beide aus dem rauchenden und brennenden Chaos retten und sogar mit Hilfe des rumänischen Militärs eine Fahrt in die nächstliegende Bleibe organisieren … das alles übrigens um drei Uhr früh.

Die Soldaten lieferten uns in einer bescheidenen Herberge ab, weil sie erfahren hatten, dass dort ein Österreicher abgestiegen war. Es handelte sich um den brillanten, wenn nicht brillantesten Motorschreiber des Landes, Herbert Völker … mit einer ehemaligen Nachbarin aus Kapfenberg verheiratet. Man sieht, die Kreise schließen und schlossen sich ununterbrochen.

Peter weckte Herbert und beide stellten mich unter die Dusche, um die halbe Windschutzscheibe aus meinen Haaren zu »futzeln«. Es ist überliefert, dass ich starren Blickes und vor allem stumm – eine Seltenheit bei meiner Redseligkeit – nahezu unbeweglich in der Duschtasse stand. Meinem Freund Peter kam das mehr als merkwürdig vor und nachdem er mich mehrmals angestupst hatte und ich mich nicht rührte, fragte er Herbert: »Glaubst, bleibt er jetzt für immer so?«

Erich Glavitza / Peter Huber,
Citroen DS 21, Donau-Castrol Rallye 1968

Ich blieb nicht lange »so«. Irgendwann wachte ich am nächsten Vormittag auf und fand mich in einem Wolga wieder. Mein erster Eindruck hinter halb geschlossenen Augenlidern: Es war eng. Ich spürte an meinen Arm fast ungemütlich angepresst einen anderen Arm. Es war aber nicht mein Freund Peter … sondern ein dünner Arm. Dann ein silberhelles Lachen, das irgendwie zum Arm gehörte oder der Arm zum Lachen. Beides gehörte wiederum einem für dortige Verhältnisse sehr hübschen Mädchen. Sie hörte auf den Namen »Larissa« – Jahrzehnte später taufte ich eine meiner Hündinnen in Erinnerung an die fröhlichen Stunden im Lande Draculas mit dem hübschen Mädel auf diesen Namen.

Larissa hatte schwarze Augen, schwarze Haare und war russischer Abstammung. Irgendwann hat sie mir dann ihre Familiengeschichte erzählt, die ich aber nicht sonderlich wichtig fand, kaum bis gar nicht zuhörte, denn ihre Figur hatte etwas Atemnehmendes.

Der Wolgachauffeur lud uns dann in einem Berghotel auf dem Stadtberg von Brasov ab und nachdem ich ihn reichlich mit Trinkgeld versorgt hatte – wahrscheinlich drei Jahresgehälter in rumänischer Währung, allgemein bekannt als »Lei« – zog er mehrmals tief verneigend allein ab und ließ Larissa bei uns.

Nachdem es mir mit ein paar windigen Schmähs gelungen war, meinen Freund irgendwie an der Hotelbar zu parken, zog ich mich mit Larissa zum Abendgebet zurück. Es wurde trotz brummenden Schädels und tiefer Schnittwunden am Hinterkopf eine Rosenkranzandacht mit allen Schikanen.

Nach Mitternacht trat ich auf den Balkon, entzündete eine Marlboro (ja, zu meiner Schande rauchte ich damals) und starrte in die tiefschwarze Nacht.

Ich wusste nicht, wo wir waren, warum wir hier waren und vor allem wie es weitergehen sollte.

Hinter mir schlummerte das süße Kind des Ostens. In ihrem Gesicht ein zartes Lächeln. Man sagt, der Schlaf um Mitternacht sei der Schlaf, der bis an die Seele reicht.

RETTUNG AUS DER STEIERMARK

Der österreichische Autorennsport befand sich während der auslaufenden Fünfziger noch im Paläolithikum. Die Leute hatten für solche Dinge weder Zeit noch Geld. Nur einige wenige Auserlesene waren damals mit Konten bestückt, um es bei Rennen locker und ohne mit der Wimper zu zucken rauszuschmeißen.

Helmut Zwickl schrieb in der Autorevue, Österreichs führendem Automagazin: » ... reiche Müßiggänger reichten einander beim ÖASC die Klinke in die Hand«. Der ÖASC war der »Österreichische Automobilsport Club«, an dessen Spitze der stets Zigarren schmauchende Willy Löwinger präsidierte.

Der Wiener Glockengießer Martin Pfundner gründete die Ecurie Vienne, die mehrheitlich aus Zwickls »Müßiggängern« bestand. Da war der Wiener Volksliebling und Ohrenwackler Gunther Philipp, der sich gleich zwei Ferraris leistete. Da er in der Gran-Turismo-Klasse allein auf weiter Flur war, man konnte ihm schwer eine Renault Dauphine als Gegner hinstellen, kaufte er sich einen zweiten Ferrari ... und damit ihm nicht fad ward, gleich einen GTO – für meinen Geschmack das schönste Auto, das jemals gebaut wurde.

Die 250 Berlinetta hatte er vom britischen Rennstallbesitzer Rob Walker (Whisky-Dynastie) gekauft. Das Auto war von Stirling Moss und Innes Ireland bei der Goodwood Tourist Trophy zum Sieg gefahren worden. In diesen Wagen setzte er seinen Wiener Spezi Ulli Oberhammer, der bei Todesstrafe langsamer sein musste als sein Herr und Meister. Gunther Philipp wurde österreichischer Staatsmeister – schließlich war man zu zweit!

Es war ein Meistertitel erkauft um runde drei bis fünf Millionen Schillinge – und das Ende fünfzig. Umgelegt auf heute, hätte er sich einen Airbus samt Crew für sich alleine kaufen können.

Auch die anderen Rennfahrer aus österreichischen Landen gehörten nicht gerade zu den Hungernden Wiens der Nachkriegsjahre. Curd Bardi-Barry, Spross einer wohlhabenden Reisebürodynastie,

VOLLGAS ODER NIX /// RETTUNG AUS DER STEIERMARK

Gunther Philipp, Ferrari 250 GTO, Aspern 1963

Gunther Philipp, Mercedes SL

fand unterm Christbaum einen Cooper-Formel-Junior-Rennwagen mit rosa Mascherl und der Sohn der riesigen Quester-Baumaterialkette Dieter wurde schon im Knabenalter mit Rennbooten und später mit allerlei Rennautos ruhiggestellt.

Da war dann noch Rolf Markl, ebenfalls mit nie versiegendem Reichtum »bestraft«, der, wenn es ihm gerade passte, den Motor eines Formel-Junior-Rennwagens startete. Damit ihm in der Zwischenzeit nicht fad wurde, etablierte er am Schubertring einen Lotus-Import … ohne nennenswerte Verkaufserfolge. Er war selten bis nie in seinem Laden, sondern lenkte zumeist im Liegestuhl im Garten seiner Hietzinger Villa die komplexen Geschäfte.

Immerhin sollte Jahre später der Garten der Markl'schen Villa in der Kupelwiesergasse am Samstagabend vor den Formel-2-Rennen in Tulln-Langenlebarn für eine internationale Rennparty herhalten. Graham Hill, Robin Widdows, Frank Gardner, Alan Rees, Jochen Rindt, Jackie Stewart und Jim Clark, mit Markls Dackel spielend, wurden von seiner charmanten Gattin Renate reichlich mit Champagner und Brötchen von Trzesniewski, Wiens nobelstem Brötchenbäcker, versorgt.

Den Abend vorher schleppte ich die britische Partie ins San Remo, damals eine der wichtigsten Discos in Wien. Einmal waren die Burschen ganz still – als Charly Ratzer mit seiner Gitarre auf die Bühne stolperte und wie Jimi Hendrix sich einen runterrotzte. In Wien war immer was los.

In Wahrheit hatte mich die Autorennszene der Fünfziger abgestoßen. Ich hatte in meiner Landnaivität echte Rennfahrertypen erwartet. Vielleicht nicht gerade Schläger oder Messerstecher wie Sandbahnfahrer, aber doch Helden, Abenteurer, die für ihr Leben gerne schnell fuhren und auch zupacken konnten. Die Wiener »Bubi«-Szene war eher das Gegenteil. Von denen hatte keiner wirklich Lust zu sterben. Zumeist handelte es sich um verweichlichte, verzogene Bälger, übergewichtig, von »sportlich« keine Spur. Ihnen war unendlich fad und mit einem schnellen Auto waren sie plötzlich »Wer« geworden.

Wenn die Horde der Wiener Autorennsociety über die Provinz eingefallen war, sanken die »G'scherten«(Landvolk) vor Ehrfurcht auf die Knie. Man muss sich die biederen Kerle in Volkstracht gewandet vorstellen, wenn sie nach durchzechter Kirtagsnacht am nächsten Tag mit aufgedunsenen Gesichtern und rot unterlaufenen Augen über Wiesen und Felder zum Platschbergrennen taumelten und dort ihren heiß verehrten Gunther Philipp leibhaftig vor sich sahen. Eine Marienerscheinung in Mariazell war nix dagegen.

Ich erinnere mich noch genau an Gunther Philipp von Landjunkern umringt, Autogramme kritzelnd, Ohren wackelnd und im Wiener Burgtheaterdeutsch plaudernd: »So Leut'ln – heut' Abend geht's alle brav ins Kino, und zwar auf die teuren Sitz.«

Irgendwer musste ja seine Ferraris bezahlen.

Einige der Burschen waren mit Traktoren gekommen und starrten gelähmt mit offenem Munde auf teure Limousinen und unerschwingliche Ferraris, Maseratis und Porsche Carreras. Zwischen den immer und überall, schon beim Frühstück in hellblauen Rennoveralls und Sturzhelm, lässig am Arm flanierenden Rennfahrern stets brennheiße Weiber, mit bis zum Busenansatz geöffneten Blusen, hochhackigen Stöckelschuhen und in höchster Tonlage ständig Unsinn quietschend.

Das fröhliche Landvolk musste fürchten, Sodom und Gomorrha wäre über das katholisch befriedete Kernölland gestürzt – und als Philipp den GTO startete, fürchteten sie, es würde Feuer vom Himmel regnen.

Gunther Philipp,
Ferrari 250 GTO

Eine Geschichte machte damals die Runde – Wien bestand und besteht bekanntlich auch heute noch hauptsächlich aus Geschichten: Beim Tiroler Bergrennen auf das Timmelsjoch anno dazumal blieb Ulli Oberhammer im Ferrari Berlinetta etwa zweihundert Meter vor dem Ziel stehen, stieg aus dem Auto, streifte die ledernen Rennhandschuhe mit den Löchern an den Knöcheln ab, öffnete die Motorhaube, wackelte an den Zündkabeln, schüttelte den Kopf, zog die teuren Les-Leston-Handschuhe wieder an, setzte sich in den Ferrari – Schultergurten gab's keine –, startete den Motor und fuhr über die Ziellinie und war nur um dreizehntel einer Sekunde langsamer als sein »Chef« Gunther Philipp im Ferrari GTO – damals der schnellste GT-Wagen der Welt.

Bei der anschließenden Rennparty trieben die britischen Ford-Mechaniker unter lautem Getöse eine Kuh ins Hotel – und damit nicht genug, die Kuh musste in den Swimmingpool zur Kühlung.

Those were the times – und der Journalist Gösta Zwilling fühlte sich während eines Interviews mit dem knebelbärtigen Sir John Whitmore dermaßen von einem total ang'soffenen Wiener Renngroupie belästigt, dass ihm die Hand ausgekommen war.

Zwilling, eine echte Lichtgestalt der Wiener Benzin-Society, schrieb damals im angesehenen Tagblatt »Neues Österreich« unter dem Pseudonym »Squire Mython«; das soll ein blinder britischer Kolonialoffizier gewesen sein, der mit einem halb blinden Pferd Südafrika querte.

Seine Glossen waren unter den Motorsportwichsern Wiens gefürchtet wie nichts auf der Welt. »Squire Mython« nahm die »Hietzinger Bubis« gnadenlos aufs Korn – und derer gab es im Weltzentrum des Schmähführens viele.

Jochen Rindt

VOLLGAS ODER NIX /// RETTUNG AUS DER STEIERMARK

Trotzdem tat ihm der Fauxpas im Berghotel am Timmelsjoch sehr leid, er entschuldigte sich bei der Dame und zog sich mit ihr und zwei Flaschen Veuve Clicquot aufs Zimmer zurück, um Buße zu tun.

Angeblich kam die Dame derart auf Touren, dass sie dem Wiener Original, er war eine Art Karl Kraus der Rennszenerie, das Hirn rausfickte. Man sagte, dass er tagelang nach diesem Abenteuer »schmäh'stad« war – zu Deutsch: Von einer Schreibhemmung befallen.

///

Die Wende im österreichischen Motorsport kam aus der Steiermark – es waren wieder einmal die Steirer, die Österreich vor dem moralischen Verfall retteten. Der gebürtige Deutsche Karl Jochen Rindt, Waise nach dem furchtbaren Brandbombardement über Hamburg, wuchs bei seiner Großmutter in Graz auf. Und wie viele junge Leute der 40er-Jahrgänge lebte auch er mitten in der schnell wuchernden Motorkrankheit der Nachkriegsjahre – lebte nicht nur mittendrin, sondern wurde voll mitgerissen.

Genau wie seine Alterskollegen ein paar Kilometer nördlich von Graz, nämlich um Bruck und Kapfenberg, konnte auch er nicht »normal« oder »verkehrsangepasst« das Fahrrad seiner Großmutter bewegen. Als Alleinerbe einer bedeutenden Mühle in Deutschland gehörte er in Graz zu den »wohlbestallten« Kindern und schaffte es natürlich schnell zu einem eigenen Fahrrad, Moped … und schließlich Auto, dem Simca seiner Großmutter …

Schnelles Kurvenfahren wurde damals entweder »rutschen« oder »hobeln« bezeichnet. Der Mühlenerbe übte dieses erst mit Fahrrad, dann kam die Steigerung zum 50-er Moped und mit Omas Simca folgte schließlich das Abitur … zumindest im »Hobeln«.

In Graz scharte sich um Karl Jochen eine Truppe Gleich-Wahnsinniger, wie Hellfried von Kiwisch, Stefan Pachernegg, Helmut Marko, Karl »Karli von« Ritter und Gernot Fischer. Wobei die Grazer stets mit einer gewissen Arroganz auf die Eisen-Steirer im oberen Murbogen blickten …

Die Welt der Jugend war und ist eine schöne Welt. Sie ist voll Träume und Visionen. Martin Luther King verkündete am 28. August 1963 »I have a dream«. Auch wir hatten Träume … fünf Jahre später hatte die »Welt« den Träumern die Antwort gegeben: Der mehrfach vorbestrafte Rassist James Earl Ray hatte Martin Luther King am Balkon des Lorraine Motels erschossen … Träume zu haben war schon immer gefährlich.

Wir träumten davon, Rennfahrer zu werden … träumten von der ewigen Party. Ich erinnere mich an Fahrten mit meinem Freund in einem Simca Montlhéry – ja, der mit Lenkradschaltung und durchgehender Sitzbank, zwischen Graz und Bruck, während denen jeder von uns so lange fahren durfte, solange er das Gaspedal voll durchgetreten hielt.

Das war auf der engen Bundesstraße mit ausreichendem Gegenverkehr eine echte Herausforderung. Der Beifahrer beobachtete genau den rechten Fuß des Fahrers, ob das Gaspedal auch wirklich bis zum Anschlag durchgetreten war – dadurch ersparte er sich den Blick auf die knappen Katastrophen auf der Straße. Ein kleines »Zucken« am Pedal und schon war Fahrerwechsel angesagt.

Damals gab es berühmte Straßenrennen in Italien und Mexiko … und mein Freund erklärte mir, dass die beiden Rennfahrer sogar während der Raserei die Plätze tauschten! Was natürlich ein absoluter Unsinn war, aber wir glaubten fest daran und probierten den »fliegenden Fahrerwechsel«.

Dass es dabei zu unliebsamen Schleudereien kommen musste, war verständlich. Irgendwann rief der

Beifahrer während der Vollgasjagd »Fahrerwechsel« – dann hob der Fahrer seinen Arsch, der Co kroch von der Seite kommend darunter, griff nach dem Lenkrad, der Fahrer warf sich nach rechts und wurde so zum Co, während der neue und somit »frische« Fahrer die wilde Jagd fortsetzte. Wie durch ein Wunder überstanden wir diese Gemetzel ...

Niemals in unserem Leben existierten wir so intensiv in der Absurdität des »Jetzt« wie damals ... was kümmerte uns »Will you still feed me, when I'm sixtyfour« von den Beatles! Wer vergeudete damals auch nur eine Sekunde daran zu denken, einmal vierundsechzig zu werden? Wir hatten unsere Vergangenheit aus den Köpfen gelöscht und dachten keinen Bruchteil eines Augenblicks an die Zukunft. Die Beatles empfand ich als »Warmduscher« und Paul McCartney als späte Kopie von Vico Torriani – ich bevorzugte »I can't get no satisfaction...« der Stones oder Jerry Lee Lewis' Hymne »Great Balls of Fire«.

//

Anfang der sechziger Jahre vollzog sich im österreichischen Motorsport ein Paradigmenwechsel. Es war Jochen Rindt, der wie eine Handgranate in die bislang von Feudalherren kontrollierte Szene explodierte. Einer seiner entscheidenden Vorzüge war, dass er stets zielsicher auf den Erfolg hinsteuerte – koste es, was es wolle. Nach seinen Tiraden in Großmutters Simca erkannte er, dass mit dieser Mühle kein Weiterkommen war. Da er stets über ausreichend »Marie« (Geld) verfügte, wechselte er rasch in einen Alfa Romeo, getunt vom Grazer Alfa-Händler Vogl.

Generell ist zur damaligen Situation im österreichischen Motorsport zu sagen, dass in diesem Lande in Wahrheit eine vernünftige Einstiegsformel fehlte. Während in England in den fünfziger Jahren eine 500 ccm-Rennformel für nimmer versiegenden Rennnachwuchs sorgte, hatten die Italiener die GoKart-Idee aus den USA übernommen.

Beides hatte zwei große Vorteile: In der 500er-Formel lernten die jungen Vollgasgeiger die Grundlagen des modernen Rennwagenbaus und vor allem, mit Begriffen wie Rollzentrum, dynamischer Radlastwechsel und so weiter umzugehen. Die Italiener wiederum lernten mit den Karts eine exakte und präzise Fahrweise – eine absolute Notwendigkeit für das Fahren mit Rennautos.

Beide Kategorien wurden sowohl in Deutschland als auch in Österreich nur halbherzig betrieben. Können Sie sich etwa Gunther Philipp oder den Industriellen Hatschek (Eternit Vöcklabruck) in einem Kart vorstellen? Das passte einfach nicht in deren Vorstellungen vom Autorennsport, der bis dahin fest in adeliger Hand war. Die traten lieber mit einem Lear-Jet gegen einen Doppeldecker an – so sahen die österreichischen Autorennen auch aus: Ein Siebenundzwanzig-PS-Käfer, dafür brüllend laut, quälte sich qualmend gegen einen Ferrari den Berg hinauf.

Sowohl die Engländer als auch die Italiener verfügten über eine Vielzahl von Rennstrecken. Wir hatten unsere Berge – und Flugplätze. Auf den Betonplatten der ehemaligen Kriegsflugplätze wurden die Autos derart malträtiert, dass nicht nur einmal eine Felge in hohem Bogen in die Wiese flog oder gleich die ganze Radaufhängung kollabierte. Außerdem befiel einen auf diesen endlos weiten Flächen ein Gefühl der Einsamkeit.

Die Bergrennen waren in Wahrheit saugefährlich. Die Straßen, zumeist von Felsen oder meterdicken Bäumen eingerahmt, waren für schnelle Formel-Rennwagen ungeeignet. Bei diesen Bergrennen

**Jochen Rindts
Cooper Formel Junior**

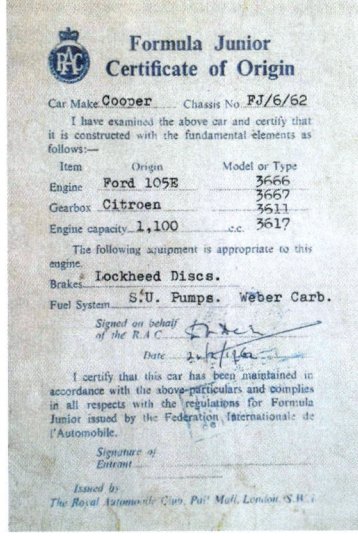

wurde auch jedes Wochenende munter drauflosgestorben.

Nach ein paar Versuchen in der nationalen Szene erkannte Rindt, wollte er hier nicht »versumpern«, so musste er weiter – und zwar schnell. Statt des Alfas sollte ein geeigneteres Gerät her. Ich wundere mich noch heute, wie viele Pseudofreunde und »Adabeis« schon während der Flugplatzrennen Jochen Rindts großes Talent erkannt haben wollen. Alles Unsinn natürlich, denn nahezu jeder flotte Fahrer räuberte damals irgendwie durch die Kurven. Das lag aber weniger am »übernatürlichen Talent«, sondern an der miesen Straßenlage und der grottenschlechten Reifen.

Jochen schlich sich darauf – als steirischer »G'scherter« – an die arroganten Wiener heran und schaffte über Umwege des Motordenkmals Joschi Borka, damals der einzige Mechaniker Österreichs, der sich bei Rennmotoren auskannte, den Kontakt zu Curd Bardi-Barry, einem schwerreichen Wiener Playboy mit persönlichen Whiskyflaschen in den wichtigsten Bars von Wien – und einem Cooper Formel-Junior in der Garage am Modenaplatz.

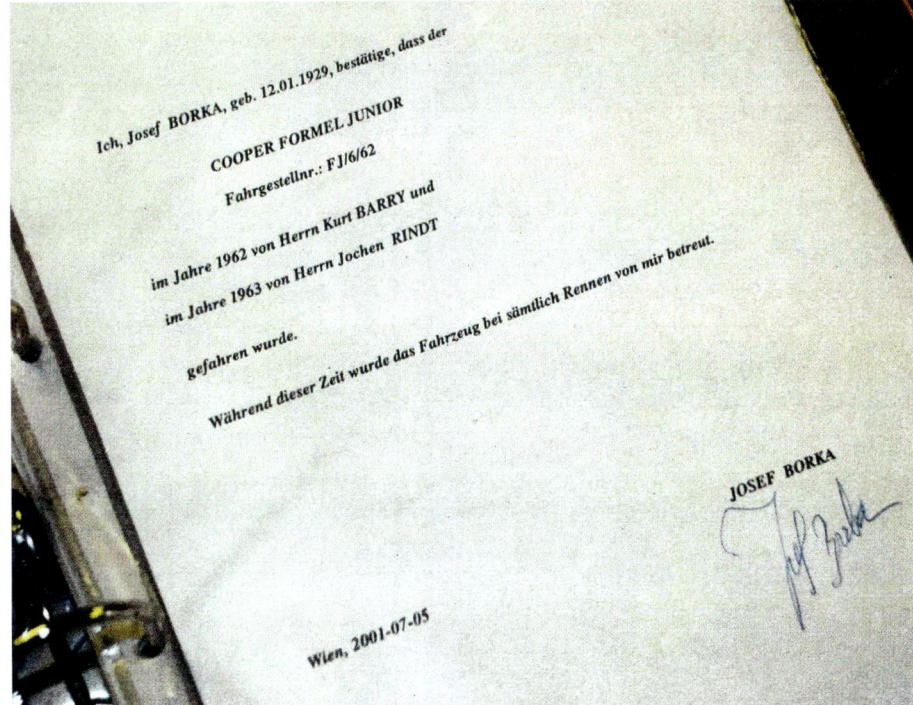

Curd oder Kurt Bardi-Barry, er nannte sich auch »Corrado«, fuhr damals in halb Europa recht erfolgreich mit seinem Cooper-Ford bei so genannten Formel-Junior-Rennen; Rennwagen mit »seriennahen« 1000 ccm-Motoren, das heißt, der Motor musste als Basis in einem Serienfahrzeug eingebaut sein.

1962 kam es in dieser Rennformel zu einem ordentlichen Eklat, von den Deutschen sogar »Skandaljahr des Motorsports« bezeichnet. Der kleine bummelige Engländer Alan Rees beichtete, statt der reglementierten 1000 ccm stattliche 1450 ccm unter der Haube zu haben. Der deutsche Spross eines Altmetallhändlers, Kurt Ahrens, und später auch Curd »Corrado« Bardi-Barry gaben ebenfalls zu, mit »gelinkten« Motoren gefahren zu sein. Ahrens wurde vom deutschen Verband daraufhin für eine halbes Jahr gesperrt. Barry konnte es sich, typisch für Wien, irgendwie »richten«.

Es kam dann sogar zu einer spektakulären 1000-britische-Pfund-Wette, damals ca. 72.000 Schilling, zwischen dem angesehenen deutschen Journalisten Richard von Frankenberg und Lotus-Eigner Colin Chapman. Der Brite brachte seinen Formel-Junior-Paradehengst Peter Arundell nach Monza, der mit weißem Hemd, Krawatte und Maßschuhen in den Ron-Harris-Werks-Lotus kletterte und mit einem exakt vermessenen 1000 ccm-Motor gegen Frankenbergs Vorgabezeit antrat … eine Rundenzeit, die laut Frankenberg ein dem Reglement entsprechender Formel-Junior-Rennwagen nie und nimmer erreichen könnte.

Aber wie lautet das vierzehnte Gebot vom Berg Sinai? Du sollst dich nicht täuschen! Frankenberg musste schon nach der zweiten Runde dem Engländer 1000 Pfund »löhnen«. Arundell war deutlich schneller. Die Schummler … es waren ja nicht Rees, Ahrens und Barry alleine, sondern das halbe »hintere« Starterfeld … verkrochen sich schuldig in die Ecke.

Es ist schon merkwürdig, wie in Ehren ergraute Zeitzeugen heute behaupten, sie hätten dem Wiener Playboy Bardi-Barry damals vom »ungeheuren Talent eines jungen Grazers« erzählt und ihn daraufhin gebeten, Jochen Rindt seinen Cooper zu borgen – und die beiden wären daraufhin sogar Freunde geworden. So einen schrecklichen Kitsch brachte nicht einmal die Tschauner Stegreifbühne in Wien-Ottakring zustande.

Eines stimmt: Der alte Cooper wechselte den Besitzer – weil er an Rindt teuer verkauft wurde. Curd Bardi-Barry bestellte sich aus der Portokasse des Familienunternehmens einen neuen.

Als Rindt im Burberry und in Barrys Sturzhelm, der ihm viel zu groß war und bedrohlich hin und her wackelte, auf dem aufgelassenen Flugplatz in Kottingbrunn den Cooper probierte, maulte er gleich: »I sich ned aussi«, (kurz übersetzt: Ich konnte nicht raussehen).

Aber schon nach ein paar Runden räuberte der dünne Rindt im Badewannensitz herumpolternd über die alten Betonplatten von Kottingbrunn, dass es nur so eine Freude war. Bardi-Barry war eher von kleinem Wuchs und etwas bulliger um den Bauch. Die freche und respektlose Fahrweise des mit nasalem Unterton sprechenden Grazers und somit »G'scherten« war ihm überhaupt nicht recht. Die Laune Barrys verdüsterte sich sofort und da man bis dahin per »Sie« war, beschloss er insgeheim, es dabei zu belassen.

Rindt kaufte den Cooper samt ein paar Ersatzteilen und »durfte« auf Bitten Joschi Borkas den Rennwagen in die Barry-Garage am Modenaplatz einstellen. Schon bei den ersten Formel-Junior-Rennen in Italien war Rindt nicht nur wild, sondern auch schnell. Und zwar sehr schnell. So etwas tat dem Ego Bardi-Barrys nicht gut. Als dann während einer Whiskynacht in einem Wiener Nachtklub ein

Jochen Rindts Cooper Formel Junior beim Cesenatico Rennen mit Autogramm

Trinkkumpan zu ihm sagte: »Herst Kurtl – der G'scherte gibt aber fest Gas – der is bald schnöller als du!« (Hör mal Curd – der Junge vom Lande gibt ordentlich Gas – der fährt bald schneller als du), war das Maß voll.

Knapp nach Mitternacht ereilte Borka der Befehl, Rindts Rennwagen samt Zubehör sofort auf die Straße zu stellen – und ab sofort hätte der Grazer »Hausverbot«! Borka blieb nichts anderes übrig, als zu parieren. Zum Glück fuhr zu später Stund eine motorsportliche Nachteule am Modenaplatz vorbei und sah dort den Rennwagen plus einem Berg Ersatzteile und Werkzeugkisten mutterseelenallein auf jemanden warten – der die Trümmer entweder rechtmäßig oder unrechtmäßig abholte.

Von da an scheiden sich die Erzählungen. Eine berichtet, dass die Nachteule Helmut Zwickl, damals Motorsportschreiber Numero uno, angerufen hatte ... und dieser organisierte die Bergung des steirischen Rennmaterials ... die andere These lautet, dass die Eule Jochen gleich zur nächtlichen Stunde aus den Federn holte – man war Lichtjahre von mobilen Telefonen entfernt – und Jochen organisierte schimpfend und fluchend die Rettung seiner Habe.

Wie immer – Jochen Rindts Cooper ward gerettet und der Mann mit der platten Nase raste weiter. Der Name Curd Bardi-Barry durfte in seiner Gegenwart nicht einmal mehr erwähnt werden. Umgekehrt ebenso.

Nach durchzechter Opernballnacht fuhr Bardi-Barry mit Freund in schwerer Mercedes-Limousine nach Baden und gegen Mittag wieder zurück nach Wien. In der Nähe der »Spinnerin am Kreuz« (Höhe Troststraße) kam er auf die gegenüberliegende Fahrbahn und fuhr frontal in einen Laster. Sekundenschlaf. Sicherheitsgurte waren damals ein Fremdwort. Barry und sein Freund waren sofort tot.

Helmut Zwickl hatte, nachdem er diese Nachricht erhalten hatte, sofort Jochen Rindt angerufen. Laut seiner Erzählung war es einige Sekunden still am Apparat, dann hörte er aus Graz nur: »Jetzt bin ich die Nummer eins in Österreich.«

So viel zur freundschaftlichen Beziehung unter Rennfahrern. Das mag nun vielen sentimentalen Fans nicht passen, aber in dieser Branche ist niemand jemandes Freund – nicht einmal sein eigener. Ohne ausreichendes Ego hat man in diesem Metier nichts zu suchen. Jochen Rindts forsches Auftreten bedeutete auch ein schnelles Ende der Feudalherren im österreichischen Autorennsport. Allein der Wiener Hofjuwelier Gottfried Köchert, einer der letzten großen Gentlemen und Hobbyrennfahrer, ließ seinen Ferrari 250 LM ab und an aus der Garage, aber angesichts des zwanzigjährigen Steirers und dessen respektloser Fahrweise verging ihm bald die Lust am Rennfahren. Der restliche Rennsportadel zog sich wie eine Schnecke nach Berührung schnell in diverse Villen am Mondsee, Attersee oder Grinzing zurück.

Volksliebling Gunther Philipp ließ seinen Ferrari GTO noch einmal in Innsbruck aufheulen, dann war auch er weg vom Fenster. Die anderen Fahrer schmollten ebenso – man war nicht mehr so recht unter sich. Der Stockerauer Industrielle und anerkannter Komponist serieller Musik, Ernie Vogel, befasste sich lieber mit György Ligeti oder Friedrich Cerha als mit seinem Porsche Spyder.

Der Niederösterreicher Karl Orthuber hatte reich geheiratet und fuhr mit diversen Porsches Autorennen. Wie bereits erwähnt, waren die Fünfziger allen Reichen fad – und sie suchten beim Rennfahren nach neuen seelischen Ufern.

Orthuber war sicherlich für damalige Begriffe einer der talentiertesten und gewann gegen Ende seiner Karriere mit dem Deutschen Edgar Barth auf Porsche Spyder das 4-Stunden-Sportwagen-WM-Rennen in Pescara. Nach einem dreifachen Überschlag und Totalschaden am Porsche-Carrera beim Platschbergrennen in der Steiermark war auch sein Enthusiasmus abgelaufen.

///

Eines der großen und wichtigsten Denkmäler des Motorsports in Österreich war Martin Pfundner. Er gründete gegen Ende der fünfziger Jahre die »Ecurie Vienne«. Der Hintergrund der Idee war, als österreichisches Rennteam »wohlorganisiert« im Ausland aufzutreten. In diesem Team ging es natürlich mit Gunther Philipp, Curd Bardi-Barry, Rolf Markl und Suzuki-Werksfahrer Bertl Schneider – vom Steineklopfer zum Playboy und Wiener Original mutiert, immer sehr lustig zu. Wenn ich nicht irre, war sogar Marianne Koch einmal in »leitender Funktion« tätig.

Markl nannte sich Lotus-Importeur, damit er jedem sagen konnte: »Du, ich hab jetzt ka' Zeit zum Schmähführ'n – ich muss arbeiten.« Rolf war stets den schönen Künsten zugetan, nebenbei Gründungsmitglied des Wiener Jeunesse-Chors und wann immer eine Operndiva nach Wien kam, wurde sie von Rolf Markl persönlich durch »Wien bei Nacht« geführt – im Respektabstand eine Horde Klatschjournalisten und Fotografen.

Mitte sechzig war die Party vorbei. Die Ecurie wurde aufgelöst, Martin Pfundner gelang trotz Querelen und Intrigen, auf dem steirischen Militärflugplatz in Zeltweg ein Formel-1-Rennen zu organisieren. Natürlich war der hochintelligente und filigrane Pfundner den steirischen Biertrinkern von Anfang an ein Dorn im Auge. Schließlich gelang es ihnen mit viel List und Tücke, den Wiener Intellektuellen wieder zurück über den Semmering zu treiben. Davon später.

Martin Pfundner war nicht nur ein weltgewandter Gentleman, sondern kannte persönlich viele Renngrößen wie Stirling Moss, Graf Berghe von Trips, Jim Clark, Jack Brabham oder

Diese drei ermöglichten Rindts Start beim Großen Preis von Österreich 1964: Joakim Bonnier, Heinrich Stahl von BP Österreich und rechts Martin Pfundner

Innes Ireland. Er war mit den Profis wirklich befreundet – obwohl so etwas in dieser Machobranche eher nicht üblich war. Von den Umarmungen und lächerlichen Männerküssen durfte und darf man sich nicht täuschen lassen.

Die »anderes gewohnten« Rennfahrer schätzten Pfundners Handschlag – und dazu gehörte er in Österreich zu den raren Individuen, die ein tadelloses Englisch sprachen.

Das war in diesen Zeiten eher eine Seltenheit. Als die Steirer über Pfundner den Bannfluch ausgerufen hatten, mutierte das Rennen in Zeltweg zu einem einzigen Kabarett. Unvergesslich der Streckensprecher mit seinen Ansagen: »Foumulla Won-Kas, pliiesee koum tu ze Traaaaininck!« (Für unkundige Leser des steirischen Dialekts: Formula One Cars, please come to the training … eigentlich sollte es »practice« heißen, aber jenseits des Semmerings war so etwas immer egal).

Martin Pfundner war nicht nur der Vater aller Flugplatzrennen in Österreich, sondern auch der Mann mit der Formel-1-Idee für Zeltweg. Bekanntlich sind kreative Menschen in diesem Lande immer höchst verdächtig. Aus diesem Grunde bemühte sich die hinterfotzige Partie rund um Zeltweg und Knittelfeld redlich, den kühlen Industriellen hinauszuekeln. Irgendwann hatte er vom Trachten-Intrigantenstadl genug, wurde er doch jahrelang nur dazu benützt, die internationale Rennelite in diese sonst abgewirtschaftete Gegend zu bringen. Als dann noch Gerüchte auftauchten, die Mannschaft um den höchst merkwürdigen Rechtsanwalt Dr. Tiroch hätte Karten »schwarz« drucken lassen und unter der Hand »verschupft«, hatte der noble Glockengießer aus Wien von der Gamsbart-Romantik genug.

Immerhin war es dem international gewandten Martin Pfundner gelungen, den gesamten Rennadel (Stirling Moss et al) in eine Gegend zu locken, wo für Mike Parkes (Ferrari-Werksfahrer) die Nacht finsterer wäre als sonst wo auf der Welt.

Auf dem Flugplatz in Zeltweg wurden noch Sportwagenrennen abgehalten – bis endlich die Steirer, Wiener (ÖASC) und Salzburger das Kriegsbeil zur großen Schlammschlacht ausgruben. Aus diesem gnadenlosen Partisanengemetzel sollten dann plötzlich zwei permanente Rennstrecken wachsen …

BRABHAM AUF EIN BIER EINGELADEN

Mein Schulfreund Peter Huber studierte Wirtschaftswissenschaften und wollte während der Schulferien etwas Geld machen. Also organisierte ich für ihn in der Salzburger Firma, in der ich im Konstruktionsbüro arbeitete, einen Job als Ferialpraktikant. Er zog in meine 20 Quadratmeter große Bude und verdingte sich als Schweißer in der Stahlschlosserei. Im Gegensatz zu mir war er ein hochbegabter Handwerker – trotz erfolgreichen Wirtschaftsstudiums wollte er eigentlich Chirurg werden. Er wäre ganz sicher ein großer Meister seines Faches geworden.

Er lenkte einen Volkswagen vom väterlichen Betrieb. Ein Käfer, frühes 50er-Baujahr, hinten mit geteiltem Fenster, Trommelbremsen und nicht synchronisiertem Getriebe. Der Wagen schaffte unfassbare 110 km/h – bergab.

An einem der kommenden Wochenenden fand in Salzburg das berühmte »Gaisbergrennen« um die Berg-Europameisterschaft statt. Peter und ich träumten nahezu ohne Unterbrechung von einer Karriere als Rennfahrer. Da ich fest vom Gelingen unserer Visionen überzeugt war, blieb ihm nichts anderes übrig, als auch daran zu glauben. Auf diesem Gebiet war er mir ohnehin hörig.

Nach den Trainingsläufen war der Deutsche Edgar Barth mit dem Werks-Porsche natürlich der Schnellste – Gunther Philipp lenkte seinen prachtvollen Ferrari GTO nicht besonders schnell, dafür »zügig« den Berg hinauf. Immerhin hatte er aber die absolut feschesten Mädels an seiner Seite. Ich zählte derer vier.

Nachdem wir die Trainingszeiten erfahren hatten, beschlossen wir, mit Peters Volkswagen nächtens »am Goasberg«, wie er von den Einheimischen genannt wurde, zu überprüfen, wie schnell wir eigentlich wären. Die vierundzwanzig oder so ähnlich PS waren natürlich für ein faires Match gegen die Rennautos zu wenig. Wir stoppten unsere Zeiten »bergab«, um sie mit den »Bergauf«-Zeiten der Rennautos zu vergleichen. Die Gravitation sollte uns die fehlenden Pferdestärken ersetzen.

Edgar Barth

Also fuhren wir knapp vor Glockenschlag zwölf vom Salzburger Dom in finsterster Nacht den Berg hinauf und knobelten oben, wer von uns der erste Starter wäre. Das Los fiel auf mich. Ich rollte vom Parkplatz langsam zur Ziellinie vor, Peter löste die Armbanduhr vom Handgelenk, prüfte die Stoppuhr, stellte den Zeiger auf null – ich ließ den Motor mehrmals wie Edgar Barths Werks-Porsche aufheulen – dann Peter: »Los!«

Zuerst ging's in leichten Schlangenlinien – für den langsamen Käfer eher gerade – steil nach unten bis zur ersten Haarnadelkurve. Ich versuchte so spät wie möglich zu bremsen und als die Kurve im schütteren Licht der Scheinwerfer auftauchte, trat ich die Bremsen voll durch. Die erwartete Wirkung der alten Trommler blieb aus, aber irgendwie schaffte ich die Kurve – und gab wieder Gas.

Die Linkskurve vor der Zistelalm wurde bereits zum ernsten Problem. Ich bremste – hatte jedoch das Gefühl, der Wagen würde schneller werden. Mit wilden Lenkkorrekturen und quietschenden Reifen schaffte ich es bis zum Restaurant und dann im Höllentempo weiter … ich versuchte wieder zu bremsen … aber ohne Wirkung.

Scheiße! Ich brüllte: »Es bremst ned!«

Peter warf sich auf die Handbremse und riss daran, als wollte er die Rotation der Erde aufhalten. Der Wagen wurde noch immer nicht langsamer, mir war längst nicht mehr zum Lachen. Ich wusste, irgendwo da vorne wartete eine Haarnadelkurve auf uns … ich fetzte den Wagen gegen die Böschung, hoffte, dort ein paar Stundenkilometer »abzubauen« … es funktionierte aber nicht so richtig … in unserer Not

Gerhard Mitter beim Training am Gaisberg 1968

rissen wir die Türen auf und versuchten mit den Schuhsohlen am Straßenbelag schleifend die Kiste irgendwie aufzuhalten … auch nicht wirklich effektiv … ich ratterte noch mal gegen die Böschung … irgendwie schaffte ich dann die Haarnadelkurve nach rechts … Gott allein weiß wie … aber es musste geklappt haben, schließlich war ich im greisen Alter noch in der Lage, diese Zeilen zu schreiben.

Auf dem Teilstück »Gersberg« waren wir schon wieder »auf dem hohen Ross« und guter Dinge … ich gab wieder Gas. In ernste Probleme kamen wir unten auf der »echten« Startlinie … dort mündet noch heute die Bergstraße in die Bundesstraße. Zum Glück waren damals keine Autos um diese Uhrzeit unterwegs. Ich hoffte auf »gutes Gelingen« und schoss einfach mit vollem Rohr nach rechts in die Bundesstraße … schließlich rollte der alte Volkswagen auf der Straße aus.

Tief durchatmend stiegen wir aus, die Bremsen knisterten und fingen fast Feuer … beide spürten wir nach dieser Höllenfahrt gehörigen Druck in den Blasen und pissten zur Kühlung auf die Felgen. Über den Gestank, der sich innerhalb von Sekunden ausbreitete, will ich den Mantel des Schweigens legen. Die Laufzeit spielte keine Rolle mehr – dafür herrschte Einigkeit, jeden weiteren Versuch, den Bergrekord anzugreifen, zu unterlassen.

///

Im Dachcafé des Hotel Europa beschlossen wir am nächsten Tag, »Nägel mit Köpfen« zu machen: Wir werden nach England auswandern … und dort als Konstrukteure bei Lotus oder Cooper Rennwagen entwerfen und nächtens in finsteren Kellern selbst Rennwagen bauen … und Weltmeister werden. Träume zu haben, ist wirklich schön.

Der nächste Schritt: Ein Brief an Peters Freund in London namens Clive, einem angehenden Banker, der bei seinen Eltern in »Harrow on the Hill« lebte. Unser britischer Freund hatte uns erst vor ein paar Monaten in Salzburg besucht und war von unserem Schneid begeistert. Er war so englisch, dass es englischer nicht mehr ging. Sein in der Eliteschule in Eaton modulierter Sprachton, dazu die langen und noblen Pausen, bis er antwortete, als würde er warten, bis der Tee von selbst in der Tasse warm würde, verwandelten jedes Salzburger Landwirtshaus in einen exklusiven britischen Club.

Er trug natürlich immer Sakkos aus feinstem Tuch, darunter eine geknöpfte Strickweste über dem Maßhemd, die obligate Krawatte in dezenten Farben – sicher von einem noblen Ruderklub –, die Schuhe von zurückhaltender Eleganz und stets geblankt und gewienert, dass ich kaum hinzusehen wagte. Irgendwie erinnerte mich sein Kopf und Ton in seiner Sprache an Prince Charles. Mit anderen Worten, genau der passende Freund für uns.

Wir baten ihn, bei Lotus, Lola, Cooper oder Brabham anzufragen, ob dort Platz für zwei Genies aus Österreich wäre. Clive antwortete per Brief – naturgemäß mit Füllfeder geschrieben, das Papier handgeschöpftes Bütten, am Briefkopf ein schwulstiges Wappen mit feinem Gold und Silber coloriert. Ja, er habe die Firmen in der Delamere Road/Cheshunt (Lotus), Surbiton (Cooper und Brabham), Huntington (Lola) kontaktiert. Die Herren schlugen unisono vor, man möge sie beim Formel-1-Rennen in Zeltweg darob ansprechen.

Nach den positiven Echos auf unsere »Stellenbewerbungen« fuhren Peter und ich mit dem altem Volkswagen nach Zeltweg. Wir wollten dort nicht nur unsere zukünftigen Arbeitgeber treffen –

VOLLGAS ODER NIX /// BRABHAM AUF EIN BIER EINGELADEN

Erich Glavitza
als Journalist

sondern mussten bei diesem historischen Ereignis auch unbedingt dabei sein. Ich reservierte zwei Pressekarten fürs Fahrerlager. Wir explodierten förmlich vor Optimismus und sahen uns bereits an den Reißbrettern von Lotus oder Brabham Rennwagen entwerfend.

Apropos Pressekarten – ich vergaß zu erwähnen, dass ich im Jahr zuvor einen wesentlichen Lebensabschnitt begonnen hatte – ich war Journalist geworden! Die Kranbauerei war mir erstens längst auf die Nerven gegangen, zweitens war der Lohn im Konstruktionsbüro den Salzburger Ansprüchen nicht gerade angepasst. Ich suchte also dringend einen Nebenjob, denn allein die Miete für das Dachgeschossloch, in dem ich hauste, war ordentlich bemessen. An einem der traurigen und dort ohnehin meist verregneten Samstagnachmittage wurde mir nach einem Blick aus dem winzigen Giebelfenster mein Schicksal wieder einmal so richtig klar. Es musste was geschehen!

Ich holte mir die »Yellow pages« und begann darin zu blättern. Wenige Tage vorher sah ich einen Detektivfilm mit Humphrey Bogart – Trenchcoat, Hut, Zigarette im Mundwinkel, Whiskyglas in der Hand – und tollen Frauen an seiner Seite. Getrunken hab ich nicht, dafür geraucht – beim Thema Frauen lief ich gerade auf »Notstrom«.

Ich schlug die Seiten mit den Adressen und Telefonnummern der Salzburger Privatdetekteien auf und rief an. Es war Samstagnachmittag und die Detektive schienen alle ausgeflogen und auf Mörderjagd. Mein Blick fiel auf meine »Robot«-Kamera und zufällig lagen die Seiten für »Pressefotograf/Presseagentur« vor mir. Ich überlegte kurz und sah in meiner Phantasie Humphrey Bogart im Trenchcoat und Schlapphut lässig an der Bar in den Ausschnitt von Marylin Monroe starrend, diesmal nicht als Detektiv, sondern als Pressefotograf. Diese Vögel wären doch auch ständig mit feschen Weibern entweder in Betten oder an Bars … also rief ich bei der »Presseagentur Anton Pointner« an. Der Mann hob ab, lud mich zu sich ins »Atelier« … ich wurde Pressefotograf!

Mein Inventar bestand aus einer so genannten »Robot«-Kleinbildkamera, die ich mir vor Jahren vom Geld als Ferialpraktikant in der Gesenkschmiede der Firma Böhler in Kapfenberg hart erarbeitet hatte. Mein erster Auftrag als »Humphrey Bogart« waren Fotos vom Trachtenumzug in Schallmoos. Die Zeitungen zahlten meinem neuen Chef neunzig Schilling – davon bekam ich dreißig. Für eine Anzahlung eines Porsches zu wenig, für den täglichen »Großen Braunen« im »Café Basar« reichte es allemal.

Am nächsten Tag saß ich lässig wie Bogart im Café, blätterte noch lässiger in den Salzburger Nachrichten, mein Herzschlag um einhundertvierzig pro Minute, und fand meine weltjournalistische Großtat auf der Lokalseite.

Ein Bild mit drallen und vollbrüstigen Weibern im Dirndl, weißen Stutzen und Haferlschuhen. Ich ging auf die Toilette – ein paar Minuten später wieder, dann wieder, dann wieder – schlich immer an den Tischen vorbei und kontrollierte die Leser der Salzburger Nachrichten, welche Seiten sie gerade aufgeschlagen hatten. Ich versuchte sie sogar durch »böse Hirnströme« barsch aufzufordern, endlich weiterzublättern – die Weltpolitik wäre doch scheißegal, auf den Seiten »Lokales« – ja, dort ginge es ums Universum … die Dirndl'n, werter Leser, die Dirndl'n!

Ich schweife ab – wo war ich stehen geblieben? Beim Österreich Grand Prix und unserem Projekt, nach England auszuwandern – um dort als Rennwagenkonstrukteur zu arbeiten, nebenbei einen Rennwagen zu bauen, um damit Weltmeister zu werden. Klingt eigentlich logisch.

Der Exkurs zum Journalismus war insofern von Bedeutung, als ich durch diese Tätigkeit zu Pressekarten beim Grand Prix in Zeltweg gekommen war. Ich war inzwischen nicht nur als Fotograf für mickrige 30 Schilling pro veröffentlichtes Bild unterwegs – sondern durfte bereits Texte schreiben.

Und das kam so: Ich fotografierte beim Eisrennen auf dem zugefrorenen See in Zell für die »Salzburger Nachrichten«. Der lokale Meister Konrad Eckschlager (DKW 750 Dreizylinder) nahm mich mit und brachte mich nach dem Rennen auch wieder nach Hause. Nachdem mein Herr und Meister Anton Pointner die Fotos ausgearbeitet hatte, brachte ich sie schleunigst in die Redaktion. Dort war zu dieser Uhrzeit bereits der Teufel los, schließlich musste die Morgenausgabe fertig werden.

Der Sportchef saß in der Mitte in Hemdsärmeln, fuchtelte mit den Armen, brüllte und tobte mit den Mitarbeitern. Ich saß in seinem Rücken und lauschte ängstlich dem Geschrei. Zwischendurch läuteten Telefone, niemand war in der Lage, »normal« zu sprechen, alles brüllte miteinander, gegeneinander oder ins Telefon.

Plötzlich drehte sich der Sportchef mit einem Ruck zu mir und deutete auf die Schreibmaschine und brüllte: »Was schaust'n so blöd – eine Seite brauch ich – aber schnell! Schlaf nicht – schnarchen kannst z'Haus!«

Ich spannte ein Blatt Papier in die Schreibmaschine und hämmerte los … mit einem Blick auf die Nebentische erspähte ich Zeilenabstand, Anschläge und so weiter. Gegen Ende der Story tauchte plötzlich ein riesiger Schatten hinter mir auf – es war der Sportchef – und riss mit einem Ruck das Manuskript aus der Maschine.

»Reicht schon – zum Dichten hamma heut ka Zeit!«, und setzte sich mit meinem Manus wieder an seinen Schreibtisch.

Jim Clark und sein Lotus 33 Climax 1964

Wenig später brüllte er in meine Richtung: »Und was ist mit den Ergebnissen – Klassensieger und der andere Schaß?«

Nachdem ich ihm den letzten Wunsch auch noch erfüllt hatte, blieb ich noch eine Weile in der Redaktion und beobachtete das Chaos. Ein gestandener Journalist, es war der spätere Chef Gottfried Grilnberger, näherte sich von hinten, legte seine Hand auf meine Schulter und raunte mir ins Ohr: »Welcome to the club.«

Die Formel-1-Teams waren in Zeltweg in einem riesigen Flugzeughangar untergebracht. Das war für uns günstig. Wir hatten somit alle von uns gesuchten Teams in einem übersichtlichen Raum versammelt. Zwischen den grünen Lotus-Rennwagen stand einsam Jim Clark, Sakko mit Lederflicken an den Ellbogen über dem hellblauen Dunlop-Rennoverall, und lutsche an einem Eis.

Ich hatte vor ihm einen Heidenrespekt, war er doch der regierende Weltmeister und auch in dieser Saison sah es nach einem weiteren Clark-Jahr aus. Ich näherte mich ihm vorsichtig, immer in Erwartung einer abweisenden Handbewegung. Aber das Gegenteil war der Fall. Er drehte sich plötzlich zu mir, leckte Eis von der Tüte und nickte mir lachend zu.

Ich erzählte ihm meine Geschichte, vom Brief an Lotus, unserem Freund Clive … und dass wir sehr gerne bei Lotus arbeiten wollten. Er leckte ein weiteres Mal am Eis und deutete auf einen großen, schlanken Mann in grünem Overall: »Ask Jim … Jim Endruweit… our chief engineer … Jim'll be your man.«

Er ließ mich aber nicht gleich fort, sondern fragte mich, warum ich unbedingt nach England wollte, ob ich schon mal dort gewesen wäre und so weiter. Er fragte mich so lange, bis Endruweit plötzlich mit einer dicken Mappe davonlief, in ein Auto stieg und wegfuhr.

Clark winkte ab, verspeiste den Rest der Eistüte und nahm mich am Arm: »Come on – what's your name?«

»Erich«

»Okay, Eric – come on, we'll see Dick – Dick Scammell.«

Dick Scammell war Clarks Auto zugeordnet. Ein groß gewachsener schlanker Bursche, das Haar zu einem Scheitel gekämmt, reichte mir lachend die Hand, dass ein Goldzahn blitzte. Er hörte sich meine Geschichte an, sagte mir aber gleich, dass sie alle hier sehr »busy« wären, es gäbe Probleme mit dem Getriebe – er würde sich aber meiner Sache annehmen. Am besten wäre aber, wenn ich nach Ablauf der Formel-1-Saison direkt ins Werk nach England käme. Jim Clark sah meine Enttäuschung, fasste mich wieder am Arm und nickte: »Ja, komm ins Werk im Oktober oder November … wenn die Saison vorbei ist. Dann hat auch Colin (Colin Chapman) für dich Zeit. Du wirst sehen, es wird klappen.«

Von diesem Zeitpunkt an waren Jimmy und ich Freunde – nein, nicht Freunde, das wäre zu viel gesagt, aber ein bissl mehr als gute Bekannte. Wir sollten uns während der kommenden Jahre immer wieder treffen. Es wurde eine wunderbare »gute Bekanntschaft« … im nächsten Jahr nahm er mich einmal mit hinauf nach Edington Mains in den Norden Schottlands, wo die Clarks eine riesige Schaffarm betrieben hatten. Er war sein Leben lang ein leidenschaftlicher Farmer gewesen. Aber davon später.

Nach Lotus wanderten wir zu Jack Brabhams Mannschaft. Der Amerikaner Dan Gurney hockte mit ernster Miene am Hinterreifen seines Wagens, einen Cola-Becher in der Hand, und hörte Gov'nor Jack andächtig zu, der ihm mit einem Teil vom Differenzial in der Hand zu erklären versuchte, dass da nichts mehr zu reparieren wäre. Schöne Aussichten für das Rennen … vor allem eine tolle Stimmung, Jack Brabham zu überzeugen, dass wir die »Richtigen« für seine Firma wären.

Als sich Brabham aufrichtete und zum Transporter ging, wagte ich den entscheidenden Schritt. Ich näherte mich nicht von hinten, das würde einen schlechten Eindruck machen, sondern von rechts. Ich hatte irgendwie das Gefühl, dass diese Seite genau die richtige wäre. Rechts wäre »rechtens« und somit das »Rechte« – so wurde es uns doch von Kindheit an eingebläut.

Brabham hielt an, nickte nach meiner Einleitung und sagte zu erst einmal: »Well.«

Sein Ton war im Gegensatz zu Jim Clark tief, väterlich, Basslage, männlich und für die geringe Öffnung seiner Lippen überraschend laut. Aber sehr höflich und doch mit der für Angehörige des englischen Königreichs typischen Distanz. Weder ablehnend – wie zum Beispiel in Mitteleuropa üblich – Porsche-Rennleiter Huschke von Hanstein hätte mich angebrüllt und sofort abführen lassen. Die Italiener hätten mich geküsst, umarmt und von ihrer sterbenden Mama erzählt … ich wäre nie zu Wort gekommen … die Franzosen hätten mich nicht verstanden, denn die wissen nicht einmal, dass es andere Sprachen außer Französisch gibt.

Brabham wahrte wohlerzogen die britische Distanz und tat zumindest so, als würde er mir zuhören. Als ich meine Geschichte mit dem Schlusssatz »…würden wir sehr gerne in Ihrer Firma arbeiten« beendet hatte, sah er mich lange an und nickte stumm.

Nach endlosen Schweigeminuten sagte er schließlich, dass er die Sache »überdenken« würde … lasst uns doch später darüber reden … dann die Schlusskadenz: Ich möge in zwei Stunden wiederkommen.

»Wer nicht pünktlich ist, verkommt«, hatte mir mein oberster Förderer und Ersatzvater Gösta Zwilling eingebläut! Nach einer Stunde und fünfzig Minuten pirschte ich wieder um die Brabham-Transporter.

VOLLGAS ODER NIX /// BRABHAM AUF EIN BIER EINGELADEN

Jack Brabham >>>

Dann der positive Schock: Eine Männergestalt schritt eilig an mir vorbei – Jack Brabham himself! Es war, als wäre Gottvater zwischen den Wolken herabgestiegen. Er ging zu den Mechanikern, sprach ein paar Worte und dann weiter zum Transporter. Ich wagte nicht, ihm nachzurennen und ihn mit meinem Schaß zu belästigen. Meine Geduld wurde belohnt – soll nicht heißen, dass Geduld immer im Leben belohnt würde, diesmal ja. Brabham stieg nach wenigen Minuten aus dem Transporter, hinter ihm folgte sein Cheftechniker Ron Tauranac und beide gingen zu Gurneys marodem Rennwagen. Knapp davor blickte Brabham zu mir, nickte und kam plötzlich näher.

Bevor ich noch eine höfliche Begrüßung anbringen konnte, sagte er, sie hätten Probleme mit dem »powertrain«, er habe eben mit England telefoniert, ob es eine Möglichkeit gäbe, die Teile bis heute Nacht nach Wien zu fliegen … ich folgte seinen Ausführungen und bemühte mich, ein der prekären Situation mitfühlendes Gesicht aufzusetzen … und am Schluss machte er den Vorschlag, dass wir uns am Abend in seinem Hotel treffen sollten … er blickte auf die Uhr und sagte, vielleicht so gegen acht Uhr, und fügte mit dem für ihn typischen Grinsen hinzu: »Auf ein Bier – vielleicht zwei!«

Ich zückte meinen Fotoapparat, die alte »Robot«, und begann systematisch die Radaufhängungen der verschiedenen Rennwagen zu fotografieren. Das war zwar journalistisch völlig wertlos – denn wen interessierte im Café Basar bei einem »Großen Braunen« und einem Scheitel Sacher Torte, ob der Lotus innen liegende Federung hatte und der Brabham außen liegende und Ferrari wieder andere und so weiter und so fort. Ich wollte aber »Material« sammeln, und zwar für unsere Ingenieurzukunft in England!

Ich hatte Peter meine Hypothese nahegelegt: Wir gehen nach England, arbeiten dort als »Engineers« – und während der Abendstunden beziehungsweise Nachtstunden würden wir uns aus Rest'ln von Unfallautos zwei Rennwagen zusammenbauen und dann … ja, und dann gewinnen wir halt – und zwar ohne Unterbrechung. Karl May war wirklich eine phantasielose Kröte gegen mich.

Wir schlichen langsam von einem Rennwagen zum anderen und landeten schließlich bei Jochen Rindts Brabham-BRM V8. Der Wagen gehörte dem Team des englischen Whisky-Fabrikanten Rob Walker, jahrelanger Sponsor von Stirling Moss. Nach dem furchtbaren Unfall des berühmtesten Nicht-Weltmeisters 1962 in Goodwood startete der Schwede Jo Bonnier in dem dunkelblauen Rennwagen mit weißem Querbalken an der Nase. Für den Grand Prix in Österreich bekam Rindt den Brabham Typ BT 11 mit der Startnummer 12.

Wenn ich mich recht erinnere, handelte es sich dabei um eine Art Gegengeschäft – Rindt hatte Bonnier seinen Brabham-BT 10 vom Team Winkelmann für das Formel-2-Rennen in Karlskoga/Dänemark geliehen – für Österreich gab's dafür einen Start im Walker-Brabham.

Rob Walker hatte mir Jahre später erzählt, es war Jo Bonniers Vorschlag, den zweiten Formel-1-Wagen (früher ein Cooper-Climax) an lokale Größen zu vermieten. Walker hatte sich auf diesem Wege ein »Körberlgeld« erwartet. Man darf nicht vergessen, dass die Formel 1 noch Lichtjahre von Bernie Ecclestones Goldquellen entfernt war und die Veranstalter mit den Teams und Fahrern in Wahrheit machten, was sie wollten. Die Idee Bonniers stellte sich jedoch bald als »Schuss nach hinten« heraus.

Einer der ersten Mieter war damals Edgar Barth, Berg-Europameister und Porsche-Werksfahrer. Laut Walker war er nicht nur »dreadfully slow«, sondern ruinierte auch noch den Motor. In Italien wollte

VOLLGAS ODER NIX /// BRABHAM AUF EIN BIER EINGELADEN

Jetset 1964: Die Formel 1-Stars verlassen Wien in der AUA-Caravelle, und Tony Maggs, Phil Hill, Bette Hill, Bruce McLaren, Patsy McLaren, Mrs. Gurney, Dan Gurney, Jim Clark, Mike Spence, Graham Hill und Richie Ginther (von links) strahlen.
In Zeltweg wird die Boxengasse zum Laufsteg

Jochen Rindt im Brabham BT 11 beim Großen Preis von Österreich 1964

man den unter dem Pseudonym »Geki« fahrenden Formel-3-Champion Giacomo Russo in Monza an den Start bringen. Russo war aber zu langsam und der Veranstalter weigerte sich, das Startgeld zu zahlen, und erst nachdem ihm klargemacht wurde, dass sie Russo als Fahrer gewünscht hatten, kam der Schotte am Ende doch noch zu seinem Geld.

Für Jochen Rindt fand Rob Walker nur Lobesworte. Als er zum Zeltweger WM-Lauf 1964 in Schwechat mit dem Flugzeug landete, erwartete ihn – oh, Wunder – Jochen Rindt mit Blumenstrauß. Er chauffierte ihn dann persönlich nach Zeltweg. Walker hatte auch das Gefühl, dass der »charming young man« auch Jahre später diese Chance eines Formel-1-Starts nicht vergessen hatte. Auf dem neuen Österreichring borgte Rindt 1970 einen Mercedes 300 SEL und chauffierte ihn um die Rennstrecke mit den Worten: »I want you to be the first person I ever drive round the circuit.«

Als wir beim Brabham von Jochen Rindt angelangt waren, kam gerade sein ehemaliger Mechaniker, das Wiener Rennoriginal Joschi Borka, vorbei. Jochen hakte sich sofort bei Borka unter und zog ihn zur Seite.

Der darauffolgende Dialog spielte sich dann so ab.

Borka: »Wie gez'da d'nn?« (Wie geht es dir denn?)

Jochen: »I waß ned – irgendwas stimmt mit dem Auto ned.« (Ich weiß nicht, irgendwas stimmt mit dem Auto nicht.)

Borka: »Wos is'n leicht?« (Was ist denn?)

Jochen streckte seine Arme aus, deutete ein Lenkbewegung an: »I waß ned – oba des Lenkradl draht si.« (Ich weiß nicht – aber das Lenkrad dreht sich.)

Borka: »Wos draht si?« (Was dreht sich?)

Jochen mit Nachdruck: »Na, des Lenkradl.« (Na, das Lenkrad.)

Borka schüttelte den Kopf: »In da Kurv'n?« (In der Kurve?)

Jochen fuhr sich mit der Hand durch die Haare: »Na, auf da Grod'n.« (Nein, auf der Geraden.)

Dann gingen beide zum Brabham-BRM und Borka checkte die Nabe des Lenkrads, schüttelte den Kopf und wandte sich dem Zahnstangengetriebe zu. Zwei Mechaniker vom Team Walker schlossen sich der Gruppe an und gemeinsam mit Borka tauchten sie in den vorderen Teil des inzwischen »entblätterten« Rennautos. Sie wurden nicht fündig. Als Borka zu einem nahen Standl auf eine Burenwurst ging, schüttelte er den Kopf und brummte: »Der Bua tramt scho wieda.« (Der Junge träumt schon wieder.)

Jochen träumte nicht, wie sich später herausstellte. Er schied in der achtundfünfzigsten Runde an zehnter Stelle liegend wegen Defekts an der Lenkung aus. Er war an diesem Tag nicht der Einzige … nahezu die Hälfte der Starter war lange vor Rennende draußen.

//

Irgendwann hatte die Uhr Mitleid mit uns und setzte die Zeiger auf zwanzig Uhr … das hieß naturgemäß noch nicht, dass Jack Brabham pünktlich angetanzt käme. Peter war schon nervös, außerdem brannte ihm der Hintern von den harten Holzsesseln des Hotelrestaurants … Restaurant ist vielleicht etwas übertrieben. Bis zu diesem Zeitpunkt waren hier die einzigen Gäste Soldaten des österreichischen Bundesheeres. Diese Gruppe war natürlich nicht mit den Spendierhosen der deutschen Touristen in Velden zu vergleichen.

Die Wehrpflichtigen mussten mit ungefähr dreißig Schillingen pro Woche auskommen. Die Korporale oder Zugsführer waren in der Mehrzahl heruntergekommene Alkoholiker oder abgesandelte Alimenteflüchtlinge und dazu hoch verschuldet. Das österreichische Bundesheer war, ist und wird immer eine Tragödie bleiben.

Egal. Zeltweg musste von und mit dem Bundesheer leben. Entsprechend war das »ranking« der Hotellerie und Gasthäuser. Auf Touristen aus aller Welt war dieses verlorene Nest in der Weststeiermark nicht vorbereitet. Das Restaurant in diesem Hotel war aus diesem Grunde nichts anderes als die Wirtsstube eines verkommenen Gasthauses, in dem an Wochenenden geheiratet wurde – mit anschließender Rauferei unter den betrunkenen Verwandten – und unter der Woche fand der traditionelle Leichenschmaus nach Begräbnissen statt – auch mit Raufereien, weil die Trauernden nach ausreichendem Bier- und Weingenuss Geschichten aus der Vergangenheit ausgegraben hatten. Den Toten eingegraben, Wunden jahrzehntealter Beleidigungen ausgegraben und schon landete das halb volle Bierkrügel am Schädel des Onkels oder der Schwiegermutter. Das war stets der wahre steirische Brauch – nicht nur türkischer Sterz (Polenta) und eine Schwammsuppe (Pilzsuppe) drauf.

Ich wollte Peter beruhigen, Brabham hätte »Wickeln« mit dem Auto und würde sich deshalb verspäten, als die Tür aufging und die komplette Brabham-Mannschaft die Gaststube betrat. Betty und Jack, gefolgt von Dan Gurney mit seiner damaligen amerikanischen Frau (er ließ sich Jahre später scheiden und heiratete die Ex-Porsche-Presselady Evi Butz) sowie Marianne und Jo Bonnier. Jo Bonnier, Spross des schwedischen Medienimperiums »Bonnier«, hatte ein Medizinstudium abgebrochen, aus der Lehre zum Bankmanager sollte auch nichts werden – also wurde er Rennfahrer. Seine hübsche Frau Marianne war eine Nichte Alfred Nobels (Nobelpreis).

Brabham näherte sich mit väterlichem Lächeln unserem Tisch, rückte ein paar Sessel zurecht, dass alle Platz hatten, und setzte sich neben uns. Er wirkte in diesem Moment wie ein gütiger Daddy, der seine beiden Lausbuben angrinste, als wollte er fragen: Was habt ihr nun schon wieder angestellt?

Er nickte vor sich hin, blickte auf und vor ihm stand der Wirt, wischte sich die Hände in die Schürze, als hätte er eben mit einem Hieb einen Ochsen enthauptet. Alle am Tisch waren der deutschen Sprache nicht mächtig – Jo Bonnier tat zumindest so, als könnte er nicht Deutsch. Dazu muss gesagt werden, dass knapp neunzehn Jahre nach Kriegsende das Verhältnis zu Deutschland, der deutschen Sprache und allem, was irgendwie mit Deutsch zusammenhing, noch immer gespannt war. Im Falle Bonnier und Gurney hörte sich das zwar etwas merkwürdig an, fuhren doch beide jahrelang im Porsche-Werksteam. Egal, das Deutsche war nicht besonders beliebt – die Probleme gibt es zum Teil ja noch heute. Ich muss zu diesem Thema die »Klappe« halten, da ich eine Mutter aus dem Vogtland habe und zumindest »Halb-Piefke« bin.

Die Deutschland-Phobie hatte ich während der sechziger Jahre noch sehr deutlich gespürt. Ich erinnere mich genau an eine unserer England-Fahrten. Nach frühmorgendlicher Landung in Dover gingen wir in ein Pub, in der Hoffnung auf Bacon & Eggs und einer Tasse Kaffee. Die Fahrt über den Kanal war wie üblich stürmisch, an Schlaf war keine Sekunde zu denken und wir waren wieder mal in »einem« von Wien die Nacht durchgeblasen. Entsprechend sahen wir in Dover aus und fühlten uns auch – übernächtigt, etwas übel von der rauen See, dazu giftbitterer Geschmack im Mund.

Trotzdem waren wir wie üblich guter Stimmung und marschierten in die warme Stube und Peter deponierte am Tresen unsere Wünsche. Nun sprach Peter aufgrund seines Studiums der Wirtschaftswissenschaften tadelloses Schulenglisch – nur war eine »deutsche Schlagseite« nicht zu überhören.

Die Miene des Wirtes verfinsterte sich, er winkte ab und zeigte auf die Tür, durch die wir eben eingetreten waren: »Für Deutsche gibt's hier nichts – get out!«

Peter hatte zwei Vorteile – erstens sah er (und sieht heute noch) aus wie der Herzenswunsch jeder zukünftigen Schwiegermutter, etwas kindlich, unschuldig … Wissenschaftler der vergleichenden Verhaltensforschung würden von »Kindchenschema« sprechen, das in Notfällen auch bei blutrünstigen Berserkern die Mitleidsdrüse weckte … und zweitens war er hartnäckig.

Ich wollte schon mit den Worten »englisches Arschloch« abhauen, da murmelte Peter etwas in weinerlichem Tone von Austria und Vienna. Franz Schubert und Hans Moser hatte er gottlob zu erwähnen vergessen und er stimmte auch nicht den Donauwalzer oder »Wien, Wien – nur du allein …« an.

Der Wirt hielt kurz inne – es war für Sekunden still wie draußen im Weltall – dann grinste er verlegen und fragte Peter noch einmal nach SEINEN Wünschen. Mich hatte er nicht einmal beachtet – vielleicht ahnte er, dass ich eine stramme deutsche Mutter hatte.

Beim Wirt in Zeltweg passte uns die Distanz unserer Freunde zur deutschen Sprache. Wir durften die Speisekarte übersetzen. Während Peter und ich versuchten, Schweinebraten mit Knödel, Gulasch und Kalbsvögerl und so weiter zu übersetzen, entging mir nicht, wie die Damen liebevoll meinen Freund beobachteten, wie er gleich einem Engerl gestenreich ein »Kalbsvögerl« erklärte. Da wusste ich, wir waren auf der Siegerstraße. Brabham würde es nicht wagen, gegen diese weibliche Übermacht uns (mich vielleicht schon) hinaus in die kalte Nacht zu jagen!

Nachdem die Gäste aus den USA, Australien und Schweden gegessen hatten, bestellte Frau Bonnier noch einen »Kaiserschmarrn mit Zwetschkenröster«. Sie wusste zwar nicht, was ein »Kaiserschmarrn« war, aber sie lachte, weil dies sicher mit dem Kaiser zu tun hatte, und deshalb müsste sie das unbedingt probieren. Die Fuhre hätte einem ganzen Infanterieregiment gereicht, deshalb mussten wir alle »helfen«.

VOLLGAS ODER NIX /// BRABHAM AUF EIN BIER EINGELADEN

Dan Gurney und Jo Bonnier

Nach dem opulenten Mahl blieben naturgemäß, wie in der Steiermark üblich, die Teller noch eine gute Stunde am Tisch.

Die Männer – wir ausgenommen – bestellten Bier. Jo Bonnier, der bärtige Schwede, empfahl österreichisches Bier, in Schweden »Öl« genannt, wahrscheinlich kommt das wienerische »im-Öl-sein« (für voll betrunken) aus dem hohen Norden – vielleicht hatten es die Wikinger während einer ihrer Raubzüge in Donaunähe uns hinterlassen; die sollen ja gemäß Überlieferung begabte Trinker gewesen sein.

Brabham beugte sich wieder nach vorn, legte die Unterarme auf die Tischplatte, atmete tief aus und ein und schenkte uns eines seiner väterlichen Lächeln: »Na, Jungs, worum geht's?«

Ich begann wieder die ganze Story, von der HTL und unserer nicht enden wollenden Begeisterung für den Autorennsport … und auch Liebe zu England, obwohl wir damals noch nicht dort waren … und schwafelte gute zwanzig Minuten ohne Unterbrechung und kaum Luft holend den geduldigen Brabham samt seiner Entourage einfach nieder. Die Damen und Herren waren ohnehin von den Anstrengungen des Tages todmüde und deshalb war kaum nennenswerter Widerspruch zu erwarten.

Als ich mit meiner einführenden Vorlesung zum Thema »Zwei Verrückte wollen nach England« fertig war, herrschte minutenlang Stille. Sechs Augenpaare waren auf uns gerichtet – in ihren Köpfen wahrscheinlich: Die beiden sind total übergeschnappt!

Brabham blickte verloren auf den Teller mit den Speiseresten und ordnungsgemäß abgelegtem Besteck, nickte und sagte dann sinngemäß: Ja, er fände das eine sehr gute Idee, wenn zwei wirklich nette junge Leute so etwas vorhätten – bei ihm wäre das nicht anders gewesen, er wäre vor mehr als zehn Jahren auch mit solchen Vorstellungen von Australien nach England ausgewandert … dabei nickte er seiner Betty zu.

Die beiden anderen Damen sahen nur Peter – wahrscheinlich stellten sie sich vor, wie eine ihrer Töchter mit Peter als zukünftigem Schwiegersohn in ihr Haus käme, Peter, im schwarzen Anzug, Krawatte und mit einem Strauß Maiglöckchen in der Hand, kniet nieder und macht der Tochter einen Heiratsantrag … Ein Film mit Doris Day und Rock Hudson war ein Schaß dagegen.

Als Brabham mit seiner Antwort über die gute Idee und so weiter fertig war, lehnte er sich langsam zurück, wie es sich für einen wohlmeinenden Vater gehörte, und begann: Da gäbe es nur ein Problem … es würden bei ihm keine Rennwagen konstruiert. Was soll das heißen? Nun, die Rennautos wurden noch immer nach Methoden der fünfziger Jahre gebaut. Während in Deutschland Horden von Ingenieuren in weißen Mänteln, spitzen Faber-Castell-Bleistiften, Zirkeln, Tuschefedern und dem obligaten Rechenschieber in der Brusttasche ihre Kampfwagen konstruierten – verließen sich die stets lustigen Briten auf Kreidelinien am Fußboden und hefteten Stahlrohre mal Pi mit dem Schweißgerät zusammen. Unglaublich, aber wahr.

Ich konnte mich von dieser Methode drei Jahre später selbst überzeugen, als Denis Hulme in blauer Montur die Rohre für sein Weltmeisterauto 1967 auf einer stählernen Richtplatte zusammenschweißte. Hulme hockte sich zwischen das Rohrgitter, streckte die rechte Hand aus und sagte: Hier – da ungefähr … da, ja, passt! Er meinte, an dieser Stelle sollte der Ganghebel sein, und einer der Mechaniker »punktete« mit seinem Elektroschweißer die Ganghebelhalterung an den Rohrrahmen, während Hulme die Augen zugekniffen hielt.

Stirling Moss hatte mir anlässlich der »Ennstal Classic« erzählt, dass sein erfolgreicher Kieft-Formel-3 am Teppich in seinem Haus geboren wurde. Er musste sich auf den Boden setzen, Mister Kieft legte vier Bücher als »Räder« um Stirling hin und begann mit Mutters Maßband die Sitzposition zu ermitteln – es ging in Wahrheit um die so genannte »statische Radlastverteilung« … british sense of humor. Darum kommen auch die besten Komödien der Welt aus England und nicht Deutschland.

Peter und ich starrten Jack Brabham mit »offener Lade«(Mund sperrangelweit offen) an. Das konnten wir nicht glauben. Die Formel-1-Rennwagen würden nicht von einem Team »alles-wissender« Ingenieure konstruiert und statisch berechnet? Zug-, Druck- und Torsionsfestigkeit … Tabellen, Sigmazul und so weiter und so fort.

Nein, die Kerle nahmen einfach ein paar Stahlrohre – nicht einmal hochfeste Chrom-Nickel-Rohre, sondern einfache nahtlose »mild steel«-Rohre, pickten sie am Boden zusammen … und fuhren dem Rest der Welt um die Ohren. Unfassbar!

Dabei verwendeten die Engländer auch noch viele Teile aus dem Serienautobau. Zahnstangenlenkungen und Achsschenkel waren von dieser unmöglichen Triumph-Herald-Kiste! Auch die Antriebswellen wurden einfach aus dem Ersatzkatalog von Serienautos herausgelesen und in Rennautos verarbeitet.

Dass diese Art Rennwagen zu bauen in Wahrheit ungeheuer kreativ und vor allem ökonomisch war, dahinter bin ich erst viel später gekommen.

Während Porsche oder Ferrari jeden bedeutenden oder unbedeutenden Teil lang und breit von mehreren Konstrukteuren zeichnen ließen und dann in mühsamer Einzelfertigung herstellten, blätterten die Briten in einem Ersatzteilkatalog vom Ford Anglia oder Triumph Herald, tippten mit dem Finger drauf und die gesamte Vorderachse samt Lenkung war kein Thema mehr.

Jack Brabham musste unser blankes Entsetzen bemerkt haben und erklärte uns noch einmal langsam die »hohe Kunst englischen Rennwagenbaus«. Abschließend erwähnte er so nebenbei, dass er kaum Ingenieure benötige – sondern Schweißer und Rohrbieger. Punktum aus.

Das warf unsere Pläne um Jahrzehnte zurück. Da halfen auch nicht die lieblichen Proteste der anwesenden Damen – die hätten nur allzu gerne Peter in Byfleet gesehen – nach der Arbeit würde er zum Tee und Kuchen zu ihnen in die Küche kommen und beim Abwaschen helfen. Ich könnte ja weiter in der Werkstatt bleiben und bis zur Erblindung Rohre schweißen.

Damit war unsere Vision gestorben.

Großer Preis von Österreich 1964 in Zeltweg: Auf Touristen aus aller Welt war dieses Nest in der Weststeiermark nicht vorbereitet

GT 40 – DIE AMIS KOMMEN

Die ersten Kontakte mit der internationalen Rennszene hatte ich während meiner Salzburger Zeit – als ich mich per Autostopp (!!) die ungefähr siebenhundert Kilometer zum Rennen zur Sportwagen-WM am Nürburgring durchgekämpft hatte. Es war ein Kampf auf Leben und Tod – irgendwie schaffte ich es, über zwanzig Stationen mit einer Minimini-Barschaft in der Tasche in die Eifel zu kommen.

Erich Glavitza als Journalist beim 1000 km Rennen auf dem Nürburgring 1964

Der Sportchef der »Salzburger Nachrichten« hatte nur den Kopf geschüttelt, als ich auf die Frage, wie ich dorthin käme, ohne zu zögern und mit einer Selbstverständlichkeit, als wäre es die sicherste Sache der Welt, antwortete: per Autostopp. Ab diesem Augenblick wusste er, dass er den Verrücktesten aller Verrückten dieser Welt in seiner Redaktion hatte. »Der« würde wahrscheinlich durch den Atlantik schwimmen, wenn er sich in den Kopf gesetzt hätte, vom 500-Meilen-Rennen in Indianapolis zu berichten! Er lag nicht falsch.

Es war ungefähr halb sieben Uhr früh, als ich in einem Volkswagenbus eines Obsthändlers von Koblenz die letzte Schicht bis zum Ring geschafft hatte. Ich sah aus wie ein Fetzen, als ich mich höflich verabschiedete und vor dem Tribünenhotel bei Start und Ziel aus dem Bus stieg. Hier hatten sie alle übernachtet: Carraciola, Rosemeyer, Brauchitsch, Seaman, Ascari, Fangio, Moss – die gesamte Crème de la Crème der Volantdreher war hier schon einmal abgestiegen. Jetzt war ich hier.

Ehrfürchtig ging ich am Portier vorbei in Richtung Speisesaal. An den Wänden Porträts der Rennfahrer und Rennwagen. Ich ging weiter und warf einen Blick durch die Glastüre in den Speisesaal – natürlich wagte ich mich nicht hinein, ein Frühstück hätte mich lebenslänglich in den Schuldenturm gestürzt. Ich hoffte, durch den Blick aufs Buffet allein satt zu werden. Wie so oft, dürfte mein Schutzengel auch schon munter gewesen sein. Während ich in den Saal starrte und ein paar Fahrer erkannte, wie sie gerade am Buffet ihre Teller füllten, vernahm ich eine Stimme hinter mir: »Ah – der junge Mann ist auch hier.«

Ich drehte mich um und sah in das lächelnde Gesicht des Grandseigneurs der österreichischen Rennszene, Hofjuwelier Gottfried Köchert. Die nobel ergrauten Haare glatt zurückfrisiert, braunes Sakko mit Lederflicken an den Ellbogen, auf den Millimeter passend an seinem Körper geschnitten, hellblaues Hemd, Halstuch und blitzeblank geputzte Maßschuhe – sicher von Nagy.

Er nickte und grinste, als würde er sagen: Ja, ja, die jungen Buben.

Nachdem ich mein Begrüßungssprücherl runtergesagt hatte, fragte er: »Arbeiten Sie hier – für eine Zeitung?«

Ich nickte und antwortete artig wie in der Volksschule: »Ja, ich schreib hier für die Salzburger Nachrichten.«

Er griff nach meinem rechten Oberarm: »Oh – die Salzburger Nachrichten«, wiederholte er und fügte hinzu: »Das ist ja mein Lieblingsblatt.«

Ich war gerettet.

Mit der Rechten öffnete Gottfried Köchert das Himmelstor ins Schlaraffenland und mit den Worten »Ich geh einmal vor« schritt er zielsicher auf einen leeren Tisch zu.

Ein Glück, dass Köchert an meiner Seite war, die Kellner hätten mich stante pede in die Müllentsorgung geworfen. Mit dem Herrn Hofjuwelier konnte mir nichts passieren. Die Kellner wuselten zu unserem Tisch, verneigten sich, bis ihre Köpfe am Boden knallten. Ich neben Köchert – das tat gut.

Er hatte sicher mit einem Seitenblick bemerkt, dass meine sonst ohnehin schon dürftigen Fettreserven längst aufgebraucht waren und ich eigentlich bereits vom eigenen Knochenmark zehrte – es soll ja Insekten geben, die sich in Hungersnöten selbst vertilgten. Ich hatte diesen Status bereits überschritten.

Er lud mich zum Buffet ein. Ich will dem Leser dieser Zeilen ersparen, alle Köstlichkeiten des Buffets

◀◀◀ Der Gottfried Köchert Ferrari 250 LM beim 1000 km Rennen auf dem Nürburgring 1964 gefahren von Jochen Rindt und Umberto Maglioli

Umberto Maglioli ▶▶▶

hier aufzuzählen – es war gewaltig. Mein Hunger auch. Am liebsten hätte ich mich dort gleich quer über den Tisch geworfen und wie ein australisches Leistenkrokodil alles zugleich verschlungen. Mitnichten – der elegante Herr aus Wien strahlte dermaßen auf mich, dass ich – in der Physik bezeichnet man das induktive Ströme – etwas von seiner vornehmen Zurückhaltung angenommen hatte. Zögernd lud ich etwas Lachs auf den Teller – ein wenig Sellerie nicht zu vergessen – ein paar Toastbrötchen, Butter … als Köchert wegsah, schob ich schnell vier Semmeln (zu Deutsch Brötchen), Butter und eine Fuhre Marmelade (Confiture) auf den Teller. Als wir wieder langsamen Schrittes zu unserem Tisch spazierten, nahm ich mir vor, noch einmal hinzugehen und den ganzen Rest vom Buffet in einen Sack zu laden … der Tag wäre noch lang! Während ich versuchte mein Frühstück mit derselben Eleganz und Zurückhaltung wie mein Retter zu mir zu nehmen, was mir natürlich nur unter Aufbietung letzter Kräfte gelang, erzählte er mir, während er ein Lachsbrötchen mit etwas Kren (Meerrettich – Armoracia rusticana) bestrich, dass er mit seinem Ferrari 250 LM hier wäre.

Pause.

Nach einem Biss vom Brötchen und wieder einer Pause sagt er weiter, er habe beschlossen, an seiner statt den jungen Jochen Rindt mit dem Italiener Umberto Maglioli fahren zu lassen. Was ich dazu sagen würden?

Nun, Jochen ein Steirer, ich ein Steirer – und Jochen war mir am Arsch sympathischer als die ganze arrogante Wiener Angebertruppe – wobei ich hinzufügen muss, dass Gottfried Köchert da immer eine wohltuende Ausnahme bildete. Er hatte mit den lauten Hochstaplern, Whiskysäufern und »reichen Müßiggängern« (Zitat Zwickl) nichts, aber schon gar nichts gemein. Während die laute Wiener Bande stets vorgab, fein zu sein oder Geld zu haben, war der stille Köchert wirklich fein und reich!

Ich jubelte, dass das eine großartige Idee sei. Köchert nickte und lächelte wieder höflich und forderte mich auf, ein zweites Mal zum Buffet zu gehen. Ich wollte schon aufspringen und hinrennen – erinnerte mich aber sofort, in welch erlesenem Kreis ich frühstücken durfte – zögerte erst, als wollte ich sagen, nein, nein, ich hätte schon genug – tupfte langsam mit der Stoffserviette an meinen Lippen und bevor ich mich entsprechend in Zeitlupe erhoben hatte, sagte ich noch: »Tja, mit ihrem Ferrari zu fahren – das ist schon eine tolle Sache für Jochen!«

Langsam ließ ich meinen Blick über die Delikatessen streifen, schüttelte dazwischen den Kopf, als würde ich sagen: »Nein, mir ist das alles zu viel – muss abnehmen!«, strich mir dezent über den Bauch – und schaufelte dann noch einmal deftig auf einen Teller.

Nachdem wir fertig waren, verabschiedeten wir uns voneinander und Köchert lud mich im Weggehen ein, beim Training in seine Box zu kommen.

//

Inzwischen hatte das so genannte Pressebüro geöffnet und ich holte mir dort meine »Credentials« … Presseausweis und etliche Mappen mit den neuesten Meldungen. Dann marschierte ich ins Fahrerlager – und traf zwei britische Jockeyfiguren meines Alters – der eine hieß Peter Gethin, der andere John Miles. Gethin und Miles fuhren mit einem »Diva«-GT-Sportwagen 1000 ccm, ein kleines, typisch britisches Kunststoffwagerl. Ich holte meinen Notizblock hervor und begann beide ein bissl auszufragen. Erzählte

Peter Gethin

John Miles

Erich Glavitza im Diva GT von Peter Gethin

ihnen, ich wäre von Salzburg und würde für eine der größten österreichischen Tageszeitungen schreiben. Als ich mit meinem »ersten« Interview fertig war, verabschiedete ich mich mit: »See you again.«

Der klein gewachsene Gethin hatte jedoch offensichtlich das Gefühl, dass mir gerade sehr fad wäre, und lud mich auf ein paar Nürburgringrunden in seinem Mini-Cooper ein – Miles folgte im Windschatten. Nach einer Dreiviertelstunde auf, ab und verdächtig nahe an Büsche und Bäume driftend konstatierte mir Peter: »You're brave, Eric!« Von da an waren wir gute Freunde – ein Jahr später besuchte ich ihn in London und er führte mich in den noblen »British Racing Drivers' Club«.

Im Fahrerlager flanierten inzwischen die Größen des Rennsports: John Surtees, Umberto Maglioli, Jo Bonnier, Giancarlo Baghetti, Phil Hill, Bruce McLaren … und Jochen Rindt.

Vorsichtig näherte ich mich den Renndenkmälern und interviewte sie für die »Salzburger Nachrichten«. Der Name Salzburg hatte den großen Vorteil, dass alle gleich freundlicher waren. Ich kam zu wunderbaren Storys von Tony Maggs und Ex-Weltmeister Phil Hill – damals gerade am Scheideweg seiner Karriere … und nur wenige Monate vor seinem Feuerunfall in Zeltweg.

Gemeinsam mit Bruce McLaren startete Phil Hill in einem Ford GT 40; es war die Premiere eines Rennwagens, der aussah, als wäre er von einer anderen Galaxie gekommen – er glich einer Fliegenden

Untertasse. Mit dem Ford GT 40 hatte eine neue Epoche bei den Sportwagen begonnen.

Die Amerikaner waren in Europa gelandet. Ab diesem Zeitpunkt hatten sie die Überlegenheit der Ferrari-Zwölfzylinder gebrochen. Als 1967 die beiden Amis Dan Gurney und Indy-Legende A.J. Foyt vor Bruce McLaren und Chris Amon auf den riesigen Fords GT 40 Mk IV den Champagner vom Siegerpodest über Mechaniker, Journalisten und Zuschauer gossen, war der Höhepunkt der US-Invasion erreicht. Insgesamt siegten die GT 40 von 1966 bis 1969 in »Serie«.

Ich hatte die »Story« mit Phil Hill »im Kasten« und schlich mit meiner Robot-Kamera weiter durchs Fahrerlager und stand plötzlich vor Bruce McLaren, der auf einem Stapel Goodyears-Reifen hockte und an einem Sandwich kaute. Ich fragte ihn höflich, ob er etwas Zeit für mich hätte. Er hatte. Er war zwar um fünf Jahre älter als ich, wirkte aber sehr jung, vor allem wenn er sein verschmitztes Lausbubenlächeln aufgesetzt hatte. Ich löcherte ihn mit Fragen über dieses Ford-Monstrum.

Ich wollte alles über die Geschichte dieses Autos und auch den Ford-Plänen wissen. Ursprünglich wollten die Amis Ferrari kaufen (nach dem Motto: If you can't beat them – buy them), dagegen hatten sich aber Commendatore Enzo Ferrari, die italienische Regierung und sogar der Vatikan mit aller Kraft gestemmt. Deshalb hatten die Amerikaner die Konstruktionspläne eines Lola-Prototypen (Original mit Chevy-Motor) gekauft und ihn auf einen Ford GT »umgepudert« (Wiener Jargon für verwandelt).

Zu fahren wäre das »Ding« nicht ganz einfach, sagte McLaren und mit seinem typischen Grinsen fügte er hinzu, dass der Nürburgring vielleicht nicht der ideale Ort für so eine Premiere wäre. Er hätte eine flache Strecke empfohlen, wie Silverstone, das wäre einfacher gewesen. Aber die Bosse von Ford hatten sich für den Nürburgring entschieden und nun müssten Phil und er den »Job« erledigen.

Nun fragte er, und zwar Privates – ob ich Salzburger wäre? Nein, Steirer – wie Jochen Rindt, den er von den Formel-2-Rennen bereits kannte. Dann war ich wieder an der Reihe und wollte etwas über Neuseeland erfahren. Die Unterhaltung dauerte dann noch eine gute Stunde, bis er von einem Ford-Techniker in die Boxen gerufen wurde. Wir trafen einander während dieses Wochenendes noch ein paarmal, jedes Mal zwinkerte er mir wie einem »Verbündeten« zu.

Die Bekanntschaft intensivierte sich während der kommenden Jahre, als er seine eigene Firma gegründet hatte und sehr erfolgreich Rennwagen baute. Bruce McLaren hatte später wesentlich an dem Wechsel zu großvolumigen V8-Rennwagen mitgewirkt.

Ich hatte mir in Salzburg um eine unvorstellbare Summe ein kleines mit Batterie betriebenes Tonbandgerät gekauft und machte deswegen auf die Rennfahrer einen hochprofessionellen Eindruck. Nicht jeder hatte damals so ein schickes Tonbandgerät. Die Aufnahmen waren nahezu alle wertlos, einerseits weil die Batterien im »Sauseschritt« ihren Geist aufgaben, anderseits war das Mikrofon grottenschlecht – wahrscheinlich hätte ich es den Rennfahrern in den Rachen stecken sollen.

Da ich aber nicht vorhatte, Radioreporter zu werden und die Aufnahmen lediglich eine Art akustischer Notizblock waren, spielte die schlechte Qualität keine Rolle. Der professionelle Eindruck, den ich bei meinen »Opfern« hinterließ, war von ungeheurem Wert. Sie dachten, sie würden schon am Abend im Radio zu hören sein – und waren deswegen sehr gesprächig.

Beim Training ging es für heutige Verhältnisse ordentlich zu. Am Freitag hatte plötzlich Regen eingesetzt und der Brite Brian Hetreed wurde davon in der Bergwerkskurve überrascht, sein Aston

Martin stellte sich quer und flog sich mehrmals überschlagend eine steile Böschung hinunter. Hetreed starb während des Transports ins Krankenhaus. Kurz vorher war sein Landsmann Dick Protheroe am »Flugplatz« abgeflogen – hatte aber unglaubliches Glück und überlebte mit schwerer Gehirnerschütterung.

Samstag gegen 11 Uhr vormittags ereignete sich der zweite tödliche Unfall. Der deutsche Herrenfahrer Rudolf Moser (Präsident des deutschen Sportfahrerkreises) verlor im »Tiergarten« die Kontrolle über seinen Porsche 904 GTS und krachte in ein dort abgestelltes havariertes Rennauto. Moser war sofort tot.

Kurz vor Ende des Trainings hätte sich beinahe eine weitere Katastrophe abgespielt. Am schnellsten Porsche, dem Achtzylinder von Edgar Barth und Colin Davis, wurden die Bremsbeläge für das morgige Rennen gewechselt. Rennleiter Huschke Hanstein schickte Barth zum Einfahren der neuen Beläge noch einmal auf die Strecke.

Das dafür notwendige Procedere: Die Bremsbacken mussten nach Einbau auseinandergedrückt werden, um dann vom Fahrer durch mehrmaliges Pumpen am Bremspedal wieder in ihre Ausgangsposition gebracht zu werden. Diesen Vorgang vergaß Barth, als er losgefahren war.

Ich stand mit einem Fotografen aus Frankreich genau in der Linkskurve nach Start und Ziel, die dann in die so genannte Südkehre führte. Ich sehe das alles nach fünfzig Jahren noch so deutlich vor mir, als wäre das erst vor wenigen Jahren passiert. Das Training war vorbei, Surtees klar Schnellster und die wenigen Autos, die da noch herumfuhren, interessierten mich nicht. Ich hatte meine »Robot« bereits in der Tasche, blickte gelangweilt den Wagen entgegen, die gerade auf mich zuschossen und beim Anbremsen etwas wackelten und dann knapp von mir aus gesehen nach rechts abgebogen waren.

Barths Porsche wackelte nicht ... als naturverbundener »Stoa-Steirer« (Stein-Steirer, so werden urige Steirer bezeichnet) roch ich irgendwie den Braten, sprang intuitiv nach links und riss einen französischen Fotografen mit zu Boden. Ich spürte noch den Fahrtwind des knapp an uns vorbeischießenden Porsches, der sich dann wenige Meter hinter mir mehrmals überschlagen hatte.

Ich stand wie versteinert da ... noch immer als Barth mit blutender Nase gleich einem Engel aus dem Nebel herausstieg und mit ernster »deutscher Miene« an mir vorbeischritt. Der Franzose kauerte im Gras und betete.

Der Wagen war in Fetzen und Barth/Davis starteten am nächsten Tag mit einem so genannten T-Car, Porsche 904 GTS mit der Startnummer 127 T. Ihre Fahrt endete in der zehnten Runde in den Büschen.

///

Irgendwann wurde es natürlich Nacht – weder Charme noch Freundlichkeit halfen mir zu einem kostengünstigen Quartier. An den Rennwochenenden ging es am Nürburgring zu wie in Salzburg während der Festwochen. Sogar ein Glas Wasser kostete 100 Schilling! Ich musste mich also schleunigst um eine Bleibe kümmern. Ich hatte wieder mal Glück – vielleicht nicht ganz, aber zumindest »halbes« Glück.

Es war schon dunkel über der Eifel geworden und ich spazierte verloren in Richtung Hatzenbach, weil dort fröhlicher Gesang zu hören war und eine ganze Reihe von Lagerfeuern flackerten.

Als ich mich langsam an ein »Camp« genähert hatte, stand ein junger Mann von einem Lagerfeuer auf und bot mir eine Dose Bier an ... nachdem wir einander zugeprostet und getrunken hatten,

zeigte er auf seine Gruppe und deutete mir, ich könnte mich zu ihnen setzen. Es waren US-Soldaten, die hier am Waldrand ihr Lager aufgeschlagen hatten. Wir aßen halb verbranntes Fleisch, tranken Bier und irgendwann erzählte mir einer, sie wären eben aus Vietnam gekommen und Germany sei Zwischenstation vor dem Heimflug. Es war plötzlich merkwürdig still geworden. Einer der Kerle erlöste uns mit einem donnernden Rülpser, dass ich dachte alles würde aus ihm herausgurgeln – ein anderer ließ einen lang gezogenen Furz. Alles lachte in die Nacht hinein und mein Freund stimmte ein Lied mit vielen »Fuck«, »Shit«, »Asshole« und »'nam«(für Vietnam) an … es war ein Reim mit »Sergeant is'n asshole – sergeant is'n asshole …«

Die US-Soldaten und ich sangen und leerten die restlichen Bierdosen bis lange nach Mitternacht. Nachdem das Feuer erloschen war, gingen wir schlafen. Die Amis verkrochen sich in olivgrüne Schlafsäcke, während mir mein neuer Freund »Bill« seinen MG-Sportwagen anbot. Er hatte über die Sitze eine Schutzdecke gegen die Morgenfeuchtigkeit geheftet – und darunter konnte ich mir ein Schlafquartier einrichten. Eine Suite im Tribünenhotel war naturgemäß etwas anderes, aber im Moment bedeuteten die MG-Sitze für mich die Rettung. Ein weiterer Freund stopfte mir zwei Decken in den Wagen. Es war bacherlwarm und ich schlief so fest wie schon lange nicht mehr. Gott schütze Amerika!

Ich wagte nicht, mich am nächsten Morgen auf Raubzug ins noble Restaurant des Tribünenhotels zu schleichen und Gottfried Köchert noch einmal zu belästigen. Die US-Soldaten führten mich an eine Wasserstelle abseits ihres Lagers und fütterten mich anschließend mit Speck und Ei, gerösteten Tomaten und bitterem Kaffee, bis ich nicht mehr konnte. Ich fühlte mich stock-blad (für dick und vollgegessen), als wir uns umarmten (damals sehr selten unter Männern, heute macht das jeder Schickeriadepp), ewige Treue schwörten und mit dem obligaten »du musst unbedingt bei mir vorbeischauen, wenn du einmal in Arkansas bist« spazierte ich satt und wohlgenährt zurück zum Fahrerlager.

Dort parlierte Nino Vaccarella mit seinem Chef Mauro Forghieri, beide fuchtelten mit den Armen in der Luft, John Surtees bereits im hellblauen Rennoverall und Strickjacke, Aktentasche in der Hand, nach vorn gebeugt – diesen Buckel hatte er von seinen vier Weltmeistertiteln auf einer MV-Agusta.

Jochen Rindt hatte ein großes Nardi-Holzlenkrad in der Hand. Als er mich sah, verdrehte er das Lenkrad so, dass es flach in seinen Händen lag, und sagte im Grazer nasalen Singsang: »Des Lenkradl is ma z'grouß – i bin jo ka Busfoara.« (Dieses Lenkrad ist mir zu groß – ich bin doch kein Autobuschauffeur.)

Das Lenkrad im Köchert'schen Ferrari 250 LM wurde auf Wunsch des Grazers gewechselt. Die Scuderia Ferrari hatte ein passendes parat. Umberto Maglioli, ein eleganter, groß gewachsener Piemonteser, hatte in diesem Jahr mit dem ebenso eleganten Briten Mike Parkes die 12 Stunden von Sebring gewonnen. Er kam aus einer Rennfahrergeneration, die noch im Pulverdampf der mexikanischen Carrera-Panamericana mit Fospaic-Brillen (metallumrandete Rennfahrerbrillen) schwere Schlachten überlebte.

Maglioli überlebte nicht nur diese mörderische Rennen, sondern auch den Straßenwahnsinn der Targa Florio – und war trotzdem immer der ruhige, elegante Italiener geblieben, stets in maßgeschneidertem Tuch und entsprechender weiblicher Begleitung. Die waren alle spindeldürr, schwarze Haare, für italienische Verhältnisse groß, umhüllt von schwarzen engen Kleidern und stets umgeben vom Hauch alten, edlen, italienischen Adels – Medici oder so …

VOLLGAS ODER NIX /// GT 40 – DIE AMIS KOMMEN

Serienlenkrad des Ferrari 250 LM

Ford GT 40 beim 1000 km Rennen auf dem Nürburgring

In der Box von Ford-USA lauerte der weiße Ford GT 40 geduckt, wie eine Raubkatze. Sogar mit abgestelltem Ford-V8-Motor schien dieses Monstrum vor Kraft zu beben. Dieser Rennwagen war einfach Lichtjahre von allem, was ich bisher gesehen hatte, entfernt. Das Auto war schön und bedrohlich zugleich. Der Vorderteil erreichte kaum die Höhe meiner Kniescheiben.

Die Relation von Länge und Breite war einfach atemberaubend. Die Bezeichnung 40 kam von der maximalen Höhe des Ungetüms von vierzig Inches … also der höchste Punkt des Autos lag gerade mal bei einem Meter! Es glich einem flach auf den Boden gepressten Tiger, der in den nächsten Sekundenbruchteilen ein gemästetes Zuchtschwein anspringt und in einem Aufwasch verschlingt …

Bruce McLaren näherte sich von hinten und tippte mir auf die Schulter: »Ya wann'a ride?« (Du willst fahren?)

Ich war damals sicher kein Kind von Traurigkeit – aber vor diesem gewaltigen Vieh (GT 40) hatte ich großen Respekt. Bruce deutete, mit ihm zum Auto zu gehen. Da bemerkte ich, dass er stark hinkte. Kein Rennunfall, sondern die Perthes-Krankheit hatte ihm mit neun Jahren das linke Hüftgelenk ruiniert. Zwei Jahre lang musste Klein-Bruce in einem Streckbett verbringen – es gelang aber nicht, das linke Bein wieder an die Länge des rechten anzupassen, und aus diesem Grunde hinkte er.

Zur Information: Morbus Perthes, 1910 vom deutschen Chirurgen Georg Clemens Perthes das erste Mal beschrieben, ist eine orthopädische Kinderkrankheit, deren Ursachen in Durchblutungsstörungen liegen. Dadurch wird eine Nekrose (Absterben) des Knochengewebes hervorgerufen.

Zurück in die Ford-Garage: Bruce blieb bei der Fahrertüre stehen, öffnete sie und deutete mir einzusteigen. Zuerst einmal Herzstillstand. Der Oberteil der Tür war bis zur Mitte des Dachs hineingezogen – Bruce klappte also nicht eine simple Autotür auf, sondern klappte einen wahren »Sesam« zur Seite. Ich warf einen Blick in die »Herzgrube« des Wagens und rang mit dem Atem. Das GT-40-Cockpit glich nicht den üblichen Innenräumen der Rennwagen, mit Lenkrad und ein paar Instrumenten – nein, das war eine Weltraumrakete, an der irrtümlich vier Räder montiert waren.

Bruce musste gemerkt haben, dass ich vor Ehrfurcht erstarrt war, zeigte noch einmal auf den Fahrersitz und sagte, schon mit einem ungeduldigen Unterton, ich möge mich endlich hineinsetzen. Die Anzahl der Instrumente und penibel beschriebenen Kippschalter, in Reihe aufgefädelt wie die preußische Infanterie. Für mich heller Wahnsinn.

Nach Minuten im »heiligen Gral« kletterte ich mühsam wieder raus und fragte Bruce, wie er in diesem Gewirr am Armaturenbrett die Messdaten und so weiter voneinander unterscheiden konnte? Da lachte er und sagte kopfschüttelnd, er schaue gar nicht hin. Es wäre im völlig egal, denn hier auf dem Nürburgring kehrst du nach acht Minuten wieder zurück … oder du steckst irgendwo zwischen den Bäumen. Nach dem ereignisreichen Training stellten Hill/McLaren den GT 40 auf den sensationellen zweiten Startplatz.

Der Polesitter Ferrari 275 P von John Surtees und Lorenzo Bandini war gegen den GT 40 eine biedere Personenkutsche. Die 370 PS des italienischen Zwölfzylinders reichten allerdings Surtees, vom Start weg dem Rest des Feldes auf und davon zu fliegen. Nach der ersten Runde hatte Surtees mit nach vorn

Bruce McLaren

gebeugtem und hochrotem Schädel einen unfassbaren 20-Sekunden(!!!)-Vorsprung herausgedroschen! Als er aus der ersten Runde über die Ziellinie geschossen kam, wurde es merkwürdig still – alle befürchteten schon einen größeren Unfall im Urwald der Eifel. Irgendwann war dann allerdings das Glück von Surtees/Bandini verbraucht und der Wagen entschwand für immer auf der Quiddelbacher Höhe den Zuschauern, Zeitnehmern und dem Ferrari-Rennleiter Dragoni.

Die Trauer hielt sich in Grenzen. Ferrari musste wegen des Ausfalls von Surtees/Bandini nicht in Tränen ausbrechen, denn das Duo Ludovico Scarfiotti und Nino Vaccarella retteten die Ehre für Maranello und siegte vor Mike Parkes/Jean Guichet im Ferrari GTO vor Gerhard Koch/Ben Pon im Porsche 904 und Lucien Bianchi und dem Franzosen Gerard Langlois. In Maranello ließ der Pfarrer wie üblich nach einem Ferrari-Sieg, aus purer Freude und dem Herrn da oben dankend, die Glocken stundenlang läuten.

Mein neuer Freund aus Neuseeland kam nicht viel zum Fahren, denn schon nach fünfzehn Runden kollabierte die Aufhängung und die Premiere war vorbei. Der Eindruck, den dieses Auto hinterließ, war groß. Man spürte förmlich, dass da eine neue Zeit angebrochen war und dass neben der britischen Rennwagenrevolution der nächste Quantensprung unmittelbar bevorstand.

Ich hatte noch Zeit, mich von Bruce McLaren zu verabschieden, er erzählte mir noch schnell von seiner neuen Firma im Industrial Estate Colnbrook, nahe von Heathrow und sagte zum Abschied, ich möge nicht vergessen, ihn in seiner Firma zu besuchen … er wäre »looking forward seeing you«.

VOLLGAS ODER NIX /// GT 40 – DIE AMIS KOMMEN

>>> Postkarte des Autors an seine Halbschwester Gudrun Gräbner mit Autogrammen vom Nürburgring 1964

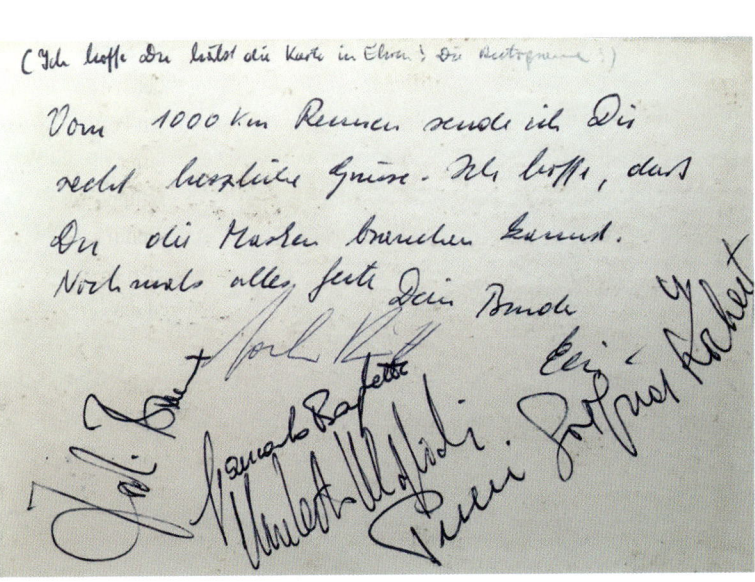

»JOCHEN WHO?«

Für das Jahr 1964 zog Jochen Rindt »wohlmunitioniert« in die Formel-2-Schlacht. Die Entscheidung, einen Brabham-Rennwagen zu kaufen, war die richtige. Die schnellsten waren sicherlich die Lotus-Renner, aber nur die Werkswagen unter Ron Harris, einem englischen Pornoheftl-Importeur, aus Surbiton, Surrey. Dazu ist zu sagen, dass Colin Chapman seine »Satelliten-Mannschaften« der Formel Junior, Formel 2 und Sportwagen immer an externe Teams »ausgelagert« hatte. Die Formel-1-Rennwagen liefen stets unter seinem persönlichen Kommando in grün-gelben Farben von Team Lotus, während die Formel 2 unter Ron Harris und die Sportwagen (Lotus 23 und 30 etc.) unter der Flagge vom Normand-Racing-Team (Mike Beckwith, Tony Hegbourne und ab und an Jimmy Clark) starteten.

Die Lotus-Rennwagen waren unter privaten Händen nie besonders erfolgreich und Cooper nicht mehr konkurrenzfähig. Also blieb der neue Brabham BT 10 die ideale Wahl für »halbe« Privatfahrer. Der BT 10 war nicht ganz so genial wie Lotus, aber auch kein »Schmiedestück« wie Cooper. Die Brabhams lagen in der Mitte. Der BT 10 entstand aus dem sehr erfolgreichen und robusten BT 6, wobei für 1964 gerade mal drei Autos fertig wurden. Den ersten 10er bekam Denis Hulme für das Rennen in Pau/Frankreich und das deshalb, weil Denis im Schlossergewand und mit Schweißbrille selbst Hand angelegt hatte – für Jochen Rindt unvorstellbar!

Der zweite Wagen war für den »Gov'nor himself« – Jack Brabham, das dritte Auto ging an Ford Austria für Jochen Rindt. In Aspern fiel Jochen aus, aber schon zwei Wochen später wurde er Vierter beim Eifelrennen hinter Clark, Attwood und dem zweiten Lotus-Werksfahrer Mike Spence. Der Mai sollte dann Rindts großer Monat werden – er explodierte förmlich wie eine Supernova am Autorennhimmel bei den zwei wichtigen Rennen in England: Mallory Park und Crystal Palace.

Die britische Rennbibel »Autosport« titelte »Jochen who?« und war von der »schrägen« Fahrweise Rindts hellauf begeistert. Auch das britische Publikum raste vor Freude, als »The man with that nose«

im steirischen Hobel-Stil durch die Kurven räuberte. Er bügelte kaltblütig die alten Profis Graham Hill, Jim Clark, Peter Arundell und Denis Hulme (im Werks-BT 10!) auf deren »home-turf« einfach nieder. In Europa war das leichter, weil die Briten unübersichtliche Pisten oder gefährliche Stadtkurse (Monaco, Pau) nicht sonderlich liebten. Mallory Park, Crystal Palace, auch der Clubkurs in Brands Hatch oder Oulton Park waren kleine, kurze Bahnen mit griffigen Belägen, die relativ einfach und leicht zu merken waren.

Auf diesen Rennstrecken wurden nahezu jedes Wochenende zwei oder drei Rennen gefahren. Meist Clubrennen mit Training und Rennen an einem Tag, dann ab zur nächsten Strecke, weil das Ganze vielleicht 100 km entfernt als »same procedure« wieder von vorne losging – und auch heute noch so ist.

Wie war es nun möglich, dass der schlanke »bloke« (Kerl) aus Österreich, einem Lande der Skifahrer, die Engländer derart verblasen konnte? Nun, darüber gibt es wie immer im Leben verschiedenste Theorien. Dem Chronisten scheint eine davon recht plausibel. Für die Formel-2-Rennwagen kamen die schnellsten Motoren von Cosworth. Der Name steht für die Partnerschaft von Mike Costin und Keith Duckworth, einem Duo, dass jahrzehntelang die besten Rennmotoren der Welt herstellte. Als Basismodell diente der 1000 ccm-Vierzylindermotor vom »alten« Ford Anglia. Diese Maschine war extrem kurzhubig,

Jochen Rindt, Brabham BT10, Chrystal Palace 1964

weshalb die Kolbengeschwindigkeit auch in höheren Drehzahlbereichen in erträglichen Maßen blieb. Die Änderungen zum Rennmotor: Die Gusskurbelwelle wurde gegen eine geschmiedete getauscht, dazu Trockensumpfschmierung und Eingriffe in den Zylinderkopf. Vier stolze Weber-Doppelvergaser speisten den Ofen, der zwischen 120 und 140 PS leistete.

Zur Erklärung: Auch wenn Motoren exakt nach denselben Rezepten »frisiert« wurden, brachten sie nie und nimmer dieselben Leistungswerte auf dem Prüfstand. Deshalb war innerhalb eines Loses (Gruppe von fertiggestellten Motoren) eine Streuung nicht zu vermeiden. Mit anderen Worten, hatten sie am

Prüfstand an zehn »gleichen« Motoren die Leistungskurven heraus»gebremst«, konnten zehn unterschiedliche Kurven am Diagramm abgelesen werden. Einige Motoren hatten mehr Drehmoment im unteren Drehzahlbereich – die anderen wieder im oberen Bereich. Auf den schnellen Vollgaspisten wünschte sich der Fahrer einen Motor, der »oben« jubelte – auf kurvenreichen Strecken eher einen der »unten« mehr drinnen hatte. Bei Cosworth war das natürlich nicht anders. Deshalb gliederten sie ein Motoren-Los nach Leistungskurven in die Gruppen A, B und C. Die schnellen Briten (Clark, Hill, Arundell, Hulme etc.) waren in der Gruppe A … die zweitschnellsten Briten (Rees, Hegbourne, Beckwith etc.) die Gruppe B … und der Rest der Welt durfte sich C-Motoren abholen. So waren die Regeln damals.

Nun, Jochen Rindt war schon immer anders … und nur weil diese Regel für »alle« galt, hieß das für ihn noch lange nicht, dass er sich dieser zu unterwerfen hatte. Jochen war nie und nimmer »allen« gehörend.

Rindt war stets ein Mann, der blitzschnell die schnellsten Wege zum Erfolg erfasst hatte. Nach intensiven Recherchen fand er heraus, dass die Sekretärin bei Cosworth die Kundenliste kontrollierte. Also sollte man mit dieser Dame »gut stehen« … vielleicht ginge da was? Die Lady war zwar nicht gerade eine der attraktivsten der Insel, für Jochen aber kein Hindernis, sie ordentlich anzubraten. Schließlich war mit C-Motoren kein Blumentopf zu gewinnen. Er spielte all seinen steirischen Charme aus – und, wie mir berichtet wurde, auch ein bissl mehr – und soll so zu einem A-Motor gekommen sein. Die englischen Konkurrenten schauten an diesem berühmten Wochenende im Mai recht »deppert aus der Wäsche«, als ein Ford-Austria-Brabham ihnen »ums Gilet« blies.

Von da an ging's nicht nur mit Jochen Rindt, sondern auch mit dem österreichischen Motorsport steil bergauf. Die Supernova Jochen Rindt hatte gezündet – sie sollte sechs Jahre lang brennen!

Jochens Karriere entwickelte sich schon allein deshalb wie ein Raketenflug, weil er zielstrebig wie kaum jemand in diesem Lande an seiner Karriere arbeitete und nicht auf den Applaus seiner Freunde wartete – sein Vorteil, er hatte eigentlich keine. Deshalb vergeudete er keine Zeit, wie so viele österreichische Fahrer, die zwar genug Geld verpfefferten, aber über eine Pokalsammlung vom Alpl- oder Dobratschbergrennen nie hinausgekommen waren.

Er hatte erkannt, dass England der Rennmittelpunkt der Welt war – und nicht der »Welser«, ein berühmter Heuriger und Treffpunkt der Porsche-Bubis von Wien. Darum rauschte er sofort auf die Insel, denn nur dort wurden schnelle Rennwagen gebaut. Mit Touren- oder GT-Autos gab er sich nur noch gegen »cash« ab – und dann und nur dann, wenn das Auto Siegchancen hatte.

In der neuen Formel 2 mit 1600 ccm-Motoren war Rindt der absolute König – und das gegen stärkste Konkurrenz! Die Formel 2 war damals das »Battlefield« oder Zubrot aller Spitzenfahrer. Die Autos nahezu gleich, ebenso die Motorleistung – und jeder war sich einig, wer in dieser Kategorie vorne war, hatte »etwas«, das die anderen nicht hatten. Und Jochen war damit im Übermaß gesegnet.

Und was war »das Was«? In erster Linie eine fast übernatürliche Wagenkontrolle … Jochens Sensibilität an Rückgrat und Popo war übermenschlich! Seine Arschbacken waren empfindlicher als Seismografen, die zarte Erdbeben auf Tausende Meilen aufspürten. Sein Hintern schien für die »Rutschgrenze« mit anderen Sensoren ausgestattet zu sein als jene der übrigen Menschheit. Auch die »Übertragung« in die Koordinationszentren ins Hirn dürften bei ihm »anders« gewesen sein. Niemand … ich wiederhole,

VOLLGAS ODER NIX /// »JOCHEN WHO?«

Jochen Rindt, Brabham BT 10, Chrystal Palace 1964

Jochen Rindt, Brabham BT 10,
Reims 1964 als Taxi für Richie Ginther

niemand … spürte einen Rennwagen in allen nur möglichen Winkeln zur Fahrrichtung wie Jochen Rindt. Ich erinnere mich an eine Fahrt mit ihm in einem geborgten Jaguar E in England … er spielte sich da »deppert« mit dem wirklich sehr schwierig zu fahrenden Wagen, auf trockenem Asphalt bei der Autobahnabfahrt nördlich Londons. Wir rutschten völlig quer durch den ganzen Bogen einer Linkskurve, er hielt den vollen Drift bis zum Kurvenausgang … ich sehe das noch heute ganz deutlich vor mir … und erinnere mich, das für mich der Abflug bereits eine klare Sache war. Nein, er lachte noch blöd und sagte, jetzt habe er sich in der Abfahrt geirrt … mit dem Heck streiften wir einen hölzernen Gartenzaun.

Clark fuhr sauber, weich … und das mit ungeheurer Präzision … auch im höchsten Geschwindigkeitsbereich, ob trocken, nass, egal. Jochen hingegen kam stets quer angeflogen, der Wagen unter seinem Arsch ächzte und stöhnte … während er ohne Mitleid das Gaspedal bis am Boden durchgetreten hatte. Rindt war sicherlich auch der härtere Kämpfer als Jimmy. Wer Rindt einmal im Nacken hatte, wurde ihn nicht mehr los, so ein Kommentar von Jack Brabham.

Dieses unerbittliche Kämpfen und ständig An-der-Grenze-»Hobeln« tat natürlich den Autos, vor allem sensiblen Rennautos nicht sonderlich gut. Beim »Race of Champions« in Brands Hatch zu Saisonbeginn 1967 war Jochen mit dem neuen Cooper-Maserati T 86 von Derek White am Start. Das Auto war etwas leichter und schlanker als der Vorjahreswagen … aber der Maserati-V12-Motor machte noch immer den Eindruck einer Traktormaschine. Als ich ihn über das »Neue« am T 86 ausfragen wollte, bekam ich nur ein drohendes Knurren als Antwort. Zufrieden und optimistisch klingt anders.

Während des Trainings fetzte Jochen den Cooper um den Kurs, als würde er seine Wut an dem Wagen auslassen. Ausgangs der Rechtskurve Clearways war mir seine höchst merkwürdige Linie aufgefallen. Während die V12 auf Vollgas jubelte, schien die Vorderachse immer wieder in »Raten« in die Spur gezwungen zu werden. Untersteuern ginge aber anders, dachte ich mir. Wenn ein Auto beim Beschleunigen am Kurven-Exit vorne rausschiebt, wird »normalerweise« vom Gas gegangen, um mehr Grip auf die Vorderachse zu bekommen.

Jochen war aber schon immer »anders« – er blieb einfach auf »voller Glut«, sägte aber nicht mit dem Lenkrad in die Kurve, sondern hielt es wie angeschraubt … Also? Hatte er am Ende mit dem linken Fuß …?

Zur Information: Es geht um das so genannte »Links-Bremsen« – wenn ein Auto in der Beschleunigungsphase am Kurvenausgang über die Vorderachse schiebt, so kann mit kurzen (aber nicht zu harten) Stößen mit dem linken Fuß auf das Bremspedal – der rechte muss auf Vollgas bleiben – ein dynamischer Radlastwechsel auf die Vorderachse provoziert werden. Damit gibt's mehr »Grip« auf die vorderen Räder. Meines Wissens hat Jim Clark damit schon in der Formel Junior getrickst.

(WARNUNG: Bitte nicht im Straßenverkehr probieren – weil der Glavitza g'sogt hat …)

Nach dem Training näherte ich mich ihm vorsichtig … knurrenden Wölfen sollte man tunlichst aus dem Wege gehen. Ich begann mit einem »Lob« für den sechsten Startplatz … immerhin, es hätte schlimmer sein können. Er sah mich kaum an und sagte in einem Mieselton nur knapp: »Ah so?«, und knallte Brille, Handschuhe und Helm – in dieser Reihenfolge – in seine Sporttasche. Er hatte sich an den Boxen nicht einmal um seine Rundenzeiten oder Startpositionen erkundigt. Dann begann ich vorsichtig, über »Clearways« zu fragen – ob er am Ende dort mit dem linken Fuß an der Bremse etwas nachhelfe? Plötzlich drehte er sich zu mir und grinste wie ein Lausbub, dem man gerade auf

VOLLGAS ODER NIX /// »JOCHEN WHO?«

Mit Rindt und Chapman trafen sich zwei kongeniale Partner, die einander zuhörten, respektierten … aber bald zusammenkrachten

die Schliche gekommen war. Ich glaube, das war das einzige Mal an diesem Tag, dass er gelächelt hatte.

Auch die Tatsache, dass sein Teamkollege Pedro Rodríguez vier Plätze hinter ihm war, vermochte seine Stimmung nicht zu ändern. Seine mürrische Laune übertrug sich am Nachmittag natürlich auf seine innere Einstellung zum Rennen. Lange vor Halbdistanz stellte er den Cooper-Maserati ab.

Er kam mit dem Helm unter dem Arm über die Wiese und als ich ihn fragte, was mit dem Auto sei, knurrte er: »Wos waß iii – a Schaß« (Was weiß ich – ein Furz), und dann ungeduldig weiter: »Kumm, is eh wurscht, foa ma!« (Komm, es ist ohnehin egal, fahren wir.)

Das hörte ich während der 67er Saison öfters.

Am nächsten Tag besuchte ich den immer gut aufgelegten John Cooper in seinem Büro in Surbiton. Nachdem ich mir zum x-ten Mal die Zunge vom kochend heißen Tee verbrannt hatte, kamen wir auf »Jocken« zu sprechen. Der freundliche alte Herr hatte dann die Situation klar und deutlich beschrieben: »Wir alle wissen, wie schnell er fahren kann – außer Jimmy (Clark) gibt's gegenwärtig keinen schnelleren Fahrer. Aber der Unterschied zu, sagen wir, zu Bruce (McLaren) ist folgender: Bruce wird gleich nach dem Start merken, dass der dritte Gang plötzlich Probleme macht – jedes Rennauto macht von Beginn an Probleme – und er wird entweder den dritten nicht mehr benützen und wenn, dann wird er ihn besonders vorsichtig einlegen oder doppelt kuppeln und so weiter – du weißt schon, was ich meine. Jocken – oh Gott (er lachte laut) – der spürt das gar nicht. Ich denke, Jocken will das gar nicht spüren – er wird den Gang reinfetzen, bis das Getriebe hinüber ist. Er ist ein ‚Racer', der entweder voll fährt oder sagt, zum Teufel mit der Kiste!«

Rindt war eben ein klassischer »Racer«, der in ein fertiges Auto gesetzt werden wollte, um dann in seinem typischen Stil loszuräubern. Das war aber im Brabham-Team auch nicht drin. Die Mechaniker bei Brabham waren gewohnt, dass ihnen sowohl Brabham wie Hulme schlüssige Anweisungen gaben, was zu tun war. Vorderer Stabilisator zwei Rasten zurück, Dämpfer ein Klick im Uhrzeigersinn … Ride-Height um ein Zehntel Inch hinunter … und so weiter und so fort.

Weder Hulme noch Brabham mussten die Würmer aus der Nase gezogen werden … ihre Anweisungen richteten sich klar und deutlich an die Veränderungen am Fahrzeug. Jochens Kommentar, dass das Auto über die Hinterachse am Scheitelpunkt wegrutscht, war den Brabham-Leuten zu wenig. Sie mussten mit Jochens Aussagen erst zu Jack gehen, der legte seinen Kopf zu Seite, dachte eine Weile nach und sagte: Probiert einmal den Stabi … oder ….

Das konnte mit einem Instinkt-Racer wie Rindt nicht gut gehen. Warum es dann später bei Lotus besser funktionierte? Na, weil Colin Chapman mit Jim Clark einen noch schlimmeren »Untechniker« hatte. Chapman war gewohnt, in den Fahrer hineinzuhören. Es dauerte Jahre, bis er seinen »Ziehsohn« Jim Clark so weit hatte, das Fahrverhalten beim »Approach« (Kurveneinfahrt), am »Apex« (Scheitelpunkt) und »Exit« (Kurvenausfahrt – Beschleunigungsphase) genau zu beschreiben. Und nach diesen Aussagen begann dann Chapman, die Feineinstellungen vorzunehmen. Ein bissl mehr Sturz an der Vorderachse, den Stabi hinten etwas weicher … und irgendwann war dann »sein« Jimmy zufrieden … und ward von der Konkurrenz nicht mehr gesehen.

In der Hinsicht trafen sich mit Rindt und Chapman zwei kongeniale Partner, die sich gegenseitig zuhörten, respektierten … aber bald zusammenkrachten. Aber davon später …

VOLLGAS ODER NIX /// »JOCHEN WHO?«

Bruce McLaren, John Cooper, Jochen Rindt

HASEN IM WALD

Erichs Steyr-Puch 500

Kurz zurück zum Huber-Glavitza-Traum, Autoweltmeister zu werden. Nachdem keine britische Rennwagenfirma zwei Genies aus den Alpen benötigte – war der Traum rasch zu einem Ende gekommen. Peter vertiefte sich vernünftigerweise wieder in sein Studium an der Wirtschafts-Uni … während ich in eine merkwürdige Verlobung stolperte. Bis es so weit war, pflegte ich Beziehungen unterschiedlicher »Konsistenz« – will sagen: Nix war fix.

Ich hielt es wie Albert Camus: Ich liebte immer alle Frauen – das heißt, dass ich keine geliebt habe.

Bis ich mich auf Heide legte. Eine groß gewachsene Physiotherapeutin, die ausgerechnet in der Salzburger Nervenklinik arbeitete. Die ideale Frau also für mich!

Ich hatte sie auf einer Party in Salzburg kennengelernt. Irgendwann des Small Talks überdrüssig, schleppte ich sie auf den Balkon und ging ihr an die Wäsche. Sie wollte nicht so recht, zumindest nicht sofort. Ich ließ nicht locker, wartete in aller Gelassenheit das Ende der Party ab und bot mich an, sie nach Hause zu fahren. Zu ihrem Unglück willigte sie ein und faltete ihre eins fünfundachtzig auf ein handliches Format für meinen Steyr Puch 500 zusammen. Noch am Ufer der Salzach, die gerade Hochwasser führte, startete ich meinen nächsten Versuch. Sie erlag meinem Charme. Auch Steirer können charmant sein … zumindest für Damen, die Sinn für Humor haben. Heide hatte ausreichend davon.

Natürlich war unsere Kernschmelzung im engen Steyr Puch nicht ohne Folgen geblieben. Mitten in der »heißen Phase« machte es im Puch-Kastl einen lauten Knall … die sportliche Heide hat den Beifahrersitz aus der Verankerung gerissen! Wenig später musste der Ganghebel dran glauben … es wurde ein echtes Gemetzel. Sogar das Lenkrad hatte sein Fett abbekommen.

Meine erste größere journalistische Großtat für die »Salzburger Nachrichten« war der Grand Prix von Monaco. Also packte ich meine Heide in den Volkswagen meiner Mutter, mit dem Steyr Puch wäre das Abenteuer des Guten zu viel gewesen, und fuhr über den Brenner nach Verona, Genua … bis Monte Carlo. Mit dem gelben Käfer eine echte Prüfung – für Mensch und Technik! Irgendwie schafften wir es doch. Für ein ordentliches Quartier reichte unser Budget bei Weitem nicht. Monte Carlo war schon damals ein Ort, wo Begriffe wie Geld oder teuer aus dem Wortschatz gestrichen waren.

Das Journalistenduo Helmut Zwickl und sein fotografierendes Alter Ego, Alois »Loisl« Rottensteiner, gewährten uns Platz in ihrem Zelt. Es galten damals für alle Motorjournalisten karge Zeiten. Im Supermarkt besorgten wir uns das Nötigste zum Überleben.

Am ersten Abend nach unserer Ankunft waren Zwickl und Rottensteiner bei einer Party von Goodyear. Heide und ich hatten das Zelt für uns alleine. Gegenüber dem »Käfer« war das Zelt eine fürstliche Suite. Die kuschelige Nähe und sicher auch die salzige Luft vom Mittelmeer heizten meine Hypophyse dermaßen auf, dass ich meine Heide mehr und mehr an mich gezogen hatte. Wir führten uns wie zwei Pythons im Liebestanz auf.

Nach Mitternacht kamen Helmut und der »Loisl« von der Party zurück. Zwickl, ein militanter Nicht-Alkoholiker, war, im Gegensatz zu den Kollegen der Branche, frisch und nüchtern wie eine Forelle im kalten Thörlbach.

Ich erwähne das deshalb, weil mir später zugetragen wurde, dass der damals berühmteste Motorsportfotograf Julius Weitmann dermaßen illuminiert war, dass er seine mit Mayonnaise verschmierten Finger ausgerechnet an Loisl Rottensteiners neuem und vor allem hellem Sakko gewischt hatte. Angeblich war keine Putzerei imstande, die tief hineinmassierten Fettflecke zu entfernen.

Immerhin hatten die beiden während der Goodyear-Party wertvolle Kontakte geknüpft, während Heide und ich der Zeltromantik erlegen waren. Wenige Meter vor dem Zelt bemerkte Zwickl, das dieses wie ein Boot im Winde schwankte. Nun war es an diesem Abend windstill und Zwickl wunderte sich über das bewegliche Zelt – bis Rottensteiner die Lage erkannte und laut sagte: »Herst, de zwa führn si grod auf!« (Hör mal, die beiden führen sich eben auf). Darauf Helmut Zwickl in barschem Befehlston ins Zelt: »Hert's, es zwa – heat's auf – mir wuin schlofn!« (Hört, ihr beiden – beendet euer Spiel – wir möchten schlafen.)

Wir folgten dem Rat unseres Kollegen und wenig später war Ruhe im Zelt. Rottensteiner meckerte noch eine Weile wegen des Sakkos, wurde aber von Zwickl rüde zum Schweigen gemahnt.

Die Schlafruhe währte nicht lange. Irgendwann um fünf Uhr früh wurden wir durch wüsten Krawall geweckt. Ich fürchtete schon, ein Formel-1-Wagen würde durchs Zelt rasen … oder es umreißen. Wir fuhren hoch und krochen zerknittert aus dem Zelt … unter uns die Straße Richtung Nizza … und siehe da, schon kam der Lärm wieder zurück und legte an Tonlage zu – Dopplereffekt: Es war Jo Siffert, der seinen privaten Lotus 24 zwecks Gemischkontrolle frühmorgens über die schmale Bundesstraße trieb. Heute wäre so etwas nicht einmal in der Phantasie erlaubt!

Graham Hill, BRM P261, Monaco Grand Prix 1964

Damals mieteten sich die Rennteams in die umliegenden Tankstellen ein. Wenn man spätnachts durch Monte Carlo spazierte, hörte man in kleinen Garagen das Klirren herabfallender Werkzeuge und ab und an das heisere Bellen eines Achtzylinders beim Starten – nur schau'n, ob er anspringt.

Die britischen Fahrer standen mit Biergläsern … auch Whisky oder Cognac, am Trottoir vor den kleinen Bistros und parlierten mit Freunden oder Mädels, die den weiten Weg nach Monaco wagten, in der Hoffnung, einer der Volantdreher würde sich ihrer erbarmen.

Eines der bekanntesten Steh-Lokale war nach der Abfahrt vom Casino auf der linken Seite. Ab zehn Uhr nachts war die Bude so voll, dass vor dem Lokal eine Menschentraube die berühmte Abfahrt zur Mirabeau versperrte. Mike Hailwood, für Tim Parnell in einem Lotus-BRM am Start, blödelte gegen Mitternacht mit einem Honda-Mini-Bike herum. Ein Mechaniker versuchte sich ebenfalls auf dem winzigen Motorrad und nachdem er mich beinah über den Haufen gefahren hatte, übersah er die Gehsteigkante und baute einen fürchterlichen Sturz. Er verbrachte das Wochenende irgendwo in einem monegassischen Spital.

Im Vorjahr hatte die Monte-Carlo-Regentschaft des schnauzbärtigen Briten Graham Hill begonnen. Sie sollte sich dieses und weitere Jahre fortsetzen. In der ersten Startreihe wartete die absolute Crème de la Crème der Formel 1: Clark-Brabham-Surtees-Hill. Der schlaue Hill wusste genau, welche Taktik im engen »Winkelwerk« von Monaco zum Siege führen würde. Er ließ die schnellen Clark und Gurney vorne ein paar Runden lang toben, bis im letzten Rennviertel seine große Stunde gekommen war. Mit Richie Ginther auf dem zweiten Rang setzte es in Monte Carlo einen BRM-Doppler. Dritter wurde Peter Arundell im zweiten Werks-Lotus.

Nach dem Rennen eilten wir – die Journalisten aus aller Welt – in das improvisierte Pressebüro des Auto Club de Monaco, erkämpften ein Telefon und brüllten unsere Storys rund um die Globus. Die Sekretärinnen am anderen Ende konnten damals noch nichts mit Namen Richie Ginther, Graham Hill oder Maurice Trintignant anfangen. Jeder Buchstabe musste einzeln durchgeschrien werden … meistens sogar mehrmals. Unvorstellbar das babylonische Sprachenmischmasch, das durch den kleinen Raum schwirrte.

Nachdem ich völlig verschwitzt und ausgelaugt aus dem Pressebüro getaumelt war, kletterte ich in Mutters gelben VW, daneben Heide mit zwei Colaflaschen und einem einen Meter langen Sandwich und los ging's nach Salzburg …. war eh gleich um die Ecke …. 1000 km lagen vor uns.

Meine Kondition und Belastbarkeit schien damals grenzenlos. Am Montag waren wir in Salzburg – und mit Stolz las ich im Café Basar bei einem knusprigen Endstück eines Topfenstrudels und einem Großen Braunen meine Story in den Salzburger Nachrichten … die Zeitung persönlich serviert von meinem Lieblingsober »Franz«. Er hatte die Story schon gelesen!

///

Gösta Zwilling hatte zu diesem Zeitpunkt beschlossen, unbedingt bei der in Österreich bekannten »1000 Minuten Rallye« mit seinem Volkswagen »1500 Sport« zu starten. Da nach einigen Trainingsfahrten sein angestammter Beifahrer w.o. gab – aus Gründen, die ich erst später verstand, bat er mich – ja, er bat mich sogar –, bei einer Trainingsfahrt für seinen »verlorenen Co« einzuspringen, er würde ohnehin bald einen anderen finden. Nachdem wir eine Nacht mit seinem VW durch die Wälder nahe der tschechischen Grenzen geglüht waren – und mehrmals dabei »ausritten« –, ließ er mich im Morgengrauen zurück nach Wien fahren. Irgendwann gegen Mittag rief er an, ob ich nicht sein Copilot sein wollte. Ich wollte, oh Gott, ich wollte und wie ich wollte! Meine Seele hätte ich damals für einen »drive« an den Teufel verkauft. Ich hatte schon immer etwas »Faustisches« in mir.

Damals durfte man vor einer Rallye trainieren, so oft und so viel man wollte. Ich erwähne das deshalb, weil heutzutage Trainingsfahrten auf den Rallyerouten strengstens vorgeschrieben sind und nahezu auf jedem Meter lauern als Heuschober, Murmeltiere oder Haselstauden getarnte Spione und fotografieren jeden Sünder, der außerhalb erlaubter Trainingszeiten auch nur einen Fuß auf die Strecke stellt.

Wildes Training war damals state-of-the-art. Mein Mäzen Gösta Zwilling strebte immer nach dem Höchsten. Hieß im Rallyesport, er wollte die Rallye gewinnen. Sein Größenwahn war nicht einmal durch die neunundzwanzig PS seines Volkswagens zu bremsen – der Wagen hörte übrigens auf »Bastei-Käfer«, weil er zu den Aktiva von Mutters »Fahrschule Bastei« gehörte. Nein, bevor Sie fragen, er hatte keine zweite Pedale am Beifahrersitz, wie bei »normalen« Schulfahrzeugen üblich. Bei Gösta war nichts normal.

Wir trainierten nahezu jeden Tag und jede Nacht, die Gott werden ließ. Ich saß am so genannten »heißen Sitz« und verfasste den »Schrieb«, das »Roadbook«, zu Deutsch: Fahrtenbuch mit den Aufzeichnungen wie »Links 5« … »Kuppe rechts« … »Rechts 1«; erstes bedeutete für den Fahrer eine Linkskurve mit voll durchgetretenem Gaspedal, das Zweite eine unübersichtliche Kuppe, bei der es dahinter rechts weiterging, und »Rechts 1« war eine rechte Haarnadelkurve. Man sieht, das

Schulnotensystem 1 bis 5 verfolgte mich auch bis spät in die Pubertät! Meine psychischen Schäden der frühen Jugendjahre hatten somit nie Gelegenheit, voll auszuheilen.

Die nächtlichen Trainingsfahrten mit Gösta waren naturgemäß nicht stressfrei. Während einer Nacht zählte ich genau elf Ausritte. Einmal übersah Gösta um zwei Uhr nachts eine Kurve und krachte »wide open«, also Vollgas, mitten in ein großes Bauerngehöft. Der Volkskübel wirbelte zwischen Kuhstall, Jauchengrube, Heuballen und dem bäuerlichen Haupthaus mehrmals um die Achse … Steine spritzten nach allen Richtungen, der Hof ward im Staub zugenebelt … der Hund riss sich von der Kette los und raste davon … ich glaub, er rannte bis tief in die Tschechei. Bevor der Altbauer im Nachthemd die Hacke fand, um uns zu erschlagen, waren wir schon wieder fort.

Ein andermal – ich erinnere mich, als wär's letzte Nacht gewesen – donnerten wir irgendwo in den nördlichen Kalkalpen über eine Schotterstraße. Nach einer Vollgaslinken folgte etwa einhundert Meter später eine scharfe Rechtskurve – der Außenrand der Kurve lag wie eine klar akzentuierte Linie vor uns. Gösta raste darauf zu – ich glaube, er hatte die Rechtskurve nicht einmal gesehen, oder nicht sehen wollen – er ignorierte einfach die Kurve – und steuerte unbeirrt gerade auf die Kante zu.

Vielleicht dachte er, es wäre eine Kuppe oder Schanze … in Österreich hatte man schon immer ein Faible fürs Skispringen … vielleicht wollte Gösta so etwas einmal mit dem Auto probieren. Auf jeden Fall, bevor ich ihn auf die Kurve aufmerksam machen konnte, waren wir hoch in der Luft. Mein erster Gedanke war – hoffentlich lauert hinter der Kante keine hundert Meter hohe Felswand.

Die Luftfahrt dauerte sehr lange – aber irgendwann dann unabwendbar die Landung – man kann ja nicht ewig fliegen! Der Fahrschulkäfer krachte mitten in ein frisch gepflügtes Feld, wir hatten noch immer einen Achtziger drauf, der mir in dieser Situation allerdings wie zweihundert vorgekommen war. Wir landeten merkwürdigerweise auf allen vier Rädern und wirbelten wild auf dem Acker herum … die reichlich bestückte Scheinwerferbatterie (damals waren noch die Jodlampen »Jodler« erlaubt) erhellte in der Sekunde eine ganze Kompanie Feldhasen, die mit im Licht blitzenden Augen nach allen Richtungen davonstoben.

Nachdem Gösta es irgendwie geschafft hatte, den Käfer zum Stehen zu bringen, strich er sich über seinen schon zur Berühmtheit gelangten Schnauzbart, kurbelte das Fenster runter, starrte in die Nacht und fragte in die Stille hinaus: »Was machen die Hasen da mitten in der Nacht?«

Unsere Trainingsfahrten endeten meist um fünf oder sechs Uhr früh. Geschlaucht und übernächtigt krochen wir ins Bett – mit dem bitteren Geschmack im Mund, gerade noch mit dem Leben davongekommen zu sein.

//

Jetzt Schnitt: Nach meiner Übersiedlung von Salzburg nach Wien machte meine Physiotherapeutin Heide ernst. Sie dachte ans Heiraten, ich an die Autoweltmeisterschaft. Nicht unbedingt die beste Voraussetzung zur Gründung einer Familie, mit Küche und frommen Sprüchen auf einem gestickten Tüchlein an der Wand, dazu eine Horde aufgeweckter Kindlein, mit denen ich am Boden herumkriechend spielen sollte.

Heide, von hartnäckiger Natur, wählte eine geschickte Strategie – und zwar über eine klug organisierte Verlobung. Das Fest fand im trauten Heim ihrer Eltern statt. Es war eine Verlobung mit allem

Pipapo, also Muttern und frisch gebackenem Kuchen, ernsten Worten ihres Vaters mit seiner Hand schwer auf meiner Schulter – und einem goldenen Verlobungsring.

Das war meiner strammen Heide auf die Dauer aber zu wenig. Zwei Monate später, ich war mitten im Stress der nächtlichen Raubzüge mit Gösta, stand sie plötzlich vor meinem Bett, hoch aufgerichtet und riss mich aus wohlverdientem Schlaf. Ihr Vater warte unten im Auto und wir könnten uns stante pede gemeinsam eine Wohnung anschauen, die – so wir sogleich heirateten – der Vater für uns kaufen würde. Als Brautgeschenk oder wie immer man das bezeichnen will, ich kannte mich in solchen Dingen so gut wie nicht aus.

Meine Antwort war anfangs höflich und zurückhaltend – ich begrüßte sie freundlich aus zerknittertem Gesicht – und tat so, als hätte ich sie nicht verstanden. Das war in der Schlaftrunkenheit nicht besonders schwer. Ich ließ sie ihr Anliegen gleich mehrmals wiederholen, bis ich mich schließlich langsam aufrichtete. Nachdem sie mir die Geschichte von der Wohnung und Heirat zum fünften Male erzählt hatte, versuchte ich in zurückhaltendem Tone meine Lage zu erklären: Gösta, Abflüge in den Wald, Hasen im Felde … Bauer, Hacke … Hirsche, Rehe … und das während der ganzen Nacht und so weiter und so fort und könnten wir das Thema nicht etwas später, vielleicht gegen Abend im Café Landtmann oder im Café Bräunerhof in aller Ruhe und Gelassenheit besprechen.

Heide hatte neben ihrer körperlichen Größe auch entsprechendes Temperament. Sie dachte weder an Ruhe, Gelassenheit noch an die Cafés in der Wiener Innenstadt und die Geschichte mit den Hasen und Abflügen und vor allem Gösta, der ihr schon immer ein Dorn im Auge war, all das und vieles mehr, war ihr in diesem Moment scheißegal. Sie wurde laut.

Wenn jemand mir gegenüber laut wird, werde ich in der Regel leise, und zwar ganz leise … oder ich hau ihm gleich eine in die Goschen.

Nun, Gewalt gegenüber Frauen war für mich stets ein absolutes »No-Go«, also wurde ich leise. Und zwar ganz leise, im Klartext, ich schwieg. Das trieb sie natürlich nicht nur auf die Palme, sondern auf eine ganze Palmenplantage! Sie steigerte sich von anfangs Adagio, Andante zu Allegro und schließlich bis zum Crescendo! Molto Crescendo! Am Schluss setzte sie die dramatische Kadenz: »Wenn du nicht sofort aufstehst, dich anziehst und mitfährst – komm ich nie mehr!«

Ich konnte jetzt schwer in einen Jubelschrei ausbrechen und aus dem Bett hüpfen und nackt einen Freudentanz aufführen – wie zum Beispiel Rumpelstilzchen – nein, ich bemühte mich, für die unvermeidliche Tragödie das passende Gesicht aufzusetzen, ließ mich langsam zurück aufs Bett fallen und kehrte ihr den Rücken zu. Das Einzige, was ich noch hörte war ein lauter Knall – sie hatte mit Schwung die Tür zu meinem Zimmer zugeschossen … darauf folgten die sich in die Unendlichkeit verlierenden Schritte …

Ich wartete noch, bis ich hörte, wie ein Motor gestartet wurde und brummend wegfuhr. Dann kam Leben in meine Glieder. Ich sprang auf und rannte zum Telefon, rief Gösta an und »meldete stolz von der Geschichte – meine Freeeeiheit!« Es blieb einige Sekunden still am Hörer, dann vernahm ich seine müde Stimme: »Oh – wie interessant.«

Rückblickend muss ich sagen, dass ich schon ein ordentlich mieses Stück war. Andererseits hatte ich der guten Heide weder die Heirat versprochen noch in irgendeiner Weise auch nur die Bereitschaft angedeutet, eine Familie mit allem Drum und Dran zu gründen.

Irgendwie war ich trotz Mitte zwanzig noch ein Kind, ein Lausbub geblieben, bar jeder Verantwortung – der ohne Rücksicht seinen Bubenträumen nachlief und sich um nichts, aber schon überhaupt nichts kümmerte. Heide soll froh sein, dass sie diesen steirischen Mistbraten los war.

Das Roadbook, genannt »Rallye-Schrieb«, war inzwischen fertig und wir begannen nun mit den eigentlichen Trainingsfahrten. Mit anderen Worten, wir »tschunderten« des Nachts über die Schotterstraßen, ich sagte Gösta an: Kurve rechts, 5 … Gerade … Muttergottesmarterl voll links … und so weiter und so fort.

Es war in einer der folgenden Nächte, als wir wieder einmal durch die Wälder »tief geflogen« waren und Gösta in eine schnelle Rechtskurve viel zu spät eingelenkt hatte und geradeaus in eine Almwiese krachte – im wahrsten Sinne des Wortes, denn vor der Landung mussten wir einen hölzernen Weidezaun zertrümmern. Als wir auf der Wiese zum Stehen kamen, die Holztrümmer rechts und links neben uns zu Boden prasselten, wandte er sich zu mir, zwirbelte an seinem Bart und sagte: »Fahr du.«

Das war ein großer Moment für mich – denn in dieser Sekunde hatte er mich vom Beifahrer zum Fahrer geadelt.

///

Der Rallyesport hatte gerade etwas abgehoben – vor allem von den touristischen Wertungsfahrten, die noch ein Relikt der frühen Fünfziger waren. Damals war es eine Sensation, ohne dampfenden Kühler den Glocknerpass zu queren. Ich erinnere mich noch an die Glockner-Aufkleber, die es damals nach »geschaffter« Fahrt an den Mautstellen gab. Ein großes G umrahmte den Kirchturm von Heiligenblut, dazu eine Jahreszahl. Manch tapferer Kraftwagenlenker hatte schon eine ganze Reihe dieser hässlichen Abziehbilder wie Kriegsorden an der Windschutzscheibe kleben.

Bei den Wertungsfahrten ging es weniger um Geschwindigkeit, sondern allein, dass man eine größere Straßendistanz schaffte, ohne unterwegs die Ventile neu einzuschleifen. Bei den Rallyes war die »Touristik« ohne Bedeutung. Die Etappen waren nur dazu da, die Sonderprüfungen zu verbinden – und dort ging es einfach darum, der Schnellste zu sein.

Die »1000 Minuten Rallye« bildete eine sensationelle Ausnahme. Mit ein paar Tricks, vom RRC-13-Vater »Kurtl« Sassarak erdacht, war diese Rallye ein halbes Straßenrennen. Und das ging etwa so – ich betone »etwa so«, denn damals interessierte mich das wenig, wollte mich auch nicht dafür interessieren und erfuhr erst Jahrzehnte später, warum diese Rallye jedes Mal zu einer wilden »Bläserei« ausgeartet war.

Für die offizielle Zulassung mussten die Distanzen der einzelnen Etappen angegeben werden und dann der geforderte Geschwindigkeitsschnitt, der den Verkehrsvorschriften zu entsprechen hatte. So weit, so gut und klar. Lustig wurde es, wenn die Distanzen nicht ganz korrekt angegeben waren. Vor allem, wenn bei mehreren Kurzetappen – womöglich über winkelige Schotterwege – die Wegstrecken immer um ein »Äuzerl« (ein kleines Stück) kürzer angegeben waren. Am Ende so einer Etappenkette waren vom Fahrer für Strafpunktefreiheit statt der sechzig Stundenkilometer plötzlich resche neunzig gefordert. Das nannte man schlicht: »Die Schere macht zu!«

Gösta versuchte mir das einmal zu erklären und da ich immer nickte und zwischendurch keine

VOLLGAS ODER NIX /// HASEN IM WALD

Erich Glavitza, Dr. Arnulf Pilhasch

Gösta Zwilling, Erich Glavitza

Gösta Zwilling/Erich Glavitza, VW Käfer, 1000 Minuten Rallye 1966

saudummen Fragen stellte, dachte er, »diesmal hat's der Bua kapiert!« Hatte er aber nicht. Mir waren diese Erklärungen von Sollzeit und »Schere« und so weiter schnurzegal. Ich hatte mich auf einen Vollgasritt eingestellt – und »Die ander'n verblasen wir, souwiesou!« – mehr war in meinem Schädel nicht drinnen. Der Bastei-Käfer war für mich der Maserati 250 F und ich natürlich Stirling Moss. Den Sitz durfte ich hinsichtlich Position korrigieren.

Am Start nahe dem Donauturm war die österreichische Rallye-Elite versammelt. An der Spitze Dr. Arnulf Pilhatsch – ein ganz großes Idol von mir. Der gebürtige Grazer war eine Ausnahmeerscheinung gegenüber dem Rest. Pilhatsch war ein ausgezeichneter Leichtathlet, mehrfacher österreichischer Meister und das nicht nur in einer Disziplin. Als Bub sah ich ihn im Kapfenberger »Alpenstadion« bei Meisterschaften im Hochsprung, Mittelstreckenlauf und Speerwurf siegen, er durfte an den ersten Olympischen Sommerspielen nach dem Zweiten Weltkrieg in London teilnehmen, war Schwimmmeister und gewann auch die steirischen Skimeisterschaften. Ein echter Tausendsassa.

Pilhatsch, groß gewachsen, schlank und noch immer sehr athletisch, gewann auch die österreichischen Rallyemeisterschaften. Vielleicht war das angesichts der Konkurrenz nicht besonders schwer, dennoch kannte meine Verehrung keine Grenzen. Er hatte sich mittlerweile in die obere Managementetage des BMW-Generalimporteurs Denzel hochgearbeitet – was für seine motorsportlichen Ambitionen natürlich hilfreich war.

Er konnte aus diesem Grunde mit den besten BMWs, in diesem Falle 2000 TISA, starten und nagelte schon allein deshalb die Konkurrenz in Grund und Boden.

Mein Co »Squire Mython« Gösta Zwilling war mit Pilhatsch auf »Du« und vor dem Start standen die beiden im Fahrerlager und parlierten über das Leben und so nebenbei auch über die Rallye. Ich schlich mich von der Seite an die beiden heran und lauschte ehrfürchtig.

Jahre später, als ich mit Pilhatsch längst befreundet war, erzählte er mir, er habe das Gespräch mit Zwilling noch gut in Erinnerung und als er Gösta fragte, wie er zu diesem in der Branche völlig unbekannten Fahrer gekommen wäre, zwirbelte Gösta seinen Bart und sagte: »Weißt du – der Loisl konnte auf einmal nicht und da hab ich einen Beifahrer gesucht. Und da ist plötzlich ein dünner Steirer vor mir gestanden – der deutschen Sprache kaum mächtig – und es schien mir, dass er des Lebens überdrüssig war.«

Irgendwann gegen Abend ging es dann endlich los. Wenn ich mich recht erinnere, führte die Route bis hinauf Richtung Laa an der Thaya, nahe der damals streng bewachten Grenze zur CSSR. Mit der Vorstellung, wenn ich alles »voll« fahren würde, kämen wir nirgends zu spät – blies ich gleich von Anfang ordentlich los. Reihenweise überholten wir die im Minutentakt vor uns gestarteten Fahrer, dass es nur so eine Freude war. Gösta ließ mir den bescheidenen Spaß.

Wir waren an allen Stationen zu früh. Viel zu früh. Das war natürlich völlig überflüssig. Im Gegenteil, ich strapazierte unnötigerweise Reifen, Motor, Getriebe etc. In Wahrheit war ich einfach zu deppert. Pilhatsch hätte mich sicher geohrfeigt – Zwilling gefiel meine Fahrweise, denn er hatte schon immer ein Faible für Verrückte. Ihm waren Fahrer, die in Selbstkontrolle und fader Cleverness erstarrt waren, eher zuwider. Er mochte den Wahnsinn.

Ich war genau der Richtige für ihn. Wir fleckten durch winzige Dörfer im Waldviertel, dass die

Kirchenglocken hinter uns von selbst zu läuten begonnen hatten. Ab und an wuzelte auch ein Huhn unter unserem Käfer – im Rückspiegel flogen die Federn. Irgendwo weit oben an der Grenze war ich sogar an den führenden BMW meines vergötterten Pilhatsch rangefahren. In meinem Rausch hatte ich sein Auto nicht einmal erkannt und überholte respektlos. Bis zum nächsten Etappenziel folgte der Rallye-Doktor dem Bastei-Käfer und fragte nachher meinen Co Gösta, ob bei uns alles in Ordnung wäre.

Der Grund war meine steirische Fahrweise, damals veredelt im »Graben« zwischen Kapfenberg und Thörl. Wegen der fehlenden PS des Käfers meiner Mutter gegenüber dem DKW von Gerold hatte ich meine Bremstechnik umgestellt. Vor Kurven pflegte ich nicht mehr wie »normale Menschen« über die Betätigung des Bremspedals die Geschwindigkeit zu reduzieren, sondern durch »aunstöi'n« (anstellen – für quer stellen). Statt »aunstöi'n« sagten wir auch »o'christln« – das stand für »abchristeln« und kam vom Abschwingen beim Skifahren. Dieses »christeln« kam aus dem norwegischen Kristiana … als Urstätte des modernen Skilaufs.

Egal, ich »christelte« jede Kurve »ab« und dieses irritierte den Rallye-Doktor derart, dass er sich über unsere Zukunft ernsthaft Sorgen gemacht hatte. War aber nicht notwendig, denn ich hatte die Jahre des »O'christelns« im Graben überlebt, also waren auch hier keine Katastrophen zu erwarten. Frei nach dem Motto »Des Christelns ist des Steirers Lust« ging es munter über Forststraßen weiter.

Gösta ward mit sich, der Welt und mir, in dieser Reihenfolge, zufrieden. Nach Einbruch der Dunkelheit hatte er sich an meine Fahrweise derart gewöhnt, dass ihm schon fad war. An der nächsten Zeitkontrolle fragte er mich, ob ich müde wäre, wartete meine Antwort nicht ab und sagte, er würde nun ein paar Etappen fahren … es wären nun eine Reihe »langsamer Etappen« vor uns, später, wenn die Zeiten »knapper« würden, sollte ich wieder fahren.

Ich nahm am »heißen Sitz« Platz und begann im »Roadbook« zu blättern. Suchte, schlug Seite um Seite um … und fand nichts. Ahnungslos starrte ich auf die Zeilen und Zeichen, wusste nicht, wo und warum wir gerade hier auf dieser Straße und vor allem wohin wir fuhren. Nach einigen Minuten war mir das egal, mit der Gewissheit, Gösta wüsste schon alles, lehnte ich mich zurück und ließ meinen großen, im Sinne des Wortes, Mentor schalten und walten.

Dann begann mir bei Richtungsänderungen mulmig zu werden. Gösta pflegte eine für mich etwas merkwürdige Art, Kurven anzusteuern. Meist lenkte er zu spät ein, dann zu früh … anstatt mit einem kräftigen Tritt am Gaspedal das bereits die Haftung verlierende Auto wieder aus der Kurve zu bringen, bremste er … und das zum ungünstigsten Moment. Ich sah im Geiste, wie das Heck des Käfers anhob und sich die Spur an der Hinterachse gegen null reduzierte.

Das war aus zweierlei Gründen scheiße – erstens verloren wir bei jeder Kurve an Schwung und zweitens wurde das Fahrzeug durch den »dynamischen Radlastwechsel« in einen gefährlichen Fahrzustand versetzt; im Klartext: Das Heck verlor abrupt an Bodenhaftung.

Gerade im Moment, als ich mir über die Fahrdynamik des Bastei-Käfers wieder einmal ernste Sorgen gemacht hatte, lenkte mein Herr und Meister viel zu früh in eine Kurve … vergaß aufs Bremsen und drehte bar jeden Gefühls am Lenkrad. Er spürte nicht, wie die Vorderachse auf Haftung verzichtete, der Hinterachse vergönnte er von Anfang an keine … und wir rutschten kerzengerade auf einen Sandhaufen zu.

Der Haufen stoppte den Wagen an den Vorderrädern … und dann legte sich der Käfer auf die Seite. Das alles in Zeitlupe. Für diesen Stunt hätte ein angesehener Cascadeur viel Geld bekommen – die Geschwindigkeit war so nieder, dass es wahrlich eine Kunst war, den Bastei-VW so zu platzieren, dass er auf der Fahrerseite zu liegen kam. Wären wir auch nur um eine Spur schneller gewesen, hätte sich der behäbige Kübel wenigstens einmal um die Längsachse überschlagen und wir hätten locker weiterfahren können.

Nein. Es sollte nicht unser Tag sein. Der Wagen ruhte auf der Fahrertür – wir entstiegen dem Fahrzeug wie Kapitänleutnant Günther Prien seinem U 47, nachdem er dreißig Schiffe versenkt hatte. Wir hatten uns dort aber selbst versenkt.

Der Bastei-Käfer lag derart beschissen zwischen Straße und dem Sandhaufen eingeklemmt, dass es für uns unmöglich war, ihn wieder zurückzurollen. Nach einer halben Stunde kamen ein paar Junker vom Lande vorbei und fragten »Kai'ma aich höf'n?« (Können wir euch helfen?)

Sie konnten. Nach ein paar Ho-Ruck rollten wir den Wagen über den Sandhaufen … er kollerte dann vor lauter Freude gleich einen kleinen Abhang hinunter. Gottlob, nicht zu weit, denn unten wartete ein Bach, um unseren Wagen zu waschen – nein, so schlimm wurde es nicht, er blieb schließlich knapp vor dem Ufer stehen – und zwar auf vier Rädern.

Wir bedankten uns höflich bei der Landjugend und sprangen ins Auto. Mit den Worten »Jetzt foa i« (Jetzt fahre ich) setzte ich mich hinters Volant, startete den Boxer-Vierzylinder, der zögernd und blubbernd angesprungen war, Gang rein und los!

Als wir wieder auf der Straße waren, hatten wir gute dreißig Minuten Verspätung. Zum Glück waren wir auf einem Streckenabschnitt mit »offener Schere«. Wäre sie auch nur annähernd »zu« gewesen, wären wir aus der Wertung geflogen.

Ohne auch nur ein Wörtchen über den Zwischenfall zu verlieren, legte ich »ein paar Scheitel« nach. Gösta sagte an, er war naturgemäß inzwischen hellwach geworden und ich folgte seinen »Ansagern« blind. Viele der Dorfbewohner in der Gegend zwischen Nord- und Süd-Niederösterreich, so sie nicht inzwischen gestorben sind, dürften sich noch heute an den Volkswagen erinnern, der Hausmauern, Kirchen und Wirtshäuser nächtens knapp verfehlte und durch die Dörfer und Märkte im Tiefflug böllerte.

Ich fuhr so schnell es irgendwie ging. Gösta sagte mir im Minutentakt die Zeit, die uns noch bis zur nächsten Zeitkontrolle verblieben war. Drei Minuten vor Ausschluss krachten wir mit blockierten Rädern an den Zeitnehmertisch.

Bei der nächsten Zeitkontrolle waren wir schon zehn Minuten vom Ausschluss entfernt … und das ging so weiter, bis wir wieder im Plan waren. Bald hatten wir wieder Zeit, mit anderen Konkurrenten zu plaudern.

Gösta erzählte die Geschichte dem Führenden der 1000 Minuten Rallye, Dr. Pilhatsch, der mich daraufhin ansah, als würde er eben eine neu entdeckte Spezies der Makaken-Affen betrachten. Nach einer Weile nickte er mir wohlwollend zu.

Auf der 1000 Minuten-Rallye fleckten wir durchs Waldviertel, dass die Kirchenglocken hinter uns von selbst zu läuten begannen

Auf der berüchtigten Sonderprüfung zwischen Hollenstein und Lassing waren wir locker in der Zeit geblieben. Gösta war auf seinen Steirer stolz, denn die Mehrheit der Starter bekamen etliche »Packeln« aufgeladen – zu Deutsch: Strafminuten. In Erinnerung an diese Sonderprüfung ist mir noch ein Bild klar im Kopf geblieben, als wir während des Trainings einen kapitalen Hirschen auf die Vorderhaube des Volkswagens schaufelten. Ich trieb den ächzenden Bastei-Schulwagen durch einen Jungwald, als plötzlich ein Zwölfender des Weges kam … oder im Wege stand ... und zwar arschlings zu uns gerichtet. Ich bremste den Wagen brutal runter, aber es reichte noch immer, dass der Hirsch sich mit dem Hinterteil am Kofferraumdeckel breitgemacht hatte. Erst nachdem die Geschwindigkeit auf ein für den Hirsch erträgliches Galopptempo angepasst war, schaffte er es mit »durchdrehenden Hinterläufen« à la Woody Woodpecker davonzueilen.

Pilhatsch freute sich über unsere Aufholjagd dermaßen, dass er Gösta einen »Tipp« zuflüsterte, der uns wenig später ins Verderben stürzen sollte. Für die nächste schnelle Etappe nach Hollenstein-Lassing empfahl er uns einen so genannten Abschneider. Das war damals durchaus üblich. Man bog irgendwo (es durften dort keine Passierkontrollen sein) im Walde auf einen geheimen Hohlweg ab, der die ganze Etappe um gute drei, vier Kilometer abkürzte … und irgendwo ging es wieder auf die korrekte Rallyestrecke und man fuhr zur Zeitkontrolle, als wäre nichts gewesen.

Ich erinnere mich noch genau, als wäre es gestern gewesen … der Abschneider begann nach einem sogenannten »Muttergottesmarterl«, dort sollte man nach rechts auf eine Wiese, dann gerade weiter auf eine andere Wiese, an deren Ende eine Forststraße wäre, bis man bei Sankt So-und-so (die Dörfer in der Gegend begannen alle mit Sankt) wieder auf der Rallyestrecke war.

Nachdem wir ein »Zeit'l« über Stock und Stein wieder flott unterwegs waren, warteten wir auf das »Marterl« am Wegesrand. Dann tauchte plötzlich eines auf … rechts oder links … was hatte der Doktor gesagt? Egal, gleich dahinter bog ich rechts ab, es war finsterste Nacht … der Wagen neigte sich plötzlich nach vorn, er schien fast zu kippen … und es ging in einer wahren Höllenfahrt steil bergab.

Irgendwo war der Abhang natürlich zu Ende – sonst wären wir in Neuseeland wieder rausgekommen – und pechschwarze Erde in pechschwarzer Nacht bremste unser Auto auf Stillstand. Ich spürte noch, wie der Boden ungefähr zehn Zentimeter nachgab. Der Wagen ruhte auf der Bodenplatte. Ich riss die Tür auf und sprang aus dem Wagen … und versank sofort bis zu den Knöcheln im Gatsch!

Nachdem wir die aussichtslose Situation erkannt hatten, marschierten wir los. Nach zwei Stunden Fußmarsch standen wir vor einem Wegweiser, der uns wenig Hoffnung machte: Waidhofen 30 Kilometer – Steyr 40 Kilometer!

Wir entschieden uns für Waidhofen und wurden fündig. Ein rurales Landgasthaus gewährte Quartier. Sie hatten zwar keine Fremdenzimmer, Schweinestall auch nicht – aber auf den hölzernen Bänken durften wir bis zum frühen Morgen unsere müden Häupter auf einen Zeitungsstapel zur Ruhe legen.

Der Morgen kam eine Ewigkeit nicht daher. Ein paar Gäste zechten und grölten bis halb vier Uhr früh, wenig später trampelte eine derbe Magd »Junge komm bald wieder« pfeifend in die Stube und kehrte den Fußboden auf. Als ich mich mühsam aufrichtete, schmerzte mein Nacken, die Augen waren verklebt und im Mund der bittere Geschmack der Sterblichkeit.

Wir suchten dann stundenlang unser Auto. Ein Bauer rettete uns mit seinem Traktor aus dem

VOLLGAS ODER NIX /// HASEN IM WALD

Gösta Zwilling/Erich Glavitza,
VW Käfer, 1000 Minuten Rallye 1966

Sumpf – und gegen Abend trafen wir unter tosendem Jubel im noblen Kursalon Hübner am Wiener Stadtpark ein, um wenigstens der Siegerehrung beizuwohnen. Pilhatsch hatte naturgemäß gewonnen und setzte sich anschließend sofort an unseren Tisch und wir mussten ihm die ganze Geschichte von Anfang an erzählen …

FIRST VIENNA RACING CAR SHOW

Jochen Rindt, Erich Glavitza

Ein Lottotreffer! Plötzlich wurde ich zum Motorsportjournalisten für Österreichs größte Tageszeitung »Kurier«. Wie ich das große Los gezogen hatte? Die Antwort auf die Frage ist eigentlich sehr simpel und typisch für Österreich: Ich bekam den Job nicht wegen meines journalistischen Talentes – sondern weil ich keiner der sich bitter bekämpfenden Freunderl-Parteien angehörte.

Mein einziger Fürsprecher war Helmut Zwickl. Er stand vor dem Sprung zur »Kronenzeitung«, eigentlich der härteste Konkurrent des »Kurier« – hatte aber mit Hans Patleich stets eine lockere und freundschaftliche Basis – und als »Hansi« mitten im Intrigantenkampf seinen ehemaligen Satelliten Helmut Zwickl traf und ihn nach einer Empfehlung fragte, soll dieser gesagt haben: »Nimm'in Glavitza.« (Nimm den Glavitza.)

Patleich darauf: »Wer sui des sein?« (Wer soll das sein?)
Zwickl ohne Umschweife: »A G'scherter – den kaner kennt.« (Einer aus der Provinz, den niemand kennt.)
Darauf Patleich: »Host a Numma von eam?« (Hast seine Telefonnummer?)
Zwickl hatte – und schon am nächsten Tag hieß es in barschem Befehlston: »Du schreibst jetzt für mi!«
Die Branche kochte, weil niemand von den üblich Verdächtigen oder von höchsten Stellen »Empfohlenen« den Job bekommen hatte. Am nächsten Vormittag feierte ich meine Premiere bei einer Pressekonferenz im Flughafenrestaurant in Schwechat. Dort trampelte ich gleich zweimal im Fettnapf herum: Erstens kam ich zehn Minuten zu spät – der Pressechef war schon mitten in seiner schwülstigen und lobtriefenden Ansprache, als ich den Saal betrat, die Tür hinter mir nicht gerade leise ins Schloss fallen ließ und alle Gesichter sich mir zu wandten. Es war, als hätten sich fünfzig weiße Masken des Karnevals von Venedig auf Befehl zu mir gedreht. Der Pressechef hätte mich am liebsten in heißem Öl gekocht.

Punkt zwei war noch schlimmer – ich war nicht allein. An meiner Seite stöckelte ein fescher »Hase« mit draller Oberweite und lasziven Augen. Wir machten den Eindruck, als hätten wir es draußen auf der Landebahn gerade so furchtbar getrieben, dass die Flieger umgeleitet wurden.

Man stelle sich vor: Eine Gruppe von lang gedienten und immer »Braves« schreibenden und nie aufbegehrenden Motorjournalisten, alle doppelt oder mehr an Jahren als ich, biedere Typen in ausgetragenen Sakkos, hellblauen Hemden mit durchgewetzten Krägen, Krawatten, kaum mehr Haare am Kopf, tiefe Falten im Gesicht vom täglichen Überlebenskampf, unter den Augen schwere Tränensäcke – freuten sich alle schon auf das Pressegeschenk (Ledertaschen mit Initialen oder ähnliche Gaben) – und dann kommt der junge Spund, natürlich unverdienterweise als »G'scherter« zur mächtigsten und größten Tageszeitung Österreichs und kommt nicht nur zu spät, sondern auch mit einem »brenngeilen Hasen« – und grinst noch frech. Fürwahr ein starker Anfang.

Am selben Tag traf ich Jochen Rindt, der es wie immer eiliger als alle anderen auf der Welt hatte. Ich erinnere mich an ein Treffen in einer Konditorei am Kohlmarkt in der Wiener City. Er war eben von London eingeflogen und wie üblich eine Viertelstunde zu spät. Ich war gerade dabei, mich an einer Sachertorte mit Schlag langsam Stück für Stück zu erfreuen, als er mit offenem Burberry und wallenden Haaren hereinstürmte. Es war nicht einmal Zeit für eine Begrüßung, als er mich schon fragte, was ich da gerade essen würde.

Eher eine dümmliche Frage, den jede Stubenfliege wusste auf den ersten Blick, dass ich mit einer Sachertorte beschäftigt war, und dann gleich die nächste Frage, genauso überflüssig: »Wie is'n?« (Wie schmeckt sie?)

Ich kam nicht zum Antworten, als er schon mit einer Gabel an meiner Torte war, Stück für Stück in sich stopfte und mit vollem Mund von einem Racing-Car-Show-Projekt in Wien erzählte – davon später.

Nachdem zwei Teller geleert waren, stand er auf, er habe es eilig, er müsse zum Zahnarzt. Kein Wunder, dass ich während dieser Jahre gespenstisch mager war … und Treffen mit ihm in Konditoreien in Zukunft vermeiden wollte.

Jochen Rindt im Helm von Jackie Stewart beim Monaco Grand Prix 1966

Eine noch viel schönere Geschichte lief aber zwei Jahre später, und zwar 1966 ab … ich überspringe deshalb die Zeit vom Kohlmarkt bis zum Grand Prix von Monaco.

Ich war mit Gösta Zwilling nach Monaco gefahren, er schrieb für das »Neue Österreich«. Wir waren schon am Mittwoch vor dem Rennwochenende angereist – in Monaco war schon damals das erste Training immer am Donnerstag, Freitag Ruhe und Samstag ging's um die Startaufstellung.

Beim Büro des Monaco Autoclubs, etwa auf Startlinienhöhe, holten wir die Pressekarten. Die Rennfahrer hatten dort ihre »administrative Abnahme« – Kontrolle des Führerscheins, internationale FIA-Lizenz und medizinischen Check. Wir standen also in der Schlange zwischen Brabham (er erinnerte sich sogar an das Treffen in Zeltweg und fragte, wie's mir ginge), John Surtees, Mike Spence und andere Fahrer.

Nachdem wir unsere Papiere erhalten hatten, setzten wir uns etwas erschöpft und vor allem hungrig in das kleine Bistro, dass gleich neben dem Eingang zum Autoclub war. Wir setzten uns an einen kleinen Tisch und schwiegen hungrig vor uns hin. Der Kellner brachte die Speisekarte und nach mehrmaliger Überprüfung unserer Barschaft leisteten wir uns großartig zwei Sandwichs und einen Mineralsprudel.

Während wir still und mühsam versuchten den Kit runterzuwürgen, kam plötzlich Rindt die paar Stiegen runter: »Hallo – wie geht's euch«, setzte sich zu uns, sah die Sandwichs und fragte nicht sonderlich kreativ: »Was esst's ihr da grad?« Gösta und ich nickten nur und würgten an den Broten, während er sich die Speisekarte griff und beim Ober eine recht üppige Bestellung deponierte. Ich erinnere mich nicht mehr daran, was er bestellte, es war sicherlich um den Preis eines neuen Fahrrads … denn der Herr Ober bedankte sich mit mehreren Verbeugungen. Bei uns hatte er sich nicht verbeugt.

Nachdem er sein opulentes Menü am Tisch hatte, stopfte er es wie immer schnell in sich hinein. Wir kämpften noch immer an unserem Fensterkitt, als sich plötzlich Piers Courage von der Stiege herunter mit Jochen zu unterhalten begonnen hatte … und ich höre noch, wie er zu ihm sagte: »Ok Jocken, let's go« … Jochen nickte, sprang auf, strich mit einer Papierserviette über die Lippen, ließ die Serviette auf den Teller fallen, verabreichte mir einen Klaps auf die Schulter mit den Worten: »Geh, zahl dawei … i muass gei!« (Zahle inzwischen – ich muss gehen) … und ward nicht mehr gesehen.

Den Mund voll Sandwich blickten Gösta und ich einander entsetzt an, waren aber vor Schreck nicht fähig, irgendetwas zu unternehmen. Mühsam mampften wir den Rest in uns hinein … Gösta fasste sich als Erster und sagte in Richtung des entschwundenen (halben) Landsmannes: »Arschloch!«

Das half uns aber auch nicht weiter. Wir legten dann unsere gesamte Barschaft in allen möglichen Währungen – es waren sogar ungarische Forint und tschechische Kronen dabei – auf den Tisch und waren nur mit allerletzter Kraft in der Lage, die Order dieses »Frisslings« zu bezahlen. Für die Chronik: Wir bekamen das Geld trotz mehrmaliger Mahnungen nie zurück! Darauf angesprochen, grinste er nur schäbig.

Jetzt werden Sie meine späte Rache im Ford-Shelby-Mustang auf der Westautobahn Richtung Salzburg besser verstehen!

//

Wenige Wochen nach dem Monaco-Abenteuer traf ich Zwickl, der mich in barschem Ton fragte: »Herst Steira, foa ma noch Trento?« (Hör mal, Steirer, fahren wir nach Trento Bondone?) Klar doch, Helmut – Trento Bondone liegt ohnehin ums Eck von Wien.

Aus irgendeinem Grunde wählten wir als Transportmittel den Volkswagen meiner Mutter. An einem Freitagmorgen holte ich Helmut von Simmering (Bezirk in Wien) ab und wir fuhren guter Dinge gegen Süden. Das war damals sehr mühsam. Aber wir kannten es nicht anders. Durch die Steiermark nach Kärnten, dann Osttirol, durchs Grödnertal führte uns die Route nach Trento. Mit der Ferse Zwischengas gebend, die Kurven immer in hohen Gängen nehmend, damit die »Sekunden nicht liegen blieben«, fleckten wir durchs schöne Südtirol.

Ich kann mich an einen Moment während der Fahrt noch genau erinnern – als wär's gestern gewesen. Es war irgendwo nach der italienischen Grenze, es ging bergauf, ich fuhr wie üblich so schnell es irgendwie ging und hatte noch ausreichend Schwung für die Steigung. Da näherten wir uns – oh Unglück – einer LKW-Kolonne, die nahezu zur selben Zeit einen Gang runterschaltete. Die Getriebe der schweren Fahrzeuge waren damals nicht synchronisiert, deshalb mussten die Fahrer ordentlich Zwischengas geben, damit sich die Zahnräder »friedlich« vereinten. Wir waren noch ungefähr zweihundert Meter von der Kolonne entfernt und ich fuhr schon auf der linken Seite, um mit Schwung die Gruppe in einem »Aufwasch« zu überholen.

In diesem Moment tauchte auf der Gegenseite ebenfalls ein LKW auf, gerade so weit oder nahe, dass ein Überholen zu gefährlich war – ich musste mich hinter der Kolonne anstellen und die nächste Gelegenheit geduldig abwarten. Kaum hatte ich zwanzig Meter hinter den schweren Fahrzeugen mein Tempo gedrosselt – der entgegenkommende LKW entpuppte sich ebenfalls als eine Gruppe von ungefähr zehn solchen Trümmern, als die Fahrzeuge vor mir unisono noch einmal einen Gang runterschalteten und uns in eine dicke, schwarze Wolke hüllten.

Helmut Zwickl kroch noch tiefer in den Sitz und knurrte: »Ich hasse diese Scheißkübeln – haz'n Stüfifetzen!« (Ich hasse diese Lastkraftwagen – heizen Stiefelfetzen.)

Irgendwann schafften wir es doch, in Trento anzukommen. Helmut hatte für uns ein Doppelzimmer in jenem Hotel reservieren lassen, in dem die gesamte deutsche Fahrerschaft um Gerhard Mitter (Porsche 910), Hans Hermann (Abarth) sowie die von Stuttgart unterstützten Sepp Greger und Michel Weber (alle Porsche 906) und der junge Rolf Stommelen (Porsche 904) untergebracht waren. In diesem Hotel »ruhte« auch die Fotolegende Julius Weitmann (… Mayonnaise an Rottenseiters Sakko).

Wir saßen am Abend mit Gerhard Mitter, Hans Herrmann, dem Porsche-Rennleiter Huschke von Hanstein und dem Hoffotografen Julius Weitmann gemeinsam am Tisch und plauderten über … klar, über Autorennen.

Mitter und Hermann schwäbelten dermaßen, dass ich Probleme hatte, sie zu verstehen. Irgendwann zu fortgeschrittener Stunde löste sich die Runde auf. Der Herr Rennleiter Hanstein hatte einen stolzen Sonnenbrand und war müde von der Höhenluft, das Ziel lag über 2000 Meter und die Rennfahrer mussten ins Bett – das war dort kein Problem – weit und breit keine Mädels.

Julius Weitmann bestellte sich eine zweite Flasche Wein, nachdem er die erste im Alleingang geleert hatte und er bereits in fröhlicher Stimmung war. Je später der Abend, desto lustiger die Gäste! Weitmann war in sehr gesprächiger Laune und Helmut und ich nützten die Gelegenheit, rückten näher und legten unsere Lauscher vor ihm fast auf die Tischplatte.

Zuerst überraschte er uns mit jenem Teil seines Lebens, als er als Pressechef von Admiral Dönitz in der »höchsten Admiralität« saß und bei nahezu allen wichtigen strategischen Entscheidungen des »einfachen Gefreiten« (er meinte damit Hitler) dabei war. Weitmann war zu dieser Zeit sogar Geheimnisträger gewesen!

Nachdem die zweite Weinflasche zur Hälfte geleert war, wurde er deutlich lauter und aus dem »einfachen Gefreiten« ein »lächerlicher Popanz«. Nachdem wir die Hitlerzeit abgehakt hatten, kam ein kurzer Schwenk zur Heiligen Theresa von Konnersreuth – und wenn ich mich recht erinnere, hatte Julius (der Heilige) die gute Theresa (die Unheilige) »aufgeklatscht« (den Schwindel aufgedeckt).

Die zweite Flasche roten Rebensaftes neigte sich dem Ende und Weitmanns Lautstärke war inzwischen vom Crescendo im Molto Crescendo angelangt und wir beide »falschen Hunde« (hinterlistige Kerle) bogen in die Zielkurve unseres Interesses – der deutschen Motorsportgeschichte und deren Hintergründe und Hintermänner.

Nun bestellten wir eine Flasche Rotwein … Helmut schenkte ein und Weitmann lief zur Hochform auf. Die erste Frage kam von Zwickl und betraf den damals bereits ergrauten Hans Stuck Senior – der Junior war damals noch ein fröhlicher, unschuldiger Knabe. Weitmann brüllte, dass die Wände bebten, der »Alte« (Hans Stuck sen.) hatte sich mit seiner Rennleidenschaft mehrmals in Konkursnähe gebracht und nur alte Seilschaften aus den dreißiger Jahren hätten ihn gerettet. Ausnahmslos wären alle Rennfahrer aus deutschen Ställen (Auto Union und Daimler-Benz) Nazimitglieder gewesen, denn ohne NSDAP-Mitgliedschaft hätten sie »laufen« müssen. Hitler hätte sich persönlich trotz Widerstands in der Partei für die Förderung des Autorennsports eingesetzt. Um 1937 sei Ferdinand Porsche der NSDAP beigetreten und avancierte zum SS-Oberführer. Helmut und ich lauschten mit dem Kinn inzwischen auf der Tischplatte.

Hans von Stuck Senior war gebürtiger Pole, klärte Weitmann uns auf, und Stuck wäre nie ein »von« gewesen, sondern hätte irgendwie den Namen seiner Mutter (Villiz … Vielliez oder so ähnlich) übernommen. Der Rundumschlag ging gleich weiter und auch der über uns im ersten Stock schlafende Huschke von Hanstein bekam nun sein Fett ab. Der Hanstein'schen Biografie ist zwar zu entnehmen, dass er als Spross des königlich preußischen Oberstleutnants und Gutsbesitzers Carlo von Hanstein 1911 in Halle an der Saale geboren ward … und standesgemäß 1950 auf der Eifel natürlich – wo sonst – Ursula von Kaufmann, Tochter des königlich preußischen Oberamtmannes und Domänenpächters Fritz-Georg von Kaufmann ehelichte …

Nun, Julius Weitmann wusste es ab der dritten Flasche Rotwein anders: Hanstein wäre ein Findelkind gewesen, irgendwann unter völliger Geheimhaltung adoptiert … und (wörtlich) zudem ein lächerlicher Aufschneider! Ich wartete jede Sekunde auf Huschkes Erscheinen auf der Stiege mit einer Kettensäge bewaffnet … oder Schrotflinte (von einer Fasanenjagd auf der Eifel). Er kam aber nicht, sondern schnarchte munter weiter – was kümmert's eine deutsche Eiche, wenn eine Wildsau … und so weiter und so fort.

Über den ebenso einen Stock höher schlafenden Gerhard Mitter wusste er nur, dass dieser nahezu sein ganzes Vermögen in einem Rennmotorprojekt verjubelt hatte und der Porsche-Werksvertrag seine Rettung bedeutete. Dann folgte ein kurzer Schwenk in Mitters Kindheit, eine abenteuerliche Flucht vor den Russen aus Schlesien oder Pommern … mit Trakehnern (Pferderasse) über zugefrorene Seen … sein Vater saß wegen SS-Vergangenheit … darum wäre Mitter in Wahrheit ein verbitterter Mann!

Von Hans Hermann, ebenfalls über uns ruhend, wusste er von zahllosen »Weibergeschichten« zu berichten und laut Weitmann wäre der nach außen hin ruhige Schwabe, was Frauen betraf, ein Tier (!!!) … ich beneidete von diesem Augenblick an den stets verschmitzt grinsenden Schwaben.

Dann war Jochen Rindt an der Reihe: Weitmann begann mit einem gebrüllten »Lümmel«! Er wäre eigens nach Wien angereist, um eine Fotoreportage mit dem »großdeutschen« Formel-1-Fahrer zu machen … suchte mühsam die Adresse der Rindt'schen Wohnung in Hietzing, läutete an der Tür und niemand öffnete ihm »sofort!« – ihm, dem ehemaligen Mitarbeiter der Admiralität!

Er wollte schon umkehren, da vernahm er schlurfende Schritte sich der Wohnungstür nähernd, mehrere Versuche das Schlüsselloch zu finden, dann zögernd öffnete sich die Tür … und … und … Skandal!!! Jochen Rindt in Unterhosen vor ihm … und … und der noch größere Skandal … Sodom und Gomorrha!!! … im Hintergrund die Casner Witwe, »diese Hure«, brüllte Weitmann, dass man es bis Verona ballern hörte!

Barbara Casner – Witwe des ehemaligen Rennfahrers Lucky Casner – vergnügte sich mit dem Le-Mans-Sieger … wo ausgerechnet ihr Ex während des Trainings mit einem Maserati vor dem Rechts-

Huschke von Hanstein

Gerhard Mitter

Hans Herrmann

Julius Weitmann

Kurt Ahrens

Lucky Casner

knick beim Dorf Mulsanne plötzlich quer gestanden war, auf die Grasnarbe schlitterte und sich mehrmals überschlagen hatte und starb.

Die lustige Witwe vergnügte sich bald mit einer Reihe von Rennfahrern … Zwickl kommentierte zynisch: Sie habe sich alle Polesitter eingezogen … und als Julius Weitmann Wien besuchte, war eben Jochen dran.

Nach Rindt spannte der deutsche Starfotograf – bereits schwer betrunken – den Bogen bis zur britischen Insel und mokierte sich über den Lotus-Gründer Colin Chapman, der anlässlich seines Besuchs in dessen Haus zum Kühlschrank ging, eine Flasche Milch herausfischte, mit dem Daumennagel die Folienkappe löste und ihm die Flasche (ohne Glas) reichte … ihm, dem ehemaligen Pressechef der Admiralität! Dönitz, U-Bootkrieg, »… denn wir fahren, denn wir fahren gegen Engeland!«

Dann rülpste er und richtete die Frage an uns, ob wir uns so etwas von Dipl. Ing. Dr. Uhlenhaut oder Dipl. Ing. Dr. Nallinger (beide Konstrukteure der Mercedes-Silberpfeile) vorstellen könnten? Dort wäre er in einer Herrschaftsvilla von einem Diener empfangen worden und dann in den Salon geführt … Uhlenhaut im Gehrock (wie Goethe) …

Wie sagte Thomas Bernhard? Der Deutsche liebt immer das Große …

Weitmann war inzwischen voll betrunken und Zwickl erwähnte, nachdem er in Weitmanns Glas nachgeschüttet hatte, in schüchternem Ton den Namen Ahrens. Ähnlich wie Stuck eine berühmte Rennfahrerdynastie in Deutschland. Der alte Ahrens war ein sehr erfolgreicher Sandbahn- und Autorennfahrer, der Sohn in der Formel Junior und Formel 2 stets ernsthafter Gegner von Rindt, später Porsche-Werksfahrer – allerdings ohne die leiseste Nähe zum deutschen Adelsbrei.

Kaum hatte Zwickl »Ahrens« ausgesprochen, richtete sich Weitmann steif auf, fuhr mit der rechten Hand und ausgestrecktem Zeigefinger gen Himmel und brüllte: »Wenn ich sie mir so ansehe, die dicken, fetten, runden Ahrensköppe – dann sage ich mir – ein Lumpensammler bleibt ein Lumpensammler!«

Helmut und ich fuhren zusammen, jetzt erwarteten wir nicht mehr Huschke von Hanstein mit Kettensäge, sondern den Herrgott persönlich und uns wie Küchenschaben mit dem Daumen zerquetschend …

Nichts dergleichen. Gott blieb oben, Hanstein schlief weiter – Zwickl, ein enger Freund vom »Kurtl« (Ahrens), stand auf, legte seinen Kopf in Schräglage und sagte: »Na guat, des woas daun« (Na gut, das war's dann) und zu mir: »Kumm gemma« (Komm gehen wir) … ohne »Gute Nacht« oder »Schlafen Sie gut, Herr Weitmann« vertschüssten wir uns und schlichen aufs Zimmer.

Jochen Rindt fuhr ab Mitte sechzig keine Bergrennen: zu gefährlich, zu wenig Geld. Er hatte Größeres vor und kam über Martin Pfundner und BP bei Cooper im Formel-1-Team unter. Sein großes Talent blitzte in der Formel 1 das erste Mal beim Großen Preis in Deutschland 1965 auf dem Nürburgring auf. Nach einem harten, fast die Grenzen überschreitenden Kampf rang er Größen wie Jack Brabham, Lorenzo Bandini und Jo Bonnier nieder. Rindt wurde hinter Clark-Hill-Gurney sensationeller Vierter! Nach dem Rennen traf ich ihn im Fahrerlager.

»Do woa jo was mit'n Bandini« (Da war ja was mit Bandini), fragte ich ihn.
Jochen nickte, zerkaute eine Erdnuss und antwortete: »I bin aus'n Hatz'nboch schnölla rauskumman – troutzd'm hot a ma bis zan Schwedenkreiz zua g'mocht« (Ich bin aus dem Hatzenbach

Jochen Rindt, Cooper-Climax T77, Großer Preis von Deutschland 1965

schneller rausgekommen – trotzdem hat er mir bis zum Schwedenkreuz zugemacht), Pause, eine neue Erdnuss in den Mund und dann weiter, »irgendwou bin i eam dann eini g'foan« (irgendwo bin ich ihm dann ins Auto gefahren).

Daraufhin ich: »Hot er dir nochhea wos gsogt?« (Hat er mit dir nachher gesprochen?)

Jochen schüttelte den Kopf: »Jo jo, er is daun kumman und hat irgendwos g'meckert – oba des woa mia wuascht« (Ja, ja, er ist dann gekommen und hat irgendetwas gemeckert – aber das war mir egal).

//

Inzwischen arbeitete Kurt Sassarak in Wien an einem neuen, großen Projekt. »Kurtl« war neben Martin Pfundner einer der wichtigsten Innovatoren im österreichischen Motorsport. Auf seinem »Mist« war die nicht nur berühmt-berüchtigte 1000 Minuten Rallye gewachsen, er war auch der eigentliche Erfinder der »Jochen Rindt Racing Car Show« in Wien. Gösta Zwilling hatte anlässlich unseres Besuchs in der Olympia Hall in London die Kunde von der Londoner Veranstaltung nach Wien getragen.

Die »Londoner Racing Car Show« war – wie vieles damals – eine Weltneuheit. Längst hatte es die berühmten Autosalons gegeben, aber dort kümmerte man sich eher um Modelle für den Straßenverkehr. Die Londoner Show war nur für Rennwagen und »heißes« Zubehör gedacht. Darüber hinaus war sie Treffpunkt von »allem und jedem«, was auch nur irgendwie mit dem Rennsport zu tun hatte.

Es war damals in diesem Business unheimlich wichtig, dort zu sein. Man konnte mit Tony Rudd (BRM) Tee trinken, Jim Clark nach den aktuellen Preisen von Schafwolle fragen und Graham Hill stolzierte wie ein Pfau in dunkelblauem Clubsakko und Sportmütze langsamen Schrittes zwischen den Rennwagen. Man parlierte mit dem eleganten Colin Chapman, der einem stets das Gefühl vermittelte, man wäre der Wichtigste in seinem Leben – drei Minuten später war man aus seinem Hirn gelöscht.

Und zwischen all den Wichtigen und weniger Wichtigen standen Rennautos. Meist Wagen der vergangenen Formel-1-Saison und dazu eine Unzahl kleiner Sportwagen und Formel-3-Autos zum Verkauf. Neben Lotus, Cooper, Lola, Brabham, Elva, Gemini, Merlyn und so weiter waren alle wichtigen Firmen des Rennbusiness vertreten.

Gösta Zwilling und ich waren mit einem Testwagen vom »Neuen Österreich« nach London gefahren – kaum Autobahnen –, dann hohe See während er Überfahrt, entsprechend sahen wir aus. Auch Helmut Zwickl schaffte mit seinem Hoffotografen Loisl Rottensteiner die Marathonfahrt.

Ich wuselte zwischen den Ständen unruhig hin und her und sprach mit Jim Clark, Mike Spence, Frank Gardner und dem Ford-Teamchef Alan Mann und auch mit Alan Brinton von »Motor Racing«, einem Monatsmagazin. Brinton »erlaubte« mir sogar, für seine Zeitschrift als »European Correspondent« zu schreiben.

Während ich vor Aufregung kaum Luft bekam, stand ich plötzlich vor der Box der damals bekanntesten Rennfahrerschule von Jim Russell. Er hatte einen Lotus-Formel-3 an seinem Stand aufgebaut, mit dem man einen Reaktionstest durchführen konnte.

Man ließ sich in den in »british racing green« gehaltenen Wagen gleiten, drückte den Startknopf und plötzlich begann die Kiste leicht zu vibrieren und von hinten war merkwürdiges Brummen zu vernehmen – es sollte den Motorlärm simulieren. Man musste Gas geben, kuppeln und schalten etc., alles mit dem Klang eines Aufziehspielzeugautos nach dem Zweiten Weltkrieg.

Vor dem Auto waren zwei riesige Ampelleuchten aufgebaut. Eine große rote Scheibe und daneben eine grüne. Ziel der Gaudi war – wenn das grüne Licht auf Rot wechselte, musste man so schnell es geht auf die Bremse »hupfen«. Die Zeit wurde dann auf einer großen Tafel in der Mitte der London Olympia Hall aufgeschrieben.

Auf einer großen Tafel war Jim Clark mit 0.192 an der Spitze. Es folgte Denis Hulme mit 0.20 und Jack Brabham ... ich glaube 0.21 und Trevor Taylor 0.21 etc. etc. Vor mir waren noch einige »Wichtige« angestellt, ich glaub sogar, dass einem aus der Königsfamilie in den schmalen Rennwagen von vier Dienern geholfen wurde ... er hatte dann über drei Sekunden benötigt. Nicht beim Einsteigen, sondern beim Reaktionstest.

Als ich an der Reihe war, schaltete ich in mein Hirn auf »Leere« und sah nur noch das grüne Licht vor mir. Irgendwann, nachdem ich in den vierten Gang geschaltet hatte und mein »Rucksack« laut brummte ... sprang das Licht auf Rot – und ich auf die Bremse. Ein Blick auf die Zeittafel: 0.196!

Mühsam buchstabierte ich dem Russell-Mann meinen Namen und dazu Kapfenberg/Austria für die Anzeigetafel.

Helmut Zwickl war mit seinem Loisl noch länger in England geblieben und erzählte mir nach seiner Rückkehr, dass am Abend des Schlusstags auf der Tafel unverändert die Reihenfolge Jim Clark-Erich Glavitza-Denis Hulme und so weiter zu lesen war. Die Urkunde von dieser »Großtat« hatte ich noch Jahrzehnte in meinen diversen Bleiben an der Wand hängen. Ich ahnte, dass die Gelegenheit, zwischen Clark und Hulme als Zweiter angeführt zu werden, nicht mehr so schnell kommen würde.

Als Jochen Rindt mit seinem Formel-2-Brabham die englische Szene aufgemischt hatte, machte Sassarak Jochen den Vorschlag, ebenfalls eine Rennwagenschau in Wien zu organisieren.

Jochens lakonische Antwort war: »Wer suid'n do hinkumman?« (Wer soll denn da hinkommen?)

Jochen hatte auch mich in der Konditorei am Kohlmarkt über das Ausstellungsprojekt befragt. Ich war davon natürlich hellauf begeistert und schwadronierte ihm die Ohren voll, wie toll und wie einmalig die Londoner Show wäre und so weiter und so fort, ich war nicht mehr zu bremsen ... irgendwann winkte er ab, blickte gelangweilt in eine andere Richtung und stellte mich Tortenresten kauend mit den Worten ab: »Reicht schon.«

Kurt Sassarak und seine Frau Anni waren schon immer Visionäre – und vor allem mit Sturheit ausgestattet. Die beiden ließen nicht locker: Jochen sollte die Rennwagen auftreiben ... das unschlagbare Team der Sassaraks würde den Rest besorgen.

Die beiden sollten recht behalten: Die »First Vienna Jochen Rindt Racing Car Show« wurde zu einem unglaublichen Fest, dass alle Erwartungen in die Luft jagte. Auch Jochen war wider Erwarten emsig wie eine Biene bei der Sache. Er organisierte für damalige Verhältnisse unglaubliche vierzig Formel-1-, Formel-2- und Rennprototypen in den Wiener Messepalast und dazu eine Truppe der Crème de la Crème des Motorsports.

Diese erste Rennwagenschau war sicherlich das größte Motorsportfest, dass Wien je erlebt hatte – es war wie ein Grand Prix durch die Wiener Innenstadt! Der berühmteste aller berühmten Rennleiter der Geschichte, Alfred Neubauer, einst Generalstratege der Mercedes-»Silberpfeile«, eröffnete mit donnernder Stimme Rindts Rennwagenshow im Messepalast.

Kurt Sassarak hatte die Werbeagentur von Eva Maria Wacek als oberstes Kreativteam für das gesamte Design engagiert. Ich erinnere mich noch genau an die Diskussion mit BP-British Petrol ob der Firmenfarben. Die mutige Hietzingerin erklärte den österreichisch-englischen »Oberen«, dass auf Schwarz-Weiß-Fotos der Tageszeitungen das Grün-Gelb der BP-Identity nicht besonders gut zur Wirkung käme. Dasselbe galt natürlich auch für das Fernsehen, man war damals noch meilenweit vom Color-TV entfernt. Schließlich verneigte sich die BP-Spitze vor den »weit vorausdenkenden« Austrians und bewilligte Wacek – was im Rest der Welt strengstens verboten war – das grün-gelbe BP-Logo ins kontrastreiche Schwarz-Weiß umzumodeln.

Ihr Hintergedanke war eigentlich ein anderer: Sie wollte das Schwarz-Weiß der Zielfahnen auf die gesamte Identity der Racing Car Show übertragen – für damalige Verhältnisse eine wahrlich revolutionäre These. An die Decke der Messehalle hing sie riesige Schwarz-Weiß-Porträts der berühmtesten Rennfahrer – und dazwischen das schwarz-weiße Logo von BP ... grün-gelb hätte eben nicht gepasst!

Neben den üblichen Formel-1-Autos, auch Rindts Cooper-Climax war da, strahlte ein Wagen ganz besonders: Der Ford GT 40. Ich hatte die Premiere dieses Rennmonsters im Vorjahr am Nürburgring erlebt.

Es war wie ein Wiedersehen mit einem alten, aber sehr guten Bekannten. Der GT 40 hatte sich nicht verändert – im Gegenteil, er ist mit dem Alter schöner geworden. Und daneben mit den Händen tief in den Hosentaschen vergraben, Juan Manuel Fangio, fünffacher Automobilweltmeister und Überlebender fast eines ganzen Startfeldes.

VOLLGAS ODER NIX /// FIRST VIENNA RACING CAR SHOW

Ford GT 40

Erich Glavitza, Helmut Zwickl

Fangio spazierte zwischen den Rennwagen wie ein in Ehren ergrauter, rundlicher Herr, der nun seine wohlverdiente Pension in vollen Zügen zu genießen schien. Er ließ sich zwar gerne vor dem Mercedes-Rennwagen fotografieren, aber länger als ein paar Minuten verharrte er vor den modernen Boliden ... vor allem vor dem Ford GT 40, dem Prachtstück der Show.

Der Wörgler Franz Albert, ein Tiroler Rennurgestein, hatte sogar einen Formel-1-Motor für die kommende 3-Liter-Formel ausgestellt. Er entwickelte die Maschine aus dem alten BMW-501/502-Motor mit 3200 ccm Hubraum. Diese protzige Limousine erlangte seine Berühmtheit über die Fernsehserie »Funkstreife Isar 12«. Franz Albert »büchselte« den Motor auf 3000 ccm und stattete ihn mit einer Saugrohreinspritzung aus, die er von Tecalemit abgekupfert hatte.

Über die Motorleistung schwieg er klugerweise. In Wahrheit hat sich auch niemand für dieses Projekt ernsthaft interessiert. Aber auf der »Ersten Jochen Rindt Racing Car Show« gehörte der blank geputzte Achtzylinder zu den echten Attraktionen.

Der Publikumsandrang war derart, dass Polizeischutz angefordert wurde, und die Eingänge mussten mehrmals am Tage gesperrt werden. Hatten sich zehn Besucher aus der Schau rausgezwängt, ließ man zehn neue Besucher wieder rein. Es war die Hölle los. Am Wochenende durfte Jochen Rindt nur sporadisch in der eigens dafür geschaffenen Autogrammbox auftauchen, meist musste er gleich wieder flüchten, sonst hätten ihn die Massen erdrückt.

Jeden Tag tauchten mehr oder minder prominente Rennfahrer auf und gaben Autogramme – die Besucher waren so begeistert, dass sie um Autogramme kämpften, egal ob der jemals in einem Rennwagen gesessen hatte. Sie lechzten sozusagen nach Rennautos, wie ein Verdurstender in der Wüste. Merchandising war damals noch nicht mal ein Fremdwort. Man konnte nach Belieben T-Shirts mit Rindt, Fangio oder Jim Clark drucken.

Die Racing Car Show bedeutete für uns Journalisten natürlich Tag- und Nachtschicht. Rennfahrer und Teamchefs galt es zu interviewen, schließlich gierte das Volk nach News, wer wird nächstes Jahr in der neuen 3-Liter-Formel-1 bei wem fahren ... beziehungsweise welche Teams werden überhaupt Motoren für die neuen Formelautos haben? Es hatte sich bereits ein Motorenmangel abgezeichnet.

Wie in London wurde Jochens Show zum Catwalk-»Who's who« im Rennsport und zum Nukleus des Renntratsches, zumindest was das europäische Festland betraf. Immerhin waren die Wiener mit ihrem Herbsttermin vier, fünf Monate vor der »Londoner Racing Car Show«. Mit anderen Worten – in den Wiener Lokalen wurde schon mal ordentlich vor-getratscht.

Erste Adresse der Tratscherei war natürlich das Hietzinger Maxing Stüberl, dann folgten diverse Heurige wie »Zehner Marie«, »Zimmermann« (Vater) oder »Der Welser«. Die Engländer hatten nahezu alle mit den »Heurigen Weinen« ihre Probleme und obwohl von Jochen immer mit ausreichend »Has'n« (Mädeln) versorgt, klappte es bei ihnen nach ein paar Vierteln zwischen der Hose nicht mehr so richtig. Gutmütig wie ich nun einmal war, durfte ich ab und an einspringen.

Eva Maria Wacek lud die gesamte Benzin-Prominenz zur Show-Warming-Party in ihre Wohnung in Hietzing ein. Es galt als Adelsprädikat, von ihr eingeladen zu sein. Zur fortgeschrittenen Stunde nahm Juan Manuel Fangio gewichtig in einem Fauteuil Platz – am Boden kreisförmig um ihn angeordnet die Jungspunde der schreibenden Fakultät. Wie die Apostel zu Füßen Jesu, der nun verkünden würde, wo's

VOLLGAS ODER NIX /// FIRST VIENNA RACING CAR SHOW

Alfred Neubauer

Juan Manuel Fangio

langginge – oder einst langgegangen war.

Während draußen im Wohnsalon Alfred Neubauers Stimme wie ein schweres Gewitter über die Gäste grollte, beantwortete im Kabinett der berühmte Argentinier geduldig die Fragen des Fußvolks. Anfangs gab's keine Sensationen – ja, er habe Stirling Moss beim England Grand Prix eher »geschont« … und beim berühmten Hitzerennen in seiner Heimat war auch er dem Hitzeschlag nahe und so weiter und so fort. Irgendwann kam natürlich auch die Frage auf die toten Kollegen … Onofre Marimón, Alberto Ascari, Peter Collins und so weiter. Fangio presste die Lippen zusammen und nickte schwer.

Zum Thema Le Mans und der furchtbaren Katastrophe sagte er nur, dass Mike Hawthorn die schreckliche Kettenreaktion ausgelöst hatte. Aber das wussten wir ohnehin. Die Sensation kam, als Zwickl fragte, wie Fangios Frau auf diese Tragödien reagierte. Der Argentinier drehte sich zu ihm, blickte ihm lange stumm in die Augen und sagte dann in die Stille: Sie war nicht seine Frau – er war nie verheiratet!

Rummsti … wir blickten einander an. DAS wussten wir nicht! Obwohl wir in unserer Arroganz dachten, alles zu wissen und von jedem Furz unserer Heroen Bescheid wussten …

Fangio war niiiiie verheiratet – wir rangen ob dieser weltbewegenden Sensation nach Luft und waren dem Erstickungstod nahe. Wiens Schreiber Helmut Zwickl, Heinz Prüller, Gösta Zwilling und mir hatte es die Sprache verschlagen – wir rasten zur mitternächtlichen Stunde noch schnell in die Redaktionen. Am nächsten Tag öffneten unisono die Sportseiten mit der Schlagzeile »Fangio war nie verheiratet!«. Die mehrheitlich aus Fußballfans bestehende Leserschaft der Wiener Tagblätter war dennoch ruhig geblieben.

Zum Thema Merchandising und Werbegelder für Formel-1-Fahrer eine kleine Geschichte »am Rande«: Es muss irgendwann Mitte der Sechziger gewesen sein, als mich an einem eiskalten Spätwinterabend Jim Clark in seinem Ford Cortina Lotus zu seinem heimatlichen Bauernhof in Schottland chauffierte.

Wir waren recht flott unterwegs, die Straßen eng, von niederen Steinmauern begrenzt, eisig und unübersichtlich. Jimmy zog zwischen den Steinen wie durch Druids Hill in Brands Hatch. Das Tempo war ordentlich und ich dachte mir, wenn jetzt ein Bedford-Laster auftauchte, müssten wir wenigstens nicht leiden, weil wir auf der Stelle in Stücke gerissen würden.

Jimmy hatte die Angewohnheit, ständig mit der linken Hand an der Bügelfalte seine Hose hochzuzupfen. Mit der Rechten stach er seinen Cortina tief in die Herzgruben der Kurven, Millimeter an die Steinmauern heran – dazwischen wieder Hand an die Hosenfalte – mich machte dieses Gezupfe nervös.

Um mich abzulenken und ihn zu beschäftigen, fragte ich ihn, wie viel Geld er für die Verwendung des JC-Logos (Jim Clark) auf »seinen« Handschuhen bekommen hatte. Es waren wunderschöne, schwarze Rennfahrerhandschuhe aus feinstem Leder. Am Handrücken ein kleines, dezentes in sich verschlungenes JC. Während er überlegte, plapperte ich weiter, dass ich diese Handschuhe als die schönsten fände, mir aber die ... ich weiß nicht mehr wie viele US-Dollar sie kosteten, nicht leisten konnte. Es war dann für Minuten still und er fragte plötzlich, wie ich das meinte, »wie viel« er dafür bekommen hatte. Na, US-Dollar natürlich, antwortete ich und erwartete eine zumindest fünfstellige Zahl. Jimmy lachte und antwortete: »Zehn Paar!« (Zur Wiederholung in Worten: Zehn Paar Handschuhe). Bis Berwickshire hatte es mir dann die Red' verschlagen.

Nach unserer Ankunft hatte mich zuerst seine Mutter »aufgepäppelt« – ich dürfte damals wie ein bis zum Gerippe abgemagerter indischer Bettler der niedersten Kaste ausgesehen haben. Wo immer ich hinkam, sofort schlugen die Mütter die Hände über den Kopf und eilten in die Küchen, um mich mit Speis und Trank wieder ins Leben zurückzuführen. Jim und ich waren todmüde und gingen früh ins Bett. Seine Mutter sorgte sich weiter um mein Wohlbefinden und legte deshalb eine stattliche Wärmeflasche unter die Bettdecke.

Beim Bett angekommen, strich ich über die Decke und entdeckte ein Paar JC-Handschuhe am Polster. Mit den Handschuhen an mein Herz gepresst schlief ich, wie ich noch nie in meinem Leben zuvor geschlafen hatte.

Als Schlussakkord zur Rindt-Show veranstaltete zum Jahresausklang die Werbelady Eva Maria Wacek mit dem umtriebigen Paar Anni & »Kurtl« Sassarak eine Fuchsjagd durchs nördliche Niederösterreich, genannt Waldviertel – Geologen haben dort ihre besondere Freude, weil die Böhmische Granitplatte gemäß Wegeners Theorie von der Kontinentalverschiebung »unterdrückt« wurde. Ich erwähne das nicht, weil ich besonders g'scheit sein möchte, aber es fasziniert mich immer wieder, wenn ich durchs Waldviertel fahre und mir vorstelle, wie der afrikanische Kontinent die Böhmische ... so, jetzt ist Schluss mit der Klugscheißerei. Die Fuchsjagd ist lustiger.

Die Route führte vom Wiener Kahlenberg nach Stockerau und weiter bis Horn, dann wieder zurück ... um in einem netten, lauschigen Weinlokal zu enden. Es waren verschiedene Kulturstätten anzufahren und schwierige Fragen zu beantworten. Eva Maria Wacek und Kurtl Sassarak wussten um das überschaubare kulturelle Interesse von Rennfahrern Bescheid – entsprechend komplex waren die Fragen: Zum Beispiel bei der Station Hauptplatz von Horn musste man nach der »multiple-choice«-Methode ankreuzen: Sind Sie A in Wien vor dem Stephansdom?, B in Horn am Hauptplatz? oder C in Kapfenberg am Friedhof?

Wie damals gesagt wurde, scheiterten einige am Horner Hauptplatz ... oder mussten dort nachfragen.

Am Start wurden wir zu Paaren gelost ... ich hoffte naturgemäß auf ein fesches Mädel – aber das bekam naturgemäß der Star der Fuchsjagd, Jochen Rindt ... eh klar. Mir wurde ein Angestellter der Wiener Magistratsabteilung für Müllabfuhr ins Auto gesetzt. Er wollte unbedingt fahren und gelassen wie ich in solchen Situationen nun damals mal war, ließ ich ihn ans Volant – er hatte so wunderschöne Fahrerhandschuhe. Außen gestrickt, innen feinstes Leder, an den Handknöcheln in Leder gefasste Löcher.

Ich dachte, als ich diese schönen Handschuhe sah, jetzt könnte uns nichts mehr passieren. Beim Schalten vergaß er manchmal zu kuppeln und unmittelbar vor den Kurven legte er den Leerlauf rein … sein Kommentar zu dieser Todsünde: Das wäre sparsamer. Ich litt wie ein Hund.

Irgendwann hat aber bekanntlich auch das Fegefeuer ein Ende … bei einem Nobelheurigen in Ziersdorf war ich von diesem Deppen erlöst.

Neben lokalem Landvolk tummelte sich alsbald die Wiener Auto-Hautevolee. Es dauerte nicht lange und es begannen die üblichen Verbrüderungen und Umarmungen. Der Wein floss in Strömen, Jochen lehnte mit rot unterlaufenen Augen an Bertl Schneider, der seine Augen überhaupt nicht mehr aufbrachte.

Als militanter »Anti-Alki« beobachtete ich missmutig die Szene. Vor allem, dass Jochen den vom Lotus-Importeur Rolf Markl für ihn bestimmten Hasen kaum noch beachtete. Der Zufall wollte es, ohne dass ich Wesentliches dazu beitragen musste, dass ich dem Wundermädel am Tisch plötzlich gegenübersaß. Und wie's der Teufel so spielt, berührten einander unsere Beine – und wir kamen ins Gespräch. Ich sagte nicht: Junge schöne Frau, sind Sie öfters hier – es ist nett da – fahr ma noch woanders hin? Ich erwähnte auch nicht meine großzügige Briefmarkensammlung zu Hause – Trachtensatz aus den fünfziger Jahren und anderes.

Nein, das Mädel brauchte jemand, der ihr zuhörte. Jemand, der einfach mal die Klappe hielt und ihr Leid stumm und mit traurigem Dackelblick in sich aufzunehmen in der Lage war. Als stadtbekannter Schwadroneur fiel es mir naturgemäß schwer, den Mund zu halten, sie gefiel mir aber dermaßen, dass ich zu jedem Opfer bereit war. Also durfte ich sie zu mir nach Hause fahren – zum Dank hatte sie mir dann während der Nacht in die Schulter gebissen. Ich liebte ihre Bisse wie nichts auf der Welt.

ÖSTERREICH-TSUNAMI: FORMEL V

Die neue Formel V in Österreich im Oktober 1965 in Aspern

Mitte der sechziger Jahre schwappte die Formel-V-Welle über Mitteleuropa. Ursprünglich in den USA erfunden und während der Nassauer Speedweeks auf den Bahamas mit Grand-Prix-Fahrern am Volant getestet, nahm sich das Stammwerk in Wolfsburg der Sache an. Historiker, die bekanntlich alles zu wissen glauben und furchtbar streitbar sind, schreiben den Juli 1965 auf dem Norisring als Premiere in die Geschichtsbücher. Lassen wir's dabei bewenden.

Unter Verwendung originaler Bauteile wie Vorderachse, Lenkung, Räder, Bremsen (Trommelbremsen) und dem kompletten Antriebsstrang (1,3-Liter-Motor, ca. 52 PS, Getriebe, Hinterachse) vom Käfer, ließ sich ein einfaches Formelrennauto mit Gitterrohrrahmen herstellen – und preiswert Rennen fahren. Mit der Bindung an Volkswagen war die Formel V die erste Markenformel.

Wenige Jahre später wurde in England die Formel Ford von Geoff Clarke »erfunden«. Clarke hatte eine Rennfahrerschule, in der er ausrangierte Formel-3-Autos seinen Schülern zur Verfügung stellte. Da ihm die Betriebskosten eines Formel-3-Rennwagens zu teuer wurden, tauschte er die 1000 ccm-Motoren von Cosworth gegen serienmäßige 1600er Maschinen vom Ford Cortina oder vom 1600er Escort GT. Schon nach einfachem Tuning zählte man knappe 100 PS an der Hinterachse.

Die Fahrgestelle der Formel Fords waren »kleine« Kopien von Formel-1-Rennwagen. Die Radaufhängungen bestanden aus einer Kombination von Trapez- und Längslenkern mit diagonal montierten Feder-Stoßdämpfern, Zahnstangenlenkung, Scheibenbremsen und als Kraftübertragung das Formel-3-Hewland-Getriebe.

In Wahrheit war der Formel Ford eine »geschrumpfte« Version eines Formel-3-Wagens. Und das hatte immense Vorteile gegenüber dem Formel V, der wegen der Verwendung von Volkswagenteilen von vornherein technisch limitiert war. Allein die Vorderachse mit ihren hässlichen Kurbellenkern, ein Relikt aus fernen Kriegszeiten – wahrscheinlich sogar Erster Weltkrieg, war vom modernen Rennwagenbau Lichtjahre entfernt.

Am Formel Ford konnten sich Rennstudiosi die Grundlagen der Abstimmung für moderne Rennautos erarbeiten – an den groben Kurbellenkern gab's nichts zu lernen und die VW-Pendelachse war in dieser Hinsicht sogar kontraproduktiv. Kein ernst zu nehmender Rennwagen hatte ab den sechziger Jahren an der Hinterachse so ein gefährliches Ding. Warum nun gerade aus Österreich eine große Zahl absoluter Weltklassefahrer gerade aus der Formel V kamen, hatte andere Hintergründe.

Ein kleiner Schritt zurück in der Geschichte schafft Klarheit. Bis zur Einführung der Formel V war der österreichische Motorsport eine Spielwiese »reicher Müßiggänger« und glich eher einer Kabarettnummer. Ich habe das weiter oben lang und breit ausgeführt und muss den ganzen Sermon nicht wiederholen. Die Ferraris, Porsches und Maseratis des österreichischen Geldadels bildeten eine Chinesische Mauer gegen Nachwuchsfahrer – wenn sie nicht gerade vom Beruf »Söhne« waren.

Mäzenatentum fehlte bei uns – bis auf eine Ausnahme: Gottfried Köchert und sein Ferrari 250 LM als Leihgabe an den jungen Rindt. Sonst hielten sich die »Reichen« mit Sponsorship eher vornehm zurück und dilettierten lieber selbst in sündteuren Autos – und da man unter sich war, fiel es nicht so auf, dass am Wiener Gürtel schneller gefahren wurde als bei unseren Autorennen.

Als die Formel V ins Land gekommen war, stürzten sich alle Jahrgänge zwischen 1940 und 1950 drauf. Endlich gab's da was, mit dem man relativ preiswert schnell fahren konnte – und einem

Rennwagen sah es auch irgendwie ähnlich und das Ganze auch noch mit einem VW-Motor! Ein stumpfer Vierzylinderboxer, der nahezu mit Ochsenpisse lief – dazu hatten uns die Eltern jahrelang eingebläut, dass bei diesem »deutschen Wundermotor« in Afrika kein Kühlwasser kochte und in der Kälte vor Stalingrad kein Kühlwasser einfror … tja, die dachten noch immer in Divisionen und Feldzügen. Aber das ist eine andere Geschichte.

Bezüglich Mäzenatentum hatten die Engländer weniger Probleme. Dort besaßen die Lords entweder eine kleine Rennstrecke im eigenen Schlossgarten oder zumindest ein oder zwei Formel-Rennautos, die sie am Wochenende an junge »Geiger« verliehen.

Ich erinnere mich noch genau an einen über zwei Meter großen Lord, den Namen habe ich leider vergessen, der öfters bei meiner späteren englischen Heimat Mo Gomm (Metal Development Ltd, Old Woking, Manor Way 2, wenn's jemand interessiert) vorbeikam, natürlich im bordeauxroten Rolls-Royce, Chauffeur »mit Kappl«, und seinen alten Cooper Formel 2 besuchte.

Er war an die achtzig und wiederholte jedes Mal die Geschichte: »Jocken drove this car at Brands …« und dass dieses Auto ein »Special« von »Old John« (John Cooper) mit verlängertem Radstand wäre und so weiter und so fort. »Jocken« war damals von diesem »Special« nicht besonders angetan und kaufte sich, weise wie er eben schon immer war, den Brabham BT 10 … aber das hatten wir schon. Statt »Jocken« ließ seine Lordschaft dann Tony Hegbourne mit dem »langen« Cooper fahren. Ab und an presste er selbst seine Zweimeter hinein und drehte auf dem Clubcircuit von Brands Hatch oder Mallory Park schnelle Runden.

Solche Mäzene gab es deren viele in England. Ohne die Sid Taylors, John Willments, Ron Harris, Rob Walkers, Reg Parnells, Mo Gomms und so weiter hätte es die ganze Horde an britischen Rennfahrern während der sechziger Jahre nie gegeben. Diese Leute hatten einfach Spaß daran, ein Rennauto zu besitzen, einen der Jockeys wie Peter Gethin, John Miles, Tony Lanfranchi oder Trevor Taylor reinzusetzen und am Wochenende mit ihren Freunden, alle Absolventen von Eaton, Oxford oder Cambridge, bei einer Tasse heißen Tees den »young'uns« zuzusehen.

Zurück zur Formel V: Mitte der sechziger Jahre war plötzlich »vieles« zusammengekommen. Erstens: Jochen Rindt fuhr ab 1965 als erster Österreicher eine volle Formel-1-Saison. Wir hatten zwar keine »permanenten« Rennstrecken – dafür vier Flugplatzkurse: Aspern, Tulln, Zeltweg und Innsbruck. In Aspern wurden pro Jahr zwei Rennen gefahren, auf den anderen Kursen je ein Rennen und dazu jede Menge an Bergrennen.

Mit Rindt nahmen die in Österreich zu fahrenden Rennkilometer zur dritten Potenz zu. Das ist natürlich eine Grundvoraussetzung für Rennfahrer – und genügend Möglichkeiten zum »angasen«. Als Tupfen auf dem »i« kam dann am Saisonende die erste »Jochen Rindt Racing Car Show 1965«. Mit anderen Worten: Der Rennbazillus hatte sich innerhalb weniger Jahre zu einer Epidemie entwickelt und mitten dahinein explodierte die Formel V – und Hunderte junge Führerscheinbesitzer sahen plötzlich eine Möglichkeit, ohne eine Million Schilling Autorennen zu fahren.

Den Rest erledigte der österreichische Volkswagen-Importeur Porsche Salzburg, dessen Werbeabteilung den Veranstaltern einmal tief in die Augen blickte und ihnen ein Angebot machte, dass sie nicht ablehnen konnten – und damit war eine Anzahl von Rennen im Lande gesichert. Dazu kamen

VOLLGAS ODER NIX /// ÖSTERREICH-TSUNAMI: FORMEL V

Jochen Rindt und Dieter Quester bei Testfahrten mit einem Formel V

Rennen auf dem Nürburgring, Hockenheim, Norisring sowie Flugplatzrennen in München-Neubiberg und Mainz-Finthen, Keimola, Hämeenlinna in Finnland und die schwedischen Rennen in Anderstorp und Karlskoga, … inklusive fesche Schwedinnen.

Als Aufputz setzte die VW-Organisation bekannte Porsche-Fahrer wie Mitter, Stommelen, Fischhaber, in Österreich sogar Toni Sailer in Formel-V-Autos – die Profis wurden aber ausnahmslos von den jungen Glühern verblasen.

Nach einem Einführungsjahr veranstaltete Porsche Salzburg unter der »Aufsicht« von Jochen Rindt und dem damaligen VW-Sportchef Wolfgang Marsoner eine Talentsichtung in Kottingbrunn. Am Stadtrand von Wien hatte Kurt »Master« Bergmann, ein ehemaliger Kart-Champion und Opel-Händler, einen Formel-V-Rennwagen gebaut. Als erfahrener Motorbastler hatte er bald die Tücken des VW-Vierzylinders erkannt und einen passablen und vor allem haltbaren Rennmotor entwickelt. Er war sicher der Einzige auf der Welt, der das Problem mit der Schmierung in den Kurven in den Griff bekommen hatte – ein kleiner schwenkbarer Arm in der Ölwanne saugte das Öl auch aus den entlegensten Winkeln wieder in den Kreislauf.

Kurt »Master« ließ mich in Kottingbrunn seinen ersten Formel V testen und da er um meine finanzielle Lage Bescheid wusste, empfahl er mich dem ehemaligen Motorradcrack der fünfziger Jahre, Otto Heisinger, der gerade ein Formel-V-Team gegründet hatte. Ich besuchte den ehemaligen Jawa-Werksfahrer in dessen kleiner Werkstätte im sechzehnten Bezirk (Ottakring) in Wien. Er hatte einen Formel-V-Rennwagen bereits fertiggestellt und bot mir an, seinen Wagen zu testen.

Also auf nach Kottingbrunn – das in den sechziger Jahren Lourdes und Mekka für alle Motorverrückten in einem war. Jedes Wochenende traf sich dort halb Wien mit allerlei benzingetriebenen Vehikeln und hobelte ganze Berge von Reifen zu »Glatzen«. Von Curd Bardi-Barry bis Niki Lauda pisste dort jeder irgendwann, irgendwo einmal in die Wiese.

Das neue Heisinger-Auto war silbern lackiert, wie übrigens auch sein Mercedes 230 SL Cabrio, dass er »Silberpfeil« nannte. Nach einigen Aufwärmrunden gab ich einmal ordentlich Gas und umrundete den

Kurs um die sechzig Sekunden, was damals recht ansehnlich war.

Dann kletterte Otto »himself« ins Cockpit und versuchte meine Zeit zu »matchen«. Der Formel V war natürlich kein Mercedes-Coupé, sondern gegen die behäbige Altdamenkutsche ein zickiges Vollblutpferd.

Otto schaffte kaum eine Runde ohne Dreher – und wurde fuchsteufelswild. Das ist immer schlecht in einem Rennwagen. Als seine hübsche Frau auch noch zu meckern anfing, wäre ihm um ein Haar die Hand ausgekommen.

Nett und zuvorkommend wie ich nur einmal war – vor allem dann, wenn ich etwas erreichen wollte – nahm ich ihn ein paar Runden in Mutters VW mit und zeigte ihm Brems- und Einlenkpunkte und vor allem, dass er viel ruhiger am Lenkrad arbeiten müsste. Otto hatte die furchtbare Angewohnheit der älteren Semester, in den Kurven mit dem Volant zu sägen, als gelte es, die Reifen abzufräsen. Die »Sägetechnik« war eine Todsünde in einem Formelauto.

Natürlich war das Herumgefuchtel mit dem Volant dem guten Otto an einem Nachmittag nicht abzugewöhnen, aber gegen Abend zeigten sich erste Schritte der Besserung. Immerhin schaffte er vier Runden in einem Stück ohne Volldreher. Wir prolongierten die Fahrstunden und irgendwann sagte er, dass er ein zweites Auto bauen würde ... und mit diesem könnte ich fahren. Er schlug einen »Deal« mit der Bundesländer-Versicherung als Sponsor vor. Ich war den Tränen nahe.

Für die Talentsichtung von Porsche Salzburg hatte er uns beide angemeldet, ich könnte mit seinem Auto fahren, wenn er nicht am Start wäre. Ich war damit einverstanden und konnte mein Glück kaum fassen ... und bis zum Renntag nicht mehr schlafen.

Es sollte ein historisches Wochenende werden. Aus Graz brachte Dr. Gernot Fischer den damals noch-nicht-Doktor Helmut Marko mit. Als Steirer verstanden wir einander vom Start weg. Helmut trug Jeans und eine dunkelrote Windjacke, wie man sie damals anstelle von wattierten Anoraks beim Skifahren getragen hatte. Ich fuhr in einem dunkelgrünen Pullover, gestrickt von meiner Schwester, und einer Cordhose. Gösta Zwilling borgte mir seinen weißen Bell-Sturzhelm, ein Juwel unter den Helmen. Ich hielt ihn wie ein geweihtes Kruzifix aus Mariazell in Händen.

Mit Jochen bildeten wir eine starke, steirische Dreifaltigkeit gegen die Wiener. Ich wurde in den ersten Durchgang gelost – Otto Heisinger zum Glück in den zweiten Lauf gemeinsam mit Marko. Bei mir war immerhin Peter »Fäustling« Peter, Spross einer jahrhundertealten Handschuhmanufaktur aus Wien, bereits mit langjähriger Rennerfahrung in Lotus Elans. Er war der Star der Veranstaltung.

Wie damals alles im Leben war mir das scheißegal – und ich heftete mich gleich nach dem Start an Peters Heck. Schon nach ein paar Metern war mir klar, dass der »Großkopferte« vor mir nicht lange vorne bleiben würde, und gab »Stoff« – ich drückte aufs Tempo. Ich glaube, es war in der zweiten oder dritten Runde, dass der Herr Handschuhfabrikant nervös wurde und sich vor mir in einer Rechtshaarnadel quer stellte – ich hab noch heute seine großen Augen vor mir – wie er mich anstarrte, in Erwartung ich würde ihn jetzt »T-bonen« (in die Seite krachen) – tat ich aber nicht, sondern stellte meinen Heisinger-V quer und rutschte innen durch, ohne ihn zu berühren ... und war einsam vorne.

Bis zum Ziel war es dann nur noch eine Frage von »chicken shit« (Hühnerscheiße) – also Nebensache und ich gewann überlegen. Als ich an Jochen vorbeiging, sagte er nur: »Guat g'mocht Kapfenberger« ... das »Kapfenberger« hatte ihm so gut gefallen, dass er fortan nie vergaß, mich an

VOLLGAS ODER NIX /// ÖSTERREICH-TSUNAMI: FORMEL V

Erich Glavitza

Helmut Marko

Erich Glavitza im Kaimann-V

meine »stählerne« Herkunft zu erinnern. Nach dem ersten Rennen stand es also 1:0 für die Steiermark.

Nun rollte Helmut Marko in roter Windjacke an den Start. Ab der zweiten oder dritten Runde war klar, dass es bald 2:0 für uns stehen würde. Ich stand neben Rindt auf einem der Erdhügel, auf dem während des Krieges Flakgeschütze aufgebaut waren, und als Marko den Vorsprung immer weiter ausbaute, sagte Jochen: »Ich kenn' ihn eh – er is a aus Graz.« (Ich kenne ihn ohnehin – er ist auch aus Graz.)

Mein Rennstallbesitzer Otto Heisinger war irgendwo unter den ersten zehn und hatte sich somit für das Finale qualifiziert. Da wir nur ein Auto hatten, musste ich zusehen. Jochen wandte sich an den VW-Sportchef Wolfgang Marsoner und versuchte ein Auto für mich aufzutreiben. Vergeblich. Er maulte: »Wos is'n des fia Finale, waun der Siega vom ersten Lauf ned mitfoan kaun!« (Was ist das für ein Finale, wenn der Gewinner des ersten Laufes nicht mitfahren kann.)

Helmut gewann auch das Finale … und das gleich mit einer Runde Vorsprung und hat den goscherten Wienern die philosophischen Hintergründe der reinen Lehre des »steirischen Brauchs« nähergebracht.

Er sollte der schnellste Rennfahrer des Landes werden. Aber davon später.

///

Man schrieb das Jahr 1967, als Jochen Rindt zum Dank für seine »Verdienste« einen gelborangen 911er von Porsche Salzburg mit dem Kennzeichen S 8.491 bekam. Nicht geschenkt, man soll nicht übertreiben, aber als Privatauto. Seine Verdienste waren unter anderem eine Werbeaktion mit Semperit, Porsche und PEWAG-Schneeketten (vormals Pengg & Walenta Thörl-Kapfenberg) und weil er so nebenbei auch in die »Niederungen« der Formel V herabgestiegen war und ab und an den Nachwuchsfahrern ein paar Tipps wie Brotkrumen fallen ließ.

In diesem Zusammenhang erinnere ich mich an ein Geschichterl aus dieser Zeit, das ich den Lesern nicht vorenthalten will: Es ergab sich, dass wir wieder mal eines linden Sommerabends im Maxing Stüberl über das »So-sein der Welt« philosophierten.

Ich hatte gerade vom damaligen Mercedes-Benz-Pressechef Dr. Helmut Krackowizer (später weltberühmter wie streitbarer Motorradhistoriker) eine 200er-Limousine Type Haifischflossen mit laut »knieselndem« Dieselmotor zur Verfügung und erzählte Jochen, dass ich neulich auf der »Quartermile« mit dem Benz sogar einen kilometerlangen und schwer beladenen Güterzug der österreichischen Bundesbahnen gerade noch überholen konnte.

Man muss das so sehen: Der 200er Diesel war damals das beliebteste Fahrzeug der Fleischhauer und Jagdgroßgrundbesitzer im Waldviertel und die wollten mit Güterzügen nicht um die Wette fahren – denen war allein der »Stern« vorne wichtig. Hut mit Gamsbart, Trachtenjoppe, Lederhose und am Sonntag zur Messe im Mercedes 200 D – und deren Welt war gerettet.

Ich erinnere mich, dass das Lenkrad die Größe des Steuerrads des Dreimasters »Santa Maria« von Christoph Columbus hatte – nur im Gegensatz zum Steuerrad des Seglers verfügte das Mercedes-Volant über einen großen, verchromten Ring für die Hupe!

Jochen tat so, als hörte er mir eine Weile kauend zu, und erzählte dann von seinem Porsche 911er. Ich wusste zwar, dass es dieses Auto gab – war aber weder drinnengesessen noch damit gefahren. Er

Jochen Rindt

blickte kurz auf und sagte: »Ein unglaublicher Wo'gn!« (Ein unglaublicher Wagen!)

Und fügte hinzu, dass dieses Auto fast so schnell wäre wie »sein« Formel-2-Brabham vom Team Roy Winkelmanns.

»Waaas – wirklich?«, unterbrach ich ihn.

Er wischte sich mit der Serviette den Mund ab, griff in die Tasche seiner Hose, fischte eine Geldspange mit ein paar Scheinen heraus, winkte der Kellnerin – und bezahlte …. auch meine Zeche!!!!!! – das tat er sicher nur, weil wir alleine waren, denn vor den anderen pflegte er sein Image als Knauserer und »Sparefroh« bis zum Exzess.

Er stand abrupt auf und sagte: »Na kumm Kapfenberger, foa ma!« (Na komm, fahren wir!)

Stellen Sie sich bitte einmal vor, Sie spazieren langsamen Schrittes durch die Schönbrunner Allee und auf der Höhe des Kaiserschlosses teilen sich die Wolken, der Herrgott steht oben, natürlich in Herrgottsschlapfen, und spricht zu Ihnen: Komm mein Sohn, reich mir die Hand – ich führe dich jetzt ins Paradies!

So ist es mir gegangen – erstens hat der Jochen bezahlt und zweitens ging's zu einem 911er, den wir nun »testen« würden. Zur Erinnerung der älteren Jahrgänge und Aufklärung der Jungen, die Westautobahn begann damals erst in Pressbaum. Bis dorthin musste man am Wienerwaldsee und an Häusern vorbei, wo ständig gut getarnte Gendarmen lauerten.

Es ist wirklich merkwürdig – wenn man die Dinge aus dem Kopf schreibt, fallen einem Details ein, die irgendwo im Schädel begraben waren und darauf warteten, wie Dornröschen geweckt zu werden. Ich höre noch heute den Sound des Sechszylinders und spüre wieder die Vibrationen im Rücken, als Jochen den Motor startete, obwohl ich fünfzig Jahre später diese Zeilen im Restaurant »Mario« am Hietzinger Hauptplatz schreibe.

Der Porsche-Motor knurrte in den niederen Drehzahlbereichen wie ein grantiges Tigermännchen. Auf dem schnellen »S« beim Wienerwaldsee gab er dem Motor kurz die Sporen und ich schien durch die Beschleunigung an die Lehne geklebt. Dann endlich Pressbaum und die Autobahnauffahrt. Das Feuerwerk ging los. Es war damals noch die Zeit ohne Speedlimite, ohne Radar, Laser noch nicht erfunden und die Polizei saß in dunkelgrünen Käfern mit siebenundzwanzig PS – ein Marathonläufer aus Äthiopien war schneller.

Die Rechtskurve auf die Autobahn nahm er in zarter Drift – wobei mir nicht verborgen blieb, dass er ab dem Scheitelpunkt der Kurve »volle Glut« gab und keine einzige Sekunde »liegen ließ«. Dann jubelten wir den Berg hinauf – und plötzlich rasten wir durch Kurven – von deren Existenz ich vorher nichts wusste. Denn mit den üblichen Automobilen waren das zarte Richtungsänderungen, die man bei Vollgas auch mit dem Schwanz lenkend schaffte.

Nach dem hügeligen Teil ging es dann leicht bergauf – der Porsche schien die Steigungen auch im fünften Gang nicht einmal zu spüren – und nach der letzten Kuppe ging's runter Richtung Neulengbach. Jochen blieb voll drauf und ich blickte etwas beunruhigt auf die Rechtskurve, die weit unten in der Talsohle lauerte. Diese Kurve war mit keinem der handelsüblichen Sportwagen wie Austin Healey 3000, MG oder Jaguar spürbar. Während wir da hinunterflogen, war mir klar, dass ich mich da in einer anderen Dimension befand. Jochen zog den 911er nach links und stach mit Vollgas tief in die Rechte –

Jochen Rindt und Masten Gregory nach ihrem Sieg bei den 24 Stunden von Le Mans 1965

das Auto an der Rutschgrenze – und mein Gedanke war noch: Der will ja selber nicht sterben – und schon schossen wir wie ein Jagdflugzeug im Tiefflug die Steigung wieder hinauf.

Er hieb mir mit der Rechten gegen meinen Oberarm und sagte: »Wos sogst?« (Was sagst du dazu?)

Ich war »very amused and impressed« und machte auf ruhig und lässig – Steirer haben bekanntlich wie Indianer keine Angst.

Wien lag nach Jochen Rindts Rennerfolgen im Autosportfieber. Den »Formel-1-Sitz« im Cooper-Team hatte er mit tatkräftiger Hilfe von BP-Austria und natürlich Martin Pfundner, der im Weltrennsport so gut wie immer seine Finger im Spiel hatte, bekommen. Dazu gewann Jochen mit dem intellektuellen Amerikaner Masten Gregory im NART-Ferrari-LM die 24 Stunden von Le Mans … damals als jüngster Sieger der Le-Mans-Geschichte … Jahrzehnte später abgelöst von Alexander Wurz in einem Porsche-Prototypen. Der Sieg Jochens in Le Mans erzeugte hierzulande Jubelchöre, als hätten die österreichischen Kicker gegen Deutschland fünf Tore geschossen.

Sein Partner im NART-Team (für North American Racing Team) von Luigi Chinetti, Masten Gregory, der stets den Eindruck eines Professors der Philosophie in Stanford machte, erzählte mir einen lustigen Schwank von diesem Rennen: Er hatte Jochen am Freitag vor dem Rennen ins Hotel gefahren. An der Rezeption saßen zwei junge Holländerinnen … Jochen sprach die beiden an … und verschwand nach wenigen Minuten mit beiden aufs Zimmer. Wahrscheinlich für Jochen ein Turbo-Gebläse für das Rennen …

Rindts Popularität in Österreich, die schon an Heiligenverehrung grenzte, hatte vielerlei Gründe. An oberster Stelle war es, so vermute ich, die Art, wie der zugewanderte steirische Egomane seine Karriere gestaltete. Bis zu diesem Zeitpunkt und auch weiterhin bis in alle Zukunft handelte es sich bei den österreichischen Talenten zumeist um – verzeihen Sie mir den rüden Ausdruck – so genannte »Würstelstand- oder Heurigen-Weltmeister«.

Darunter verstehe ich talentierte Sportler, auch Künstler, also ein breites Spektrum von Karrieren, die sich hauptsächlich in der Bewunderung des sie umgebenden Freundeskreises sonnten.

Ich erlebte viele Sportler in diesem Lande, die sich allein für den Applaus der Stammtischfreunde bemühten – und bis zu einem gewissen Grad auch recht erfolgreich waren. Was sie dabei nicht merkten, war die Tatsache, dass die Freunde ihnen in Wahrheit den Erfolg neideten und sie so lange mit Alkohol zuschütteten, bis sie mit gehärteter Leber im Sumpf des Versagens landeten. Dann lehnten sich die Freunde zufrieden zurück, dankbar, dass wieder einer von ihnen gescheitert war – und zum selben »Looser« wie sie selbst geworden war.

Ich kenne begabte Rennfahrer, die am Ende ihrer Tage im weißen Seidenanzug durch Wien taumelten und ihnen die Scheiße wie »Hasenbämmerln« (kugelförmige Hasenkacke) aus den Hosenröhren kollerte, ohne dass sie es merkten – und schließlich am Erbrochenen in der teuren Dachgeschosswohnung in der City erstickten und von der slowakischen Putzfrau am Montagmorgen gefunden wurden. Beim Begräbnis sammelte sich die mit sich zufriedene Trauergemeinde … sie hatten ihr Ziel erreicht.

Ein Kollege von ihm ist Jahre nach seiner Rennfahrkarriere schließlich betrunken im Waldviertel nach Hause getaumelt, gestürzt und wurde am nächsten Tag zu Tode erfroren und vom Schnee bedeckt aufgefunden – eine Tageszeitung schrieb: Ein Mann mit vielen Freunden, auf allen Partys gern gesehen – in der Stunde seines Todes war er niemandem abgegangen.

Ein berühmter Wiener Fußballer – einst ein Weltklassemann – wurde nackt unter einem schmutzigen Wintermantel und ausgelatschten Schuhen am Wiener Westbahnhof aufgelesen …

Es sind zahllose Geschichten, Schicksale mit anfangs viel Geld, vielen Freunden, vielen Weibern … am Ende der einsame, kalte Tod. Es mag so etwas wie eine österreichische Krankheit sein, die aus mangelndem Weitblick in fehlender Weltoffenheit erstarrt ist – gelähmt von provinziellem Denken, das lediglich bis zur nächste Weinschänke mit den Schmalzgesängen von Wein, Liebe und Herz reicht.

Jochen Rindt – keine Angst, er war kein Österreicher – war genau das Gegenteil. Er hatte nie Freunde, war nicht mal sein eigener – und beachtete seine Umwelt nur, soweit sie ihm dienlich war. Zur Beruhigung, die anderen Rennfahrer waren nicht besser. Mutter Theresa oder Franz von Assisi wären in diesem merkwürdigen Zirkus der Egomanen fehl am Platz gewesen. Sogar bei seinen englischen Freunden, die den verrückten »Austrian« respektierten und verehrten, hatte man stets den Eindruck, dass er nur so lange Kontakt mit ihnen pflegte, solange sie ihm in irgendeiner Weise von Nutzen waren.

Warum ist gerade der Motorsport ein derartig dichter Nukleus extremer Egomanie? Meines Erachtens liegt das einmal daran, dass man den Rennsport nicht mit anderen, athletischen Sportarten vergleichen kann. Im Motorsport spielen die so genannten »zugekauften Komponenten« die Hauptrolle. Im Klartext: Ein Weltklassesprinter wird auch mit herkömmlichen und in jedem Sportgeschäft zu kaufenden Laufschuhen kaum langsamer sein.

Jim Clark hätte im Lola vom Tim-Parnell-Team mit den BRM-Motoren, die nicht über 9.500 Touren gedreht werden durften, nicht einmal einen Blumentopf gewonnen – außer die anderen wären alle ausgefallen. Beispiel Österreich Grand Prix 1964: Bob Anderson am dritten Platz … Anderson war ein harter Rennfahrer – im wahrsten Sinne des Wortes. Während einer technischen Abnahme am Nürburgring hatte er einem Funktionär in die Goschen gehauen, weil er ihm auf die Nerven gegangen war. Anderson hätte unter so genannten normalen Umständen nie und nimmer auch nur am Horizont den dritten Platz gesehen. In Zeltweg ja, weil zwei Drittel des Feldes mit zerbrochenen Autos lange vor Rennende bereits geduscht und umgezogen waren.

Zusammenfassend ist zu sagen, dass Sie als Rennfahrer nicht nur schnell fahren, sondern die für den Erfolg wichtigen Komponenten gekauft haben müssen. Und womöglich beim richtigen Rennen, vor den richtigen Leuten … alles richtig machen. Das heißt pünktlich zum Rennen erscheinen, nicht Hosentürl schließend zur Rennbahn hasten, während hinter Ihnen das Mädel nachbrüllt »Verweile noch, es ist so schön« (Goethes Faust) …

Für mich war damals der Schritt zum echten Profirennfahrer schon deshalb versperrt, weil ich einfach zu deppert war. Nach der Abnahme für die »1000 Minuten Rallye 1968« hatte ich mich mit einem Mädel zurückgezogen … der Start war erst in sechs Stunden. Knapp vor meiner Startzeit kam ich zum »parc fermé« am Donauturm und merkte, dass ich den Startschlüssel meines Citroëns DS 21 beim Mädel vergessen hatte …

Mit der bewährten Autodiebmethode, Strombrücke hinter den Armaturen, brachten die Mechaniker die »Zitrone« in Gang – die Sache funktionierte vierundzwanzig Stunden lang – die Rallye dauerte aber zweiunddreißig … und schon marschierten wir zu Fuß durch den Wald. Allein meine Schuld! Warum mir Gösta Zwilling damals nicht eine in die Goschen geknallt und mich in einem Ameisenhaufen entsorgt hatte, weiß ich bis heute nicht.

Zurück zu Jochens Kometenkarriere. Er muss es in seinen Genen gehabt haben – weniger das Rennfahren an sich – als vielmehr das Talent, Ziele präzise zu definieren und alles, was nur irgendwie diesem Ziel im Wege stand, rücksichtslos aus dem Weg zu räumen.

Er hatte von Anfang an wenig Lust, in der österreichischen Lokalszene gegen gealterte Schwerenöter anzutreten. Pokale oder Siegeskränze zu sammeln war ihm immer verhasst. Er hatte diese Dinger von sich geworfen wie Tschickstummeln (Zigarettenkippen).

Auch mit dem Formel-Junior-Rennwagen dachte er nicht daran, bei lokalen Bergrennen den Dodel zu spielen. Jochen blies sofort zum Halali gegen die stärksten Italiener, räuberte seine Gegner und verirrte Rettungswagen wie in Cesenatico/Italien einfach nieder. Nachdem er spürte, dass er mit arrivierten Fahrern aus England, Frankreich und Deutschland (Kurt Ahrens) locker mithalten konnte, meist später bremste, entschloss er sich zum einzig richtigen Schachzug dieses Spiels: Er warf sein vorausbezahltes Erbe nicht auf Farbe, sondern auf Zahl … wie immer volles Risiko.

Wer ihm den Rat zum Brabham BT 10 gab, weiß ich nicht – es war auf jeden Fall der richtige. Nach den tollen Erfolgen 1964 strahlte er 1965 noch mehr: Neben dem Formel-1-Sitz bei Cooper gab es einen Vertrag beim Winkelmann-Team für die Formel 2, dann kam der Sieg im NART-Ferrari-LM mit Gregory in Le Mans und in Köcherts persönlichem Ferrari LM trickste er Mike Parkes beim 500-km-Sportwagen-WM-Rennen in Zeltweg aus.

Auch Rindts »Freundschaft« mit dem Besitzer des noblen Juwelierladens Gottfried Köchert, einem echten Gentlemandriver alten Stils, hatte seine Grenzen. Der elegante Wiener war im Gegensatz zu vielen anderen Wichtigtuern der erste und auch der wichtigste Förderer Rindts. Alle anderen waren höchstens Satelliten, die er gnadenlos ausnützte. Köchert ließ ihn immerhin mit dem Ferrari-250-LM-Juwel am Nürburgring und auf dem Flugplatz in Zeltweg fahren – die Reparatur- und Servicekosten nach diesen Rennen will niemand wirklich wissen. Jochen nahm diese Spenden als selbstverständlich hin und hielt auch Köchert wie alle anderen »at armlength« von sich.

THE PARTY IS OVER

Jim Clark, 7. April 1968, Hockenheim

VOLLGAS ODER NIX /// THE PARTY IS OVER

Das Jahr 1968 wird als das Katastrophenjahr in die Geschichtsbücher von Lotus eingehen: Am 7. April verunglückte Jim Clark bei einem Formel-2-Rennen am Hockenheim und am 7. Mai wurde Mike Spence während einer Testfahrt in einem Allrad-Turbinen-Lotus in Indianapolis getötet. Clarks Lotus prallte nach einem »schleichenden Patschen« am Reifen gegen ein Baum, es waren an dieser Stelle noch keine Leitplanken montiert.

Wenn jemand an Vorsehung oder ähnlich metaphysischen Zauber glaubt – bei der Geschichte Jimmy Clarks wird er sich bestätigt finden. Team Lotus hatte die »Gold Leaf Team«-Wagen von Clark und Hill für das Formel-2-Rennen um die »II Deutschland Trophäe 1968 – Martini Gold Cup« auf dem Hockenheimring genannt. Clarks Auto war während eines F2-Rennens in Barcelona beschädigt worden, er hatte gleich in der ersten Runde einen seiner seltenen Unfälle. Aus diesem Grunde sollte er in Brands Hatch beim Sportwagen-WM-Rennen mit dem von Alan Mann gebauten neuen Ford 3 Liter (mit DVA-Motor) starten. Jimmy hatte zu dieser Zeit bereits größte Probleme mit den Steuerbehörden – die gesamte Rennsportbranche war bereits im Visier der Finanz.

Clark »flüchtete« aus diesem Grunde in die Pariser Wohnung seines Freundes Gérard »Jabby« Crombac. Der 1929 in Zürich geborene Journalist und Herausgeber der französischen Zeitschrift »Sport Auto« und vieler Bücher war ein Lotus-Wegbegleiter von Anfang an. Er versuchte sich sogar als Rennfahrer (Lotus 11 und 23), aber nach der Einsicht, Schreiben wäre gesünder und lebenserhaltender, konzentrierte er sich auf seinen Job als »Lotus-Botschafter« in Europa.

In Brands Hatch war statt Clark nun Jack Brabham im Alan-Mann-Ford und Jimmy – er hielt es ja ohne Rennen nicht aus – entschloss sich, am Hockenheimring zu starten. Für ihn ein völlig unbedeutendes Rennen, da es ein Lauf zur Europameisterschaft war, gab's nur Punkte für Nicht-A-Fahrer (Ickx, Beltoise, Gethin, Pescarolo, Bell etc.) – und ein bissl Geld für Clark und Hill.

Die Mechaniker flickten das Fahrzeug nach dem Barcelona-Knaller zusammen und transportierten es zum Hockenheimring. Schon nach den ersten Trainingsrunden stellte Clark den Wagen wieder ab. Er ziehe nach rechts, sagte er den Mechanikern, die nun ein größeres Problem im Chassis vermuteten und den Wagen aus dem Bewerb nahmen. Zwar nicht offiziell, sondern sie sagten Jimmy, sie würden das Auto hier noch einmal zerlegen und für den Heimtransport zusammenstellen – sie hätten ohnehin nichts zu tun – wenn er wolle, könne er sofort »heimfahren« (nach Paris).

Kurt Ahrens, einer der liebenswürdigsten und nettesten Rennfahrer des deutschen Sprachraums, bat den Schotten, mit ihm nach Köln ins TV-Studio zur Sendung »Aktuelles Sportstudio« zu fahren. Jimmy, »Schnuckerl« was er nun einmal war, willigte ein und fuhr nicht nach Paris, sondern mit Ahrens nach Köln.

Erst lange nach Mitternacht ging's wieder zurück ins Hockenheimer Hotel – am Bett ein Zettel: »Wir haben den Wagen wieder hingekriegt – wenn du willst, könntest du morgen damit starten. Wenn nicht, laden wir ihn auf und fahren zurück nach England. It's your choice. Good night!«

Wie schon erwähnt, Jimmy war eben ein außergewöhnlich lieber Mensch und entschloss sich, noch bevor er sich ins Bett fallen ließ, morgen zu starten. Den Mechanikern zuliebe, wie er Graham Hill gegenüber sagte. Der Entschluss sollte Clarks Leben kosten.

Dabei war Jimmy im Leben laut Andrew Ferguson einer der »Unentschlossensten« des gesamten Erdballs – bei der berühmten Gabelung vor London, ob man in die City fährt oder rechts durch die Themse-Unterführung weiter in den Norden, haderte er so lange links oder rechts … oder doch links … bis er in den Spitz krachte – um drei Uhr früh!

Oder noch in der alten Lotus-Firma in der Delamere Road, als er mit einem Cortina bei der Firmenausfahrt wegen eines herannahenden Motorradfahrers so lange zögerte … soll ich … soll ich nicht … und dann losfuhr und der Motorradfahrer prompt in ihn hineinknallte!

Am 7. April um drei Uhr früh entschloss er sich, beim Rennen am Hockenheim zu starten – nicht länger zu schlafen oder vielleicht nur beim Rennen zuzusehen oder gleich nach Paris zu fahren … Wer hat ihm da eingeflüstert: Jimmy, du fährst heute … es geht zwar um nichts … es gibt nicht einmal viel Geld dafür … das Rennen ist völlig unbedeutend … spann dich aus oder geh im Park spazieren … Nein, Jim, du fährst heute das Rennen, aus Schluss, basta!

Es war ein für diese Jahreszeit typisches Scheißwetter. Kalt, regnerisch, neblig und der dichte Wald rechts und links der langen Geraden verdüsterte das Bild und die Launen der Fahrer. Clarks Lotus mit der Startnummer 1 folgte anfangs der Spitzengruppe, wurde aber schon ab der zweiten Runde langsamer und in der dritten Runde passierte ihn Chris Lambert … und in der vierten Runde fehlte die Startnummer 1. Dann die ersten Gerüchte … Clark tot … niemand konnte es glauben.

Jimmy galt als unsterblich! Schließlich die harte Wahrheit: Jim Clark war auf der langen Geraden zur Ostkurve von der Strecke gekommen, gegen einen Baum geknallt und war sofort tot.

Die Nachricht breitete sich wie die Schockwelle nach einer Bombe um die Welt aus. Der Motorsport war zu dieser Zeit bereits nicht mehr nur Gesprächsthema von ein paar Austin-Healey-Freaks, sondern begann weite Kreise der Bevölkerung zu interessieren – die sechziger Jahre waren eben das Autojahrzehnt. Clark schien allen – auch den härtesten Rennprofis – als ein fehlerloser Fahrer. Alle, die mit und gegen ihn fuhren, konnten sich an keine Schnitzer erinnern. Sein Fahrstil war auch weit von der »Hobelpartie« Jochen Rindts entfernt …

Ich war gerade in Aspern beim Europameisterschaftslauf für Tourenwagen, wo mein alter Spezi Frank Gardner startete. Frank hatte seinen Lauf mit dem Alan-Mann-Cortina »singlehanded« gewonnen. Ich ging zu ihm und »told him the sad news«.

Franks erste Reaktion: »No, not possible – he started in Brands.«

»No Frank, he dodged Brands cause of his tax-case!«

Als die Alan-Mann-Mechaniker zu ihm kamen und er deren bleiche Gesichter sah, biss er die Zähne aufeinander, wandte sich ab und ging allein zu Fuß den langen Weg zurück zum Fahrerlager. Colin Chapman beauftragte später Peter Jowitt, einen Ingenieur mit Spezialgebiet Flugzeugunfälle und Untersuchungen von Leichtbaustrukturen (Monocoques). Jowitt kam zum Ergebnis, dass ein so genannter »schleichender Reifenschaden« die Ursache war. Kurz vor der Aufprallstelle machte die Gerade einen leichten Knick – und wegen der dynamischen Radlastveränderung wäre der rechte hintere Reifen mit dem schleichenden Schaden plötzlich kollabiert und Jim von der Strecke abgekommen. Da an dieser Stelle die Piste rechts und links nur von alten Bäumen gesäumt war, hatte er keine Chance – wären dort Leitplanken gewesen, wäre es ein »harmloser« Knaller geworden.

So weit zum Thema »Metaphysik«.

Jims Tod war mehr als nur ein getöteter Rennfahrer … es war wie eine schwarze Wolke, die über den

Himmel aus dem Nirgendwo aufgezogen war – und die »fast living«-Generation warnte: The party is over!

Wer war dieser schüchtern und introvertiert wirkende schottische Farmer, der das Rennfahren zu einer nahezu mühelos aussehenden Kunst erhoben hatte? Helmut Zwickl beschrieb ihn in einem seiner hervorragenden Bücher treffend als »reserviert gespannte Stahlfeder«.

Clark war im Gegensatz zu den meisten Rennfahrern sehr athletisch. Immerhin schaffte er den 100-Metersprint in knapp 11 Sekunden – auf einer Aschenbahn. Als Gottfried Köchert ihn auf dem Mondsee auf Wasserskiern an ein Motorboot hing, wurde der Schotte nicht müde, vorher war der Tank leer. Fahrer wie Jochen Rindt oder Jo Siffert wirkten wie »Hendl'n« neben ihm. Frank Gardner war der Einzige, der es mit ihm athletisch aufnehmen konnte – Frank war aber vor seinen Autojahren in Australien Speedwayfahrer und Profiboxer.

Clark stammte aus einer wohlhabenden schottischen Schaffarmer-Dynastie. Als ich Andrew Ferguson in den achtziger Jahren in Norwich besuchte, war von der Clark-Familie nichts mehr übrig geblieben. Keine Nachkommen, nichts. Nur ein Denkmal erinnert dort oben noch an den »Flying Scotsman«.

Er wirkte nach außen hin sehr gehemmt. Wenn er seine innere Spannung vor einem Rennen auch gut verbergen konnte – Jochen war zum Beispiel vor den Starts mürrisch bis unansprechbar; 1967 noch im Cooper-Maserati sagte er mir unmittelbar vor dem Start zum Grand Prix von Monte Carlo: »I könnt' jetzt speiben.« (Ich könnte mich jetzt übergeben.)

Dass es im Inneren Clarks auch nicht gerade friedlich zuging, war an seinen abgebissenen Fingernägeln zu sehen. Ich beobachtete ihn vor dem Training zum Großen Preis von Deutschland auf dem Nürburgring 1967, als er an den Fingern »kiefelte«, wo es längst keine Fingernägel mehr zum Abbeißen gab. Wenige Minuten später raste er im Lotus-Ford der Konkurrenz um »Lichtjahre« davon!

Wenn man ihn im Rennwagen beobachtete, hatte man das Gefühl, Jimmy würde völlig entspannt und locker seinen Wagen an der absoluten Grenze des Möglichen an der Ideallinie entlanggleiten lassen. Im Gegensatz zu Jochen Rindt, der mit vorgeschobener Kinnlade immer wie ein spanischer Kampfstier angetobt kam – für Jochens Fahrweise wäre der De-Niro-Filmtitel »Raging Bull« treffend gewesen.

Jim Clark am 7. April 1968 in Hockenheim und mit abgekauten Fingernägeln am Lenkrad

Mike Spence und Jim Clark beim Großen Preis von Deutschland 1965

Wenige Monate später erwischte es Clarks früheren Lotus-Teamkollegen Mike Spence in einem Lotus-Turbinenrennwagen mit Vierradantrieb im Oval von Indianapolis. Spätere Analysen ergaben, dass Spence eine Kurve etwas zu früh angefahren war und im Ausgang gegen die Mauer prallte – eines der Vorderräder war an der Antriebswelle hängen geblieben und dem Engländer voll auf den Kopf geknallt. Wieder hatte das Schicksal brutal zugeschlagen: Mike Spence, mit einer Stuttgarterin verheiratet, war Jahre zuvor aus dem Lotus-Formel-1-Team ausgeschieden. Er wurde von Colin Chapman als Ersatzfahrer für den knapp zuvor tödlich verunglückten Jim Clark in dessen Indy-Rennwagen gesetzt und qualifizierte den Wagen mit der Nummer 60 mit dem schnellsten Rundenschnitt des Tages von 169,555 mph (271,28 km/h). Dann bat ihn Chapman, den zweiten Lotus von Greg Weld zu testen – Spence erreichte schon in der zweiten Runde 163 mph (260 km/h), als er in die Mauer knallte.

Für Jochen Rindt hieß es 1969 erstmals »Knocking on Heaven's Door«: Er hatte Ende 1968 von Brabham zu Lotus gewechselt. Der neue Lotus 49 war gegenüber dem Brabham zwar etwas gewöhnungsbedürftig, aber Rindts übernatürliches Gespür ließ ihn rasch auf »Speed« kommen. Schon beim ersten Grand Prix in Südafrika stellte Jochen den Lotus hinter Brabham an die zweite Startposition – im Rennen schied er dann wegen defekter Benzinpumpe aus. Er war aber auf Anhieb schneller als sein erfahrener Teamkollege Graham Hill. In Spanien saß er dann auf Pole, knapp eine Sekunde schneller als Hill. Ich sah mir zu Hause bei Muttern am Schwarz-Weiß-Fernseher das Rennen an. Bei Guglhupf und Kaffee hatte ich es mir in Vaters Ohrensessel bequem gemacht, während Peter Nidetzky als Formel-1-Experte dilettierte. Der gute Mann hatte natürlich überhaupt keine Ahnung. In Österreich zwar ein bekannter TV-Reporter, wusste über den heimischen Polit- und Kulturtratsch gut Bescheid, die Formel 1 war jedoch von ihm so weit entfernt wie der Mars. Ich kannte Nidetzky persönlich recht gut und mochte seine tiefe, sonore Stimme. Inhaltlich war es im Grunde das übliche Reportergequatsche: viel geredet, wenig gesagt.

VOLLGAS ODER NIX /// THE PARTY IS OVER

Er verwechselte Fahrer, ordnete sie falschen Teams zu … eine einzige Katastrophe. Er kannte die Fahrer nicht und auch nicht die Hintergründe warum, was, wie. Gegen die wandelnde Enzyklopädie Heinz Prüller war er eine Doppelnull.

Jochen hatte Chris Amon im Ferrari fünf Zehntel und Graham Hill gleich neun Zehntel einer Sekunde abgenommen. Stewart war sogar über eine Sekunde langsamer! Der Stadtkurs vom Montjuic Park ähnelte mit seinen Kurven und Leitplanken jenem von Monte Carlo. Ein kleiner Fehler und es war sofort aus. Keine Auslaufzonen – ein Flunker beim Anbremsen – Bumm! Und zwar ordentlich. Hier war in erster Linie Mut gefragt – und darüber verfügte Rindt in ausreichendem Maße.

Vom Start blies Jochen vorne weg. Wenn ich mich recht erinnere, war er gleich nach den Anfangsrunden den Blicken seiner Verfolger entschwunden. Mit großem Abstand folgte eine Gruppe mit Amon, Hill, Siffert, Brabham und Ickx.

Dann die achte Runde: Graham tauchte auf der Kuppe nach der Start-Ziel-Gerade mit weit über 200 km/h auf – als sein Heckflügel plötzlich einknickte – sein Auto geriet außer Kontrolle, Hill flog wie eine Billardkugel rechts, links gegen die Bande. Der Aufprallwinkel war spitz – deshalb wurde die Energie langsam abgebaut – der schnauzbärtige Brite blieb unverletzt.

Graham machte sich mit Helm unterm Arm, dem Publikum winkend, zu Fuß auf den Weg zur Box, als Rindt in Führung liegend angeflogen kam. Hill erzählte mir dann später, dass er an Jochens Auto bemerkte, dass sich die Flügelstreben ebenfalls verdächtig bogen, und versuchte ihn mit Handzeichen zu alarmieren. Es war aber zu spät, Jochen war vorbei …

Jochen Rindt beim Großen Preis von Spanien 1969

In der zwanzigsten Runde war es dann so weit: Die Flügelstreben knickten wie Streichhölzer über dem Lotus ein und der Wagen touchierte die Leitplanken, ritt an der Kante hoch – ein Glück, dass das Auto nicht auseinandergeschnitten wurde – und krachte dann in das am Pistenrand stehende Wrack von Hill. Der Lotus überschlug sich und blieb schließlich kopfüber liegen. Benzin rann aus … die kritische Situation war längst nicht vorüber.

Graham Hill rannte zurück und richtete mit ein paar Streckenposten das Wrack auf – er fasste nach Jochens Hand, der sagte nur: »Shit!«

Im Schwarz-Weiß-TV-Gerät war der Unfallhergang nicht gleich ersichtlich. Hills Crash war klar … aber Jochen war dann irgendwie vorher im Eck des Bildschirms verschwunden und man sah dann nur noch einen total zerstörten Rennwagenkörper verkehrt an den Leitplanken liegen … und die laufenden Helfer.

Peter Nidetzky, »The ORF-Voice«, hatte entweder nicht hingesehen oder die Sache verpennt. Er war völlig verwirrt und »schmähstad«. Die ersten Minuten waren schrecklich … der Wagen war zwar nicht abrupt abgebremst worden, aber der Überschlag und die Deformation des Schalenchassis ließen Böses ahnen.

Erst als die Sanitäter mit Jochen auf der Trage rannten, glaubte ich, eine Bewegung seiner Arme entdeckt zu haben. Zumindest lebte er noch. Und zwar wie! Nach wenigen Metern wischte er die Hand eines Sanitäters von sich und sprang von der Trage. Jochen war eben schon immer anders. Er hatte sich bei diesem Horrorcrash »nur« das Nasenbein gebrochen und eine Gehirnerschütterung zugezogen.

Als Rennfahrer hat man so seine eigenen Methoden, mit Unfällen fertigzuwerden. Es ist nicht so, dass ein innerer Panzer einem von der Möglichkeit eines Unfalls abhält. Ich glaube, dass jedem Rennfahrer völlig klar ist, dass es einmal krachen kann – und auch wird. Die Sache wird jedoch verdrängt. Es weiß jeder Boxer, wenn er in den Ring steigt, dass es jetzt nicht nur wehtun kann – sondern auch fatal ausgehen.

Rennfahrer interessieren sich in erster Linie für die Ursachen der Unfälle der »Kollegen« – aber nicht aus Voyeurismus, sondern um daraus zu »lernen«. Man analysiert den Hergang so genau es geht. Warum, wieso, wodurch … Fahrfehler, Materialfehler und so weiter und so fort. Ich hatte gelernt, dass durch die präzise Analyse eines Unfalls Schockgefühle und Mitgefühle für den Betroffenen verdrängt werden.

Ich hatte mich vor der Lokomotiven-Geschichte in Rumänien immer gefragt, was ab Beginn der Scheiße, also dem Moment »of no return«, im Kopf vorginge – und hatte nachher die Gewissheit: Nichts!

Jochen wird nicht einmal gesehen haben, dass der Flügel bricht, er kann es auch nicht im Rückspiegel gesehen haben, sondern hatte im Hintern und Rücken gespürt, dass das Auto die Kontrolle verloren hatte, und dann reflexartig mit dem Lenkrad versucht, das Auto auf der Bahn zu halten. In diesen Sekundenbruchteilen ist es im Kopf still und man denkt nichts …

Man »wacht« dann nachher entweder wieder auf – oder nie mehr …

Wie bei einer Narkose, die schiefgegangen war … es würde eben finster bleiben … und zwar für immer.

VOLLGAS ODER NIX /// THE PARTY IS OVER

Graham Hill beim Großen Preis von Spanien 1969

Jochen Rindt beim Großen Preis von Spanien 1969

ABARTH ODER JAMES BOND

Carlo Abarth in seinem Büro, ganz links Johannes Ortner

Ich hatte es nicht weiter ernst genommen, als mein Kurier-Chef Patleich mit einer Einladung zu Testfahrten bei Carlo Abarth in Turin daherkam. Patleich hatte das für mich arrangiert und mir mit den Worten mitgeteilt: »Waunst schnö foahst, deafst für'n Carlo foan! I moch da des.« (Wenn du schnell fährst, darfst du für Carlo Abarth fahren! Ich mach das für dich.)

Er hatte sich immer bemüht, dass »seine« Leute nicht verkamen. Wenige Tage später kam ein Telex in die »Kurier«-Redaktion aus Turin mit der Reservierung eines Alitalia-Tickets und Hotels. Ich wurde von einem Chauffeur vom Flughafen abgeholt – an seiner enttäuschten Miene erkannte ich sofort, dass er sich einen anderen Gast erwartet hatte. Irgendeinen Diplomaten, Minister oder zumindest einen berühmten Autokonstrukteur und nicht … aber lassen wir das.

Mein Zimmer im obersten Stock hatte die Größe einer Reitschule. Türklinken, Armaturen blitzten wie Gold, schwere dunkelgrüne Vorhänge, die einen Stier erschlagen könnten, verdüsterten den Raum. Ich getraute mich weder zu husten, lachen noch zu furzen.

Am Schreibtisch lag ein Zeitplan für den morgigen Tag. Ganz oben stand: Sechs Uhr dreißig Abfahrt – Sieben Uhr: Büro Direktion … weiter las ich nicht. Sechs Uhr dreißig reichten mir vollauf. Am nächsten Morgen wurde ich vom Hotel abgeholt, diesmal ein anderer Chauffeur, deutlich meiner Rangordnung angepasst. Ich war in schwarzer Hose mit scharfer Bügelfalte, weißem Hemd, Krawatte und dunkelbraunem Sakko, dazu schwarze, spitze »Milanos« (Schuhe). Mein Fahrer war ein junger Schnösel in dunkelblauem Poloshirt und Jeans. Ich fühlte mich gleich wohler.

Wie von Gösta Zwilling gedrillt, stand ich fünf Minuten vor sieben an der schweren Tür ins Chefbüro … und klopfte schüchtern an. Abarths Sekretärin öffnete, ließ mich ein und führte mich weiter in das Zentrum seiner Heiligkeit. Kein Wunder, dass der Vatikan in Rom und nicht in Düsseldorf ist. Hier hat alles das Flair eines Altars, einer heiligen Stätte … auch in einem italienischen Klo fühlt man sich Gott näher als sonst wo auf der Welt.

Der alte Herr, er war damals an die sechzig, in edelstem Tuch gehüllt, frisch frisiert – sein Friseur muss sicherlich täglich um vier Uhr früh parat sein. Er blickte kurz auf und sagte dann im Nebenbei-Ton »Ach ja …«, dann wieder Papiere ordnend, deutete er mir, mich in den Stuhl zu setzen, der ihm gegenüber am Schreibtisch stand. Wie ein Stuhl für den Angeklagten … Inquisition, in kochendem Öl der Angeklagte und so weiter und so fort.

Ich wagte nicht einmal zu atmen.

Dann das tägliche Ritual: Im Zwanzig-Sekunden-Takt öffnete sich die Tür und Abteilungsleiter, Ingenieure, Werkstättenmeister, Chefmechaniker … und im Anschluss die Werksfahrer kamen herein, blieben einen Meter und fünfundzwanzig Zentimeter nach dem Türrahmen stehen und wünschten einen »Guten Morgen«.

Inzwischen war ich fast dem Erstickungstod nahe. Die beiden Piloti Johannes Ortner und Jonathan Williams warfen mir einen Sekundenblick zu, an ihren ernsten Gesichtszügen erkannte ich sofort, dass es in diesem Moment völlig unangebracht gewesen wäre, wenn ich sie burschikos mit »Servas Hannes« oder »Hi Jonathan« begrüßt hätte. Ich gab ihnen mit einem knappen Vorbeugen meines Kopfes zu verstehen, dass ich sie erkannt hatte und der Etikette entsprechend höflich Distanz bewahrte.

Nach der Begrüßung des Stammpersonals herrschte wieder minutenlange Stille. Signor Abarth blätterte in diversen Papieren – die Tür ging auf und die Sekretärin kam mit einer schweren Ledermappe herein. Der Maestro legte eine Seite nach der anderen um, überflog einen Text und setzte mit einer Pelikan-Füllfeder seine Unterschrift darunter.

Dann seine Stimme: »Sie sind also gestern von Wien gekommen?«

Ich, steif im Stuhl, die Beine geschlossen, die Hände artig an den Oberschenkeln: »Ja, Herr Abarth, gestern von Wien.«

Nach acht Minuten Stille, nur das leise Wischen der Füllfeder, dazwischen Umblättern: »...und Sie hatten einen guten Flug?«

»Ja, Herr Abarth ... ich hatte einen guten Flug.«

Irgendwann hatte er die Briefmappe durch, alles war unterschrieben, die Tinte getrocknet ... ich schon ungeduldig.

Dann blickte er mir mit ernstem Gesicht in die Augen, dass ich seinen Blick bis ins Kleinhirn spürte. Nach einer Weile fragte er mich, welche Autos ich schon gefahren wäre und dass »Hansi« (Patleich meinend) mich ihm empfohlen hätte, er möge mich einmal eines seiner Autos fahren lassen. Da heute Vormittag und nachmittags die 1000er Tourenwagen und ein 1300er Prototyp gefahren würden, könnte ich einmal mit seinen beiden Testfahrern »draußen« fahren.

Kurz darauf betrat Johannes Ortner mit einem Schalthebel das Büro. Abarth nahm den Schalthebel in seine Hände, drehte ihn mehrmals und zeigte mit einer frisch geschärften Bleistiftspitze auf eine Stelle und sagte, dass die Härte zu überprüfen wäre und dass der Schliff sauberer gemacht werden sollte. Dann zeigte er auf mich und sagte zu Ortner, er möge mich gleich mitnehmen.

Kaum hatten wir die Schwellen der Chefetage hinter uns gebracht, spürte ich große Erleichterung und der Jargon mit Hannes wurde gleich volkstümlicher. Ich empfand den strengen Kärntnerdialekt wie eine Erlösung aus der strengen Kammer des obersten Chefs. So muss es einem ergehen, wenn man nach kurzer Ansprache Gottes wieder aus der Chefwolke zu Petrus hinaus entlassen wird ... und man spaziert mit ihm hinüber ins Himmelscafé, ist wieder unter sich und darf Männerwitze reißen.

Rückblickend war das Fahren mit den Rennautos nicht besonders spannend. Mit dem Spezial-Tourenwagen, dem kleinen 1000er mit der offenen Heckklappe, sind wir mehrmals die Autobahn rauf- und runtergefahren. Die Gänge mussten schnell geschaltet werden, ich glaube, mich zu erinnern, dass irgendwann einer der Mechaniker an der Autobahn-Mautstelle die Schaltkulisse ausgetauscht hatte, und dann sind wir wieder weiter »geblasen«.

Zu Mittag hatte ich mir einen Besuch in einer Pizza, damals in Österreich ein rares Vergnügen, gewünscht. Hannes erfüllte mir den Wunsch. Dann ging's an den Rand eines kleinen Flugplatzes und wir fuhren dort mit einem der wunderschönen 1300er und 1600er Prototypen auf einem improvisierten Rundkurs.

Ich sehe noch den schüchtern und introvertiert wirkenden Jonathan Williams vor mir, wie er im Anorak abseits von uns gestanden war und stundenlang den Sportflugzeugen beim Starten und Landen zugesehen hatte. Als ich mich neben ihn stellte und wissen wollte, was es da zu sehen gäbe, antwortete er nach einer Pause: »I like watching these planes landing ... whether they do good ... or bad.«

Jonathan Williams, gerade mal zwei Tage älter als ich, war somit genauso ein »Junior« gegen den

VOLLGAS ODER NIX /// ABARTH ODER JAMES BOND

Erich Glavitza bei Abarth Testfahrten in Italien

Johnathan Williams

Kärntner Johannes Ortner, der in den Fünfzigern in Österreich mit einem Steyr Puch TR zum Dauersieger avancierte. Ortner wechselte zu Abarth nach Turin und wurde zum erfolgreichsten Abarth-Fahrer der Werksgeschichte. Der Kärntner war wirklich sauschnell und hätte sich wesentlich mehr Popularität verdient.

Williams wurde in Kairo 1942 geboren, begann wie viele Engländer Anfang der Sechziger mit einem Mini-Cooper und wechselte dann in die Formel 3. Ich traf ihn beim Innsbrucker Flugplatzrennen 1965, als er mit einem alten klapprigen VW-Pritschenwagen einen nicht mehr frischen Brabham durch Europa kutschierte und mir weismachen wollte, dass er mit dem Startgeld am »Kontinent« überleben könnte. Ich war damals wirklich knappst bei Kasse, trotzdem hatte ich ein paar Schilling übrig, um ihn auf Frankfurter Würstl'n einzuladen.

Er traf wenige Monate später Piers Courage (Courage-Bier; eine andere Geld-Dimension), Frank Williams (von der Barschaft etwa mein Level), Peter Gethin und Charles Lucas. Die vier gründeten ein Rennteam. Frank Williams hatte inzwischen eingesehen, dass sein Fahrertalent eher überschaubar war und bevor er sich ernsthaft wehtat, wechselte er zum Teamtechniker und betreute die Autos. Später entwickelte Frank die Lucas-Formel-3-Rennwagen, die den Brabhams ähnelten.

Vom Aussehen war Jonathan alles andere als ein Rennfahrertyp. Er war klein, lieb, wirkte irgendwie »butzig«. Natürlich spielte er genau diese Karte aus, wenn's um Mädchen ging. Die wollen bekanntlich entweder den knallharten Totschläger, der sie wild auf ein Bett wirft und ihnen die Kleider vom Leibe fetzt … oder jemand, den sie selbst wie einen Teddy ins Bett legen und vorher langsam ausziehen. Williams war einer, der ins Bett gelegt werden wollte.

Der stets eigenbrötlerisch wirkende Brite liebte Sonne und Meer. Er war eher selten in England und wechselte seinen Wohnort bald nach Italien und fuhr dort jahrelang erfolgreich Formel-3-Rennen – stets begleitet von zumeist größeren und sehr feschen Italienerinnen. Es folgten Engagements bei Abarth und später Ferrari, aber die großen Erfolge blieben aus. Williams war sicher ein sehr begabter Rennfahrer, aber um in der dünnen Luft der Spitze zu bestehen, hatte er zu weiche Ellbogen. Man muss dort in erster Linie ein gnadenloser Egomane sein und rücksichtslos dem Pfad nach oben folgen. Für einen echten »Racer« ist jedes und alles Gegner … die wirklich guten und harten lassen nicht einmal ihre Mechaniker aus den Augen. Und der schlimmste Gegner im Team ist immer der zweite Fahrer. Diesen Kerl gilt es immer und zu jeder Zeit zu besiegen – und wenn man ihm in den Tank pisst oder einen Hasen mit Syphilis ins Bett legt.

Jonathan Williams war das alles nicht. Er war für dieses Business einfach zu niedlich. Er hatte sich mit allen vertragen, jedem geholfen … weit entfernt von einem Killertyp wie Rindt oder Marko. Darum ist er auch immer der »nice guy from the block« geblieben – vielleicht hat er auch deshalb die ganze Sache körperlich unverletzt überlebt.

Einmal hatte ihn Ferrari bei einem Formel-1-Rennen eingesetzt. In Mexiko musste er 1967 ohne Vorbereitung und Probefahrten für den schwer verletzten Mike Parkes einspringen. Das Auto war eine unbeschreibliche Krücke … es fuhr nicht mal gerade. Die ersten Trainingsfahrten zum Grand Prix wurden versäumt, die Mechaniker hatten kaum Ersatzteile mit, man hatte dann bis zum Start ein Fahrzeug zusammengeschustert, das nur mit Mühe angesprungen war und beim Anbremsen vor Kurven immer einen fast tödlichen »Hupfer« zur Seite machte … So etwas hätten sich die Ferrari-Leute nie und nimmer mit einem Niki Lauda getraut – der hätte Forghieri ins Gesicht gespuckt! Williams schaffte mit der Schepperkiste immerhin einen achten Platz und wurde zum Dank aus seinem Vertrag entlassen.

Ich habe ihn während der Dreharbeiten zum Film »24 Stunden von Le Mans« wieder getroffen – und wir hatten uns dort »auf ein Packl zusammengetan« (wir hatten uns verbündet) und die dort zahlreich versammelten Popanze des Autorennsports einer kritischen Theorie unterzogen. Der furchtbare Feuertod seines besten Freundes Piers Courage in Zandvoort hatte den kleinen Williams verändert – als dann Rindt wenige Monate später dran war, fanden wir die ganze Heldenscheiße von »What makes them do it« zum Erbrechen. Mag er physisch das Ganze überstanden haben, psychisch war er Ende 70 ein »wounded man« …

Am Ende der Abarth-Testtage hatte mich der oberste Chef Carlo höchstpersönlich noch einmal in sein Büro gebeten. Er hielt zwei Papierbögen in Händen, tat so, als sähe er sie das erste Mal, und nachdem er sie überflogen hatte, richtete er seinen stets finsteren Blick auf mich und sagte: »Also gut – gut. Wollen Sie einen der Wagen einmal bei einem Rennen fahren?«

Ich spürte meine Halsschlagader bis ins Hirn trommeln und brachte meinen Mund nicht auf – bei mir eher nicht vorstellbar. Ich nickte.

Während ich noch mit einem Herzstillstand kämpfe, meinte er, ich könnte in Österreich bei Bergrennen und Flugplatzrennen einen Tourenwagen der Gruppe 5 … also einen der aufgeschwollenen 1000er fahren. Als er etwas von einer Versicherung und/oder Kaution sagte, ging bei mir das Signal auf Rot. Einerseits war zu diesem Zeitpunkt auf meinem Kontostand der »break-even« nicht einmal in Sichtweite … andererseits war ich mitten in den Vorbereitungen für den James-Bond-Film und ich wusste zum damaligen Zeitpunkt nicht, wie weit mein Zeitplan durch die Dreharbeiten belegt wäre.

Ich sagte weder Ja noch Nein … das genügte aber, um bei Carlo für alle Ewigkeit »draußen« zu sein. Ich war zu diesem Zeitpunkt aber auch bereits sehr englisch-lastig. Für das Eisgemetzel beim James-Bond-Film hatte ich 25 Ford Escorts genommen bzw. bekommen. Ich hätte auch Fiats nehmen können … vielleicht wäre es dann was mit einem Abarth-Rennwagen geworden.

Die 007-Filmgeschichte hatte mein Leben nicht nur einmal um 360 Grad herumgewirbelt – sondern auf ein Karussell mit Schallgeschwindigkeit gesetzt.

///

Und das kam so: G'standene Sportjournalisten pflegten so gegen Viertel nach zehn am Vormittag in die Redaktion zu kommen – ich eher nach elf. Dafür zumeist guter Laune. Ich dürfte überhaupt ein sonniges Gemüt gehabt haben – so etwas kommt jedoch in der Weltmetropole der »pompes funèbres« (Thanatopraktiker; Bestatter) Wien nicht gut an. Zeit meines Lebens spürte ich, dass in Wien heitere Stimmungen nicht besonders goutiert wurden bzw. heute noch werden. Österreicher als freundlich zu beschreiben ist so, als würde man alle Russen als Antialkoholiker bezeichnen.

Wien ist eine Stadt, in der Sie am besten »fahren«, wenn Sie jemandem hinkend begegnen, mit sterbender Stimme begrüßen und gleich Ihre Krankheiten aufzählen, die nicht einmal die berühmtesten Chirurgen zu erkennen in der Lage wären, geschweige denn heilen. Vergessen Sie nicht, dabei irgendwelche berühmten »Professorennamen« zu nennen – und wenn das nichts nützen sollte, lassen Sie Ihre Mutter in einer fernen Privatklinik langsam sterben.

Man wird Sie sofort stützen, in ein nahe gelegenes Restaurant führen, Speis und Trank bezahlen … übertreiben Sie beim Trank halt nicht und reißen Sie sich zusammen, damit Sie nicht im Vollrausch plötzlich »Schön ist die Welt – ich liebe alle Frauen …« singen. Das würde auffallen und die Freundschaft auf die Sekunde gekündigt. Darum merke: Fröhliche Menschen waren, sind und bleiben in Wien unerwünscht!

Zur Sache: An einem verregneten Mittwoch spazierte ich »Come on over Baby - Whole lotta shaking going on …« (Jerry Lee Lewis) singend in die Redaktion – und bemerkte sofort, wie sich fünf Gesichter mit finsteren Mienen zu mir wandten. Ich verstummte, noch bevor mir jemand die Schreibmaschine in die Magengrube schleuderte, und schlich geduckt in meine winzige Schreibstube von der Größe eine Pygmäenklos.

Bevor ich über den Türrahmen geschlichen war, rief mir ein Kollege der Fersler-Fakultät (Fußball-Abteilung) zu: »James Bond hat angerufen – der Zettel mit der Nummer liegt auf deinem Schreibtisch!«

Es war der bärtige Hansjörg Wachta und Sie sehen, trotz seines ständigen Umgangs mit Balltretern bediente er sich einer für diese Verhältnisse gehobenen Sprache.

Ich hielt inne, drehte mich zu ihm: »James Bond – warum nicht gleich Jesus?«

Von der Laune der im Vorzimmer mieselsüchtigen Kollegen angesteckt, nahm ich den Zettel in die Hand und knurrte: »So ein Schaß – was soll das?«

Dann bemerkte ich die Schweizer Vorwahlnummer und dachte an den Zürcher Kollegen Rico Steinemann (Powerslide) oder an Jo Siffert, einer der ganz raren, netten, höflichen, zuvorkommenden Formel-1-Rennfahrer. Nachdem ich mich gesetzt hatte und in meinem Notizbuch nach Rat suchte, welche Sensationsstory ich heute unters Fußvolk werfen würde … beschloss ich, zuerst Rico anzurufen.

Ich wählte die Nummer, nach einer Weile hob jemand ab – statt Rico war es aber eine weibliche Stimme, sagte irgendwas von »Soundso Production« – noch nie gehört – ich nannte meinen Namen und wurde auf »Einen Moment bitte« vertröstet.

Nach einer Weile meldete sich eine männliche Stimme, laut, stramm, Typ Feldwebel. Ich sagte »Hallo, Glavitza«, darauf am anderen Ende »Herr Glavitza?« – ich etwas ungeduldig: »Sagte ich eben« – dann erzählte die Stimme am anderen Ende etwas von einer Filmproduktion, Lauterbrunnen, Schweiz, ein neuer James-Bond-Film … und so weiter und so fort.

Es war jetzt nicht so wie in den meisten Märchen, dass ich sofort an einen Scherz dachte … nein, irgendwie hatte ich das Gefühl, dass an der Sache was dran wäre. Der Mann am anderen Ende erzählte dann, dass sie eine Autocrash-Szene planten und ob ich ein Auto überschlagen könnte?

Ich, frech wie immer: »Wie oft wollen's?«

Daraufhin war es einmal still – dann sagte er nur: »In Ordnung – können wir Sie morgen wieder erreichen?«

Klar doch.

»James Bond« meldete sich am nächsten Tag schon um acht Uhr früh. Meine Hausherrin kam aufgeregt in mein Zimmer – natürlich vorher anklopfend, ich hätte zum Beispiel nicht alleine sein

Hubert Fröhlich

können – und verkündete, eine Filmfirma aus der Schweiz wäre am Apparat. Zwei Treppen auf einmal nehmend hastete ich in Boxershorts und Goodyear-T-Shirt hinauf. Es war wieder der Herr von gestern und stellte sich als »Hubert Fröhlich« vor und fügte hinzu, er wäre für die Produktion verantwortlich. Ich hatte damals nicht den Funken einer Ahnung, was »Produktion« bei einem Film bedeutete.

Er erklärte mir, sie planten eine Verfolgungsjagd mit Autos und eventuell einem Autorennen und da gäbe es ein paar Unfälle im Skript ...

Gut, wo wäre das Problem?

Ob ich in der Lage wäre ...

Klar, wäre ich ...!

Dann sagte er, sie benötigten fünf Autos für eine Woche ... was so etwas ungefähr kosten würde?

Ich glaube, in diesem Moment blickte der alte Herr vom Himmel, legte seine Hand auf meinen Mund und bevor mein »Ich« einen Blödsinn reden konnte, übernahm er meine Stimmbänder und sagte trocken und cool: »Tausend englische Pfund – alles inklusive!«

Ich war selbst von mir überrascht – klar, ich hatte ja nichts gesagt, es war ja ER von dort oben, der mich kurzfristig übernommen hatte.

Herr Fröhlich fragte zurück: »Was heißt alles inklusive!«

»Na, Auto, Transport, Fahrer, Aufenthalt ... halt alles.«

Fröhlich: »Wunderbar – wann können sie bei uns vorbeischauen?«

Auch darauf wusste ich eine Antwort.

»In vier Wochen – ich fahre die TAP-Rallye in Portugal und komme auf der Heimfahrt bei Ihnen in der Schweiz vorbei.«

Bevor wir das Gespräch beendet hatten, fragte ich ihn, wie er auf mich gekommen wäre. Da erzählte er mir, er hätte den damaligen Chefredakteur der deutschen Monatsschrift »Rallye Racing« kontaktiert, ihn nach einem »Verrückten« gefragt – und der hätte ohne nachzudenken geantwortet: »Der Glavitza aus Wien.«

Intermezzo in den Süden: Für die TAP Portugal-Rallye musste ich mir einen anderen Co suchen. Peter hatte die Dampflokomotive bei Tirgu Mures noch nicht innerlich abgehakt und Gösta war für die kommenden Wochen mit Werbetexten ausgelastet. Also wurde mir ein »anderer« zugeordnet. Der Kerl hieß Roman Loibnegger, Sohn eines wohlhabenden Kohlenhändlers, der anfangs als Rallyebeifahrer von Walter Roser recht erfolgreich war und dann später bei der Europameisterschaft für Tourenwagen mit Heribert Werginz einen BMW lenkte.

Mit Loibnegger am so genannten »heißen Sitz« räuberten wir über die engen Asphaltstraßen Portugals hinauf bis Porto … und mussten dann am Rückweg entlang der Atlantikküste in Richtung Estoril wegen Defekts an der Elektrik den DS 21 vorzeitig abstellen. Die »Zitrone« war wieder einmal ausgepresst.

Bis zu diesem Zeitpunkt hielten wir uns recht tapfer und lagen in unserer Klasse vorne. Unsere Mechaniker machten das Auto wieder flott für die Heimfahrt. Roman sagte, er müsse schnell nach Wien wegen Terminen und ließ mich alleine von Estoril in die Schweiz fahren! Wahre Freundschaft.

Aber lassen wir ihn in Frieden ruhen … er starb vor wenigen Jahren.

Noch deutlich in Erinnerung ist mir natürlich die Nacht vor der Heimfahrt geblieben. Einer der Mechaniker, nennen wir ihn Günther, und ich gabelten in einer windigen Bar zwei »Hasen« auf. Nachdem zur fortgeschrittenen Stunde alles »nigelnagelzu« war, Portugal unterstand damals noch einer strengen Diktatur, versuchten wir unsere Mädels im Rallyeauto zu verführen – nicht im Tandem, sondern einer von uns sollte inzwischen draußen auf der Parkbank warten. Wir knobelten – Günther gewann.

Ich setzte mich mit meiner Maid auf eine Parkbank und erklärte ihr das Universum, die Milchstraße, Urknall … »schwarze Löcher«…. Gottlob war die Nacht in Portugal warm. Günther war etwas größer und kräftiger als ich und schien sich im DS 21 nicht zurechtzufinden. Man hörte dumpfes Bumpern, Füße gegen die Türen, dann wieder ein Schaben und Wetzen … die beiden dürften größere Problem mit der Position gehabt haben.

Irgendwann öffnete er das Seitenfenster, sein Kopf tauchte heraus und er brüllte in die portugiesische Nacht: »Des is a Schaß – mia haum kan Plotz – i scheiß drauf! Hilton, Sheraton, Grand Hotel … sonst puda i ned!« (Der Versuch einer Übersetzung: Das ist ein Furz – wir haben keinen Platz – ich scheiße darauf! Hilton, Sheraton, Grand Hotel … sonst vereinige ich mich nicht!)

Ich löste ihn ab und hatte weniger Probleme.

Am nächsten Tag fuhren wir los. Ich allein im Rallyeauto … und weiß bis heute nicht, wie ich die Fahrt in die Schweiz ohne Schlaf schaffte.

VOLLGAS ODER NIX /// ABARTH ODER JAMES BOND

Gösta Zwilling und Erich Glavitza bei der 1000 Minuten Rallye

TAP-Rallye 1968: Sonderprüfung mit Zwischenstopp in Jarama/Madrid, Startaufstellung der Klasse bis 2000 ccm

007 – ON HER MAJESTY'S SECRET SERVICE

Roll over Beethoven

Von Interlaken ging's weiter in das enge Tal nach Lauterbrunnen. Von einer Tankstelle rief ich bei »James Bond« an. Fröhlichs Sekretärin erklärte mir den Weg bis zur Talstation der Seilbahn hinauf nach Mürren, einem kleinen Walser-Bergdorf, 1650 m hoch über einer Felswand gelegen und nur über Seilbahn zu erreichen. Von Mürren führt dann eine weitere Seilbahn zum berühmten Schilthorn mit einem Drehrestaurant am 2970 m hohen Gipfel.

Das Büro der EON Productions Ltd., die für alle 007-Filme zuständig war, lag in der Bergstation der Seilbahn. Hubert Fröhlich, ein groß gewachsener, schlanker Hamburger, begrüßte mich, schüttelte mir kräftig die Hand, drückte mir ein Taschenbuch mit dem Titel »007 James Bond – On Her Majesty's Secret Service« in die Hand und bat mich, die Story zu lesen und dann morgen zu erzählen, wo und wie wir das Autorennen »einbauen« könnten. Seine Sekretärin sagte mir, ich möge bis ans Dorfende gehen, dort wäre im »Alpin Palace Hotel« ein Zimmer für mich reserviert.

Der Abend war schon recht frisch dort oben … ich war nur für die lauwarmen Nächte an der Algarve vorbereitet, darum querte ich raschen Schrittes das kleine Dorf bis zum … Oh, da stand vor mir ein riesiger Palast von einem Hotel, völlig anachronistisch zu den üblichen Berghütten in dieser Gegend.

Portier und Personal begrüßten mich höflich, aber doch mit Distanz, ich war eben weder der König von Belgien noch der Papst … allesamt waren hier schon Gäste.

Das Zimmer war riesengroß, mein Bett von schweren Vorhängen umrahmt … die Toiletten mit güldenen Armaturen, ich getraute mich kaum zu pissen, so »noblich« war die Bude. Der Steirabua in einem Palast! In der Badewanne stimmte ich keine Arien aus Nabucco an, sondern überflog pflichtbewusst die 007-Story von Ian Fleming. Im Originalroman war natürlich nicht von einem Autorennen die Rede, sondern von einem Pferderennen auf einer Eisbahn.

Im Roman las ich von einer Autoverfolgungsjagd … und diese würde mitten in ein Pferderennen geraten … und im Finale üblicherweise mit dem Tod der Verfolger enden. No problem! Aus dem Pferderennen machen wir halt ein Autorennen auf einer Eisbahn … und die Verfolger würden einander zwischen den Rennautos »kalt und warm« geben.

Als ich nach dem Bad mit schneeweißem Bademantel mit goldener Palace-Aufschrift ins Bett gekrochen war, hatte ich mir einen Zettel für Notizen mitgenommen … bin aber dann samt Bademantel, Bleistift und Papier ins Koma gefallen. Die durchgemachten Nächte und dazu Tausende Kilometer von Estoril nach Lauterbrunnen hatten mich k.o. geschlagen.

Nach opulentem Frühstück, ich hatte drei Tage und drei Nächte nur von grindigen Sandwichs auf Tankstellen gelebt, marschierte ich zurück ins Büro. Als Fröhlich mich strahlend und wohlgelaunt sein Büro betreten sah, rief er: »Ah, da kommt unser Wiener …«

Ich unterbrach ihn sogleich: »Nein, Herr Fröhlich, ich bin Steirer.«

Darauf er, dröhnend laut: »Egal, für mich seid ihr Est'reicha alle Wiener! Gut aufgelegt und lacht uns da gleich am Morgen entgegen – das lob ich mir!« – und knallte mit der Hand auf die Schreibtischplatte.

Ein guter Anfang, dachte ich. Die fesche Sekretärin servierte Kaffee und hervorragendes Schweizer Gebäck. Ich betone das deshalb, weil damals nahezu alle Nachbarländer, also auch Deutschland, wohlschmeckendes Gebäck hatten – nur Österreich nicht.

Wir setzten uns an einen Tisch, Fröhlich stützte die Ellbogen auf die Tischplatte und sagte mit lauter Stimme – wie sich später herausstellte, konnte er nicht leise sprechen: »Also erzähl mal, Est'reicher … wenn du schon kein Wiener sein möchtest – von wo kommst du her? Aus der Steiermark – dort ist doch Graz, nicht wahr?«

Was sollte ich darauf antworten, wenn er seine Fragen selbst beantwortete.

Ich erzählte also frisch und munter, wie ich mir die Sache vorstellte – eine Rennbahn auf Schnee oder Eis, unten auf der Wiese im Tal, ein paar Autos fahren dort im Kreis … dann käme die Verfolgungsjagd mit James Bond höchstpersönlich auf die Rennbahn und dann gäb's dort einen ordentlichen »Mulatschak«.

»Eine Mula… was?«, fragte er.

»Na einen Mulatschak … einen Kuddelmudel … eine wilde Autoparty, mit Crashs, Überschlag und allem Drum und Dran.«

Fröhlich richtete seine rot unterlaufenen Augen auf mich und schien durch mich hindurchzustarren. Seit ich in seinem Büro war, hatte er sich die vierte Zigarette angezündet, während er mit offenem Mund tief inhalierte, bleckte er braune und schon etwas kariöse Zähne.

Nach einer Nachdenkpause nickte er und sagte: »Mann, oh Mann!«

Dann sagte ich, dass auf der Rennbahn ungefähr fünf Autos mit Startnummern und Aufklebern, wie bei Rennautos üblich, herumkurven würden … mitten drinnen die beiden Wagen der Verfolgungsjagd … ich fuchtelte mit den Armen … die könnten dann aufeinander schießen … und im Zuge der Raserei und Knallerei dann der »big bang« … Bummsti … das Verfolgerauto flöge in die Luft … und riss meine Arme auseinander.

Dann wieder Stille.

Fröhlich nickte abermals: »Mann, oh Mann!«

Ich richtete mich auf und sagte völlig ruhig: »So, mach'mas – des wiad supa!« (So machen wir's – das wird super.)

Er blickte mich an, als wäre ich der Messias.

Ihm war wieder nur ein: »Mann, oh Mann!«, eingefallen.

Nachdem er sich eine weitere Zigarette angezündet hatte, stand er auf und sagte: »Gut, dann geh'n wir mal zu Mister Saltzman rüber und erzähl'n ihm die ganze Geschichte.«

Ich konnte mit dem Mister Saltzman wenig anfangen und versuchte Fröhlich zu erklären, dass nun eine Menge Arbeit auf mich warten würde, die Autos, die Fahrer und so weiter … und wollte eigentlich nach Hause fahren.

Fröhlich baute sich vor mir auf, da merkte ich wieder, wie groß er war, und sagte: »Ja, ja, schon gut, du kannst dann gleich nach Hause fahren – aber vorher müssen wir noch zum Saltzman, weil …«

Ich wurde ungeduldig: »Wieso – was soll der Saltzman – Sie sind der Produktionsleiter – was brauch ma den Saltzman, wer is'n des ibahaupt?« (– wozu benötigen wir den Saltzman, wer ist das überhaupt?)

Jetzt wurde es laut.

Fröhlichs runder Schädel färbte sich auf die Sekunde bordeauxrot, die braunen Zähne erinnerten mich an ein Löwengebiss und er brüllte los: »Da kommt diesa Est'reicha, in einem abgefickten Mantel und Löchern in den Schuhen – und fragt, we is'n da Saltzman? Mann, oh Mann!«

Ich fuhr zurück und spürte plötzlich die Nässe in den Socken – er hatte mit den Löchern in den Schuhen nicht unrecht. Also gehen wir halt zum Saltzman, sagte ich mir und folgte gebückten Hauptes, wie ein zum Tode Verurteilter zum Schafott.

Das Büro von Saltzman lag gleich auf der anderen Seite des Korridors. Hubert klopfte an und ging hinein, ich folgte … zum Schafott. Hinter einem riesigen Schreibtisch saß ein Mann in einem Drehsessel mit dem Rücken zu uns und telefonierte. Seine rechte Hand tauchte hinter der Lehne auf und deutete uns, bei einer Sitzgarnitur in der Ecke des Büros Platz zu nehmen. Der Mann sprach mit leiser Stimme ins Telefon.

Es dauerte eine Weile, bis er mit dem Telefonat fertig war, dann drehte er sich mit Schwung um, stand auf und kam auf uns zu. Saltzman war von kleinem Wuchs, rundlicher, aber kräftiger Figur, irgendwie erinnerte er mich an einen in die Jahre gekommenen Freistilringer.

Er streckte mir die Hand entgegen: »Hi, Eric.«

Ich getraute mich natürlich nicht, mit »Hi, Harry« zu antworten – Hubert hätte mich sonst in einem Fleischwolf Bond-gerecht entsorgt.

Fröhlich erzählte ihm kurz von meinen Ideen und dann deutete mir Mister Saltzman, meine Pläne vor ihm »auszubreiten«.

Das tat ich dann auch. Gestenreich schilderte ich ihm, wie ich mir das Autorennen vorstellte, erklärte ihm von einer »Schikane«, wo wir von vorne die hin und her wedelnden Autos filmen könnten und so weiter.

Saltzman nickte, blickte zu Fröhlich, dann wieder zu mir, nickte wieder, blickte wieder zu Fröhlich … dann unterbrach er mich, es war ihm offensichtlich schon zu viel geworden, und sagte: »Okay, come on Eric … let's see what we can do!«

Er griff zum Telefon, sprach kurz im Befehlston und dann folgten wir ihm hinaus. Hinter der Seilbahnstation stand ein kleiner Helikopter von Agusta. Wir kletterten hinein und dann ging's im Sturzflug die Felswand hinunter auf die Wiese neben Lauterbrunnen.

Ich bekam kaum Luft. Ich war von dieser ganzen Action um mich herum dermaßen überrascht und überwältigt, dass ich nicht mal Zeit hatte, darüber nachzudenken, was da alles um mich und mit mir geschah. Wenig später stapften Harry Saltzman, der Heli-Pilot und ich mit abgebrochenen Ästen von Weidenstauden über die sumpfige Wiese und steckten nach meinen Anweisungen ein Oval aus.

Auf der Gegengeraden plante ich ein Doppel-S für die Schikane und erklärte gleichzeitig, wie und wo ich mir die Kameraposition für den »Hin-und-Her-Wedeleffekt« der Autos vorstellte. In meinem Schädel kochte schon wieder die Phantasie über. Harry Saltzman hielt plötzlich inne, blickte hinunter auf seine total durchnässten Maßschuhe, schüttelte den Kopf, lachte und klopfte mir auf die Schulter: »Good job, son!«

Bevor ich mich Richtung Wien aufmachte, fasste mich Fröhlich am Oberarm, zog mich an sich, sah mir tief in die Augen und sagte: »Damit du weißt, wer Harry Saltzman ist – er ist der Financier dieses Films. Er ist zurzeit der reichste und größte Filmproduzent der Welt! Hörst du, Junge? …«, und schüttelte mich hin und her, »darum frag nie mehr in deinem Leben: Wer ist schon Saltzman!«

Während der Fahrt nach Wien wachte ich langsam auf – war das alles überhaupt wahr? James-Bond-Film, Palace Hotel, schwere rote Vorhänge ums Bett, goldene Armaturen am Scheißhaus – Hubschrauber, Harry Saltzman, James Bond … meine nächsten Gedanken: Dort wird's sicher »klasse Weiber« geben … fesche Has'n …

Ich bin der Fleisch, der stets bejaht (James Joyce)

Kurzer Stopp in Kitzbühel: Es war gegen Mitternacht, als ich am Wege nach Wien in Kitzbühel landete und Walter Roser im Casino aufstöberte. Er arbeitete dort während der Wintermonate als Croupier. Roser war nicht unbedingt ein Typ zum Freundsein, mir war von Anfang an klar, dass er sich durch die »Freundschaft« mit mir eine »Kurier«-Story erhoffte. Die Welt ist schlecht – aber damit muss man leben. Ich war auch nicht besser.

Er hielt mich bis vier Uhr früh im Casino bei Laune, versuchte immer wieder, dass ich auch spielte – merkte aber sehr schnell, dass ich sogar zum Bauernschnapsen zu deppert war. Es war noch stockdunkel, als wir das Casino verließen. Er schon etwas wankend, weil ausreichend mit Whisky beladen. Bevor die Hütte geschlossen hatte, bliesen die letzten Gäste zum Generalangriff und tauschten großzügig ihre spärlichen Gewinne in Whiskys und Wodkas und hießen alle noch verbliebenen Nachtleichen hochleben. Ich sah dem Treiben mit müden Augen zu und versuchte immer wieder Roser loszueisen, es war aber vergebliche Mühe.

Am Wege zu seinem Quartier rief er, nein, halt, wir müssten noch bei Sylvia vorbeischauen … Wer zum Teufel ist Sylvia? Wirst schon sehen, komm! Also folgte ich Walter, der mit offenem Mantel und bis zum Nabel geöffnetem weißen Hemd, die Krawatte hatte er irgendwo verloren, vor mir herumtorkelte. Er näherte sich einem kleinen Haus, öffnete die Gartentür, dann die Haustür – sie war nicht verschlossen, suchte mühsam drinnen nach dem Lichtschalter – öffnete eine weitere Tür, schaltete das Licht ein … und wir standen plötzlich in einem Schlafzimmer, das grelle Licht blendete, vor uns ein Bett – etwas bewegte sich – eine junge Frau erhob sich mit verkniffenem Gesicht und sagte mit hoher Stimme: »Walter!«

Der zeigte auf mich und während er sich nur mühsam auf den Beinen zu halten versuchte, sagte er: »Sylvia, mein liebes Kind – geh bitte blas ihm einen, er ist ein guter Freund von mir!«

Darauf Sylvia: »Walter – bist deppert – schleicht's euch!«

Mir war auch nicht zum Blasen und ich schnappte den Verrückten und schleppte ihn wieder raus – nicht ohne mich vorher bei der jungen Dame höflichst zu entschuldigen – und wünschte ihr eine Gute Nacht …

In Wien erreichte mich ein Telefonat aus der Schweiz, »sie« würden wahrscheinlich für das Autorennen statt fünf nun zehn Rennwagen benötigen, denn Harry Saltzman wünschte die Autorennszene etwas »aufzupäppeln«. Kein Problem – es kann auch ein bissl mehr sein. 1000 englische Pfund pro Auto … zuerst waren wir bei 5000 Pfund … jetzt »samma bei zehn Riesen«.

Während der Fahrt nach Wien hatte ich über die Autos nachgedacht: Da war einmal mein frisierter Mini mit schnellem 1000 ccm-Holbay-Motor, dann der VW meiner Mutter, der Bastei-VW vom Gösta … das waren drei, Rudi Kronfuss hatte einen Mini und Peter einen VW … okay, da hab ich fünf Autos … aber zehn?

Noch in derselben Woche kam das nächste Telefonat aus Mürren, diesmal war die fesche Sekretärin dran … ich sollte sicherheitshalber für die Dreharbeiten zwei bis drei Wochen rechnen … Nachsatz: eher drei Wochen.

Das war dann der Moment, in dem der Rechner in meinem Kopf langsam zu streiken begann. Im Café Bräunerhof bei einem Großen Braunen rief ich mich zur Ordnung und begann noch einmal von vorne: Also ein Auto pro Woche kostet eintausend britische Pfund … in österreichischen Schilling macht

70 Jahre VOLLGAS mit Lietz!!!

WWW.LIETZ.AT

das zum gegenwärtigen Kurs fünfundsechzigtausend Schillinge … diese Zahl wagte ich vorerst einmal nicht mehr zu wiederholen.

Gut … das ganze mal … sagen wir drei … für drei Wochen. Macht dreitausend Pfund pro Auto. In Schillingen wagte ich das nicht mehr umzurechnen, mir platzte fast der Schädel. Und diese dreitausend englischen Pfund mal … was hat sie gesagt? Ach ja, sie wollten zehn Autos … das macht dann dreißigtausend Pfund.

Mir wurde schwindlig. Bleib ganz ruhig. Atme tief – Sonnengeflecht – Arme und Beine schwer. Dreißigtausend Pfund mal fünfundsech… nein, vergiss es, du brauchst jetzt nicht zu rechnen. Im Moment reichte meine Barschaft gerade, um hier nicht als Zechpreller rausgeworfen zu werden oder die zwei Großen Braunen in der Küche an der Abwasch abzuarbeiten.

Ich rief mich wieder zur Ordnung: Steirabua, du musst Prioritäten setzen! Verschwende nicht die Zeit mit emotionalen Gedanken oder Gefühlsduseleien … du brauchst zehn Autos und keine überflüssigen Rechenbeispiele.

Ich bezahlte die zwei Großen Braunen, gab großzügig fünfzig Groschen Trinkgeld und rauschte in die Redaktion. Dort kramte ich mein winziges Kalenderbüchl heraus und suchte nach einer englischen Telefonnummer: Ford Motor Company, Headquarters, Brentwood, London. Zur Information für die jüngeren Leser, damals waren wir noch in der Pionierzeit der Kommunikation. Wir verständigten uns zwar nicht mehr über Rauchzeichen – aber mobilphone-artige Geräte gab's nur in Science-Fiction-Filmen wie »Enterprise«.

Damals waren Auslandsgespräche nicht direkt anzuwählen, sondern mussten mühsam über Postämter und dort zumeist jausnende oder vor sich hin tösende, stets mürrische Beamte angemeldet werden. Und dann … wartete man eben. Das konnte zum Teil bis zu vier Stunden dauern … Gespräche nach England gehörten zu den unbeliebtesten, also musste man zur Strafe noch länger warten. Mit dem barschen Zusatz »Kurier-Redaktion« ging alles ein bissl besser. Mehr nicht.

Ich meldete also ein Gespräch nach Brentwood in London an – fügte im strengen Ton »Redaktion Kurier« dazu und verstellte meine Stimme so, als wäre ich Hugo Portisch, der damals als »Weltdeuter« an Popularität den Bundespräsidenten übertrumpft hatte. Statt sechs Stunden wartete ich nur eine Stunde. Als sich die Telefondame vom Ford Headquarter in Brentwood gemeldet hatte, griff ich weiter in die Trickkiste und stellte mich mit »International Daily Newspaper Kurier Vienna Austria« vor und verlangte nach dem obersten Chef Mister Walter Hayes! Der Dame hatte es vor Ehrfurcht die Sprache verschlagen … nach ein paar Sekunden meldete sich der Oberboss mit: »Hayes«.

Ich stellte mich vor und erinnerte ihn an den letzten Grand Prix von England, als »Jocken« Rindt mich ihm vorgestellt hatte. Höflich, wie alle Engländer nun mal sind, sagte er, dass er sich meiner erinnerte … war aber sicher ein Schmäh. Trotzdem, ein guter Anfang, dachte ich mir. Dann erzählte ich ihm die James-Bond-Story und dass ich für das »Autorennen am Eis« Ford Escorts verwenden möchte. Walter Hayes hörte sich das alles in Ruhe an und sagte dann am Schluss nur: »How many cars?«

»I'd probably need between ten to fifteen cars«, und war selbst über mich überrascht, kaltblütig fünfzehn Autos zu verlangen. Immerhin hatte ich »probably« hinzugefügt.

Seine Antwort kam postwendend: »No problem, Eric.«

Ich fühlte mich von seiner Ansprache mit dem Vornamen besonders geadelt und antwortete, als er mich fragte, wann ich nach London kommen könnte, mit »Whenever you want, Sir«.

Walter Hayes

Er wünschte meinen Besuch sofort und ich musste meinen Namen buchstabieren, damit er sogleich bei der British Airways ein Ticket für mich reservierte. Morgen läge mein Ticket beim BEA Vienna Office parat. Ständig musste ich mich zwicken – ob ich nicht doch träumte. Auf nach Brentwood im Osten Londons. Bisher war ich immer mit dem Auto den unendlich langen Weg nach London gefahren, jetzt kam ich mit dem Flugzeug angerauscht.

Bevor mich das »Gewurle« in Heathrow betäubte, hatte mich schon ein Chauffeur entdeckt, in eine schwarze Limousine gesteckt und schon waren wir auf der A 25 unterwegs Richtung London East. Der Portier am Haupteingang des pompösen Headquarters in Brentwood in der Grafschaft Essex betrachtete mich mehrmals von oben bis unten und wollte mich schon zum Lieferanteneingang zur Abholung der Speiseabfälle schicken ... er zuckte sichtlich, als ich das Office von Mister Walter Hayes als Ziel meines Besuchs nannte.

Er telefonierte mit dem Sekretariat, ließ sich mehrmals meinen Namen sagen, wiederholte ihn holprig, dass ich ihn selbst nicht einmal mehr wiedererkannte, und dann ging plötzlich ein Ruck durch seinen Zweimeterkörper. Ab diesem Zeitpunkt sprach er mich nur noch mit »Sir« an, holte den Lift, wartete neben mir, bis der Lift runtergekommen war, erkundigte sich nach meinem Empfinden und wollte wissen, ob ich auch einen guten Flug von Vienna hatte, und sagte, dass Vienna eine der schönsten Städte der Welt wäre ... und weiteres Gesülze. Ich hörte ihm nicht mehr zu und war froh, als es nach oben ging.

Ich hatte kaum das Büro der Sekretärin betreten, als im Hintergrund eine schwere Holztüre aufging und Mister Walter Hayes, neben Henry Ford einer der mächtigsten Autochefs der Welt, strahlend heraustrat: »Hello Eric – how are you?«

»Thank you Mister Hayes, fine.«

Ich folgte ihm in sein Büro – die Sekretärin fragte mich, was ich zum Frühstück wünschte. Komisch. Die älteren Damen waren stets um mein leibliches Wohl bemüht. Ich dürfte auf diese »Muttertypen« wie ein ausgehungerter räudiger Hund gewirkt haben. Wo immer ich einer dieser »Seelsorgerinnen« begegnete, waren sie alle sofort voll der Sorge, dass ich gerade noch das rettende Ufer erreicht hatte, dem Hungertod nahe, und sofort wieder »aufgepäppelt« werden müsste. Ich brachte bei 1,81 cm knappe 69 Kilo auf die Waage.

Die Sekretärin servierte ein Frühstück, mit dem man eine komplette Infanteriedivision durchfüttern hätte können – Walter Hayes nippte an einer Tasse Tee und tat so, als würde er nicht bemerken, dass ich mich beidhändig an der Frühstückstafel mit Schinken, Eiern, Toast und Früchten bediente. Nachdem die Platte leer gefuttert war, wurde es ernst. Ich erzählte ihm die komplette Story. Er hörte ruhig zu, nickte ab und an und zog an der Pfeife. Als ich fertig war, zog er wieder an der Pfeife und fragte: »Why Ford?«

Meine Antwort war knapp: »Because I like Ford.«

Mehr war darüber nicht zu sagen. Der Autorennsport war damals von Sponsoring, Merchandising oder entsprechenden Gagen Lichtjahre entfernt. Die Formel-1-Fahrer wurden verhältnismäßig knausrig für ihr Risiko honoriert. Die Skirennläufer in Österreich waren dagegen Milliardäre, sogar drittklassige Balltreter verdienten mehr.

Ich hätte auch eine andere Automarke wählen können. Hab's aber nicht getan. Irgendwie war ich damals im Ford-Rennsport gefangen. Meine englischen Freunde fuhren alle Ford-Motoren und auch in den USA war der Ford Torino das führende NASCAR-Auto, Parnelli Jones gewann mit dem Mustang die TransAm und der Ford Cortina war mit Frank Gardner nicht zu schlagen … wollte ich im Rennsport weiterkommen, musste ich Ford fahren, war meine Überlegung.

Rückblickend war das vielleicht nicht die beste aller möglichen Entscheidungen. Andererseits reagierte der oberste Ford-Boss am schnellsten. Er zog noch einmal an der Pfeife und sagte: »Okay Eric, du kannst so viele Autos haben, so viele du wünschst. Wenn du sonst noch was benötigst, wende dich direkt an mich – ich gebe dir jetzt eine Nummer, da kannst du mich Tag und Nacht erreichen.«

Ich wollte mich schon wieder in die Wange zwicken – der oberüberdrüber Boss von Ford reichte mir eine Hotline-Telefonnummer, die nicht einmal Jochen Rindt hatte, obwohl er damals zum »inneren Kreis« der Ford-Fahrer zählte. Dann wollte Hayes noch persönliches von mir wissen. Woher ich kam – ah, Styria … ist nicht Jochen? … Yes, Mister Hayes. Dann fragte er nach meinen Schulen, wo und wie … dieses Thema umschiffte ich dann geschickt … schließlich wollte ich mir diesen wichtigsten aller wichtigen Kontakte nicht ruinieren. Außerdem hätte ihn sicher nicht interessiert, dass ich, solange ich das Brucker Gymnasium besuchte, einen »Vierer« in Betragen hatte … wer will das schon wissen! Jochen war schließlich auch keine Leuchte …

Gegen Ende unseres Gesprächs bat ich ihn, ob ich die Ford Escorts vom Salzburger Zollfreilager bekommen könnte, weil der Transport von England recht mühsam wäre.

Hayes winkte lässig ab: »Natürlich – das war für mich von Anfang an klar. Ich werde Willy (Dr. Galambos, Pressechef Ford-Austria) informieren … du kannst dir von dort so viele Autos holen, so viel du brauchst.«

Während wir uns von einander verabschiedeten, ging er zum Kleiderständer in der Ecke seines riesigen Büros, nahm seinen eigenen dunkelblauen Ford-Racing-Anorak vom Haken und hielt ihn mir auf … ich schlüpfte langsam voll Ehrfurcht hinein. Es war sein persönlicher Ford-Anorak – das war für mich der Ritterschlag!

Die Ford Motor Company hatte im Hilton Hyde Park zwei Nächte gebucht. Sie gönnten mir einen freien Tag in London, um mein Hirn zu ordnen. Der Dienstwagen brachte mich zum Hotel, der Chauffeur in Livree stieg aus, da war aber das Hilton-Personal bereits zum Wagen gesprungen und hatte die Tür aufgerissen … sie hatten entweder Prinz Charles oder das Enkerl von Kaiser Franz Josef erwartet. Ich blickte genau auf ihre Gesichtszüge, ob sie enttäuscht waren – anstelle höchsten Adels einem Kapfenberger aus dem Wagen zu helfen …

Ich war sofort emsig mit den Vorbereitungen für den Bond-Film unterwegs. Rudi Kronfuss organisierte für mich eine leer stehende Werkhalle für die Filmautos. Inzwischen hatte ich die erste Ford-Escort-Ladung mit Freunden nach Wien gebracht. Damit war es aber nicht getan. Da das Rennen auf blankem Eis gefahren wurde, benötigte ich spezielle Reifen mit entsprechenden Spikes.

Wie ich ausgerechnet auf Avon-Reifen gekommen bin, weiß ich beim besten Willen nicht mehr. Wenn ich mich recht erinnere, hatte es mit einem Rallye-Projekt London-Sydney zu tun. Ich hatte bei Citroën im Sommer angefragt und bekam einen Korb – also versuchte ich es bei BMC (damals der übergeordnete Kopf von Austin und Morris). Ich glaube, dass das Competition Department in England einige 1800er für die London-Sydney vorbereitet hatte – und als Reifenpartner hatte sich Avon in die Rallye-Ehe eingebracht. Also kontaktierte ich den Avon-Importeur in Wien und versuchte über diese Seite einen »Deal« zu organisieren.

Damals wusste niemand etwas mit Avon anzufangen. Man kannte Avon als Erzeuger von Motorradreifen – aber am Automarkt war diese Firma so gut wie nicht vorhanden. So eine Situation konnte vieles bedeuten – entweder sie waren so klein, dass sie sich nicht einmal den Druck von Preislisten leisten konnten – oder sie versuchten mit aller Kraft in den Automarkt zu kommen – und der »Glavitza bei der London-Sydney« wäre sicher eine klasse Sache gewesen. Denn entweder wäre er in eine Lokomotive gefahren oder am Khyber Pass von Räubern überfallen worden … die eine fesche Räubersfrau als Häuptling gehabt hätten, und der Glavitza hätte sie … Nein, Schluss!

Die Wiener Vertretung war sehr klein – als Angebot hätten sie mir eine Garnitur Reifen (also vier Stück) zu einem günstigen Preis verkauft. London-Sydney war somit gestorben. Immerhin hatte ich eine Telefonnummer des Londoner Headquarters und rief dort an. Die Engländer waren von meinem 007-Projekt sofort sehr angetan und offerierten mir volle Unterstützung. Wahrscheinlich hätte ich für den Exklusivvertrag und den »Pickerln« an den Autos Geld verlangen können, aber so komisch und verrückt es klingt, das war damals nicht üblich. Es war nicht so, dass ich zu deppert war – das war ich ganz sicher nicht, aber ich war froh, für zehn Autos Reifen gratis zu bekommen. Immerhin wurden aus zehn später sogar fünfundzwanzig! Fünfundzwanzig mal vier macht bekanntlich einhundert – einhundert Reifen, also »kein Schmarrn«!

Die Reifen wurden dem Schweizer Importeur Frey aus England angeliefert. Frey war auch Importeur der BMC-Autos, also Austin und Morris. Auch keine Nachteil, weil wir zwei Minis im Einsatz hatten – und Ersatzteile in der Nähe zu wissen, war immer beruhigend.

Nun brauchte ich eine Ladung Spikes. Also rief ich einen alten Rallyefreund bei Scarson in Schweden an. Ich erzählte ihm die 007-Geschichte, garantierte ihm Exklusivität als Ausstatter und entsprechende Werbeaufkleber. Wie bereits erwähnt, würde die Rennpiste mit blankem Eis ausgestattet sein, ich benötigte also pro Reifen ungefähr 1200 Spikes. Macht 4800 Spikes pro Auto und nach Adam Riese 48.000 Spikes für zehn Fahrzeuge. Es wurden aber schließlich fünfundzwanzig Autos, also mussten 120.000 Spikes in hundert Reifen geschossen werden!

Die Rechenbeispiele nahmen inzwischen astronomische Dimensionen an, ich in der Mitte war aber noch immer relativ »cool« geblieben.

AUF NACH LAUTERBRUNNEN

Erich Glavitza beim Briefing mit dem Kamerateam

Es war ein sonniger Nachmittag, als ich völlig entspannt über die Kärntner Straße spazierte und nach einem längeren Besuch in meiner bevorzugten Buchhandlung »Prachner« weiter in Richtung Stephansdom schlenderte. Da war mir mein Uralt-Spezi Peter Huber begegnet, der eben ein Bündel Prüfungen hinter sich gebracht hatte und ebenfalls in lockerer Stimmung über die Kärntner Straße spazierte. Ich von »oben« aus der Richtung Café Sacher kommend – er von »unten« aus der Richtung Stephansdom. Nach einer herzlichen Begrüßung – Umarmungen und Küsse unter Männern waren damals gottlob noch verpönt – begann ich: »Du, gemma auf an Kaffee – i muas da wos da'zöhn.« (Du, gehen wir auf einen Kaffee – ich muss dir was erzählen.)

Wir standen vor dem Café des Hotel Europa und ich wiederholte kurz die Floskel, wie es ihm gehe, er nickte und fragte kurz nach meinem Befinden. Dann kam sein: »Also erzähle mal« (Peter verwendete nur in Ausnahmefällen Dialekt).

Ich schilderte ihm von meinem neuen »James Bond«-Abenteuer. Peter blieb wie immer in solchen Situationen völlig gelassen, ich bewunderte ihn immer deswegen. Völlig ruhig schnitt er mit der Tortengabel schmale Streifen von der Sachertorte und schob sie aufreizend langsam und ohne zu bröseln zwischen die Lippen. Wenn ich ihn mir so ansah, konnte ich nicht glauben, dass er ein St. Pöltner war. Bad Ischl, Fuschl oder Bad Aussee hätte viel besser zu ihm gepasst. Er hatte irgendwie etwas »Nobles« an sich.

Nachdem er die Sachertorte verdrückt hatte und »noblich«, wie er nun einmal war, etwas am Teller zurückgelassen hatte und nicht wie ich auch noch den Teller abschleckte (Kriegsgeneration), fragte er in die kurze Atempause, die ich eingelegt hatte: »Gibt's was Schriftliches?«

Ich hatte von Anfang an so etwas von ihm erwartet, natürlich hatte ich den ganzen Akt nicht ständig bei mir und sagte: »Ja, klar. Ich hab einen Vertrag mit der EON Production und auch eine Kopie des Schreibens an den Galambos im Wiener Büro … dass ich so viele Autos bekomme, wie ich brauche.«

Als er mir schweigend in die Augen sah, ahnte ich, was er nun von mir hören wollte, und lag richtig: »Ich hab alles da'ham … wüllst mit mia jetzt glei' nach Klo'burg foan?« (Ich habe alles zu Hause … willst mit mir jetzt gleich nach Klosterneuburg fahren?)

Er schüttelte den Kopf, führte mit ruhiger Hand die Tasse an den Mund, nahm einen knappen Schluck und setzte die Tasse wieder ruhig auf die Tischplatte.

Dann winkte er ab: »Nein, nicht notwendig – aber was soll ich dabei?«

Obwohl ich darüber noch nicht nachgedacht hatte, kam es jetzt wie ein Reflex aus mir raus: »Ich will die Sache mit dir gemeinsam machen – du bist Wirtschaftsmann und …«

Er unterbrach mich: »Bin aber mit dem Studium noch nicht fertig.«

Darauf ich: »Des is wurscht … oba du kennst di besser aus als i.« (Das ist egal – aber du kennst dich besser aus als ich.)

Er schnippisch: »Das ist keine Kunst.«

Ich: »Sigst?« (Siehst du), und nach einer Pause weiter: »Schau dia moi olle Vaträge au und daun schau, dos des Göd ned weniga wiad.« (Schau dir einmal alle Verträge an und dann schau, dass das Geld nicht weniger wird.)

Wie immer wenn er nachdachte, blickte er irgendwohin ins Leere, kaute an den Innenseiten seiner Wangen und nickte langsam.

Dann sagte er: »Okay, lass mich mal alle Papiere sehen.«

Wir schüttelten einander die Hände und hatten einen Deal … der bis 1995 gelten sollte!

///

Peter Hajek leitete gemeinsam mit Helmuth Dimko (damals bei der Wiener Tageszeitung »Express«) im österreichischen Fernsehen die Sendung »Apropos Film«. Dort wurde meine James-Bond-Story zum »Feature« für die nächste Sendung erklärt. Rudi Kronfuss organisierte einen weißen Mini Cooper – es war der persönliche Wagen einer prominenten TV-Ansagerin, deren Namen ich jetzt verschweige, weil sie, so glaube ich, davon nichts wusste.

Zwischen den Interviews musste ich mich mit dem Auto auf der Wiese von Kottingbrunn »aufführen«. Ich driftete dort wie ein Verrückter um Kurven und stellte auch einen Rekord im Fahren auf zwei Rädern auf … und legte ihn schließlich sanft auf die Seite. Peter Hajek kam mit qualmender Pfeife, englischer Schildkappe und »Gentleman's riding coat« über die Wiese gerannt und interviewte mich im »Liegen« …. als meine Mutter die Sendung im TV sah, war sie nicht »amused« ….

Gemeinsam mit Rudi Kronfuss und dem jungen Stahl-Schrauber Willi Neuner begannen wir die Autos für den Film herzurichten. Es waren damals noch die Jahre ohne Sicherheitsgurte – wünschte man welche, so war ein ordentlicher Aufpreis zu bezahlen. Auch Kopfstützen waren unüblich – bis Mitte der siebziger Jahre!

Mit meinem Uralt-»Haberer« Ernst Franz, damals Werbechef von Tyrolia, einer Firma, die neben Skibindungen auch Sicherheitsgurte für Autos herstellte, machte ich einen »Deal«: Für die Fahrersitze in allen Autos gratis Sicherheitsgurte, dafür gab's einen Kleber auf die Kotflügel. Willi Neuner schaltete den Schlagschrauber ein und montierte die Gurte. Das hört sich alles so locker an, aber es waren Gurte in zehn Escorts, einem »Käfer« und zwei Minis … also dreizehn Autos zu montieren. Nachsatz: Drei Wochen später kamen noch zwölf (!!!) Escorts dazu.

Ich setzte mich in den Flieger nach Zürich und traf Mister Frey persönlich. Er war mir von Anfang an sympathisch. Ich erklärte ihm meine Situation – in hundert Reifen galt es, 120.000 Spikes zu schießen. Er lachte und holte den Boss seiner Reifenabteilung. Ein gedrungener blonder Mann mit der Figur eines Schweizer »Schwingers« (Nicht Swingers! Unter Schwingen versteht man in der Schweiz ein volkstümliches Ringen).

Bevor ich ihn mit der Zahl 120.000 schockte, erzählte ich ihm lang und breit von den James-Bond-Dreharbeiten in Lauterbrunnen – und dass ich seine ganze Familie eine Woche lang einladen würde, er könne direkt bei den Dreharbeiten mit Frau und Kind dabei sein. Dann fragte ich ihn hinterfotzig, ob er mir die Reifen be-spiken könnte. Ich erwähnte weder, dass es sich um hundert Reifen handelte, noch pro Reifen 1200 Spikes. Ich hatte noch nicht zu Ende gefragt, als er schon nickte und auf Schwyzerdytsch »kein Problem« sagte.

Die ersten Eisschichten waren auf der Rennbahn in Lauterbrunnen schon aufgetragen. Jede Nacht wurde das Eis abgezogen und neues Wasser aufgetragen. Ich fuhr mit dem Leihwagen ein paarmal drüber – die Bereifung war für den Winterverkehr nur mit ein paar Spikes bestückt. Um aber kontrolliert über die spiegelglatte Piste zu driften und vor allem auf »Speed« zu kommen, waren die paar Spikes zu wenig. Klar, dass die Leute der EON Filmproduction enttäuscht waren. Erklärungen waren wenig hilfreich. Ich musste während der nächsten Tage mit einem vollbespikten Auto kommen, um die Stimmung zu heben.

In Wien zurückgekehrt fand ich acht Ford Escorts bereits für den Film fertig. Peter stand gerade vor einer Prüfung auf der Uni, also rief ich meinen alten Formel-V-Gegner Lothar Schörg an und bat ihn, nach Wien zu kommen. Er setzte wieder seinen berühmt-berüchtigten »Blues«-Blick auf und kam nach Wien. Er hatte ohnehin nichts anderes zu tun, die Rennsaison schlummerte in der Winterpause und in der väterlichen Fahrschule war er eher als »stiller Betrachter« tätig.

Mit zwei bunt bekleideten James-Bond-Escorts fuhren wir in die Schweiz. Wir fuhren zuerst zu Frey, fassten acht bespikte Räder aus und dann weiter nach Lauterbrunnen. Die Eisbahn war fertig. Die Piste spiegelglatt – das Eis pickelhart. Wir wechselten die Räder. Als wir fertig waren, hatten sich alle Filmleute um die Rennbahn versammelt und harrten der Dinge … misstrauisch, ob »das« überhaupt »funktioniere«, also die Autos sich in flotten Drifts um den Rundkurs bewegten.

Sie öffneten die hölzernen Tore der Einfahrt in die Bahn, wir rollten hinein, fuhren zwei, drei langsame Runden, um das Eis aufzurauen ... ich bemerkte schon die enttäuschten Gesichter ... die Leute dachten schon, das war's dann halt, schneller ging's nicht ...

Dann legten wir los. Wir schalteten in den zweiten Gang zurück und bliesen an – und ließen gleich ordentlich die Sau raus. Die Zuschauer hatten sofort die Hosen voll – bis auf ein paar Millimeter drifteten wir völlig quer gestellt an die Bande heran, Eisbrocken flogen ihnen ins Gesicht ... der Grip der Reifen war sensationell ... zum Teil kam das innere Vorderrad in die Höhe ... und auf drei Rädern im vollen Drift mit Vollgas ... das hatten sie noch nie gesehen!

Der Produktionsassistent Jack rief Hubert Fröhlich in der Zentrale in Mürren an und schrie mit sich überschlagender Stimme: »Thousand percent improvement – these guys are absolutely crazy!«

Natürlich steigerten wir uns, bis ... tja, bis wir nahe daran waren, uns gegenseitig in die Hölle zu schießen. Irgendwie spürte ich in mir, wie der Rausch zur dritten Potenz in mir zunahm ... und winkte im letzten Moment meinem Freund, die Testfahrt abzubrechen. Lothar grinste teuflisch.

Wir rollten langsam ins »Fahrerlager« und stellten die Wagen dort ab.

Nach einem Meeting mit dem Chefkameramann über die Montage einer 20 kg schweren Arriflex-Kamera im Auto oder auf der Motorhaube und über die Drehbuch-Unfälle fuhren sie uns zum Flughafen Zürich-Kloten.

In diesen Tagen war ich nahezu wöchentlich in einem Flieger unterwegs. Entweder ging es nach Zürich oder nach London. Meist kam ein kurzer Anruf von der EON-Produktionsleitung gegen Abend und ich musste mit der Frühmaschine Richtung Zürich los. Harry Saltzman hatte am Nachmittag während eines Meetings eine Idee gehabt, wandte sich an Fröhlich und sagte kurz: »I wanna see that kid tomorrow.« (Ich möchte das Kind morgen sehen.)

Saltzman wollte eine Verfolgungsjagd zwischen »Tracy« (Diana Rigg) im Ford Mercury Cougar und dem bösen »Stavro Blofeld« (Telly Savalas) auf den eisigen Straßen von Grindelwald. Da er Diana Riggs Fahrkünsten nicht traute, verlangte er nach dem »kid«, also mir, um darüber zu reden. In der Bergstation in Mürren teilte Fröhlich vor dem Meeting Kopien des Ausschnitts im Drehbuch aus. Produzent Harry Saltzman, Regisseur Peter Hunt mit seinen Assistenten und ich besprachen die Details der Szene.

Da war von einer Knallerei um eine Telefonzelle in Grindelwald die Rede und dann eine Verfolgungsjagd Richtung Lauterbrunnen – wo gerade ein Autorennen auf einer Eisbahn stattfinden sollte ... und so weiter und so fort.

Ich freute mich auf die Hatz im Mercury Cougar auf der engen Bergstraße. Mit dem Amischlitten würde das eine geile Sache werden. Saltzman wollte dann Details wissen, wie ich mit dem Cougar auf die Rennbahn käme? Na, kein Problem für einen Steirer. Wir würden die Pisteneinfahrt mit einem Holztor (keine Bahnschranken wie in Rumänien) und ein paar Strohballen absichern – und ich würde mit Vollgas da hineinkrachen, das Holztor würde zersplittern und die Strohballen explodieren.

Saltzman blickte mich lange schweigend an. Dann sagte er: »Good job, son.«

Das Meeting war »gegessen« – und ich wieder am Heimflug. Diesmal mit dem Agusta-Heli zum Airport Zürich-Kloten. Das Bodenpersonal am Flugplatz musste gedacht haben, der »Schah von Persien« war gekommen – nein, es war nur der »Schah von Kapfenberg«.

Der geplante Überschlag

Zu Weihnachten musste ich ins EON-Headquarter nach London. Zu Hause standen dreiundzwanzig Autos mit Werbepickerln und Startnummern beklebt, Sicherheitsgurten und modifiziertem Auspuff in einer Halle in Wien »ready to go«.

Bei den EON-Studios ging es wieder um ein paar Details im Drehbuch. »Tracy« und »Bond« sollten irgendwann mit dem Mercury Cougar in einen Heuschober flüchten – und drinnen züchtig schmusen. In nahezu allen Bond-Filmen hatte es damals Erotik gegeben, aber nur gebremste Erotik. Ursula Andress im Bikini avancierte zwar damals für eine ganze Generation als Wichsvorlage – aber so richtig zur Sache ging es bei keinem der Connery-Filme.

Auch der neue »Bond«, George Lazenby, durfte sich maximal neben einen Hasen hinlegen, bevor es finster wurde – oder es kam zu den üblichen Filmküssen. Mehr war da nicht.

»Issue« (Thema) des Londoner Christmas-Meetings war nun, wie kommt der Cougar in den Heuschober. Sollten wir das in Lauterbrunnen drehen – oder hier in den Pinewood-Studios einen Heuschober aufbauen? Ich sollte mit dem Auto reinfahren und dann könnte man die »Closeups« für die Schmuserei im Studio drehen. Es ging also eher um des »Kaisers Bart«, aber egal – sie quartierten mich wie immer ins Hyde Park Hilton ein und ich kam zu hervorragenden Steaks und flog am nächsten Tag, dem 24. Dezember, spätabends mit der »Quantas« (australische Fluggesellschaft) wieder heim. Alle Flüge nach Wien waren an diesem Tag ausgebucht. Mit »letztem Stift« bekam ich noch ein First-Class-Ticket.

Mitte Jänner hatte ich mein Fahrerteam zusammen und schickte die Mannschaft mit den Autos Richtung Schweiz. Ich saß nobel im Flieger nach Zürich, weil ich zur Firma Frey musste, um mich um die bespikten Reifen zu kümmern. Ich wollte mit dem Mechaniker gemeinsam mit den Rädern im Laderaum eines Kleinlasters nach Lauterbrunnen fahren. Mit 1200 Spikes pro Rad hätten wir den Asphalt ruiniert – und die Spikes. Bis Interlaken-Lauterbrunnen waren es 150 km.

Im Chefbüro von Herrn Frey wurde ich mit Keksen und Kaffee gelabt – dann rief er den »Spike«-Meister ins Büro. Der Mann mit der Figur eines Ringers kam mit Gips bis zum Oberarm herein. Was war geschehen?

Das Spikeschießen mit der Spezialpistole hatte seine Sehnen ruiniert.

In Lauterbrunnen gab ich ihm dann eintausend Schweizer Franken als »Schmerzensgeld«, dazu die Woche Aufenthalt für Frau und Kind in einem Spitzenhotel und die allabendliche Gaudi bei den

Dreharbeiten. Am Ende der Woche umarmte mich die ganze Familie.

Der Konvoi erreichte gegen Abend Lauterbrunnen. Die Rennbahn mit den Holzbanden, Start- und Zielbanner, das Fahrerlager, alles war wunderbar aufgebaut. Meine Fahrer waren begeistert. Aus England kam sogar ein Rennwagentransporter. Es war ein riesiger Laster vom Team Alan Mann, der von Rot-Gold auf Dunkelblau mit hellblauen Streifen als Ford-Identity umlackiert worden war.

Neben dem Fahrerlager waren zwei riesige Zelte aufgebaut, in denen die Schauspieler und Filmcrew versorgt wurden. Die öde Sumpfwiese war plötzlich zum farbenprächtigen Rennzirkus mutiert. Zwei Eismaschinen vom Interlakner Eishockeyclub zogen täglich die Bahn ab und trugen frisches Wasser auf. Die Piste war in einem Eins-a-Zustand.

Meine Fahrer waren schon geil darauf, ein paar Runden zu drehen. Da die Eismaschine knapp vor Mitternacht wieder auf die Bahn fuhr, machten wir rasch sechs Autos startklar. Ich briefte die Boys, zuerst die Bahn griffig zu machen – dann könnten wir mal die Sau rauslassen!

Angefangen von der Produktion, den kanadischen Stuntmen, die Skirennläufer Willy Bogner, Lucky Leitner jubelten alle, als sie uns sahen. Zu dritt nebeneinander drifteten wir in fast unmöglichen Winkeln durch die Kurven. Nach tausend Kilometern von Wien bis hierher haben meine Jungs mal so richtig ihre Eier losgelassen.

Der Zirkus steigerte sich immer mehr und als ich merkte, dass wir allesamt nur noch einen Funken von einer Crash-Orgie entfernt waren, winkte ich die Party ab … Jung's das war's für heute! Ab ins Bett.

Für die kommenden Tage waren Testfahrten angesagt. Der Regisseur Peter Hunt wollte sich mal die ganze Horde in Ruhe ansehen und gemeinsam mit dem Kameraleuten die besten »shooting positions« für die Kameras finden. Zu meinem »Fuhrpark« bekam ich das Verfolgerauto, einen schwarzen Mercedes 220 »Haifischflosse« sowie den bordeauxroten Ford Mercury Cougar XR-7 von »Tracy«.

Der Cougar war die »Wuchtel« des Jahrhunderts! Ein riesiger Saurier – breit, lang und mit 7000 ccm-V8-Motor nicht gerade untermotorisiert. Chef-Schrauber Willy Neuner versuchte aus dem Schlachtschiff ein eistaugliches Auto zu machen. Er bastelte an der Radaufhängung herum, ich besorgte einen Satz anständig bespikter Reifen – denn ohne entsprechende Haftung konnte man auf dem blanken Eis nicht einmal anfahren.

An einem linden Abend bei schlichten minus 25 Grad versuchte ich den Cougar auf der Piste, nachdem meine Burschen das Eis ordentlich aufgeraut hatten. Die ersten Versuche verliefen besser als erwartet – es mussten halt noch mehr Spikes in die Reifen. Ich ließ mir aus Schweden die neuesten »Stahl«-Dornen einfliegen. Willy machte die Federn etwas weicher und mit neuen, verstellbaren Stoßdämpfern brachten wir den Koloss so weit, dass man ihn in den Kurven ordentlich zur Brust nehmen konnte.

Der in England modifizierte Motor lieferte weit über vierhundert PS – man brauchte nicht mal das Gaspedal durchtreten – sondern nur ans Gas »denken«, schon drehten die Räder wie bei einem Dragster durch und das Auto schnellte wie eine Rakete los!

Natürlich war die Lenkung ein »Schaß«, würde man in Wien sagen. Die Servolenkung ließ sich widerstandslos von Anschlag bis Anschlag herumdrehen, ohne dass man wusste, wohin die Räder zeigten. Andererseits war das ganze Paket eine derartige Gaudi, dass ich so lächerliche Kleinigkeiten wie Scheißlenkung oder furchtbare Bremsen (gebremst wurde ohnehin nie) völlig negierte.

Als mich ein Kameramann fragte, wie lange ich »driften« könnte, antwortete ich frech: »How much film do you have in your camera!«

Der 220er Mercedes war hingegen gut zu fahren. Ich hatte seine Reifen ebenfalls wie einen Igel bespiken lassen. Der Motor mit rund einhundert PS war natürlich nicht aufregend, dafür war das Fahrwerk gut balanciert – man musste nur Schwung holen, um in den Kurven einen ansprechenden Drift zu fahren. Hundert PS sind für g'scheites Quertreiben einfach zu wenig. Mit diesem Auto war mein Partner Peter unterwegs. Er war von seinen Käfern ohnehin wenig Pferde gewöhnt.

Unser Tagesplan sah folgendermaßen aus: Aus den Betten krochen wir gegen elf … schließlich kamen wir nie, ich betone nie, vor zwei oder drei Uhr nach Mitternacht in die Federn, weil nach den Dreharbeiten zum Meeting geblasen wurde.

Ab sechzehn Uhr war mein Team geschlossen an der Rennbahn. Nach einem Briefing von mir über das Tagesprogramm ging's zu den Fahrzeugen. Willy Neuner gab Instruktionen über Veränderungen an den Autos, bzw. ob Kameras eingebaut waren und so weiter. Ab siebzehn Uhr fuhren wir auf die frisch abgezogene Eisbahn, um sie »driftig« zu machen.

Die Eisbahn war jeden Tag pickelhart und spiegelglatt – unvorstellbar glatt –, nahezu jede Woche wurde ein Crewmember ins Spital gefahren und kam mit Gips entweder an den Beinen oder Armen zurück. Natürlich hatte es hauptsächlich Engländer erwischt, die mit winterlichen Gegebenheiten nicht so firm waren wie die Schweizer oder wir.

Die 1200 Spikes pro Reifen waren gerade richtig – wahrscheinlich wären 1600 pro Reifen noch besser gewesen. Andererseits machte ich mir Sorgen, wegen der Motorleistungen – wir fuhren serienmäßige 1100er Escorts und die waren »schwach auf der Brust«. Mein kleiner Mini war eine Ausnahme. Seine hundertzehn PS (Holbay-Formel-3-Nockenwelle etc.) hätten locker zweitausend Spikes vertragen – die kleinen Räder frästen bei Vollgas Rillen ins Eis.

Zurück zum Tagesplan. Nachdem die Fahrbahn gut aufgeraut war, ging's an die Arbeit. So gegen zwanzig Uhr herrschte im Tal von Lauterbrunnen finstere Nacht und Temperaturen, dass einem das Lachen vergangen war. Nein, eingefroren war! Einmal hatten wir tagelang minus fünfunddreißig bis vierzig Grad!

Das ist ein Temperaturbereich, bei dem einem nicht mehr kalt ist. Da ist man entweder entsprechend angezogen – oder tot. Beim Einatmen durch die Nase spürte man die Vereisung in der Nasenhöhle hochlaufen. Es war wirklich grimmig. Die Briten litten wie die Hunde. Ich hatte für meine Crew eine Ladung wattierter Ford-Racing-Anoraks organisiert, alle hatten sich mit dicken Snowboots eingedeckt, dazu entsprechende Pudelhauben und die Sache war gegessen.

Die Dreharbeiten dauerten dann bis circa ein Uhr nachts. Bis zu diesem Zeitpunkt hielten es die Engländer gerade mal mit letzter Kraft aus. Wegen der Kälte mussten immer wieder Pausen eingelegt werden. Das dauerte. Die Crew marschierte geschlossen ins Zelt und ließ sich mit literweise heißem Tee wieder ins Leben zurückrufen. Viele mischten etwas Rum aus dem eigenen Flachmann dazu, die gute Laune war damit prolongiert. Vielleicht waren das auch die Gründe der Stürze am Eis. Nach den Dreharbeiten fuhren meine Leute in einem Kleinbus zurück ins Dorf Lauterbrunnen.

Es war inzwischen halb zwei geworden – und die Kerle dachten nicht ans Bett. Vis-à-vis von unserem Hotel war eine Bar, eine Schweizer Nachtbar. Ich betone das deshalb, weil dieses Lokal natürlich nicht mit dem Wiener Take Five oder der Eden zu vergleichen war.

Hinter der »Budel« (Tresen) wartete die Besitzerin auf meine Jungs. Ein Monstrum von einem Weib, nicht gerade eine Schönheit (Gösta Zwilling verglich sie sogar mit dem ersten Waggon der Grottenbahn im Wiener Prater), aber einem übergroßen Herz. Sie war von der österreichischen »Wrecking«-Crew dermaßen angetan, dass sie die Kerle jeden Abend auf ihre Kosten saufen ließ. Dafür mussten sie IMMER im Dialekt »luschtig sein«. Das genügte der kräftigen Maid.

Also flegelten meine Burschen stundenlang vor sich hin – und die Dame kam zu ihrem spätnächtlichen Höhepunkt ... und lachte sich halb tot. Ich bin mir nicht sicher, ob sie sich nicht jede Nacht einen der Kerle nachher geschnappt hatte und ihn zwischen ihren kräftigen Schenkel durchgewalkt hatte. Einige von ihnen machten am nächsten Morgen einen auffällig »niedergemachten« Eindruck.

Ich kam jede Nacht um dieses Bar-Vergnügen, weil ich als Häuptling für Auto-Special-Effects nach den Dreharbeiten noch zum Meeting mit Regisseur und den Kameraleuten musste. Es ging um die »shots« (Drehsequenzen) am nächsten Tag, welche Autos wie und in welcher Ausstattung »dran« wären, ob sie mit Kameras zu bestücken waren und so weiter. Jeder der »shots« wurde mit dem Regisseur im Detail besprochen. Zwischen drei und halb vier Uhr morgens fuhr ich dann ins Hotel und warf mich in die Kiste.

Nach einer Woche freiem »Herumgeblöd'l« begannen die »echten« Dreharbeiten. Kameras wurden in große Aluröhren montiert und dann auf der Rennstrecke ausgelegt ... wir mussten völlig quer gestellt darauf zufahren und ... wenn wir die Röhren mit der Kamera mal mit den Hinterrädern erwischten, war's auch nicht tragisch.

Die Arriflex-Kameras hatte unser Chefmechaniker Willy Neuner so geschickt abgefedert, dass kaum was passierte. Mein Mini Cooper wurde zum Kamerawagen. Der deutsche Skirennläufer Willy Bogner hatte seine Rennkarriere bereits beendet und startete einen zweiten Frühling als Kameramann für »Special Effects«.

Im Mini mussten außer dem Fahrersitz alle Sitze raus und die offene Heckklappe wurde zur Auflagefläche für die Kamera. Ich erinnere mich noch genau, dass Neuner zwei gefederte Flaschenzüge rechts und links montierte, an denen die rund zwanzig Kilo schwere Arriflex hing. Bogner lag im Mini ausgestreckt – seine Füße waren im Fußraum des Beifahrers fixiert – und mit der Kamera konnte er nach hinten gerichtet Überholmanöver, Drifts oder auch Rempeleien filmen.

ES WIRD ERNST

Erich Glavitza mit Diana Rigg

Dann kamen die beiden Hauptdarsteller nach Lauterbrunnen. Zuerst tauchte George Lazenby auf. Ein australischer Feschak, der sein Geld bisher als Gebrauchtwagenverkäufer und Fotomodell in London verdient hatte.

Als der Ur-Bond Sean Connery seine Rolle als Daueragent und Weltretter für sich beendet sah, suchten Harry Saltzman und sein Co Albert Broccoli einen neuen Weiber- und Pistolenhelden. Lazenby kaufte eine Rolex und einen Connery-Anzug und stellte sich bei Broccoli vor. Als er während Probeaufnahmen angeblich einem Stuntman das Nasenbein gebrochen hatte, bekam er den Job.

Für Lazenby schien ein neues Leben zu beginnen – überall wurde er hofiert und als der neue Supersuperstar gehandelt. Lazenby war uns gegenüber recht »leiwand« – würde man in Wien sagen.

Er fuhr ab und zu mit uns beim Eiseinfahren mit und wir hatten unsere Gaudi mit ihm. Beim Filmstuff war er unbeliebt. Er galt dort als hochnäsig und arrogant – und auch der sehr nette und eher entspannte Regisseur Peter Hunt bekam zum Thema Lazenby »raised eyebrows« (gehobene Augenbrauen; englischer Ausdruck für: Wenn einem etwas auf die Nerven geht).

Der extrovertierte Produktionsdirektor Hubert Fröhlich rastete überhaupt aus, wenn Lazenby wieder einmal nicht wollte oder unpässlich war … und das war er öfters. Hubert bekam schon einen dicken Hals, wenn man Lazenbys Namen nur erwähnte.

Schlimm wurden seine Allüren, als die große Dame des Films, Diana Rigg, beim Set angekommen war. Wahrscheinlich war er eifersüchtig, weil alle Aufmerksamkeit natürlich der feschen Engländerin galt. Rigg war nicht nur hübsch und sehr klug, sie hatte auch jenen britischen Humor, der alle zum Lachen brachte, und nicht nur weil sie der Star des Films war. Sie war eine sehr lustige Person – für mich eine sehr aufregende Dame.

Es kam auch bald in Lauterbrunnen zu einem »ernsten Gespräch« zwischen den Produzenten und Lazenby. Die Rolle des Mediators hatte Albert Broccoli übernommen – der kleine explosive Harry Saltzman hätte ihn wahrscheinlich sofort in eine Gletscherspalte geworfen. Broccoli gab Lazenby klar zu verstehen, dass er den Star erst dann heraushängen lassen könnte, nachdem ihn das Publikum akzeptiert hätte, immerhin schwebte noch immer der Geist Sean Connerys über ihm!

Egal, die Spannungen am Set stiegen. Ich hatte alles getan, damit meine »boys« davon nicht betroffen waren. Lazenby war auch mir gegenüber sehr schnell eingefroren, nachdem er erfahren hatte, dass ich »Tracy« doublen würde, und ich ihm sagte, dass Diana Rigg »a very hot girl« wäre. Darauf knurrte er, sie »schmecke« beim Küssen nach Knoblauch … und das war schlicht scheiße.

Peter Hunt fragte mich, ob Diana Rigg für ein paar »closeups« mit dem Cougar selbst fahren könnte. Klar, ich mache das schon – kein Problem. Für mich gab's damals, wenn ich mich recht erinnere, überhaupt keine Probleme. Die Fahrstunden mit Diana waren eine Riesenhetz. Sie wollte natürlich unbedingt sofort am Eis fahren, als dieses noch spiegelglatt war. Ich, falscher Hund wie ich nun mal war (bin), willigte ein … Ja, ja, Baby, fahr nur … Ich ließ sie im Fahrerlager ins Auto steigen, dort war's noch griffig, setzte mich auf den Beifahrersitz und drückte den Schalthebel (in den USA vieldeutig »shifter« genannt) auf D wie »Drive« und sie rollte auf die Fahrbahn … sie sagte noch, sie wäre froh, dass das Auto ein automatisches Getriebe hätte, weil in England würde sie auf der rechten Seite sitzen und … rummsti …. wir drehten uns um die eigene Achse.

Sie quietschte kurz, dann nahmen wir einen neuerlichen Anlauf. Mit über 400 PS auf spiegelglattem Eis zu fahren, war eben kein »Lercherl«. Jetzt konnte ich den großen Helden spielen – zuerst ließ ich sie noch mit weinerlicher Stimme sagen: »Eric, I can't get off …« (was im Englischen andere Bedeutung hat …).

Sie wollte schon aussteigen – was ich ihr aber nicht empfahl, denn mit ihrem Schuhwerk hätte das böse geendet. Sie glaubte mir und grinste, ahnend, was ich mit der »heiligen Empfehlung« wollte – ich hob sie hoch und kroch Körper-an-Körper unter ihr durch zum Fahrersitz. Das war wirklich sehr aufregend. Ich fuhr dann einige Runden mit ihr, setzte natürlich einige ordentliche Drifts an, denn Männer können es nicht lassen, den Helden zu spielen, und genießen, wenn die Lobeshymnen über sie rieseln. Sie war begeistert.

Nachdem die Eisfläche aufgeraut war, ließ ich sie ans Steuer – sie hatte den Bogen bald heraus und wenn sie mal verdächtig nahe an die Bande gerutscht war, griff ich kurz ins Lenkrad und holte den Cougar wieder zurück.

Für die Nahaufnahmen konnte sie locker ihre »stints« fahren. Wir hatten auf jeden Fall eine Mordshetz, während Lazenby beleidigt mit bösem Gesicht uns zusah. Ich hatte ihn eingeladen, auch mit dem Cougar oder mit einem unserer Escorts ein paar Runden zu fahren, er zog aber ein »Schnofel« (kleine Kinder machen das, wenn sie nicht wollen) und rauschte ab.

Diana Rigg hat das mit dem »Knoblauch« später erfahren, aber nicht von mir. Ab diesem Zeitpunkt war es dann überhaupt zwischen den beiden aus.

///

Frank Gardner rief aus Byfleet an, er hatte die Nummer vom Ford-Boss Walter Hayes bekommen. Frank war gerade von der Tasman Series zurückgekehrt. Das war eine Winter-Meisterschaft in Neuseeland und Australien für Rennwagen mit 2,5-Liter-Motoren. Frank war dort mit einem Mildred-Brabham-BT-23-Alfa-Romeo gefahren.

Walter Hayes wusste, dass wir beide befreundet waren, und erzählte ihm von meinen James-Bond-Aktivitäten. Minutenlang hörte er sich meine »G'schichten« an und fragte dann plötzlich, was ich in der kommenden Rennsaison für Pläne hätte. Ich hatte eigentlich keine, weil ich mit der Vorbereitung für diesen Film voll zugedeckt war. Ich erzählte ihm, dass ich möglicherweise mit einem Formel-V-Rennwagen fahren würde. Frank kannte die Formel und war aus verschiedenen Gründen kein besonderer Fan davon. Verständlich. Frank war einer der wenigen Fahrer-Ingenieure, wusste um die technischen Limits der Volkswagen-Komponenten und war der Meinung, dass man als Rennfahrer wenig bis nichts in dieser Formel lernen konnte. Er empfahl mir, wenn schon Formelrennen, dann die Formel Ford – das wäre die bessere Methode zum Erlernen des Handwerks – nur zu diesem Zeitpunkt gab's die Formel Ford in Österreich nicht.

Ich war gerade dabei, Frank zu erklären, dass die Formel Ford in Österreich zurzeit kein Thema wäre, als er mich unterbrach und fragte: Und Tourenwagen? Daran hatte ich noch nicht gedacht. Frank erzählte weiter, dass Alan Mann Racing das erste Mal daran dachte, neben den Werksautos zwei, drei Kundenautos zu bauen, und er habe mit Walter Hayes gesprochen und vielleicht könnten wir eine Art »James-Bond-Deal« mit Ford zusammenbringen.

Bei den Kundenautos würde es sich um den neuen Ford Escort TC, in Rennkreisen »Hundsknochen«-Escort (die Form des Kühlergrills erinnerte an einen Hundeknochen), handeln. Der Motor wäre der 1600er Ford Cosworth FVA (Formel-2-Motor) für die Gruppe 5. Der Haken an der Sache: Die Gruppe 5 lief 1969 aus. Ab 1970 löste ein »zahmes« Reglement die teuren Spezialtourenwagen ab.

Die Gruppe-5-Spezialtourenwagen waren inzwischen zu sündteuren Rennwagen geworden – der Escort hatte in der Gruppe-5-Version statt der serienmäßigen 50 oder 80 PS … an die 220 PS unter der Haube! Das bedingte tiefe konstruktive Eingriffe in das zahme Vehikel. Frank hatte einen Großteil der Umbauten konstruiert und auf der Piste erprobt und entwickelt.

Die Gruppe-5-Autos hatten mit Serientourenwagen gerade mal die Silhouette der Karosserie ge-

VOLLGAS ODER NIX /// ES WIRD ERNST

Frank Gardner im Alan Mann Ford Escort auf dem Nürburgring 1968 und im Gespräch mit Brian Redman 1969

meinsam – und auch hier wurden Modifikationen zugelassen, wie die Verbreiterungen der Kotflügel für die Rennreifen. Als Frank mir vom Gruppe-5-Escort erzählte, war ich sofort Feuer und Flamme – klar würde mir so eine Rakete »taugen«. Ich fand das Projekt einfach geil! Wenn ich tatsächlich einen Deal zwischen Ford und der 007-Produktion zustande brächte, wäre das eine »oberüberdrüber Sache«! Ich könnte sicherlich ein paar österreichische Sponsoren – wie meine »üblichen Verdächtigen«, Hella (Autoelektrik), Castrol und vielleicht auch Repco – dazu bringen, etwas Körberlgeld zum Projekt beizutragen.

Ein Kundenauto war nur deshalb möglich, weil Alan Mann neben dem Werkswagen für Frank noch vier »Bodies« (Wagenkörper) aufbauen würde – ein Reserveauto für ihn und drei Wagen für ausgesuchte Kunden. Ein Auto für Ford-Köln, eines nach Schweden … und eins vielleicht nach Wien. Das hörte sich alles wunderbar an. Ich sagte mal prophylaktisch zu … Frank möge seine Hand auf einen Gruppe-5-Escort legen. Er versprach mir, mit Alan Mann zu sprechen, und nach den Dreharbeiten sollte ich nach Byfleet kommen.

Mit einem Escort Gruppe 5 in die Saison 1969 … mir war gleich ganz kribbelig zumute. Nachdem das Gespräch mit Frank zu Ende war, kontaktierte ich meine Sponsor-Freunde in Wien. Als Erstes rief ich Rudi Bergsleithner an. Rudi war in leitender Funktion von Hella Austria tätig, hatte sich selbstständig gemacht, war aber noch immer als wichtiger Berater des Elektronikkonzerns tätig. Der temperamentvolle Zweimetermann war früher Motorradrennen gefahren – und hatte sich einen Lotus Formel 2 zum »Spaß« gekauft. Rudi gefiel das Escort-Projekt und er willigte ein, mit zu tun. Es wurde von keinen Summen gesprochen, da ich zu wenig Informationen hatte.

Den Kontakt zu Castrol lief über Gösta Zwilling, früher der Werbetexter bei Castrol Austria. Ich rief den obersten Chef Dr. Otto Flurer an … fragte ihn, wie es ihm »gehe«, und schmierte weiteren »Honig« übers Telefon … er war sichtlich ein bissl von meinem Anruf überrascht, immerhin wusste er aus den Tageszeitungen, dass ich gerade im »Geheimdienst 007« unterwegs war. Als ich ihm von meinem Ford-Projekt erzählte, sagte er, dass wäre kein Problem – Castrol Austria würde sicherlich mitmachen, weil Castrol International einer der Hauptsponsoren vom Alan-Mann-Team wäre … Der Repco-Boss zierte sich und sagte mir, ich möge mich melden, wenn das ganze Paket fertig wäre. Rummsti – die Sache bekam Konturen …

Es war mittlerweile 16 Uhr geworden und meine »boys« warteten schon an der Eispiste auf ihren »Boss«! Ich rief aber noch schnell den Presse- und Werbechef von Ford Austria, Dr. Willy Galambos, an. Galambos war ein gelernter Sänger, Opern oder so ähnlich – und stimmte sofort den Shirley-Bassey-Hit »Goldfinger« an … Er hatte zugegebenermaßen eine schöne Stimme, nur war mir in diesem Moment nicht nach Gesang. Ungeduldig wartete ich, bis er fertig war – hatte ihn nicht unterbrochen, wie es sonst meine ungezogene Art war, sondern ließ ihn zu Ende singen. Schließlich wollte ich was von ihm – sie sehen, Egomanie im Motorsport!

Als ich ihm vom Escort-Projekt erzählt hatte, sagte er mir seine »moralische Unterstützung« zu, Geld hätten sie keines … aber er könne seinen nicht unbeträchtlichen Einfluss in England geltend machen … und beim Ford Competition Department in Boreham zum Thema Ersatzteile viel beitragen.

//

Inzwischen hatten sich allerlei »Groupies« rund um die Dreharbeiten an der Eispiste gesammelt.

Vor Wochen scharten sie sich noch oben in Mürren – was zwar mühsamer war, denn Mürren war nur über die Seilbahn zu erreichen und die Quartiere mit Filmleuten waren ausgebucht. Unten im Tal war das leichter, die nächstgrößere Stadt Interlaken lag nur ungefähr fünfzehn Kilometer entfernt. Bald war mir eine schlanke Blonde aufgefallen, die unbedingt beim Film dabei sein wollte. Ihr Name war »Candy« und sie sagte mir, sie wäre Turnerin und würde gerne hier als »Stuntgirl« arbeiten. Immer gut, wenn Mädels mich zuerst um Rat fragten.

Ich lud sie zuerst mal zum Essen ein – bei Speis und Trank waren sich die Menschen schon während der Steinzeit nähergekommen. Nachdem wir in einem netten Restaurant vertrauter geworden waren und sie mir ihre Lebensgeschichte erzählt hatte, fuhr ich sie, brav wie ich nun einmal war, in ihr Quartier nach Interlaken. Ich versprach ihr, am nächsten Tag mit Hubert Fröhlich zu reden … in wenigen Tagen würden wir die Szene mit der »Einfahrt Tracys in die Rennbahn« drehen und »Zuschauer« benötigen, die knapp vor meinem Cougar wegspringen müssten …

Sie schien von meinem Vorschlag sehr angetan, denn auf einem der wenigen geraden Stücke der Straße wandte sie sich zu mir, öffnete den Hosenlatz und beugte sich tief, sehr tief hinunter …

»Candy« came from out on the island
In the backroom she was everybody's darling
But she never lost her head
Even when she was giving head
She says, »Hey babe, take a walk on the wild side«
I said, »Hey babe, take a walk on the wild side«
and the colored girls go
Doo do doo, doo do doo, doo do doo …
…
(Lou Reed, Take a walk on the wild side)

Nachdem wir täglich wie die Irren um die Eispiste geräubert waren und ständig »high«, also eine Riesengaudi hatten, kam die erste »ernste« Szene laut Drehbuch auf uns zu. »Tracy« war laut Skript mit James Bond am Beifahrersitz auf der Flucht. Die »Bösen« von Blofeld hatten die beiden in einer Telefonzelle in Grindelwald aufgespürt. Ich glaube, mich recht zu erinnern, Bond war ausgestiegen und als er gerade von einer Telefonzelle anrufen wollte, tauchte der schwarze Mercedes 220 »Haifischflosse« auf und die Killer eröffneten sofort das Feuer. Bond rannte zum Cougar und »Tracy« gab Gas. Dann wurde es etwas lächerlich: Der Cougar fuhr mit quietschenden Reifen auf der Schneefahrbahn los …

Ich hatte das während meines Besuches im Frühjahr in den Pinewood Studios Peter Hunt gesagt, er schüttelte erstaunt den Kopf und fragte, was daran falsch wäre? Na, im Schnee quietschen keine Reifen! Er lachte und winkte ab und sagte, dass wüsste erstens niemand und würde zweitens niemanden kümmern. Er hatte recht – nicht einmal meinen Bekannten war das aufgefallen!

Zurück zum Drehbuch: Also Tracy flüchtete mit Bond im Auto vor den Verfolgern über eine enge Asphaltstraße von Grindelwald hinunter ins Tal, wo gerade ein Eisrennen stattfand. Mit den Verfolgern im Nacken raste Tracy auf die Rennbahn, mischte sich mitten zwischen die Rennautos und … damit ging die Jagd richtig los!

Nachdem wir die Verfolgungsjagd auf der schmalen Straße von Grindelwald im Kasten hatten, begannen die Arbeiten für die Einstellung: Einfahrt Tracys in die Rennbahn. Wir präparierten das Einfahrtstor mit »angesägten« Holzteilen und trockenen Strohballen, die von ihren Bändern befreit waren, schließlich mussten sie filmgerecht auseinanderplatzen.

Vier kanadische Stuntmen sollten unmittelbar vor dem heranstürmenden Cougar am Tor locker »vorbeispazieren« – ich hatte beim Regisseur meine »Candy« untergebracht und die Kanadier übten mit ihr das »lockere Spazieren«, um dann mit einem Hechtsprung dem Cougar auszuweichen. Wäre schade um die Süße gewesen …

Die Maske (Schminkabteilung) trimmte mich auf »Tracy«. Diana Rigg war groß, schlank und eher flachbrüstig, also war an meinem »Gestell« nicht viel zu modifizieren.

Erlauben Sie mir einen Zeitsprung: Ein Jahr später hatte ich das Wiener Original Helmut Qualtinger zu doublen und da musste ich mit Schaumgummi unterm Kinn und zwei Schwimmwesten unter einem riesigen Wintermantel der Qualtinger-Figur angepasst werden.

Zurück zu 007: Mir wurde eine flauschige Felljacke übergezogen und eine Fellmütze aufgesetzt. Diana Rigg quietschte vor Vergnügen, als sie mich sah, nannte mich zuerst »Sweetie«, küsste, umarmte mich und sagte dann: »You look gorgious, Sweetheart!«

Ich bekomme heute noch Herzklopfen!

Nach einem Probedurchgang sagte ich zu Peter Hunt, wir könnten gleich »drehen«, die Sache würde keine weiteren Probefahrten benötigen. Er nickte und sein Assistent rief durchs Megafon: »Quiet please – three, two, one – Action!«

Ich raste los – kam also von der »Bundesstraße« zur Kreuzung, bog mit einem ordentlichen Drift in die Zufahrt zur Rennbahn, der schwere Wagen sprang förmlich mit den Rädern in der Luft hinunter, gab noch einmal Gas … ich sah die locker »spazierenden« Stuntmen vor dem Tor, die warfen sich dann knapp vor meinem Wagen zur Seite und rissen meine »Candy« mit … und ich krachte kerzengerade gegen das Einfahrtstor, das wie von einer Panzerfaust getroffen auseinanderbrach, und die Strohballen platzten … denn ich ließ den Wagen in einem Rechtsdrift genau zwischen den Pulk der Rennwagen hineinschlittern …

Das war's dann.

Als ich außerhalb des Kamerabereichs angehalten hatte, hörte ich Peter Hunt übers Megafon: »Take one … okay!«, und nach einer Weile: »Okay guys, let's have some tea!«

Der erste »Take« war im Kasten und »gekauft«. Meine Boys und ich hätten noch liebend gerne ein paar »Takes« von dieser Szene gemacht – die waren ja genauso geil aufs Fahren wie ich. Andererseits kostet beim Film jeder Furz eine Unmenge Geld – es sind ja immer an die hundert Leute für die kürzesten »Sekundenbrenner« beschäftigt. Als Laien hatten wir nicht den Funken einer Ahnung, außer dass wir ab und an im Kino waren, wussten wir von den Arbeiten für einen Film nichts.

Von diesem Drehtag an wurden die Verfolgungsszenen und Schießereien zwischen Tracy und den Blofeld-Leuten gedreht. Ab jetzt ging's wirklich zur Sache.

VOLLGAS ODER NIX /// ES WIRD ERNST

Filmdreh für James Bond in Lauterbrunnen

Als nächste Höhepunkte standen der Überschlag eines Escorts und gegen Schluss der »roll over« des Mercedes 220er am Programm. Dazwischen wurden Szenen mit Drifts, Überholmanöver, Rempeleien und Schüsse der Verfolger auf Tracys Cougar aufgenommen. Einer der Stuntmen war der Engländer George Cooper, ein Schwergewichts-Profiboxer, weder verwandt mit dem britischen Celebrity-Boxer Henry Cooper noch mit dessen Bruder, der zufällig auch George Cooper hieß. George saß als Bösewicht im Mercedes mit meinem Spezi Peter Huber am Volant.

Peter war anfangs eher zurückhaltend unterwegs – er hatte sogar Hemmungen, die in den Alurohren montierten Arriflex-Kameras zu rammen. Als obersteirischer Jagdpilot mit reichlicher Kampferfahrung im Pulverdampf zwischen Kapfenberg und Thörl hatte ich natürlich weniger Hemmungen. Ich war manchmal für den Regisseur Peter Hunt fast ein bissl zu weit gegangen, als ich die Aluröhren wie Billardkugeln herumgeschossen hatte.

Als Peter sich wieder einmal auf die »sanfte Tour« einer der Röhren näherte, forderte mich Peter Hunt auf, den Mercedes zu lenken. Ich nahm mir deshalb meinen Spezi zur Brust, blickte ihm tief in die Augen und erinnerte ihn daran, dass die Kamera in der Aluröhre nicht seine Mutter wäre und wenn die Kamera bei der Karambolage in tausend Fetzen explodiert, muss ihm das scheißegal sein! Ist das klar?!

Er blickte mich mit großen Augen an, nickte – und ward auf die Sekunde zum Tier geworden – ich hatte ihm einmal zugesehen, bei Szenen, wo er mit dem voll besetzten Mercedes ein paar Escorts gerammt hatte. Dem sonst zurückhaltenden Kerl mit dem »Milchgesicht« waren plötzlich Vampirzähne gewachsen! Wie ein ausgehungerter Piranha in einem blutigen Fleischberg stürzte er sich auf die Wagen vor ihm – die spritzten auseinander, als wäre zwischen ihnen eine Splittergranate explodiert. Gemischt mit seinem hervorragenden Fahrgefühl machte die »neue« Hemmungslosigkeit einen beinharten Stuntfahrer aus ihm.

Peter Hunt murmelte nach einem Peter-Gemetzel: »He's a beast!«

Für den Überschlag im Escort ließ ich mir eine Kante in der Kurve nach dem Start ins Eis fräsen. Der Winkel war nicht ganz perfekt, darum benötigte ich zwei Anläufe, bis die Kiste mit abgerissenem Vorderrad dalag. Tyrolia machte mit dem Bild in einer englischen Sportzeitung ein Inserat mit dem Text: »007 Glavitza was here...«

Diana Riggs Ehemann war für den nächsten Tag angesagt. Aus diesem Grunde bat sie mich, mit ihr nach Interlaken zu fahren, sie wollte ein Geschenk besorgen. Kein Problem – wenn schöne Frauen mich um einen Gefallen baten, hatte ich grundsätzlich ein weiches Herz. Klar doch, fahr'ma euer Gnaden!

Einer der beiden Mercury Cougar, es war natürlich der unbeschädigte Wagen, stand gerade so an der Ausfahrt, dass wir uns einfach reinsetzten und losfuhren. In Interlaken spazierten wir im Zentrum eine Weile herum, als sie vor einem der vielen Uhrenläden angehalten hatte – die Schweiz schien für mich überhaupt nur aus Restaurants und Uhrenläden zu bestehen. Eine Breitling-Fliegeruhr hatte es ihr angetan. Mir gefiel sie nicht – denn bei uns kursierte der Sager: Woran erkennst du einen Piloten? An der großen Goschen (Klappe), einer Breitling – und einem kleinen Nud'l! (Ich glaube, das nicht übersetzen zu müssen).

Wir gingen in den Laden, sie kaufte die Uhr – der Inhaber des Geschäfts hatte fast einen Herzstillstand, als er sie erkannt hatte, und bat um ein Autogramm, daraus wurden zehn und deshalb gab er ihr die Uhr um die Hälfte. Bei mir hätte er sicher den doppelten Preis verlangt. In einem nahe gelegenen Café dasselbe Szenario: Wieder Autogramme in diverse Stammbücher des Caféhausbesitzers, dafür gab's alles gratis. Dann ging's wieder zurück nach Lauterbrunnen. Auf der Straße kamen uns etliche Autos entgegen, als mich Diana plötzlich fragte: »Eric, what's the difference between these cars and ours?«

Ich verstand nicht gleich – bis sie sagte, die würden alle ein »license plate« montiert haben und wir nicht!

Bummsti! Ich hatte ganz vergessen, dass die beiden Mercury Cougars und der Mercedes nicht angemeldet waren und nur für die Dreharbeiten »falsche Kennzeichen« bekommen hatten.

Plötzlich war die Welt für mich eine andere geworden. War ich noch vor zwei Stunden völlig frei und unbelastet durch die Welt gefahren, hatte ich plötzlich die Hosen voll, weil die Schweizer Polizei bekanntlich zu den humorlosesten dieser Erde gehörte.

Inzwischen waren »unsere« Spezialgäste aus Wien angekommen. Ich hatte meine wichtigsten Zeitungsspezis nach Lauterbrunnen eingeladen. Mein »Kurier«-Kollege Peter Hajek, Günther Broscheid von der »Bunten Illustrierten«, Helmuth Dimko vom »Express« sowie die beiden Fotografen Peter Lehner und Johann Klinger kamen, um die Kunde zu verbreiten, dass sich ein Team aus Österreich beim Bond-Film wichtigmachte. Ich quartierte die Mannschaft auf meine Kosten (will ich nicht vergessen zu erwähnen) bei uns ein.

Wir fuhren gemeinsam per Seilbahn nach Mürren. Ich stellte sie dem Produktionschef Hubert Fröhlich vor. Von ihm bekamen sie Spezialausweise, um auch von den Dreharbeiten im Restaurant am Schilthorn, der Burg des Bösewichts Blofeld, zu berichten. Sie hatten Glück, dass die beiden Hauptdarsteller Diana Rigg und George Lazenby auch noch da waren – Betonung bei »noch«, weil sich die Probleme zwischen den beiden weiter hochgeschaukelt hatten. Harry Saltzman wurden die Befindlichkeiten seiner Stars zu blöd, sprach schließlich ein Machtwort und damit kehrte Ruhe ein. Lazenby war zu einem »pain in the ass« geworden.

Mit dem österreichischen Presseteam war auch ein Filmteam vom Ford-Headquarter aus London eingetroffen. Eine Gruppe junger Kerle, die bei Ford in einer speziellen »Film-Unit«-Abteilung arbeiteten und die Aufgabe hatten, jedes Jahr zwei Filme über Ford-Aktivitäten auf der ganzen Welt zu produzieren. Da ging es zum Beispiel um Ford-Motore bei Ölbohrungen im Atlantik oder Ford-Produkte beim Straßenbau im Amazonas und so weiter.

Der oberste Chef Walter Hayes hatte ihnen für das nächste Projekt die Dreharbeiten zum neuen James-Bond-Film ans Herz gelegt. Da sie auch in unserem Hotel einquartiert waren, hatten wir uns sofort mit den vier lustigen Briten angefreundet. Während des Frühstücks erklärten sie mir, dass sie einen Fünfzehn-Minuten-Film (Making-off: »Shot on Ice«) über die Dreharbeiten in Lauterbrunnen produzieren wollten.

Während der kommenden Tage wurden Szenen der Verfolgungsjagd aufgenommen. Laut Drehbuch würden die »Bösen« im schwarzen Mercedes dem Mercury Cougar von Tracy immer näher kommen … und der als Oberbösewicht verkleidete George Cooper aus dem Beifahrerfenster gelehnt das Magazin einer Walther-Pistole in Richtung Tracys Auto entleeren.

Jede Sekundenszene im Film wurde stundenlang »rehearsed« (geübt), immer wieder von anderen Kamerawinkeln aufgenommen. Kameras in Aluröhre am Boden, Kameras in unseren Autos, im Verfolgerwagen, Kameras an der Motorhaube befestigt und außerhalb der Rennstrecke montiert, als Perspektive von den Zuschauern … und last not least Kamera am Heck meines Mini Coopers mit Willy Bogner mitten im Gewühl zwischen den driftenden Autos. Wie das der sympathische Willy ausgehalten hatte, weiß ich nicht.

Nach Drehschluss wurden die Filme mit einem Auto sofort nach Zürich gefahren und mit der Frühmaschine nach Paris geflogen. In Paris war nämlich das einzige Labor, dass dieses Filmmaterial auf die Schnelle entwickeln konnte. Das dauerte zwischen zwei und drei Tagen, dann kam das Material wieder zurück und wurde am Nachmittag von Peter Hunt und seinem Team durchgesehen.

Mit anderen Worten, wenn irgendetwas mit der Beleuchtung nicht geklappt hatte – oder mit den Kameras, schließlich hatten wir Temperaturen wie in einem sibirischen Straflager, mussten die »Takes« wiederholt werden. Und das passierte recht oft. Der Kälte wegen oder was immer hatten auch Scheinwerfer öfter still und leise ihren Geist aufgegeben – oder gerade während der Aufnahme »geflackert«.

Das war für das Kamerateam mühsam – für uns eher nicht, weil wir gerne die Sau rausließen, und für uns gab's kaum etwas Schöneres auf der Welt, als einen Wagen quer mit »voller Glut« übers Eis zu treiben. Nach Drehschluss marschierten die »Boys« in die Bar zum »ersten Waggon der Grottenbahn« und mimten dort Hans Moser und Fritz Muliar bis zum Morgengrauen.

Inzwischen begann ich mit den Vorbereitungen für den »roll over« des Banditenautos Mercedes 220. Ich hatte schon vor Wochen den Kurventeil, an dem das Ende des Verfolgerautos geplant war, präpariert. Hunt wollte, dass im Verlauf der Hetzjagd die Verfolger dem Cougar immer näher kommen würden – als er uns beim Driften zugesehen hatte, fragte er, ob es möglich wäre, dass Tracy ihre Verfolger gegen die Bande drängen könnte und sich der Mercedes aus diesem Grunde überschlagen würde.

Kein Problem, sagte ich und machte den Vorschlag, dass Tracy einen der Rennwagen innen überholen sollte. Das Verfolgerauto würde auf der Außenbahn aufschließen und somit könnte auf einer Ebene sozusagen auf Tracys Cougar geschossen werden. Tracy könnte ihren Cougar breitseits gegen den dazwischen gequetschten Rennwagen knallen und dieser wiederum würde in der Folge gegen den Mercedes krachen. Der verlöre dann die Kontrolle und sollte direkt gegen die Bande fahren.

Ich zeichnete auf einen großen Bogen Papier den Grundriss der Rennstrecke und stellte die Szene beziehungsweise die Positionen der Autos mit Zigarettenschachteln nach. Ich erinnere mich an die bunten Packungen von Marlboro, Peter Stuyvesant, Camel und Pall Mall.

Man darf nicht vergessen, dass es bei solchen Actionszenen neben der Spannung natürlich um Plausibilität geht. Ich erinnere mich noch genau, wie Peter Hunt mit seinen Assistenten immer wieder diskutierte, »warum sollte sich der Mercedes überschlagen?« … und dann auch noch explodieren?

Einer der Assistenten machte den Vorschlag, dass der Mercedes durch die Pistolenschüsse Feuer fangen könnte, da schüttelte ich den Kopf und sagte, so etwas würde uns niemand abnehmen. Ich war damals so frech, dass ich sagte: Das würde nicht mal ein Meerschwein glauben! Im Hintergrund räusperte sich Hubert Fröhlich und blickte streng zu mir.

Sie haben mich nicht erwürgt, sondern zuerst einmal in Ruhe meinen Vorschlag angehört. Ich sagte ihnen, dass wir aus den Fahrszenen heraus den »final crash« machen sollten. Na, und wie sollte sich der Mercedes überschlagen – nämlich »anders« als der Escort? Ich hatte ursprünglich geplant, den Escort

Erich Glavitza und Diana Rigg

gegen die Bande zu fahren und dort aufs Dach zu schmeißen – das wurde aber von den Scriptwritern (Drehbuchschreibern) umgeschrieben.

Für diesen Stunt hatte ich die Holzbande vorher präparieren lassen. Das sollte jetzt beim Mercedes-Crash nützlich sein. Ich hatte hinter der Holzbande einen Eiskeil aufbauen lassen. Den Teil der Bande vor dem Keil ließ ich aus Balsaholz fertigen. Von außen war das nicht vom anderen Holz zu unterscheiden. Die Idee war nun, dass der Mercedes nach dem »bodycheck« des Rennautos in Richtung Bande geschleudert würde, mit dem rechten Vorderrad durch das Balsaholz stieße und dann sofort durch den dahinter lauernden Keil in die Höhe geschnellt würde – und schließlich nach einer »Rolle links« am Dach zur Ruhe käme.

So passierte es dann auch. Der alte, ehrwürdige Mercedes 220 SE fuhr nach dem Rempler gegen die Bande und legte sich mit einem dumpfen Bumser aufs Dach. Als wir mit dem Stunt fertig waren, begann es leicht zu schneien. Es war grimmig kalt und Peter Hunt freute sich über den wie eine alte Schildkröte am Rücken liegenden Mercedes. Als Belohnung lud er alle ins warme Zelt ein, um Herz und Seele mit heißem Tee und allerlei Gebäck wieder ins Lot zu bringen.

Ich kuschelte mich im Zelt an Candy, die legte ihre Hand auf meinen Oberschenkel und … die Welt war für mich sofort wieder schön und gerecht. Es dauerte sicher keine Stunde, als wir wieder raus in die sibirische Kälte stapften … ja, wir stapften … und wähnten uns in einer anderen Welt. Wir hatten Mühe, sie wiederzuerkennen, denn über allem lag ein guter Meter Neuschnee! Ich hatte in meinem Leben noch nie derart dichten Schneefall erlebt. Die Sichtweite betrug keine zwei Meter!

Zum Glück hatten die Männer an den Stromaggregaten die Situation rechtzeitig erkannt und in aller Eile den mit den Rädern nach oben liegenden Mercedes mit riesigen Planen abgedeckt.

Nach einer halben Stunde waren wir nicht einmal mehr in der Lage den Mercedes zu finden. Es war nur noch ein sanfter Hügel zu sehen – darunter lag ein ganzer Daimler 220 SE! Hubert Fröhlich organisierte die Feuerwehr und den Straßendienst mit schweren Schneepflügen, damit wir unser Hotel erreichen konnten

Die entscheidende Szene

… und es schneite die ganze Nacht und schneite den nächsten Tag und wieder die ganze Nacht und so weiter … es war eine einzige Katastrophe. Wir konnten nicht einmal das Hotel verlassen. Schneeschaufeln war sinnlos geworden, die Schneedecke hatte über zwei Meter erreicht. Die Fenster im Parterre des Hotels waren bis obenhin zu. Am dritten Tag hörten wir lautes Grollen draußen – die Schweizer Armee bahnte sich mit schwerem Gerät den Weg durchs Tal.

Uns war trotzdem nicht fad. Erstens gab es mit den Engländern eine Mordshetz, sie hatten natürlich so eine Schneekatastrophe noch nie erlebt, für sie war das die große Sensation. Der junge Regisseur des Ford-Film-Units Clive Davidson telefonierte fast stündlich mit seiner Freundin in London und jagte ihr mit immer neuen Meldungen von den Lawinen einen Schrecken ein. Peter Hajek hatte für seine TV-Stunde »Apropos Film« zwei Kameramänner mitgebracht. Einer von ihnen war ein Hobby-»Zauberer« und begann mit den Späßen ganz harmlos beim Frühstück. Ich hatte gerade meine Serviette neben die Kaffeetasse gelegt und begann in aller Ruhe, eine Croissant mit dem Messer zu halbieren, als er mich um meine Serviette bat. Ich griff nach ihr – sie war nicht da. Komisch. Hatte ich sie doch erst vor wenigen Minuten, nein, Sekunden neben die Kaffeetasse gelegt. Wo ist die Serviette? Ich suchte den ganzen Tisch ab, schüttelte den Kopf: Verdammt, wo …

Er sah mir eine Weile ruhig zu und griff sich in den Nacken und sagte: »Ist das vielleicht deine?«, und fischte meine Serviette hinten heraus. Was war das denn nun schon wieder?

Er legte er ruhig und gelassen meine Serviette dorthin, wo ich sie hingelegt hatte … ich schüttelte den Kopf.

»Wie gibt's so was?« … ich hatte noch nicht ausgesprochen und meine Serviette war schon wieder weg.

Peter hatte eben seine Semmeln mit Butter und Marmelade bestrichen und sagte in einem Tonfall, als wäre er durch mein Verhalten in seiner Frühstücksstimmung gestört: »Was is'n mit dir heute los?«

»Na, meine Serviette war plötzlich weg …«, deutete auf den Kameramann, »er hat sich plötzlich aus seinem Hals …«

Darauf der Kameramann: »Welche Serviette?«

Da merkte ich, dass sie schon wieder weg war, und sagte: »Geh, schleich di« (Dialektredensart für – Geh, jetzt hör aber auf) »… wo is'n sie scho wieda?«

Peter schüttelte den Kopf: »Du spinnst – da gibt's gar keine Serviette! Der viele Schnee tut dir nicht gut.«

Darauf ich: »Klar, hab ich eine Serviette g'habt – da war sie!«, und deutete auf den Platz neben meiner Tasse.

Der Kameramann griff nach seinem rechten Ärmel und holte meine Serviette heraus: »Nimmst die inzwischen?«

Von da an war uns nicht mehr fad. Der Zauberer unterhielt uns mit seinen Tricks bis in die Nacht. Es war unglaublich, wie er uns zum Narren machte. Alles grenzte schon ans Übersinnliche. Lothar Schörg war derart verwirrt, dass er plötzlich aufstand und mit den Worten »Nein, das halte ich nicht mehr aus, hier stimmt wirklich was nicht! Ich schaff's nicht mehr!« auf sein Zimmer verschwand.

Erst nach fünf Tagen hörte der Schneefall auf! Am Vormittag und am Nachmittag ratterten schwere Kettenfahrzeuge der Armee draußen Richtung Talstation – sogar die tonnenschweren Monster hatten mit dem Schnee Probleme. Dann kamen die ersten Pionierdivisionen der Schweizer Armee anmarschiert, um in Lauterbrunnen wenigstens die wichtigsten Straßen frei zu machen.

In der Nacht donnerten Lawinen. Eine hatte etwa zweihundert Meter hinter unserer Rennbahn das gesamte Tal in Richtung Talstation der Seilbahn hinauf nach Mürren fünfzehn Meter hoch zugeschüttet! Die Schweizer Armee hat mit Kettenfahrzeugen einen Weg zur Bahnstation provisorisch frei gemacht – der Schnee der Lawine war derart fest, dass dort trotz der Panzer ein riesiger Hügel aufgetürmt war.

Insgesamt saßen wir ganze drei Wochen fest! Mir war das im Prinzip egal, da auch während dieser Zeit der »Tarifzähler« tickte … mit anderen Worten: Jeder Tag war ein voll bezahlter Drehtag.

Am Tag eins nach dem Schneechaos arbeiteten wir uns zur Rennpiste durch. Die Armee fräste einen schmalen Pfad bis zur Rennstrecke, wo der am Dach liegende Mercedes nur zu erahnen war. Mit Lawinensonden ertasteten wir das Auto und arbeiteten uns dann mit Schaufeln Schritt für Schritt voran.

Es dauert gute fünf Tage, bis die Piste, die Zufahrtswege und der Mercedes frei waren. Hubert Fröhlich trieb die Partie wie ein Feldwebel brüllend an. Als Nächstes stand das große Finale auf der Rennpiste auf dem Programm: die Explosion des Mercedes! Der Wagen sollte in einem spektakulären Feuerball in die Luft fliegen. Was natürlich jeder Realität entbehrt. Wieso sollte ein Mercedes, nur weil er aufs Dach'l geschmissen war, in die Luft gehen? Aber beim James Bond war eben alles möglich.

Nachdem der Wagen vom Schnee freigelegt war, wurden in die Radkästen Handbohrmaschinen mit Duct-Tape befestigt. Der Grund: Mit Bohrfuttern an die Reifen gepresst, konnten »drehende Räder nach dem Überschlag« simuliert werden. Diese Detailverliebtheit leisteten sich die Briten, dass durchdrehende Räder im Schnee nicht quietschten, war ihnen egal …

Der Boss der Special-Effects-Abteilung »Sass«, ein kleiner dicker Brite, der schon die Explosionen im Kriegsfilm »Battle of Britain« produziert hatte, platzierte mehrere »Nylonsackerln« mit Kerosin in Radkästen und Bodenplatte. Die Kunst war nun, die meterhohe Stichflamme so zu steuern, dass sie die Beleuchtung nicht zudeckte. Darum waren zwei »shots« geplant.

Die Mannschaft kletterte ins Mercedes-Wrack und stürmte auf ein Zeichen heraus – dann ging die Stichflamme hoch. Diese Aktion sah dann im Film wesentlich dramatischer aus, als es in der Realität war. »Sass« gab per Funk den Befehl »out« – wir sprangen aus dem Wagen – und hinter uns machte es »Wumm …« und eine fünf Meter hohe Stichflamme schoss in den Himmel.

Das Ganze noch einmal … die Flamme und der Qualm hatten die Scheinwerfer so weit abgedeckt, dass das Licht die kritische Lux-Grenze für den Supervision-Film unterschritten hatte. Alle wieder rein! Wir hätten zwanzig Mal aus dem Wagen kriechen können. Nachdem die Kameraleute zufrieden waren, flüchtete die Mannschaft bei minus dreißig Grad wieder ins Mannschaftszelt …

Für die Tonaufnahmen wollten die Sound-Engineers ein paar ordentliche Knaller »recorden«. Kein Problem – dafür war ich ja gekommen. Die Aufnahmen zogen sich dann gleich über drei Tage. Wir stellten einen Escort quer auf die Eisbahn und ich sollte ihn mit 50 km/h »T-Bonen«, also genau in die Fahrertüre krachen. Ich nahm einen Anlauf und krachte in den Wagen.

Wie so oft im Leben hatte ich die Sache natürlich unterschätzt. Erstens fuhr ich keinen »Fünfziger«, sondern weil wir alle miteinander recht locker durch die Welt gondelten, zeigte die Tachonadel »siebzig« – und siebzig sind bekanntlich nicht fünfzig – das sollte eigentlich jedes Meerschwein wissen. Ich bin aber kein Meerschwein, sondern ein bissl deppert – als ich meinen Wagen netto blank mit einem glatten Siebziger in den quer stehenden Escort hineingetrieben hatte – im wahrsten Sinne des Wortes –, hat es den schlampig eingebauten Schultergurt aus dem Karosserieblech gefetzt – und ich dachte schon, meine Augen würden aus den Höhlen springen.

Minutenlang hockte ich »schmähstad« im Auto und rang nach Luft. Ich hatte mich gottlob so fest am Lenkrad dagegengestemmt, dass die rechte Speiche nach vorn gebogen war. Vorne zischte Dampf aus dem Kühler, der Motor heulte irgendwie auf Vollgas, offensichtlich hatte das Gasseil auch etwas abbekommen. Die beiden »Sound-Engineers« jubelten: »Great Eric – can we do it again?«

Ich ließ dann von unserem Chefschrauber Willy Neuner einen der Escorts an der Stoßstange und an der Gurtbefestigung für weitere Knaller präparieren und – »and did it again – and again – and again ...

Meine rechte Schulter war dunkelblau geschlagen und geschwollen, als hätte ein Schwarm Hornissen darauf Flamenco getanzt! Ab diesem Zeitpunkt hielt ich mich wenigstens an die fünfzig Stundenkilometer …

Während wir am Nachmittag wie die Verrückten »es uns ordentlich gaben«, hatten wir natürlich immer jede Menge Zuschauer, auch unter der Filmmannschaft. Darunter ein englischer Kameramann – sein Name war John Jordan. Wir waren während der Dreharbeiten sehr gute Freunde geworden – von ihm kam der Satz: »Eric – you have Balls of Fire«!

Ich möchte ihm hier ein Denkmal setzen!

Eines Nachmittags stand er verloren an der Barriere an der Einfahrt zur Piste, ich hielt an und fragte ihn, ob er mitfahren wolle. Klar doch – und er humpelte merkwürdig zum Auto, stieg ein und ich brauste los. Er war Engländer und während ich mich im Drift zwischen meinen Kollegen austobte, erzählte ich ihm von meinen Rennfahrerfreunden in England. Ihm taugte unsere Fahrerei und ich versprach ihm, am nächsten Tag könne er wieder mitfahren. So hatte ich in den kommenden Tagen immer einen lustigen Beifahrer neben mir.

Als ich ihn dann fragte, warum er hinkte – ob er sich am Ende hier am blanken Eis verletzt hatte, verneinte er. Nein. Er habe ein Holzbein. Ein Holzbein – und warum? Tja, ein Helikopter habe ihm das Bein abgehackt! Rummsti – ich blieb vor Schreck stehen.

Ein Helikopter ….?

Während der Dreharbeiten zum James-Bond-Film »Du lebst nur zweimal« war er bei einem Hubschraubergefecht in den Rotor eines anderen Helikopters geraten. Ab diesem Augenblick war mein Dauerbeifahrer für mich zum mutigsten Menschen der Welt geworden. Er war auch hier im Action-Kamerateam und hing hoch über Mürren am Hubschrauber und machte die atemberaubenden Luftaufnahmen über die Kanten der Gletscher …

Nach den Dreharbeiten versprachen wir uns wiederzutreffen. Als ich Wochen später nach London in die Pinewood Studios wegen der »Heuschober«-Aufnahmen musste, telefonierten wir zwar, es ging sich aber leider kein Treffen aus. Er hatte einen Vertrag für die Dreharbeiten zu »Catch-22« bekommen und musste zu den Vorbereitungen nach Italien. Er sollte dort Luftaufnahmen aus einem amerikanischen Bomber des Zweiten Weltkriegs machen.

Irgendwie schafften wir es später auch nicht. 1970 war ich dann ein ganzes Jahr in Le Mans bei den

Dreharbeiten zu »24 Stunden von Le Mans« und John für die Luftaufnahmen aus einem B-25-Bomber für »Catch-22« in Sizilien.

Was dann geschah, las ich in einem Brief seiner Frau: Er hatte durch den Schacht der B-25 die herausfliegenden Bomben gefilmt. Als er damit fertig war, meldete er dem Piloten, er könne den Bombenschacht schließen und zurückfliegen. John schnallte sich vom Sicherheitsgurt, griff sich an die Brusttasche und holte ein Packerl Camel raus, um sich eine Zigarette anzuzünden, als der Flieger einen unvorhergesehenen »Hupfer« wegen einer Turbulenz machte. Jordan stolperte in den Bombenschacht und fiel aus 1200 Metern ins Meer.

Am Abend gab's dann noch ein finales Meeting mit dem Regisseur und seinem Team – am nächsten Tag war der Zahltag! Peter und ich hatten inzwischen eine »Vor«-Abrechnung zusammengestellt. Es war eine Summe, an die wir beide nicht einmal wagten, sie uns vorzustellen oder auszusprechen – geschweige sie zu erhoffen. Die Summe war die »reine Sünde«.

Als ich am nächsten Morgen ins Produktionsbüro marschierte, spielte ich auf locker und entspannt. In Wahrheit hatte ich die Hosen gestrichen voll. Hubert, aufrecht und stramm wie immer, erwartete uns bei Kaffee und flaumigen Panettone. Er war ein Mann der Tat, redete nicht lange herum, holte einen Ordner und fragte uns, ob wir eine Abrechnung und Rechnung gemacht hätten. Mein Herzschlag nahm Tempo auf: Ja, in der Tat, haben wir.

Er streckte die Hand aus, ich reichte ihm meine Abrechnung und spürte mein Herz bis hinauf in die Großhirnrinde. Hubert nahm das Blatt, hob den Kopf, die Zigarette glühte im rechten Mundwinkel, weshalb er das rechte Auge zugekniffen hatte, offensichtlich beizte der Rauch im Auge … er überflog den Zettel … und nickte einmal, zweimal, dreimal und sagte in ruhigem Ton: »Ja, ja, Jungs, auf den Rappen genau, so was lob ich mir.«

Mein Herz hörte zu schlagen auf – ein anderes Organ musste die Rolle übernommen haben … schließlich lebe ich heute noch. Ich beobachtete Hubert, wie sein linkes Auge, das rechte fest zugekniffen, über die Seite huschte, immer wieder unten an der Summe kurz verharrte, dann wieder nach oben glitt und wieder runter …

Ob wir ihm eine Honorarnote ausstellen könnten – oder ob das Ingrid, die Produktionssekretärin, machen sollte. Da merkte ich, dass ich die Sprache verloren hatte. Irgendetwas stimmte in mir nicht … nicht mehr. Ich konnte mir noch immer nicht vorstellen, dass er die Summe so selbstverständlich hingenommen hatte, so als würde er nach dem Preis einer Stange Marlboro fragen – was heißt Stange, einen Container voll – was heißt Container, eine Jahresproduktion ….

Er muss Ingrid irgendwann gesagt haben, sie möge den »Jungs« eine Honorarnote ausstellen, und irgendwann muss sie diese geschrieben haben, selbstverständlich mit vier Durchschlägen, und plötzlich stand sie vor mir und überreichte mir das beschriebene Blatt Papier.

Ich war noch immer ohne Sprache und ohne Gehör und ohne … ohne alles, als Hubert mit einem Berg von Geldscheinen vor mir stand. Es waren einhundertachtundachtzigtausend und neunhundertdreiundneunzig Schweizer Franken. Der eisenharte Fränkli stand damals auf neun österreichische Schilling! Wahrlich ein Grund, die Sprache zu verlieren!

Ich hatte nur einen bescheidenen Aktenkoffer, dessen Kapazität bald erschöpft war, darum stopfte ich die restlichen Hunderterpacken in die Taschen meiner Hose, Sakko und Anorak, natürlich die persönliche Ford-Racing-Team-Jacke von Walter Hayes.

Ich sah wie das Michelin-Manderl aus. Hubert zeigte zur Tür: »Jetzt mach mal zur Bank, mein Junge … und dann komm wieder.«

Also »machte« ich, folgsam wie ich nun einmal war, in Richtung Bank. Das Hochgebirgsnest Mürren bestand oder besteht heute noch aus wenigen Chalets und dem bereits erwähnten Grand Palace Hotel, dafür aber fünf Bankhäusern zwanglos zwischen den noblen Hütten verstreut.

Ich marschierte also in den nächstliegenden Geldsammlerpalast, einer UBS-Filiale, und wartete artig hinter einem Pfeife rauchenden, rotwangigen Mann, dessen Äußeres eher einem Hochgebirgsbauern als einem reichen Wirtschaftsmagnaten glich.

Der Mann unterhielt sich mit einer jungen Frau hinter dem Tresen über die aktuellen Kurse der Wallstreet und die Entwicklung von Sunoco Oil und General Dynamics. Mit einem Papier voller Diagramme verließ er langsamen Schrittes den Schalter und das junge Mädel nickte mir zu.

Jetzt wird's schwierig. Wie soll ich einer sechzehnjährigen Hauptschülerin klarmachen, dass ich über einhundertachtzigtausend Schweizer Franken aufgeteilt in einem schmalen Aktenkoffer und an meinem Leibe verteilt hätte und so weiter und so fort, ohne dass sie nicht sofort den Alarmknopf drückte und das Haus von vier Schweizer Infanteriedivisionen und Tiefffliegerangriffen aus der Richtung Eiger-Nordwand im Visier stünde.

Ich blickte mich vorsichtig um und begann einigermaßen überzeugend und fest, wie es sich für einen Mann von Welt (Kapfenberg) gehörte, der täglich zwischen der Züricher Bahnhofstraße, Bank of London und Wallstreet hin und her flog … die sündige Summe zu nennen.

Die Göre mit den Wimmerln im Gesicht schien mir nicht einmal zuzuhören, bückte sich nach … nein, nicht nach dem Alarmknopf, sondern nach einem Formularblock, fragte noch einmal nach der Summe, so als hätte ich vierundzwanzig Franken und dreißig Rappen gesagt, und trug die Summe völlig unaufgeregt ins Formular ein.

Ich öffnete den Aktenkoffer und schob ihn »als ganzen« zu ihr. Dann begann ich die Pakete mit den Hunderterscheinen aus den Taschen des Anoraks, des abgetragenen Sakkos mit den durchgewetzten Ärmeln und aus der Hose herauszufischen. Es gab keine Tasche an meiner Kleidung, in der nicht mindestens ein paar Hunderterpacken steckten … fehlte nur noch, dass ich das Hosentürl öffnen musste, um auch von dort … aber lassen wir das.

Das Mädel zählte in stoischer Ruhe und Gelassenheit die Hunderterpacken, schob mir ein Formular rüber, dann die Bestätigung – und das war's dann schon.

Ich ließ mir dann noch zwanzigtausend Franken für die Honorare meines Teams in bar auszahlen. Irgendwie hatte ich Fanfarenklänge im Hintergrund erwartet oder zumindest die vollbusige Raquel Welch mit der Hand an meinem Schritt ….

Nein, es war alles schweizerisch nüchtern und trocken. Bevor ich bis drei zählen konnte, stand ich mit einem leeren Aktenkoffer und leeren Hosen- und Jackentaschen und einem kleinen Wisch als Einzahlungsbestätigung wieder draußen auf der Straße, bei minus zweiundzwanzig Grad und die Kälte in meinen Nasenhöhlen.

Ich hatte dann noch mit Saltzman, Hunt und Fröhlich ein abschließendes Meeting am Abend, während meine Crew nach dem Zahltag in der Bar zum »Ersten Waggon der Grottenbahn« mit Whisky und Champagner ordentlich abfeierte. Vielleicht erbarmten sich ein paar Jungs und schleppten die Gute auf einen heißen »Sechser« ab … sie hätte sich's verdient.

Bekanntlich gibt es in jeder Mannschaft ein »schwarzes Schaf« – bei uns war das naturgemäß nicht anders. Der »Schwarze« in der Gruppe, nennen wir ihn Werner, hatte sich sehr bald als Angeber, Aufschneider und alles und jedes Besserwissender in kürzester Zeit die Sympathien nicht nur verdorben, sondern bei manchen Kollegen bereits Mordphantasien ausgelöst. An mir ist die Sache eher vorübergegangen. Erstens war ich mit der Arbeit dermaßen zugeschüttet, dass ich Werners Verhalten in der Gruppe nicht bemerkt hatte, andererseits hatte er sich mir gegenüber immer korrekt verhalten – oder ich hatte wieder mal nicht aufgepasst … in Wahrheit hörte ich jemandem nur zu, wenn es mir gerade passte. Das brachte meine Umwelt zwar des Öfteren zur Weißglut, ich hatte und habe noch immer das Talent, vieles beziehungsweise das meiste zu überhören.

Zurück zu unserem schwarzen Schaf: Während der Dreharbeiten hatte man ihm mehrmals »Fallen« gestellt, die aber harmlos waren. In der letzten Nacht in Lauterbrunnen holte die Gruppe zum »Supergau« aus! Überraschend hatte sich der sonst eher »feine« und stets sich des Wiener Kaufmannsadels bewusste Gösta als deren Anführer entpuppt. Werner hatte sich am Schlussbesäufnis in der Bar natürlich nicht beteiligt – er faselte am Abend etwas von einem unaufschiebbaren Termin bei einem Konsortium einer internationalen Versicherungsholding in Zürich und dürfe sich deshalb mit dem »Plebs« nicht betrinken, weil er doch am nächsten Tag schon früh am Morgen in Zürich von den Vorständen der wichtigsten Versicherungen dieser Welt nüchtern und klaren Kopfes erwartet würde.

Ich hatte vergessen hinzuzufügen, dass er es vom Versicherungskeiler immerhin zum »Herrn Direktor« gebracht hatte – was mich aber wunderte, denn sein Englisch reichte kaum für ein akzentfreies »Good Morning«.

Als die Gruppe reich illuminiert von der Bar den Weg zum Hotel suchte, bemerkten sie »Werners« Citroën DS 21. Was dann kam, hatte Gösta bis vor wenigen Jahren noch auf das Strengste bestritten – jetzt im hohen Alter gibt er es endlich zu – je näher alte Männer dem Himmelstor kommen, desto ehrlicher werden sie!

Gösta hatte offensichtlich das Kommando über die vierköpfige Truppe und einen Zahnstocher in der Tasche. Mit diesem öffnete er die Abdeckung zum Türschloss und dann »brunzte« die ganze Truppe, Mann für Mann, in das Türschloss! So etwas ist schon bei zwanzig Grad plus nicht gut für das Schloss. Bei minus vierzig Grad, es war mittlerweile vier Uhr früh geworden, wirkt sich so etwas höchst verderblich aus. Innert Minuten war der gesamte Schlossapparat betonhart zugefroren. Auf beiden Seiten, versteht sich.

Ich pflegte nach der Aufregung des Tages bei offenem Fenster zu schlafen. Nicht sperrangelweit offen, da wäre ich tot gewesen, aber doch so weit offen, beziehungsweise angelehnt, dass gedämpfte Schallwellen von draußen in mein Zimmer dringen konnten.

Es muss halb sechs Uhr früh gewesen sein, als schreckliche Schreie durch den frostigen Morgen schallten. Ich wusste die Schreie nicht gleich einem Lebewesen zuzuordnen. Wurde etwa einer Zuchtsau in Zeitlupentempo die Kehle durchschnitten – oder einem Gamsbock die Eingeweide ohne Narkose in einem Stück rausgerissen?

Zwischendurch hörte ich aber »Polizei«, dann irgendwas mit »Urinproben« … und erriet die Stimmlage und sah plötzlich »Werner« vor mir und dachte schon, er würde eben ans Kreuz geschlagen! Andererseits der Ruf nach »Urinproben«? Ich wälzte mich aus dem Bett, schlich zum Fenster, schob den Vorhang zur Seite und sah ihn unten vor seinem DS 21 toben und mit einem frisch erstandenen Schweizermesser am Türschloss hantierend. Es folgten vergebliche Versuche, mit dem goldenen Dunhill die pickelharte »Brunze« (Urin) aufzutauen … bis zu meinem Fenster in den ersten Stock konnte ich die gelben Schlieren entlang der Fahrertür bis hinunter zum Boden erkennen.

Die Kerle müssen ganze Hektoliter ihres Besäufnisses in der Bar für Werners »Zitrone« aufgespart haben. Es glich einer Tropfsteinhöhle – der gefrorene Harn bildete eine feste Verbindung vom unteren Ende der Autotür zum Boden. Ich erinnerte mich an meine Zeit im Brucker Gymnasium: Hatte das nicht »Stalaktitten« (schon wieder Titten?), nein, »Stalaktiten« und »Stalagmiten« geheißen?

ES WIRD EIN LOTUS

In der Konditorei am Kohlmarkt: Jochen Rindt wollte gegen zehn Uhr vorbeikommen. Wir hatten uns dort schon öfters getroffen. Ich glaube, mich zu erinnern, dass Rolf Markl damit begonnen und diese merkwürdige Konditorei als Treffpunkt ausgesucht hatte. Es war so ein typischer Wiener Altweibertreff – ähnlich der »K&K Hofbäckerei Gerstner« auf der Kärntner Straße, wo Dieter Quester regelmäßig ordinierte.

Wie üblich kam Jochen um zwanzig Minuten zu spät. Wie üblich hatte ich gerade ein Sachertortenscheitel in der Arbeit und wie üblich kostete Jochen ein Stück davon, wie üblich fragte er, »ob sie gut schmeckt«, und wie üblich aß er davon, als wär's sein Stück ... und wie üblich starrte ich gelähmt auf mein kleiner werdendes Tortenstück. Aber was tut man nicht alles für den internationalen Rennsport.

Er wollte natürlich wissen, »Wie's war?« – beim 007-Film natürlich. Und vor allem wie viel ich verdiente? Als ich ihm die Summe nannte, fiel er in Schockstarre. Es muss so schlimm für ihn gewesen sein, dass er sogar meine Torte stehen ließ – zumindest für Sekunden. Jetzt musste ich ihm alles erzählen. Als ich ihm von den Honoraren meiner Mannschaft berichtete, nickte er und sagte: »Do woast eh aunständig.« (Da warst du ohnehin anständig.)

Immer wieder schüttelte er den Kopf und wiederholte mehrmals die Summe, »... und in Schweizer Franken auch noch«, wo der Franken doch ständig steige. Was man weder vom US-Dollar noch von den britischen Pfund behaupten könnte, sagte er und bestellte für sich ein Stück Sachertorte ... ohne Schlag (Sahne).

Mein Rennprojekt mit den Ford Escorts interessierte ihn wenig. Er sagte nur, dass Alan Mann das beste Team dafür wäre ... und fragte gleich weiter, ob ich im Filmgeschäft weitermachen würde. Ich nickte, zumindest würde ich es versuchen. Da kaute er erst einmal runter, blickte zu mir und sagte, ich möge ihn beim nächsten Mal nicht vergessen, weil: »... i wü a mitfoan« (ich will auch mitfahren).

Zurück zum Filmbusiness: Als der neue 007-Streifen dann auf dem Markt war, wurde Lazenby für den Golden Globe Award immerhin als Bester Nachwuchsdarsteller nominiert. Er drehte aber plötzlich durch. Während Pressekonferenzen erschien er mit langen Haaren und Vollbart, machte einen sehr ungepflegten Eindruck – und begann plötzlich vor der versammelten Presse über die »James Bond«-Rolle als nicht zeitgemäß und so weiter zu schwadronieren. So etwas nehmen einem Konzerne wie United Artists übel. Gerade dass sie ihm nicht einen Killer an den Hals hetzten. Es war nicht verständlich, was in den Ex-Gebrauchtwagenhändler plötzlich gefahren war. Schließlich verdankte er der Rolle ein völlig neues Leben. Die Sache war ihm einfach in den Kopf gestiegen. Als ich mit Albert Broccoli in London essen war, verdächtigte er Lazenby, Drogen zu nehmen. Der Vertriebsriese United Artists sprach mit Broccoli und Saltzman ein ernstes Wort – schließlich war es höchst merkwürdig, dass der Hauptdarsteller plötzlich den Film »runtermachte«. Sie zeigten George Lazenby die »gelbe Karte« und als er das noch immer nicht kapierte, war er auf die Sekunde »draußen«.

Man muss sich vorstellen, dass ihm von der EON Productions ein Vertrag für sechs (!!!) weitere 007-Filme angeboten worden war – und der Idiot begann plötzlich an den Vertragsklauseln rumzumeckern, bis es Broccoli-Saltzman zu viel war. Man stelle sich vor, Fritz Muliar spielte die Hauptrolle in einem Nestroy-Stück und sagte nachher, seine Rolle als »Leim« wäre scheiße und Tischler gäb's heute ohnehin keine mehr und überhaupt sei das ganze Theater nichts als Schrott.

Zur großen Filmpremiere in den USA wurde er nicht einmal mehr mitgenommen – in der Promotion war nur von Diana Rigg und Telly Savalas (Blofeld) die Rede. George Lazenby spielte später bei drittklassigen Filmen à la Hongkong-Action und billigen Bond-Parodien mit. Er heiratete in zweiter Ehe die amerikanische Tennisspielerin Pam Shriver – nach sechs Jahren war auch diese Rolle zu Ende.

Vom üppigen James-Bond-Geld hatte ich mir eine kleine Wohnung am Wilhelminenberg am Rande Wiens gekauft. Das Haus war gerade fertig geworden. Ich glaube, dass ich sogar der erste »Bewohner« war.

Fünfzig Meter darunter war ein kleines Gasthaus mit dem Namen »Fuchsenloch«. Ich hatte also für Speis' und Trank' nicht weit.

Meine kleine Bude bestand aus Wohnzimmer, Küche und einem Balkon. Die Küche empfand ich als überflüssig und holte den Hausmeister. Er möge alles rausreißen und mir ein raumausfüllendes Bett bauen. Damals waren die »Holzrostbetten« die große Mode. Ich schenkte ihm dafür den Herd.

Damit hatte ich ein ausreichend breites Bett für Besuche – ich dachte eben schon immer in die Zukunft. Schlimm wurde es erst, als ich Monate später mit Gösta Zwilling während einer Fahrt in der Mariahilferstraße ein Tapetengeschäft entdeckte und plötzlich eine Idee hatte – ich hatte immer Ideen, wenn auch nicht immer die besten. Ich fragte den Verkäufer um eine orange Tapete, damals war Orange die In-Farbe.

Er schlug ein dickes Probenbuch auf, ich entdeckte ein oranges Viereck und tippe drauf. Diese Tapete wünschte ich in meiner Wohnung – und zwar nicht nur an den vier Wänden, sondern auch an der Decke! Der Verkäufer sah mich an und fragte, ob ich mir nicht andere Tapetenproben ansehen möchte, ich winkte ungeduldig ab und sagte, nein, diese ... oder keine. Der Verkäufer nickte verschreckt.

Dann bat ich um eine Probe von Spannteppichen – auch damals eine Modeseuche. Er schlug ein dickes Buch auf – ich entdeckte eine dunkelbraunen Fleck und sagte: Diesen! Der Verkäufer, inzwischen klüger, wagte nicht zu widersprechen, nickte nur stumm und schrieb die Bestellung. Da ich wieder mal am

Sprung nach England war, gab ich ihm meine Schlüssel, zahlte und rauschte mit Gösta ab. Der meinte noch, als wir weiterfuhren, ob ich mir wirklich vorstellen könnte, wie das aussehe.

Nein, konnte ich Depp natürlich nicht!

Als ich von England zurückkam und meine Wohnung betrat, das Licht im Wohnzimmer einschaltete, bekam ich einen Schock! Das Orange war plötzlich viel dunkler, als ich es von der Probe her in Erinnerung hatte – klar, ein vier Quadratzentimeter großer Fleck macht einen anderen Eindruck als eine fünfzehn Quadratmeter große Fläche. Und dieses Orange auf allen vier Wänden und Decke ... und am Boden ein dunkelbrauner Spannteppich. Von außen sah meine Bude sündiger aus, als der schlimmste Puff auf der Reeperbahn.

Nach einer Weile des Betrachtens brach ich in schallendes Gelächter aus – wenigstens wussten die Mädels gleich nach Betreten meiner Wohnung, was nun Sache wäre ...

//

Clive Davidson lud mich zu einer Party in der King's Road ein. Dazu möchte ich nicht unerwähnt lassen, dass ich ein Un-Partygeher bin – vielleicht ist das etwas übertrieben, zumindest gehe ich nicht gerne hin. Erstens interessiert mich Tanzen nicht und zweitens der Small Talk schon gar nicht. Der Grund, warum ich ab und an doch eine Party besuchte, war die Hoffnung, ein Mädel abzuschleppen.

Deshalb hatte ich in den angloamerikanischen Ländern immer ein bissl Probleme. Ich bin nicht der Typ, der ab vier Uhr nachmittags mit dem Whiskyglas'l in der Hand am wohlgeschnittenen Rasen steht und mit irgendwem übers Wetter oder die Kartoffelpreise parliert. Ich kannte Clive und seine lustige Runde und war mir deswegen sicher, dass sich meine Jagdtriebe lohnen würden. Ich wurde nicht enttäuscht. Anita hieß das schöne Kind, mit giraffenartigen Haxen, die knapp unter der Schulter zu beginnen schienen, groß, lange blonde Haare bis an den kleinen Po reichend und als Bonus war sie auch noch Schwedin. Damals galten die Mädels aus dem hohen Norden als absoluter »Triple Jackpot«.

Ich flirtete mit ihr auf Teufel komm raus. Sie hatte offensichtlich vorher noch nie mit einem forschen Steirer zu tun, denn nachdem ich ihr meinen Arm charmant um die Schulter gelegt hatte, landete ihre Hand auf meinem Oberschenkel. Ein guter Anfang. Womit ich allerdings nicht gerechnet hatte, war die Tatsache, dass das gute Kind schon seit Stunden keine Flüssigkeit mehr zu sich genommen hatte und nun versuchte dieses Defizit innerhalb weniger Minuten auszugleichen – und zwar mit Wodka-Cocktails ... als militanter »Anti-Alki« hatte ich keine Ahnung, was sie sich da alles hineingeschüttet hatte. Irgendwann verschwand sie schwer angeschlagen aufs Klo und ward nicht mehr gesehen ...

Clive kam zu mir und fragte, wo meine Schöne sei – ich wusste es nicht. Erst als Freunde des Hauses die Ambulance riefen, war das Rätsel gelöst. Ich hatte genug von der Party und den anderen Gästen, die nur blöde der Halbtoten hinterhergelacht hatten, und verzog mich nach Hause. Clive rief mir noch nach, ich möge am nächsten Morgen gegen 11a.m. ins Sound Studio kommen, um meinen Text für den »Shot on Ice«-Film zu sprechen.

Ich wollte gerade die Wohnung Richtung Studio verlassen, als Anita anrief. Sie war schon wieder pudel putzmunter, kräftig auf den Beinen und fragte keck, wie es mir ginge und wann ich die Party verlassen hatte. Ich war erstaunt ob ihrer Konstitution, dachte, dass sie zumindest einige Tage in der Intensivstation verbringen würde. Ich erzählte ihr von meinen Tonaufnahmen und wenn sie wünschte, könnte sie ins Studio zu kommen. Sie versprach, in einer Stunde dort zu sein.

Clive hatte den Film nahezu fertig geschnitten. Es war ein 12-Minuten-Streifen, der einerseits von den Dreharbeiten des Bond-Films handelte und Szenen aus dem Originalfilm zeigte. Ich spielte in diesem Streifen so etwas wie die »Feature«-Person mit »Closeups« und minutenlangem Interview über unsere Arbeit.

Für mich eine geile Sache – der Kapfenberger einmal nicht im schwer verständlichen steirischen Dialekt, sondern in voller Länge auf Englisch – wenn das mein Englischprofessor vom Brucker Gymnasium noch erlebt hätte …. Als Anita den Film gesehen hatte, hatte ich bei ihr nicht nur »einen Stein im Brett«, sondern Steine im Ausmaß der nördlichen Kalkalpen! Sie muss im ersten Moment gedacht haben, dass ich eine Mischung aus Alain Delon und Jackie Stewart wäre! Ab jetzt hatte niemand mehr ein Leiberl bei ihr – außer ich. Wenn ich gewollt hätte, hätte sie die schwedische Staatsbürgerschaft auf die Sekunde abgelegt und beim Landeshauptmann Josef Krainer um die steirische Landesbürgerschaft angesucht.

Sie war ein ausnehmend hübsches Mädel, alle beneideten mich um sie – das war damals in den »Rockin' Sixties« sehr wichtig. Ihr Hang zu »hot drinks« irritierte mich allerdings. Ich hatte wie bereits erwähnt schon mit betrunkenen Geschlechtsgenossen meine Probleme, mit besoffenen Mädeln konnte ich überhaupt nichts anfangen.

Die Tonaufnahmen für »Shot on Ice« fielen mir leichter als anfangs gehofft. Als geborener Schwadroneur redete ich einfach munter darauflos, während der Operator den Film in Sequenzen abspielte.

Mein Englisch war damals recht gut. Grammatikalisch natürlich weit von perfekt entfernt, klang aber nach Englisch und nicht wie das Stakkato der Deutschen, wenn sie es auf Englisch versuchten – und schon gar nicht wie bei den Franzosen, bei denen man immer heraushörte, dass sie ganz bewusst so taten, als gäbe es die englische Sprache nicht.

Der tägliche Umgang mit Leuten im Renn- oder Filmbusiness hatte mein Ohr geschult. Andererseits handelte und handelt es sich dort noch heute meist um Menschen von ungeduldigem Temperament, ich war also gezwungen, genau zuzuhören und möglichst schnell mit einer Antwort parat zu sein. Eine zweite Chance gab es nicht!

Clive war von meinem Kommentar begeistert. Ich hatte beim Abspielen natürlich einige Fehler bemerkt und wollte sie anschließend ausbessern. Clive hatte abgewunken und gemeint, dass diese »Schnitzer« sehr gut dazu passten, er wollte gar keinen perfekten Englischkommentar – dann hätte er sich gleich einen »echten« Engländer nehmen können.

Ende März wurde in Silverstone um die BRDC (British Racing Drivers' Club) International Trophy für Formel-1-Rennwagen ein Nicht-WM-Rennen gefahren. Vor dem ersten WM-Lauf in Spanien eine letzte Feuerprobe der neuen Autos. Die gesamte GP-Elite war an der Startlinie. Jackie Stewart/Matra-Ford auf Pole, daneben Jack Brabham und Chris Amon auf Ferrari. Jochen stellte seinen Lotus 49 auf den achten Startplatz, Teamkollege Graham Hill war zehnter. Rindt fetzte mit der schnellsten Runde bis zum zweiten Platz vor, konnte aber Jack Brabham nicht mehr einholen.

Jochen war nach Silverstone sehr optimistisch. Ich traf ihn in London, als ich zu Alan Mann unterwegs war. Er war wie immer kurz angebunden, Aktenkoffer in der Hand, leichte Vorderlage, ungeduldig und schon am Sprung: »Ja, der Lotus geht recht guat …«

Bevor wir uns trennten, fragte er noch: »Gibt's scho a neichen Füm?« (Gibt es schon einen neuen Film?)

Brauchte er am Ende Geld?

//

Der Manager vom Team Alan Mann, Keith Green, wollte meine Termine für die Tourenwagenrennen wissen. Das erste EM-Rennen in Monza war bereits Geschichte – Aspern stand Mitte April im Kalender, vierzehn Tage später Belgrad. Er schüttelte den Kopf, zog die Augenbrauen hoch und sagte plötzlich, mein Auto würde vor Ende April, eher Anfang Mai nicht fertig werden. Für mich ein Schock. Ich war eigentlich nach Byfleet gekommen, um eine Sitzprobe in »meinem« Auto vorzunehmen. Jetzt auf einmal Mai? Unmöglich. Walter Hayes hatte mir einen profitablen Bonusvertrag für die EM- und österreichischen Meisterschaftsläufe angeboten und jetzt würde ich ein volles Drittel der Rennen versäumen … und die möglichen Prämien könnte ich mir in die Haare reiben.

Der Grund war das Ford-Rallyeteam! Die hatten plötzlich technische Probleme mit dem Fahrgestell, weil das Chassis für einen Rallyeeinsatz zu filigran war. Die für Rennpisten geeignete Ölkühler-Konstruktion für das Sperrdifferenzial und das Watts-Linkage an der Hinterachse vertrugen kein Bombardement mit Steinen.

Deshalb hieß es für das Ford-Rallyeteam schon nach den ersten Tests auf Schotterpisten »back to the drawing board«. Meine G'schichten waren dem Management in Boreham egal. Ich versuchte den obersten Boss Walter Hayes anzurufen. Klar, wenn man jemanden braucht, ist er nicht da … Hayes war gerade in Dearborn/USA bei den »Aller-Obersten« von Ford!

Mein Glück, er käme heute Nacht zurück und wäre morgen wieder im Büro. Seine Sekretärin mochte mich sehr, sie war schon öfters in Zell am See Ski fahren und trug mich für morgen um vier Uhr nachmittags in Hayes Terminkalender ein.

Ich sagte Green nichts von Hayes, sondern spielte auf »total angefressen«. Im Inneren war ich voll der Hoffnung, Hayes würde für das »007-Escort-Racing-Team« ein Machtwort sprechen. Bevor ich abdampfte, folgte ich Keith in die Werkstatt und sah sechs aufgebockte Escort-»Kastl'n« mit fertig geschweißten Radkästen. Die 1600er Maschinen mit dem Antriebsstrang wurden gerade in die Fahrgestelle gehievt. Mit Kreide war auf den Windschutzscheiben »Rallye/Boreham« zu lesen. Nachdem ich mich in der Montagehalle umgesehen hatte, ahnte ich, dass mein Auto vor Ende Mai ganz sicher nicht fertig würde. Die »Scheiß-Rallye-Schlurfs« schimpfte ich in mich hinein – immerhin hatte ich noch eine Chance: Walter Hayes. Am Firmeneingang traf ich Frank Gardner.

Ich erzählte ihm von meinen Nöten. Er wusste Bescheid und sagte mir, dass das ganze Escort-Rennprogramm über den Haufen geworfen war und auch bei seinem Wagen für die Tourenwagen-EM und »British Saloon Car Championship« gäbe es Wickeln. Er erklärte mir, dass die Differenzialsperre das Drehmoment des Ford-FVA-Motors nicht aushielte, die Rallyeautos würden Kühlungsprobleme haben und so weiter und so fort.

Mich interessierten die Ford-Wickeln wenig – so wie's zu diesem Zeitpunkt aussah, konnte ich mir

VOLLGAS ODER NIX /// ES WIRD EIN LOTUS

Jochen Rindt, Lotus 49 Ford,
Silverstone International Trophy 1969

die ganze Saison 1969 in die Haare schmieren. Die ersten beiden Einstundenrennen in Monza und Wien-Aspern, die für mich am Beginn der Saison so wichtig gewesen wären, waren abzuschreiben und die Vier- und Sechsstundenrennen würden das ganze Rennbudget über den Haufen werfen. Ich kickte einen Stein weg und schimpfte »Scheiße« – und übersetzte »Scheiße« für Frank ins Englische ...

Auf dem Weg zum Ford-Headquarter am nächsten Tag traf ich Andrew Ferguson, den allmächtigen Rennmanager vom Team Lotus. Ich fragte ihn nach Jochen Rindt und ob der sich im Team Lotus wohlfühlte. Andrew war von Rindt begeistert. Colin hätte ihn gleich nach dem Unfall Clarks 1968 ins Team holen sollen. Wir wechselten das Thema. Ich erzählte ihm von meinem Escort-Troubles. Er tat sehr erstaunt: »Oh, really?«, legte seinen Kopf schief und die Stirn in Falten. Die Anteilnahme half mir wenig, meine Hoffnung ruhte in der obersten Etage bei Walter Hayes. Andrew schrieb sich meine Telefonnummer auf und fragte noch, ob ich eine Alternative hätte. Ich verneinte, weil es für ein anderes Auto längst zu spät wäre.

Walter Hayes begrüßte mich freundlich, fragte mich nach Wien und ob ich vom Skifahren käme. Ich verneinte und kam gleich zur Sache: Meine Escort-Träume wären grade am Platzen! Hayes spielte mit einem zum Brieföffner umfunktionierten silbernen Dolch zwischen seine Fingerspitzen, legte ihn zur Seite, zog an seiner Pfeife und sagte dann, er wisse um die Verzögerungen beim Escort-Projekt und dass ich nicht der Einzige wäre, der plötzlich auf die Warteschlange gereiht wurde. Auch Frank Gardners Werkswagen wäre davon betroffen. Alles wenig hilfreich. Er versprach mir, sich darum zu kümmern, und fragte mich noch, was der allerletzte Termin wäre, um das Projekt zu retten.

Ich sagte ihm, dass das Auto schon in Österreich sein sollte, denn der ersten EM-Lauf in Monza wäre nicht mehr zu halten ... und dann käme das Rennen in Aspern ... für mich das wichtigste Rennen, weil die österreichischen Sponsoren Hella, Castrol und die Wiener Vertretung des Filmvertriebs das 007-Racing-Team bei einer Pressekonferenz in Wien vorstellen wollten und ein Rennen in Holland oder sonst wo wäre für diese Firmen uninteressant. Walter Hayes wusste natürlich um das Problem Bescheid. Sponsoring hatte eben erst in Europa begonnen und wenn wichtige Termine nicht eingehalten wurden, war die Sache gelaufen.

Mit gebeugtem Haupt fuhr ich wieder nach London, verkroch mich in der Bude von Clive Davidson und rief Anita an. Sie war auch nicht besonders gut drauf, weil sie sich die Beine wund gelaufen hatte – den ganzen Tag ist sie mit der »Setcard« unterm Arm von einem Casting zum anderen gerannt. Und? Ein Job in Sicht? Eher nicht, antwortete sie. Ich bat sie, zu mir zu kommen – Let's have some blues together ...

In Wien erzählte mir Gösta Zwilling von einem »Buggy«-Projekt für AutoCross-Rennen ... ob ich Lust hätte. Der US-Superstar Steve McQueen hatte mit seinem neuen Film »Thomas Crown Affair« (Thomas Crown ist nicht zu fassen) den »Buggy«-Virus in die Welt gesetzt. Das Ganze kam natürlich aus der Gegend um Kalifornien und hatte irgendwie mit der »Volkswagen«-Krankheit in den USA zu tun. Der Käfer war gegen die Amischlitten ein derartiger Anachronismus, dass die dort drüben voll auf die üble Kiste abgefahren waren. Beim Anblick der Vorderachse (Kurbellenker – sonst nur noch bei Panzern in Verwendung) und dem Blupp-Blupp des brustschwachen Vierzylinders mit »Föhnkühlung« bekamen die US-Boys offensichtlich einen Steifen ...

Die ersten »Buggys« bestanden eigentlich nur aus gekürzter Bodenplatte, Rädern, Motor und zwei Sitzen. Fahrer und Beifahrerin saßen sozusagen im Freien. »Bug« kam/kommt von Käfer, Wanze ... aber

AutoCross Buggys

auch von Fehler oder Defekt ... und die »Wanze« ohne Karosse mutierte dann zum »Buggy«; zu Deutsch: »Wanzi«.

Da es in den USA schon seit einer Ewigkeit Polyester-Karossen in den verschiedensten Formen (von Bugatti- bis Ferrari-Kopien) gab, war es nur eine Frage der Zeit, bis »Wanzi« eine Kunststoffschüssel hatte. Die Buggys wurden hauptsächlich zu »Bläsereien« am Strand oder Dünen verwendet, deshalb montierte man eine drei bis vier Meter hohe Antenne mit einer Flagge obendran – damit die Autos hinter und zwischen den Hügeln zu erkennen waren.

Gösta wollte einen Buggy aus den USA importieren, beim VW-Gerstinger montieren und ihn dann mit dem 007-James-Bond-Glavitza bei AutoCross-Rennen einzusetzen. Der alte Gerstinger war wie damals alle VW-Händler ein knorriger und für die damalige Hippie-Zeit ein sehr konservativer Typ, dafür hatte er eine fesche Tochter – ein superheißes Girl –, die ihn zum Buggy-Projekt überredet hatte. Da bekanntlich Väter ihren Töchtern zumeist erlegen waren, willigte er ein.

Mit mir hatte der Alte natürlich keine Freude. Einmal war er fast ausgerastet. Er hatte einen 911er Porsche in der Garage, mit dem er nur an handverlesenen Festtagen ein paar Kilometer um den Häuserblock fuhr ... vielleicht sogar am »Staatsfeiertag« einmal langsam auf den Kahlenberg. Sonst stand das schöne Stück in der klimatisierten Garage und wurde mit feinstem Rehleder von Staubflankerln befreit.

Nach dem Bond-Film bekam ich von etlichen Firmen Angebote, bei Werbefilmen aufzutreten. Ein Unternehmen für Männerkosmetik bat mich gegen Honorar bei einem Kurzfilm mitzuwirken. Das Script: Ich sollte mit einem Porsche ins Wiener Stadion fahren und auf der Laufbahn anhalten, aussteigen, ein fesches Mädel käme mit einer Flasche Rasierwasser daher, ich würde die Flasche nehmen ... etwas vom Rasierwasser auf meine Wange tupfen ... und sie wäre vom Duft dermaßen überwältigt, dass sie mich küsste. Unglaublich kreativ!

Das Honorar: Ein paar Kartons mit Rasierwasser. Meine Urenkel wären noch versorgt gewesen.

Ich hatte keine besondere Lust dazu und maulte herum ... dann sagten sie, sie hätten mit dem alten Gerstinger gesprochen und der würde ihnen seinen »heiligen« 911er für die Aufnahmen borgen. Nun, der alte Gerstinger war mir wurscht – weniger wurscht war mir seine Tochter »Mimi«, mit der ich gerne ein »Pantscherl« gehabt hätte – aber die Gute war, wie damals unter den Altwiener Geschäftsleuten üblich, von Frühkindheitsalter an irgendeinen Idioten versprochen … und solche Versprechen wurden als stramme Erben des Großdeutschen Reiches bis zum bitteren Ende eingehalten.

In diesem Falle im wahrsten Sinne des Wortes … nach ein paar Ehejahren mit diesem Deppen hatte ihn »Mimi« mit einem festen Tritt in den Arsch in den schwerelosen Raum entsorgt. Das Mädel hatte eben Charakter!

Zurück zum 911er. Am Drehtag war meine Lust, für ein paar Flaschen Rasierwasser den Dödel zu spielen, weit unter null. Außerdem knotzte ich mit einem heißen Mädel im Bett herum, als mich die Duftwasserleute anriefen – wo ich denn geblieben wäre? Das ganze Team wäre im Wiener Stadion versammelt und würde meiner harren.

Scheiße – ich hatte den Termin vergessen! Das konnte ich ihnen natürlich nicht sagen, darum schwadronierte ich etwas von einem Fieberanfall. Der Mann am anderen Ende war in seiner Verzweiflung kurz angebunden und übergab den Hörer an den alten Gerstinger. Der empfahl mir eine Tasse brennheißen Salbeitee und eine Handvoll Aspirin, dann wäre das Fieber weg – ich möge doch kommen, denn »alle« würden auf mich warten.

So nebenbei erwähnte er, dass er mit »seinem« 911er ins Stadion fahren würde – dann »cut« – ich müsste dann nur noch aus dem Auto steigen und den Reklame-»Tschingl« runterleiern. Was? Er fährt mit dem 911er ins Stadion, weil ich dafür zu deppert wäre? Das kann's ja nicht sein! Darauf meine Frage an ihn: Wieso er fahren sollte – ich wäre doch dafür vorgesehen? Seine Antwort kam kurz und schneidig, im Feldwebeltonfall einer SS-Panzerdivision: Weil mit »seinem« Porsche führe außer ihm »niemand« – stramme Betonung auf »seinem« und »niemand«!

Da ich Militärton, Kaserne, Befehle und Porsche-Wichser schon immer wie nichts auf der Welt hasste und auch heute noch hasse, kam meine Antwort wie ein Reflex: »Schieben Sie sich Ihren 911er in den Arsch!«, und legte auf und wandte mich wieder meinem Mädel zu …

Nach der Rasierwasser-Porsche-Geschichte erreichte mich der erschütternde Anruf aus England – sogar der Oberboss Hayes: Er wäre »terrible sorry«, die Leute in Boreham hätten ihm mitgeteilt, dass sie mehr als vier Monate »behind schedule« wären … und so weiter und so fort.

Damit war mein Ford-Escort-Projekt gestorben.

//

Es war kaum eine Stunde vergangen, als das Telefon wieder läutete, ein Anruf aus England, diesmal aus Norwich: Andrew Ferguson meldete sich am anderen Ende. Wie es mit meinem Escort-Projekt ausschaue, wollte er wissen. Na, Scheiße – war meine Antwort. Er habe am Rande erfahren, dass es Probleme gäbe. Dann wollte er wissen, ob ich mit der Verzögerung »leben« könnte oder andere Pläne hätte. Nein, könnte ich nicht – und eine Alternative hätte ich nicht.

Andrew Ferguson erzählte vom neuen Lotus 62-Projekt, einem Sport-Protoypen mit Rohrrahmen und 2-Liter-Motor, mit dem man den Porsches Carrera 906 bis 910 einheizen wollte. Als Fahrer waren John Miles und Jackie Oliver vorgesehen, die im Vorjahr mit dem Lotus 47-Ford TC (Rennversion des Lotus-Europa-Renault) in der 1600er Klasse erfolgreich waren. Für mich eher halb interessant: Ja –

und? Andrew plauderte dann locker weiter, es wäre einer der 47er zu haben und könnte gut in mein 007-Rennteam passen. Ich kannte das Auto nur von den Zeitschriften her, hatte es »live« nie gesehen. Aber die 1600er Klasse? Auch darauf wusste Andrew eine Antwort: Gerade diese Kategorie gäbe es am »Kontinent« – damit meinte er Europa. Die Engländer fühlten (und fühlen) sich nie als Europäer …

Ich war von diesem neuen Projekt dermaßen überrascht und während mein Hirn auf Hochtouren »kochte«, quasselte er mich voll … Werkswagen, kaum gefahren, weil Reservewagen von Miles/Oliver … noch in den »Gold Leaf«-Werksfarben rot/weiß, neuer Motor, neues Getriebe …

Als ich aufgelegt hatte, starrte ich minutenlang zum Fenster hinaus. In meinem Kopf zogen Gedanken wie Wolken im Sturm am Himmel. Lotus … Ex-Werkswagen, Jochen fährt auch Lotus, die Sponsoren würden sich freuen … Starts in Italien … Italienerinnen …

Überraschend war auch Willy Galambos, Ford-Austria-Büro Wien, mit meinem Wechsel einverstanden. Er hatte sich bei Hayes für mein Escort-Projekt stark gemacht und war ebenfalls enttäuscht, dass das Auto erst im Mai fertig würde. Galambos hatte eine große Pressekonferenz im Rahmen des Asperner Rennens mit dem 007-Escort vorbereitet, Frank Gardner wäre nach Wien gekommen und natürlich als Höhepunkt die neue Lotus-Granate Jochen Rindt … es wäre also ein Mordszirkus geworden.

Ich hatte ihm dann die Alternativversion vorgeschlagen – Lotus-Ford 47 für internationale Sportwagenrennen. Ihm gefiel das Projekt, er griff zum Telefon und rief den Ford-Betrieb von Rudolf Reichel in Bruck/Mur an und fragte, ob er das »James-Bond-Rennteam« bei sich unterbringen könnte. Der damals bereits in Ehren ergraute Chef und langjährige Ford-Partner war zu meiner Überraschung begeistert und hieß uns herzlich willkommen!

Dazu hatte Willy Galambos noch eine Überraschung für mich parat. Er war ein Mann der vielen Worte und so nebenbei ausgebildeter Tenor … und wenn's beim Heurigen spät wurde, pflegte er seine Freunde mit dem Repertoire aus »Zigeunerbaron« zu unterhalten. Er begann von der in England entstandenen Formel-Ford zu erzählen … ich kannte diese Nachwuchsrennformel. Willy kam zum Punkt: Die Ford-Motors-Austria möchte die Formel-Ford in Österreich haben und ich wäre der richtige Mann als Formel-Ford-Manager. Während ich ehrlich überrascht nach Luft rang, offerierte er mir ein ansehnliches Monatshonorar … ein Angebot, das ich nicht ablehnen konnte.

TRIEST-OPICINA

Ich flog wieder nach England und fuhr auf Einladung von Andrew Ferguson nach Norwich zu Lotus. Das Großraumbüro in der Zentrale hatte mich jedes Mal fasziniert. In der Mitte der Stirnseite saß Colin Chapman, im weißen Hemd, Krawatte und einen Sweater mit V-Ausschnitt, gleich daneben Andrew Ferguson.

Ich fragte ihn, ob ich mir den 47 mal anschauen könnte? Klar doch. Also gingen wir nach hinten in die Rennabteilung vom »Team Lotus«. Die Grand-Prix-Autos von Jochen Rindt und Graham Hill waren schon unterwegs nach Spanien. Zwei leere Monocoque-Chassis waren auf Richtplatten gespannt. Weiter hinten war die Sportwagenabteilung mit dem neuen 62/1 mit dem 2-Liter-Vauxhall-Motor LV 220 (Lotus Typ 904) und dahinter der 47 in den Farben vom »Gold Leaf Team«.

Ich hatte mich früher für diesen Wagen kaum interessiert. Ich wusste zwar, dass ein Straßenmodell unter »Lotus Europa« mit Renault-Motor am Markt war, von der Rennversion wusste ich wenig.

Jacky Oliver/John Miles, Lotus 47,
6 Stunden Brands Hatch 1968

Als ich ihn da allerdings vor mir sah, tief, geduckt, das Dach kaum Hüfthoch, die Magnesium-Räder vom Formel-2-Wagen, faszinierte mich das Auto. Eine klassische Chapman-Konstruktion. Leicht, fragil, genial … sah schon stehend sauschnell aus. Ich öffnete die Tür, nur eine dünne Kunststoffhaut. Ich hatte zu fest angezogen und sie beinah aus den Scharnieren gerissen. Ein Schnürl verhinderte, dass man sie zu weit aufklappen konnte. Einer Windböe hätte der lächerliche Faden nie und nimmer standgehalten. Das Chassis war in der typischen Lotus-Bauweise gefertigt: Ein viereckiger Zentralträger aus dünnem Stahlblech war mit einer glasfaserverstärkten Polyester-Karosse verklebt. Man saß sozusagen auf einer Polyesterhaut. Der Motor war wie bei modernen Rennwagen gleich hinter dem Fahrer montiert. Dieses Mittelmotorkonzept mit dem unglaublich geringen Gewicht verlieh dem Wagen ein superioses Fahrverhalten. Die Radaufhängungen und Lenkung kamen beim Werkswagen »Gold Leaf Team Lotus« vom Formel-2-Auto. Der Motor, ein Twin-Cam-Cosworth mit Tecalemit-Saugrohreinspritzung leistete etwa 180 PS, als Kraftübertragung war das Hewland-Fünfganggetriebe FT-200 vom Formel-2-Wagen angeflanscht.

Langsam und behutsam, dass ich nichts abbrach, glitt ich in den Fahrersitz. In einen Rennwagen zu steigen, gleiten, schlüpfen, war und bleibt eine geile Sache. John Miles war der Letzte, der diesen Wagen am Airfield von Norwich gefahren hatte. Miles war meine Größe und deshalb passte ich in das Auto wie ein Fuß in einen maßgeschneiderten Schuh.

Mein Gesäß und Oberkörper waren fest mit dem Wagen verbunden – die Pedale passten perfekt. Ich streckte die Arme nach vor und ließ meine Hände einfach auf das Lenkrad fallen. Die Entfernung passte ebenfalls. Ich hätte sofort losfahren können.

Bis Dick Scammel den Wagen aufs Airfield rollte, wurde ich mit Fish 'n' Chips gelabt. In Jeans und Rollkragenpullover machte ich mich für die ersten Testfahrten parat. Scammel holte vom Büro drei Helme – ein weißer und ein dunkelgrüner Bell-Helm sowie einen dunkelblauen Buco-Helm, wie ihn Jim Clark getragen hatte. Der Buco war zwar nicht Clarks persönlicher Helm, aber als Clark-Verehrer nahm ich mir den Buco-Helm. Er war mir etwas zu groß – darum hab ich ihn mir nachher nicht »eingeschoben«, sondern brav zurückgegeben.

Nachdem ich mich wieder ins Cockpit geschält hatte, ohne einen Schalter oder Hebel abzubrechen, schnallte mich Scammel mit dem Britax-Gurt fest. Der Britax war ein so genannter Vierpunktgurt. Schultern und Bauch waren mit je zwei Gurten fixiert. Ich führe das deshalb hier an, weil es damals bereits den sehr professionellen Sechspunktgurt gegeben hatte, der zusätzlich mit zwei Gurten zwischen den Beinen ein Vorrutschen bei einem Aufprall verhinderte. Das sollte bei Rindts Unfall in Monza eine sehr große – wenn nicht die entscheidende Rolle spielen. Davon später.

Dick Scammel erklärte mir dann das umständliche Startprozedere. Zuerst elektrische Benzinpumpe einschalten, bis zum Beginn des Tickens eingeschaltet lassen, dann Benzinpumpe aus – Motor mit dem elektrischen Starter bei Vollgas anlassen – Motor springt an, Gas weg und Benzinpumpe wieder an … dann mit Gas den Motor bei Drehzahl halten.

Erster Gang rein, Drehzahl auf 9.500… Kupplungsdruckpunkt, dann los. Andrew Ferguson hatte vorher am linken Sitz Platz genommen – wahrscheinlich wollte er als »Aufpass-Papi« mitfahren.

Ich jubelte den Motor auf 10.500 hoch und zackte die Gänge bis zum fünften Gang hinein. Der Wagen war sehr schnell übersetzt und deshalb hatten wir im fünften Gang bei 9.000 U/min einen ordentlichen

Fleck drauf. Andrew gab mir mit Handzeichen zu verstehen, dass da vorne bald die Landebahn zu Ende wäre … ich bremste und schaltete, mit der Ferse Zwischengas, bis auf den zweiten Gang runter. Ich merkte mir dabei die Landebahnleuchte mit einer großen Holztafel – das nächste Mal würde ich gute zwanzig Meter später »den Anker auswerfen«.

Im zweiten Gang umdrehen ging nur mit »Nachschleifen« der Kupplung, dann ging's wieder mit »voller Wäsche« zurück. Das Auto fühlte sich gut an. Es war totales Rennwagenfeeling. Mit Drehmoment im unteren Drehzahlbereich war nicht viel los, man musste den Motor drehen lassen, als wäre der Teufel hinter uns her. Am oberen Ende der Landebahn war eine betonierte Verbreiterung, sicherlich der Platz für Chapmans Flugzeuge. Ich schaltete auf den dritten Gang zurück, lenkte nach links und ließ dann den Renner in einer weiten Rechtskurve ziemlich flott wieder in die lange Gerade hinein. Die Seitenbeschleunigung presste die linke Seite meines Brustkorbs in die Sitzflanken – die Haftung der breiten Firestones war geil.

Dann jubelten wir wieder die lange Gerade hinunter. Im Fünfer bis zu der Holztafel bei den Landeleuchten und … ein bissl drüber … im Seitenwinkel meiner Augen bemerkte ich Andrews Hände nach der Sitzbefestigung greifen … ich bremste diesmal später … wie ich merkte, war es sehr spät … aber es war sich ausgegangen …

Nachdem ich ein paarmal die Landepiste auf und ab geflitzt war, rollten wir langsam zurück in die Werkshalle. Andrew lachte: »Ich dachte schon, wir würden in der Kirche von Norwich landen!«

Das Rennen in Triest-Opicina wurde die Premiere für den Lotus 47. Der Veranstalter hatte mir dreitausendfünfhundert Schillinge als Startgeld angeboten, dafür musste ich ihm ein paar Wochen vorher einen Satz Fotos von den James-Bond-Dreharbeiten für PR-Aktionen schicken. Ich bekam einen Startplatz in der Sportwagenklasse bis 1600 ccm. Meine Gegner: eine Horde Alfa Romeo Giulia TZ. Deshalb rechnete ich mir anfangs wenig Chancen aus. Die Alfas und Abarths waren in Italien kaum zu »bügeln«.

Als ich die Ausschreibung und den »historischen Anhang« überflog, fand ich Jochen Rindt in der Chronik als Sieger 1962 mit einer Giulietta TI vom Grazer Alfa-Händler Ossi Vogl und meinen Spezi Hellfried von Kiwisch, auch ein steirisches Benzindenkmal, der in Triest 1964 mit einem Abarth die 850er Klasse gewann. Also bis jetzt war dort alles in steirischer Hand … wäre schön, wenn ich die Tradition fortsetzen könnte.

Inzwischen waren die Zeitungen voll mit der Diskussion über die hohen Flügel in der Formel 1. Jochen Rindt hatte einen »offenen« Brief an die technische Kommission der FIA (Fédération Internationale de l'Automobile) gegen die fragilen Flügelaufbauten verfasst. Gemeinsam mit Jackie Stewart bildete er eine Front gegen aerodynamische Hilfen.

Ich erinnerte mich an ein Gespräch mit ihm in London über dieses Thema und er erklärte mir, dass die Flügel nur in Fahrtrichtung »downforce (Abtrieb)« erzeugten – im Falle eines Drehers würde aus dem Abtrieb plötzlich Auftrieb werden. Klingt logisch.

Jochens Boss Colin Chapman tobte über die Initiative vom Duo Stewart-Rindt, erzählte mir Andrew Ferguson später. Colin soll sogar gesagt haben, die Fahrer sollten sich aufs Fahren konzentrieren und über Themen, von denen sie keine Ahnung hätten, gefälligst die Klappe halten.

Am Samstag begannen in Triest die Trainingsläufe. Ich wusste, dass ich den Start unbedingt besser machen musste. Beim ersten Lauf war's ganz okay, beim zweiten ging's voll in die Hose. Unser Alan-Mann-Mechaniker Robin wurde ungeduldig und laut. Er merkte, dass ich Hemmungen hatte, die

VOLLGAS ODER NIX /// TRIEST-OPICINA

Erich Glavitza, Lotus 47, Triest-Opicina 1969

Colin Chapman und die Diskussion über die hohen Flügel bei der Silverstone International Trophy 1969

Kupplung bei fast 10.000 Umdrehungen pro Minute voll schleifen zu lassen – wahrscheinlich hatte ich Angst, die Kupplung zu ruinieren. Der Italiener Aldo Bersona war mit seinem Alfa noch immer schneller gewesen. Nicht viel … aber knapp daneben ist auch daneben!

Robin schimpfte: »Vergiss diese Scheißkupplung – wenn sie nach dem Rennen hin ist, bauen wir eine neue ein!«

Am Renntag war herrliches Wetter, rechts und links der Strecke, direkt am Gehsteig und am Straßenrand bis zum Ziel Menschentrauben. Man raste mit »vollem Fleck« durch ein Zuschauerspalier – unvorstellbar, wenn einem da das Auto unterm Arsch wegrutschte, womöglich in die Zuschauer.

Ich hatte in der Nacht noch im Geiste die Strecke mehrmals abgefahren und vor allem den Start im Kopf geübt. Der erste Start war mir dann auch recht gut gelungen – nicht perfekt, aber die Drehzahl ist nicht in den Keller und bis zur Rechtskurve nach der Kirche musste ich zumindest den dritten Gang einlegen … hätte ich den Start verschissen, wäre ich dort erst im zweiten Gang gewesen. Der Rest war dann nicht sensationell, aber einigermaßen flott. Bersano hatte, wenn ich mich recht erinnere, eine halbe Sekunde länger gebraucht.

Der zweite Durchgang war noch besser. Die Rechte war im dritten Gang gerade noch voll gegangen, das Auto hatte schon zu rutschen begonnen – ich war am Gas geblieben – gottlob war die Kurve bald zu Ende – vierter Gang rein und zwischen den Zuschauern ging's mit »vollem Hammer« hinauf zum Fußballstadion und weiter …

Entweder hatte Bersano Scheiße gebaut – oder er war einfach langsamer, egal, diesmal war ich deutlich schneller gewesen und hab gewonnen. Als der ganze Rennkonvoi wieder hinunter in die City rollte, war die Strecke von begeisterten Italienern überschwemmt. Es war ein tolles Erlebnis. Robin war angetan. Über den ersten Start hat er noch gemeckert, aber mit dem zweiten war er zufrieden und mit der gefahrenen Zeit auch.

Bis zur Siegerehrung am Abend hatten wir noch Zeit und spazierten zum Schloss Miramare. Ich erzählte unserem schottischen Mechaniker vom Kaiser Max(imilian), der sich angeblich von hier 1863 nach Mexiko einschiffte und dort als Kaiser vier Jahre später erschossen wurde – im Gartenhaus soll seine Gattin Charlotte nach ihrer Rückkehr wegen geistiger Verwirrung eingesperrt worden sein – da gab's auch irgendeine Geschichte mit dem Papst Pius, der seine Hände im Spiel gehabt haben soll. Mein Vater hatte mir das alles einmal im Detail erzählt.

Die Siegerehrung war dann in einem festlichen Rahmen – die Italiener waren alle »in Schale« (gut angezogen) – wir weniger, dafür hatten wir gewonnen und ich kassierte umgerechnet siebentausend und fünfhundert Schilling. Für die damalige Zeit ein Vermögen – mit dem Startgeld zusammen ein Drittel eines fabrikneuen Volkswagens!

//

Am Pfingstmontag war im Lande allgemeine Feststimmung und natürlich »Ruhetag«. Der Chef des Hauses, Rudolf Reichel senior, lud zum Picknick in seinen Garten ein. Seine Söhne Rudi, Klaus und Heinz saßen alle aufgefädelt wie die Spatzen auf den Telefonleitungen. Wir mussten dem alten Herrn vom Rennen in Triest erzählen. Er war mit seinen »Buben« zufrieden und ließ die Gläser mit Champagner füllen. Es war an diesem Montag sehr heiß in der Steiermark, entsprechend ausgelassen war die Runde. Zu allem Übermut füllten wir meinen Siegerpokal mit Schampus und reichten ihn durch die Runde.

Der »Mittlere«, also Klaus, hatte gerade sein Ingenieurstudium in Kfz-Technik in Graz abgeschlossen und so nebenbei in der väterlichen Werkstätte einen »heißen« Ford Anglia gebaut. Das Motortuning erstreckte sich in den Anbau von zwei Weber-Doppelvergasern und vier Rennkolben für erhöhte Verdichtung und einen etwas umfangreicheren Eingriff in die Hinterachse des alten Anglias.

Er wusste natürlich, dass Robin bei Alan Mann an den Cortinas von Frank Gardner gearbeitet hatte, und nützte die Gelegenheit, um dem Schotten seinen Renner zu zeigen. Irgendwann waren dann beide in den hinteren Räumen der Werkstätte verschwunden. Es dauerte nicht lange und wir hörten das dumpfe Grollen des Anglia-Motors, als die beiden mit dem Wagen durch den Werkstättenhof nach draußen fuhren. Die wollten das Auto natürlich probieren, nickten wir einander im Garten zu – und plauderten weiter, natürlich über Autos.

Wir hatten in den Liegestühlen lümmelnd bereits mehrere Stunden verplaudert, als plötzlich der Chefverkäufer des Hauses mit bleichem Gesicht in den Garten stürzte: »De Buam ham si in Boch eini iberschlog'n ... und san mit da Rettung im Spitoi!« (Die Buben haben sich in ein Bachbett überschlagen – und sind mit der Ambulanz ins Spital gefahren worden.)

Allgemeiner Schock – so friedlich hatte der Nachmittag begonnen. Herrlich im Garten in den Liegestühlen bei Champagner, Cola, Mineralwasser und Brötchen – und dann der Knaller in den Thörlbach! Das Spital war gerade mal dreihundert Meter von Reichels Domizil entfernt – Rudolf, der Älteste, rannte sofort hinüber, wir folgten mit dem Vater und Heinz. Als wir im zweiten Stock angelangt waren, hatte Rudolf junior schon alles »erledigt« und konnte uns, vor allem den Vater, einigermaßen beruhigen. Außer einer Platzwunde am harten Schottenschädel, die genäht werden musste, waren die beiden mit Prellungen, Gehirnerschütterung und Abschürfungen davongekommen.

Klaus war sogar in der Lage, uns den Hergang des »Geschehens« zu erklären. Er war mit dem Auto von Kapfenberg Richtung Thörl gefahren – sie waren natürlich flott unterwegs –, schließlich musste die Hinterachse getestet werden.

In Thörl wurde gewendet und Robin übernahm das Lenkrad. Ein Schotte sollte nie auf steirischen Straßen versuchen schnell zu fahren – vor allem nicht, bevor er zwei, drei Jahre dort trainiert hatte – und auch mit dem Rechtsverkehr nicht wirklich »firm« war.

Vielleicht waren beide auch vom Siegesschampus etwas angeregt – auf jeden Fall legte Robin gleich vom Start weg ordentlich los. Beide »Rennfahrer« nicht angeschnallt! Bis zur Autobusstation St. Margrethen ging's einigermaßen, obwohl Klaus bereits ernste Bedenken hatte. In einer lang gezogenen Linkskurve war dann »party over«. Robin steuerte den Wagen viel zu früh in die Kurve – der Anglia sprang wie von einer Skischanze in das tief drunterliegende Schotterbett des Thörlbachs. Der Wagen überschlug sich mehrmals und blieb am Dach liegen ....

Klaus wachte als Erster auf, weil er klares Gebirgswasser in seinem Mund schmeckte, und sah Robin am Dach mit angezogenen Beinen eingerollt liegen. Wasser rann in seinen Mund ...

Gottlob war das Wasser dort nicht sehr tief, darum konnte Klaus sofort die Tür öffnen und Robin aus dem Wagen zerren. Inzwischen waren schon Autofahrer stehen geblieben, ins Bachbett hinuntergerannt, um die beiden zu befreien. Darunter auch der Chefverkäufer des Hauses Ford Reichel ...

SCHWEDEN WAR IMMER EINE REISE WERT

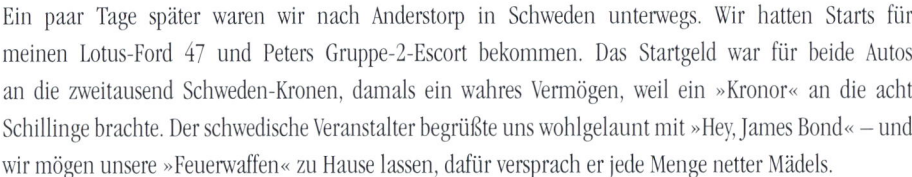

Ein paar Tage später waren wir nach Anderstorp in Schweden unterwegs. Wir hatten Starts für meinen Lotus-Ford 47 und Peters Gruppe-2-Escort bekommen. Das Startgeld war für beide Autos an die zweitausend Schweden-Kronen, damals ein wahres Vermögen, weil ein »Kronor« an die acht Schillinge brachte. Der schwedische Veranstalter begrüßte uns wohlgelaunt mit »Hey, James Bond« – und wir mögen unsere »Feuerwaffen« zu Hause lassen, dafür versprach er jede Menge netter Mädels.

Das Hauptrennen des Wochenendes war dort der Meisterschaftslauf für Formel-3-Rennwagen. Auf dem großen Poster blickten sich die beiden Schweden Ronnie Peterson und Reine Wisell streng in die Augen. Unten die Headline: Ronnie vs Reine … mehr war da nicht. Und alle ahnten, dass es am Sonntag hier rundgehen würde. Unsere Rennen für Sportwagen-Prototypen und Tourenwagen Gruppe 2 waren Nebensache.

Das Rennbüro war in einer weiß getünchten Holzbaracke. Nachdem wir unsere Papiere bekommen hatten, fragte ich nach einem Quartier – und löste allgemeines Erstaunen unter den Schweden aus. Hatten wir denn keines reserviert? Natürlich nicht – als wir die Nennung abgegeben hatten, wussten wir noch nicht einmal, ob wir überhaupt Rennautos haben würden.

Der füllige Chef der Veranstaltung ließ uns aber nicht verkommen und griff zum Telefon. Immerhin organisierte er für uns ein fensterloses Kellerverlies in einer Volksschule – dafür wohlfeil, nämlich gratis. Nach einem Rundgang zwischen den im Wald verstreuten Häusern landeten wir in einem Laden, in dem man Mistschaufeln, Zigaretten, Pferdepeitschen, Milch und Kekse bekam. Ich entschied mich für die in Mode gekommenen Holzschlapfen, genannt »Clogs«.

Die Nacht in unserem Kellerverlies war pechschwarz – es gab kein Licht in diesem Raum … dafür am Gang. Um irgendetwas zu finden, mussten wir die Türe weit aufmachen, am Gang das Licht einschalten … und suchen. Das Häusl (Toilette) war einen Stock höher. Sparen kann manchmal wehtun. Während ich das Häusl suchte, erinnerte ich mich an frühe Worte meines Freundes Peter, der einmal gesagt hatte, wenn er nicht in einem schönen und luxuriösen Hotel wohnen könnte, pfiffe er aufs Rennfahren. Ich glaube mich zu erinnern, dass er diese Worte in Monaco von sich gegeben hatte, als wir in einem Grandhotel auf Einladung des Veranstalters Austern schlürften. Aber wie sagte doch Deutschlands Ex-Kanzler Adenauer: Es sollte mich nie jemand daran hindern, klüger zu werden.

Ich wusste damals mit voller Blase ein Häusl suchend nicht, ob ich nun wirklich klüger geworden war. Nach der Abnahme am frühen Morgen krochen wir in die Baracke des Rennbüros und wurden von einem hübschen Mädchen mit Kaffee und »Bröd« zur Menschwerdung zurückgerufen. Die Finsternis unseres Bunkers drückte schwer aufs Gemüt, dafür hätten wir einen Atomkrieg überlebt. Der Keller war strahlungssicher – wir hätten vielleicht als einzige Bewohner dieser Erde überlebt ... dafür blind. Anhaltende Dunkelheit soll das Sehvermögen schwächen.

Der erste Trainingslauf verlief ansprechend. Ich schloss mich einer Gruppe Chevron- und Elva-Sportwagen an und wir »windschatteten« uns gegenseitig über die lange Gegengerade, die auch als Landebahn für Flugzeuge diente. Der Grip war gut, die Kurven zum Teil leicht nach außen hin überhöht, man konnte sich also mit »vollem Hammer« nach innen fallen lassen. Um schnell zu sein, musste man sehr früh aufs Gas. In Wahrheit war die Piste ideal für Formel-3-Rennwagen, denn die konnten hier mit hohen Drehzahlen durch die Kurven wetzen ... und erzielten sagenhafte Rundenzeiten.

Während ich meinen Wagen für den zweiten Lauf fertig machte, spazierte ich zu den Dunlop-Leuten und borgte mir einen Luftdruckmesser aus. Laut Robin hatte ich vorne etwas zu viel Druck. Ich spürte auch in den Beschleunigungsphasen etwas Untersteuern – das konnte ich im »Exit« (Kurvenausgang) überhaupt nicht brauchen. Beim Dunlop-Transporter angekommen, erstarrte ich – unmittelbar am Zaun bemerkte ich ein süßes Mädel, blond, schlank, wohlgeformt um die Brust und Hüfte, blaue Augen ... und hatte sofort vergessen, warum ich eigentlich hier war. Ich wartete, bis die holde Maid herschaute – dann lächelte ich mein zartestes Steirerlächeln – und – und – man glaubt es nicht, das hübsche Mädl lächelte zurück. Nachdem wir einander minutenlang »an«-gelächelt hatten, bemerkte ich in meiner Hand den Druckluftmesser und wusste im ersten Moment nicht, was ich mit dem Gerät in der Hand eigentlich wollte ... Ach ja, die Luft in den Vorderreifen ...

Ich nickte dem Mädchen zu – sie nickte zurück – und ging dann langsam wieder zu meinem Rennwagen. Während ich die Luft vorne prüfte, richtete ich mich auf und suchte meine Schwedin ... vergeblich, sie schien sich irgendwo in den Birkenwäldern rund ums Fahrerlager verlaufen zu haben.

Beim zweiten Trainingslauf »pickten« die Chevrons und ich wieder dicht beieinander und hingen uns an einen bärenstarken Lola-Chevy V8. Der Fahrer, ich glaube er hieß Beech oder Leech oder so ähnlich (ich erinnere mich nur an eine fesche Schweizerin an seiner Seite), war keine besondere Leuchte, denn in den Kurven waren wir deutlich schneller. Auf der langen Geraden donnerte er mit seinem brüllenden 5-Liter-Chevy wieder an uns vorbei – kaum war er vorne, schlüpften wir in seinen Windschatten und ließen uns bis zum Ende der Geraden von ihm »mitnehmen«. Oben in der Bremszone überholten wir ihn wieder und fuhren in den anschließenden Kurven vor seiner Nase herum, bis wir wieder in die Gerade einbogen und er von hinten angeflogen kam, und das Spiel begann wieder von vorne.

In der Rechtskurve vor der Landebahn versuchte ich einmal im Übermut einen Chevron-BMW innen zu überholen, aber das Heck meines Lotus war damit nicht einverstanden und schlug aus, wie ein

Mustang nach einem Hornissenstich. Der Wagen wirbelte zweimal herum – aber außer dass mir ein Elva und der Lola vorgefahren waren, war nix passiert. Die Jagd ging munter weiter. Wir hatten eine Mordshetz, nur der Mister Leech weniger, weil er nach dem Qualilauf meckerte, wir hätten ihn »aufgehalten«. Na, so was – Autorennen ist eben kein Knabenchor!

Noch glücklicher war ich, als ich mein Schwedenmädl nahe bei uns am Zaun des Fahrerlagers entdeckte. Schnurstracks ging ich auf sie zu und versuchte mit ihr eine Konversation zu beginnen. Übers Leben und so. Das ging gleich in die Hosen. Sie verstand weder Deutsch noch Englisch und ich war des Schwedischen nicht mächtig. Ich wusste gerade mal, dass »svenska flickör« »schwedische Mädeln« hieß, dazu noch wichtige Dinge wie »mücke bro« – so viel wie »sehr gut« – und »mücke snap« – sehr schnell ... und »Joho« heißt »ja«.

Irgendwie waren mir die Probleme der Völkerverständigung egal und ich holte sie zu mir ins Fahrerlager. Sie strahlte mich an, ich strahlte zurück, in der übrigen Zeit fuchtelten wir mit den Händen in der Luft. Die Turteleien hatten dann ein rasches Ende, weil ein junger Mann kam, finster wie alle Schweden dreinschaute und mit ihr abzog. Sie deutete mir aber im Gehen, dass sie morgen wieder hier wäre. Na, wunderbar. Vielleicht war der blonde Kerl nur ihr Bruder – sonst müsste ich ihm halt eine in die Goschen hau'n.

Am Abend gingen wir zur Fahrerparty im Festsaal des Gemeindeamts. Der Saal war bumsvoll. Der schwedische Playboy und Rennfahrer Ulf Norinder, mit Bart und rundlicher Figur, brüllte im Vollrausch herum ... und sein Busenfreund Picko Troberg warf Feuerwerkskracher unters Volk. Es ging zu wie bei einer Wikinger-Schlacht.

Am Häusl lernte ich Ronnie Peterson kennen, ein ruhiger, introvertierter Typ, der gleich mit drei umwerfenden »Hasen« bei der Party war. Er war damals schon ein sauschneller Formel-3-Fahrer. Jochen Rindt bezeichnete ihn als »latest of the late-brakers« – einer der am spätesten in die Eisen steigt. Peterson fuhr damals einen Tecno-Novamotor. Eine sehr kluge Wahl für die Saison 1969. Dazu muss man wissen, dass es damals an die zehn bis fünfzehn verschiedene Formel-3-Hersteller gab. Neben den bekanntesten Namen wie Lotus, Brabham, Cooper gab es noch Merlyn und Chevron sowie die italienischen Tecno, Birel, Titan, Bellasi etc. etc.

Der Tecno Formel 3 war Ende der Sechziger das überlegene Auto. Der Grund: Der Fahrer war weit vorne platziert und hatte eine sehr gute Gewichtsverteilung beim Bremsen. Damit war die »halbe Schicht« im Kasten: Wer einmal in der Kurve Erster war, hatte für den Abschnitt »danach« die besseren Karten. Dort wo die Brabhams und Lotus den Anker auswarfen, hatte Ronnie seinen rechten Fuß noch voll am Boden – auf Vollgas. Sein stärkster Gegner, Reine Wisell aus Motala, war schwedischer F3-Meister 1967, fuhr einen Chevron, der von Derek Bennett, dem Boss von Chevron, persönlich betreut wurde. Bennett war wie Chapman ein Renntechnikgenie.

Mein alter Spezi Peter Gethin gewann mit einem Chevron Formel 5000 alles, was zu gewinnen war. Gethin wollte mich unbedingt vom Lotus 47 auf einen Chevron-BMW-Sportwagen »umpolen« – leider hab ich nicht auf ihn gehört. Aber das ist eine andere Geschichte.

Ulf Norinder war einer der ganz großen »Party-Geiger« in den Sechzigerjahren – sein richtiger Name war Ulf Stellan Albert Johnsson-Norinder, in Bollnäs 1934 geboren. Ulf war stets mit Geldregen gesegnet.

VOLLGAS ODER NIX /// SCHWEDEN WAR IMMER EINE REISE WERT

Ronnie Peterson

Reine Wisell

Mühlen und große Waldgebiete um Hälsingland sorgten für pralle Konten. Er trieb sich zumeist mit dem nobel auftretenden Jo Bonnier herum und begann früh mit der Rennfahrerei, die er aber nicht sehr professionell betrieb. Für ihn war das immer ein großer Spaß. Aus der Portokasse leistete er sich verschiedene Ferraris – ein GTO aus Norinders Besitz landete Jahrzehnte später in Jay Lenos Garage um 6,5 Millionen US-Dollar.

Wenn er einmal zwischen seinen Partys Zeit hatte, heiratete er – er hatte dafür drei Mal Zeit. Das erste Mal für Jill Donohue, die Tochter vom bekannten Regisseur Jack Donohue – der Sohn lebt in Schweden, die Tochter hat es in die Schweiz verschlagen. Nebenbei kaufte er sich einen Lola-T-70-Sportprototypen und einen Lola F 5000 für Formel-5000-Rennen. Seine Berühmtheit beschränkte sich aber eher auf spektakuläre Partys – zu seinem Geburtstag lud er alle seine Renn-»Haberer« in die Wälder von Schweden ein – wie üblich war dort in der Mitte ein See. Als Höhepunkt des Tages näherte sich ein Hubschrauber, der sich einen Meter über die Wasseroberfläche niederließ – und heraus purzelten ein Knäul lustiger »nock'ate Mad'ln« (nackte Mädchen). Mike Hailwood, Peter Gethin et al lauerten bereits am Seerand und stürzten auf ein Zeichen ins Wasser – und schnappten sich die quirligen Nymphen!

Ulfs Leben war eine einzige Party – auf youtube.com gibt's eine wunderbare Doku über den verrückten Schweden: »A swedish documentary about Ulf Norinder the racing driver« – mit Aufnahmen von Ronnie Peterson, Reine Wisell, Picko Troberg und der ganzen Rock-'n'-Roll-Gesellschaft Schwedens. Am 14. November 1978 war »party over« ... in Monte Carlo machte er seinem Leben ein Ende.

Als wir am Morgen beim Fahrerlager ankamen, sah ich mein schwedisches Mädel beim Büro der Rennleitung. Ich fackelte nicht lange und lud sie in mein Auto und nahm sie mit hinein zu unserer Box. Sie war wirklich lieblich anzusehen und ich vergaß fast das Warm-up am Vormittag. Irgendwie schaffte ich es, ihren Vornamen zu erfahren – »Astrid« hieß das schöne Kind – sie erklärte mir, dass Österreich »Österrike« hieß. Na, endlich ...

Nach dem Start klebte ich mich sofort wie im Training hinter den riesigen Lola T 70. Knapp hinter mir die beiden Chevrons – in dem Geschlängel bis zur Landebahn waren wir deutlich schneller, nur wollte ich kein Überholmanöver riskieren – denn hätte ich da einen kleinen Fehler gemacht, wären die Chevrons sofort vorne gewesen. Der Lola-Fahrer hatte uns natürlich im Rückspiegel bemerkt und versuchte uns auf der langen Geraden abzuschütteln. Aber da half alles Zickzack-Fahren nichts, wir pickten wie die Moskitos in seinem Windschatten.

Ich erinnere mich noch genau, wie er versuchte in der Bremszone am Ende der »Landebahn« statt links außen zu bleiben, rechts innen »zuzumachen«. Ich hatte das irgendwie geahnt, bin links geblieben und hab ihn außen überholt, als er dann hinter mir zornig nach links lenkte, zischten die beiden Chevrons innen an ihm vorbei. Der Brite muss in seinem Auto getobt haben!

Ich konnte mit meinem 1600er Lotus-Ford mit den beiden Chevron-BMW 2000 locker mithalten. Vielleicht im Kurvenausgang waren die manchmal schneller, aber in den schnellen Kurven, vor allem den 180ern (Halbkreis) war mein kleiner »Hecht« flinker. Als innere Zufriedenheit sich in mir breitmachte, schlug das Schicksal zu: Ausgerechnet am Ende der langen Geraden blieb das Gas stecken. Ich hatte gerade im fünften Gang volle »Wäsche« den Bremspunkt erreicht, stieg mit dem Bremsballen voll drauf und wollte mit der Ferse am Gaspedal zum Zwischengas tupfen ... als da nichts zum Tupfen war und der Motor im Vollgas blieb ... Scheiße ...

Ich hatte da ohnehin keine Zeit darüber nachzudenken, sondern riss den Wagen intuitiv in die Rechtskurve ... und wirbelte wild um die Achse drehend ins Out ... gottlob war dort wegen der Landebahn eine Auslaufzone mit viel Sand und Gestrüpp. Wahrscheinlich war dort auch eine kleine Erhebung, denn das Auto hob plötzlich ab – überschlug sich aber zum Glück nicht – und blieb schließlich in einer dichten Wolke aus Sand und Staub irgendwo im Niemandsland stehen.

Eine Flügelmutter hatte sich gelöst, ein Teil des Gasgestänges war runtergefallen und hatte sich bei Vollgas gegen den Zylinder abgestützt. Das war's dann!

//

Meine neuen Termine: London, Pinewood Studios, nahe Heathrow. Diana Rigg war in den USA, darum kletterte ich in Pelzjacke, Pelzhaube und braunen Damenhandschuhen in den Cougar. Die Nahaufnahmen dauerten bis in die Nacht. Am nächsten Morgen traf ich »Cindy«, die britische Eroberung meines Partners Peter, die als Chefsekretärin bei Alan Mann arbeitete. Dort »steamte« man über uns vor Zorn, weil wir erstens den Gruppe-5-Escort storniert hatten und zweitens – gleich noch mehr – weil sie erfahren hatten, dass Walter Hayes auf unserer Seite war, und drittens, weil Mo Gomm einen Ford Escort Gruppe 2 für Peter gebaut hatte.

Im Lotus-Office erzählte ich Andrew vom Triest-Opicina-Rennen und von meinen »Start-Problemen«. Er versprach, mir zwei Kupplungen zu schenken. Dann kamen wir auf Rindts Unfall in Barcelona zu sprechen. Andrew schüttelte den Kopf und sagte, dass Jochen unglaubliches Glück gehabt hatte. Zum Thema Flügel meinte er, dass er in Wahrheit froh wäre, dass die hohen aerodynamischen Hilfen verboten wurden ... nach dem Unfall von Jackie Oliver in Frankreich hätte man sofort was dagegen machen müssen. Er deutete in Richtung Chapmans Schreibtisch und sagte: »Colin tobte ... trotzdem war die Entscheidung der FIA richtig.«

Nach unserem Coffee-break gingen wir nach hinten in die Formel-1-Abteilung. Jochens verkrümmtes

Unfallauto lehnte noch immer an derselben Stelle wie vor ein paar Wochen. Daneben in einem anderen Raum war sein neuer Rennwagen gerade fertig geworden. Der vordere Karosserieteil fehlte, zwei Mechaniker schraubten am »Bulkhead«, an dem die Pedale gelagert waren. Die Sicherheitsgurte waren bereits montiert.

»Wos mochst'n du da?« (Was machst du da?), nasale Stimme von hinten.

Jochen Rindt war hereingekommen. Ich erzählte ihm von meinem Besuch bei Walter Hayes und unseren Formel-Ford-Plänen in Österreich.

»In da Vau lernst jo nix« (In der Formel V lerne man nichts), sagte er.

Ich deutete auf den Sicherheitsgurt und fragte, warum er einen Vierpunktgurt eingebaut hatte? Stewart hätte einen mit sechs Punkten ... mit dem geilen Verschluss in der Mitte ... rot eloxiert ... schaut super aus! Jochen winkte ab, lachte und griff sich in den Schritt: »I mog des ned ... de Gurt'n zwischen di Fiaß. Waun i wo einifoa, reißt's ma di Eier weg ... waun i nimma pudan kau, bin i liaba hi!« (Ich mag das nicht – die Gurten zwischen den Beinen! Wenn ich wo hineinfahre, reißt es mir die Eier weg ... bevor ich nicht mehr ficken kann, bin ich lieber tot.)

Schicksalsschwere Worte – beim Unfall in Monza sollte das tragische Realität werden.

Bevor wir uns zu Fergusons Schreibtisch verzogen, fragte mich Jochen nach 007. Ich erzählte ihm von den closeups in den Pinewood Studios und wie die »Maske« mich in »Tracy« verwandelte. Jochen zwickte mir in die Brust und sagte: »Di Emma Peel hot ah ned mea Bus'n ois du.« (Emma Peel hat auch nicht mehr Busen als du.)

Wir vereinbarten, uns am nächsten Tag in einem Restaurant in der Regent Street zu treffen. Er sagte noch, Bernie käme auch mit. Ich wusste damals nur am Rande, wer mit Bernie gemeint war. Zurück in London zog ich mich in die Wohnung von Clive am Hyde Park zurück. Am Abend kam er plötzlich mit drei Mädels daher – im Morgengrauen waren wir am Teppich eingeschlafen ... aber das war eine andere Geschichte.

Bis zur Regent Street war es nicht weit. Ich war wie üblich knapp vor neun dort – Jochen kam mir, eher unüblich, auch vor neun entgegen. Wir warteten vor dem Restaurant auf Bernie Ecclestone. Es dauerte nur wenige Minuten und Bernie tauchte auf. Ein kleiner Mann, in dunklem Mantel (schwarz, dunkelblau?) – damals schon weißes Hemd – und auffallend glänzend schwarzen Schuhen. Jochen stellte mich vor: »That's Eric – he's making millions crashing cars.« Bernie sah mir in die Augen, zog die linke Wange hoch, kniff dabei ein Auge zu und sagte: »What a unique way to make a living.«

Im Restaurant erzählte ihm Jochen von meinem James-Bond-Abenteuer. Während der nächsten Stunde drehte sich alles ums Geld beim Film. Die Gagen der Schauspieler, die Produktionskosten – und dass die Filme über Autorennen alle »crap« (Mist) wären. Das Steak im Restaurant war eine Himmelsgabe. Während Jochen und Bernie fast ein Drittel »nobel« am Teller überließen, hatte ich meines bis auf die letzte Faser weggeputzt.

Jochen deutete auf mich und sagte: »War generation!«, und vergaß überflüssigerweise nicht hinzuzufügen: »Kapfenberger!«

Darauf Bernie: »Kap... – what?«

Jochen beschrieb daraufhin meine Heimatstadt – er pries überraschend die Stadt mit ihren Böhler

Werken als Hersteller berühmter Stähle und so fort und so weiter. Eigentlich war ich überrascht über die Lobeshymnen. Als Jochen und ich einander wiedertrafen, fragte ich ihn, was er so besonders an Ecclestone fände? Da erzählte er mir begeistert, als er mit Bernie durchs Land gefahren war und an einem Gebrauchtwagenplatz gehalten hatte, wäre Bernie in der Lage gewesen, mit einem Blick den Gesamtwert der Autos zu erfassen – und den Profit, den er daraus herausschlagen könnte, hatte er in Sekundenschnelle ausgerechnet. Ecclestone pflegte damals am Land Gebrauchtwagen en gros einzukaufen – hielt an einem der Plätze an und bot dem Besitzer eine Summe »cash« auf die Hand. Der Besitzer bekam zumeist weiche Knie ob des Angebots und willigte ein.

Die Autos wurden sogleich von Transportern abgeholt und nach London in eine Spezialwerkstatt gefahren. Dort wartete ein Trupp von Indern und Pakistanern und polierte die Fahrzeuge auf Hochglanz. Die Bernie-Spezialität: spiegelglänzende Radkappen und Stoßstangen! Die Autos wurden dann präzise in einer Linie im Schauraum aufgefädelt und Londoner Kunden angeboten. Der Markt florierte und Bernie machte seine erste Million! Als wir uns später in Silverstone mit Jochen wiedertrafen, stellten wir fest, dass Bernie und ich an einem 28. Oktober geboren waren – er zwölf Jahre früher.

Vor dem Rückflug nach Wien machte ich noch schnell einen Sprung zum Racing-»Goodies«-Shop von Les Leston in der City. Für meinen Brucker Spezi Gerold Pankl kaufte ich zwei komplette Sets Nomex-Rennoveralls mit Balaclava (Haube unter dem Helm), Rennhandschuhen, Socken, Rennschuhen und dazu die berühmte Racing-Bag, eine braune Leinentasche mit einem schwarz-weiß karierten Streifen an der Seite.

Die neuen Overalls waren aus Nomex-Material genäht, das eine gewisse Zeit Feuer abweisen sollte. Bis zu diesem Zeitpunkt waren alle mit den hellblauen Dunlop-Overalls gefahren – die sofort lichterloh brannten. Seit dem Unfall von Lorenzo Bandini 1967 war man sensibler geworden.

Bernie Ecclestone

Jochen Rindt mit Colin Chapman in Monza 1969 im für die Zeit typischen feuerfesten Overall

APOLLO 11 AM MOND – LOTUS 47 IM OUT

Gerold Pankl zwei Monate nach seinem Unfall in Brands Hatch

Als frischer Formel-Ford-Manager veranstaltete ich Formel-Ford-Testfahrten in Graz und hatte dazu Niki Lauda und Gerold Pankl eingeladen. Die beiden waren zwar fest in Formel-V-Händen von Porsche Salzburg, aber einen Versuch war's wert. Gerold musste den Lotus gleich ordentlich »aunstöi'n« (anstellen – mit einer abrupten Richtungsänderung zum Driften bringen) und räuberte über den Kurs, als wäre die 5. Kavalleriedivision unter John Wayne hinter ihm her.

Als er mit seiner Räuberei fertig war, kletterte er aus dem Cockpit und sagte: »Beist deppat – dea Kibi get uandlich.« (Bist du verrückt – der Kübel geht ordentlich.)

Niki ging die Sache analytischer an. Er tastete sich nach zwei Runden »adagio« an die Grenzen und meinte nachher: »Beim Reinfahren in die Kurven untersteuert er …«

Gerold bellte dazwischen: »Sou a Bledsinn – du muaßt de Krax'n austäindig einistöll'n – daun rutscht'a vou söwa!« (So ein Blödsinn – du musst das Auto anständig hineinstellen – dann rutscht er von selbst.)

So weit die unterschiedlichen Ansichten über das Fahrverhalten des ersten Lotus 61 in Österreich.

Mit dem neuen Les-Leston-Equipment in der Tasche fuhr Gerold nach England zum »Guards International European 6 Hour Saloon Car Race«, wo er mit Ferfried von Hohenzollern einen 1600er BMW-Alpina TI fahren sollte. Betonung bei sollte …

Sein Auto kam etwas verspätet von der technischen Abnahme ins Fahrerlager und Gerold, einer der Ungeduldigsten aller Ungeduldigen, kochte bereits, weil die »anderen« schon auf der Rennstrecke ihre Runden drehten und er zusehen musste. Vor allem die Ford Escorts vom Team Broadspeed und Alfas von Autodelta wirbelten wie die Wilden um den Parcours und »zuschauen« war des ungestümen Obersteirers Sache nicht.

Kaum war der Wagen da, sprang er schon ins Cockpit, vergaß sich anzuschnallen, den Jethelm (kein Vollvisierhelm!) zu schließen und brauste mit durchdrehenden Hinterrädern aus der Boxengasse.

Ab der Druids-Rechtskurve mischte er sich unter einen Pulk schneller Alfas und jagte, ohne die Strecke zu kennen, mit. Nach der Linkskurve »Stirling« setzte sich der Verrückte sogar an die Spitze und raste die Gerade runter bis Clearways, einer problematischen Rechtskurve, weil sie erst »spät zumacht«, mit anderen Worten, der Radius wird nach der Kurveneinfahrt kleiner.

Gerold schoss auf die Kurve zu, dachte, sie ginge voll … als er den Irrtum bemerkte, war es schon zu spät. Mit über 160 km/h bohrte er sich »ung'spitzt« in den Erdwall. Frank Gardner war zu diesem Zeitpunkt gerade an der Box und sagte, es machte einen Knall, als wäre ein Flugzeug gegen einen Berg gerast. Gerold, nicht angeschnallt, zertrümmerte mit seinem Gesicht nicht nur Lenkrad und Lenksäule, sondern gleich das ganze Armaturenbrett … ein Gemetzel!

Das Training wurde sofort abgebrochen. Da die Clearways-Kurve nur etwa zweihundert Meter von den Boxen entfernt ist, rannte alles zum Unfallort. Auch Alpina-Chef Burkard Bovensiepen humpelte so schnell er konnte hin – und als er Gerold sah, sein Gesicht eine klaffende Fleischwunde, der Schädelknochen blankweiß frei … kippte er lautlos nach vorne und musste weggetragen werden. Gerold hatte komplizierte Beinbrüche, Kieferbruch und eine völlig zerschmetterte Nase. Dass er überhaupt diesen unglaublichen Crash überlebt hatte, war mehr als ein Wunder. Er war dann monatelang in englischen Spitälern, wurde dort auch mehrmals operiert und kam erst im Spätsommer wieder nach Österreich.

Er war nicht nur gesundheitlich angeschlagen, sondern vor allem psychisch völlig am Boden. Tagelang – es war gerade Hitzewelle in Österreich – versteckte er sich hinter verschlossenen Rollbalken in der elterlichen Wohnung, sprach mit niemanden, wollte niemanden sehen … er sprach nicht einmal mit seiner Mutter! Die Arme durfte ihm das Essen vor die verriegelte Tür stellen und nachdem er sicher war, dass sie gegangen war, schnappte er wie ein Krokodil nach dem Teller.

Seine Mutter bat mich verzweifelt, ob ich etwas unternehmen könnte, damit Gerold aus seinem selbst gewählten Verlies kommen würde. Meine ersten Versuche scheiterten. Drei Tage lang versuchte ich über

Klopfzeichen an ihn heranzukommen. Erst am vierten Tag hörte ich: »Schleich di … vaschwind … i wüü ned!« (Schleiche dich, verschwinde, ich will nicht.)

Schließlich wurde mir das alles zu blöd und ich kletterte wie ein Einbrecher am Blitzableiter hoch und trommelte an die Holzbalken und drohte sie einzuschlagen, bis er mir endlich öffnete. Ich kletterte hinein – und mir bot sich ein Bild des Jammers. Gerold hockte wie ein Gespenst in schmutzigen Unterhosen und einem hässlichen Unterleibchen mit Trägern (so etwas tragen heute nicht einmal mehr sibirische Wilderer) am Bettrand, alles abdunkelt, finster. Ich setzte mich zu ihm und sagte nur: »Da'zö amoi.« (Erzähl mal.)

Sonst ein gnadenloser Schwadroneur, der sein Gegenüber selten aussprechen ließ, ward ich zu einem obersteirischen Sigmund Freud mutiert. Das Therapiegespräch dauerte drei Stunden. Der Erfolg war überschaubar – immerhin ging er nachher unter die Dusche und zog sich frische Wäsche an. Am nächsten Tag fuhr ich ihn nach Leoben in eine Konditorei. Dort verschlang er zwei Malakofftorten und trank drei »Große Braune«, er war noch nie ein Kind von Traurigkeit, was er machte, hatte stets einen Hang zum Übermaß.

Nach zwei Wochen konnten wir ihn einigermaßen heil entlassen – zumindest was seine Psyche betraf. In Wahrheit hatte er sich von diesem Unfall – nein, nicht nur vom Unfall, sondern von der Gewissheit, durch seinen ureigenen Fehler eine der hoffnungsvollsten Karrieren nach Jochen Rindt im wahrsten Sinne des Wortes verschissen zu haben – nicht erholt.

///

Niki Lauda hatte später gemeinsam mit Gerold Pankl und dem begabten Rennwagentechniker Rolf Schmidt ein Formel-3-Team gegründet. Einziger Fehler des Trios: Sie besorgten sich McNamara-Rennwagen … mit Tecno wären sie besser beraten gewesen.

Beim Rennen auf dem Österreichring schaffte Niki gerade Mal den achten Rang – Gerold Pankl wurde Dritter! Die Toleranzgrenze von Nikis Ego war überschritten – er rauschte sofort nach Wien ab. Das Team zerfiel »instantan«.

Der Grund mag auch daran gelegen haben, dass Nikis damalige Freundin und Langzeitverlobte Mariella Reininghaus der italienischen Sprache sehr kundig war – weder Niki noch Gerold waren damals über »Bon Giorno« hinausgekommen. Die Novamotoren aus Italien waren das »must-have« in der Formel 3. Also schickten die beiden die schöne Mariella mit »cash« in der Tasche nach Novara – dieses war beim Kauf von italienischen Rennmotoren immer wichtig. Bestellung, womöglich Anzahlung und dann hinfahren und hoffen, man könnte den Motor am vereinbarten Lieferdatum abholen, gehörten ins Reich der Fabeln.

Die sicherste Methode war noch immer, mit dem »Knödel« (Wiener Jargon für Bargeld) unterm Arm hinzufahren, das Geld auf den Tisch zu legen und mit einem der eben fertig gewordenen Motoren – der allerdings für einen anderen Kunden, der ihn bereits angezahlt hatte, bestimmt war – wieder heimzufahren. Mariella verfügte über einen zauberhaften Charme, der die Italiener sofort »lähmte«. Angeblich gab's auch geheime Informationen, welcher Motor in welchen Drehzahlbereichen stärker war, und Mariella hätte diese heißen Infos nur an ihren Niki weitergegeben – zumindest wurde sie dieses »Hochverrats« von Gerold verdächtigt.

VOLLGAS ODER NIX /// APOLLO 11 AM MOND – LOTUS 47 IM OUT

Niki Lauda, McNamara 3B, Hockenheim Formel 3 1970

Mariella Reininghaus, Niki Lauda

Zur Information: Nikolaus Lauda war zu diesem Zeitpunkt dermaßen in die ranke, schlanke Mariella verliebt, dass er jeden Tag – ich betone jeden Tag – mit seinem PKW am Nachmittag von Wien nach Graz fuhr, Mariella von der Schule abholte und sie brav heimbrachte …

//

Mitte Juli zogen wir in Richtung Süden – es ging nach Mugello zum Internationalen Sportwagenrennen. Die Fahrt war mühsam … Peter, Robin und ich lösten uns im VW-Bus plus Anhänger mit Lotus 47 ab. Einer von uns lenkte dazwischen den BMW 2002. Die Route führte über endlos scheinende 900 km auf der italienischen Autostrada bis Florenz – der VW schaffte kaum einhundert Stundenkilometer – unterwegs stellten wir die Werkzeugkiste aufs Gaspedal. Der erste »Tempomat« in einem VW-Bus!

Das Startgeld von siebentausend und fünfhundert Schillingen für den 500 km Meisterschaftslauf auf einem sechzig Kilometer langen Straßenkurs schien uns ausreichend, um gegen eine Alfa-Romeo-Armada anzutreten. Es war in Europa ein besonders heißer Juli 1969 … Hitzewelle in Italien. Das bedeutete über vierzig Grad im Schatten. Nachdem wir in Florenz angekommen waren, verzogen wir uns in die klimatisierten Hotelzimmer – im Zimmer-TV lief die Übertragung vom »Apollo 11«-Start in Richtung Mond.

Die Strecke lag etliche Kilometer außerhalb der Stadt. Die Startrampen waren bereits aufgebaut, ein paar Alfa Romeos und ein Ferrari Dino standen neben den Tribünen. Ein Italiener sah mich länger als üblich an – mir kam er irgendwie bekannt vor. Er lachte und kam auf mich zu, da erkannte ich ihn – es war Aldo Bersano, mein Gegner von Trieste. Wir umarmten einander. Er fragte mich, ob ich schon eine Runde um den Kurs gefahren wäre? Nein, noch nicht. Er schon und so schlug er mir vor, hinter seinem Alfa nachzufahren, um die Strecke kennenzulernen.

Der Straßenkurs von Mugello war extrem schwierig. Ein Teil war der so genannte Passo della Futa, der schon während der berühmten Mille Miglia einen wichtigen Abschnitt bildete. Die Piste war extrem winkelig, kurvenreich, ein ständiges Auf und Ab … dazu sehr eng … rechts und links keine Auslaufzonen, wenn was schiefging, krachte man entweder in einen Obstbaum oder eine Hausmauer.

Ich habe ein Bild noch ganz deutlich vor mir: Nach einer Häusergruppe ging's im sechsten Gang recht flott auf eine Kuppe zu, am Fahrbahnrand eine Kirche, wo Kinder hockten, ein Pfarrer und ein Hund … man musste dort vor der Kuppe nach links und dann etwa knapp rechts von der Fahrbahnmitte mit »voller Wäsche« drüber. Nach der Kuppe war der Lotus mit allen vier Rädern in der Luft.

Kurz darauf ging's voll in den »Anker« (Bremse), Haarnadelkurven bergab folgten … Während des Rennens wurde mir dort in der zweiten oder dritten Runde so schlecht, dass ich mich in die Balaclava übergab … das war richtig Scheiße, denn die Speibe stank erbärmlich.

Hinter Bersano herfahrend wurde mir klar, dass dieses Rennen sehr hart würde. Dazu die unglaubliche Hitze, die wir so in Österreich noch nicht erlebt hatten. Nach einer Runde ging ich mit Aldo auf ein Eis. Ja, es würde auch am Wochenende sehr heiß werden, sagte er lachend. Peter und ich sahen uns an … unsere Moral war nahe am Verglühen.

Wir sahen die beiden Alfa-Werksfahrer Ignazio Giunti und Nanni Galli mit Alfas GTA 1600ern mit Wollhaube und Jacke bis oben hin geschlossen losfahren. Aldo zeigte hin und erklärte uns, dass die beiden Hitzetraining machten. Absolut verrückt!

VOLLGAS ODER NIX /// APOLLO 11 AM MOND – LOTUS 47 IM OUT

Erich Glavitza/Peter Huber, Lotus 47, Mugello Grand Prix 1969

Der Lotus 47 war ein geschlossenes Auto – und Lüftung für den Fahrer war im Cockpit nicht vorgesehen. Klar, bei englischem Wetter gibt's keine Hitzeprobleme – dort sind wattierte Anoraks, wollene Pudelhauben und Gummistiefel gefragt. Auch Arturo Merzario kam wenig später in einem geschlossenen Fiat in voller Montur im Auto an uns vorbei. Später erzählte er mir, dass er während dieser Informationsrunden mit voll aufgedrehter Heizung unterwegs war. Am nächsten Tag fuhr ich auch mit Jacke und Skimütze, die ich im Kofferraum zwischen dem Reserverad und Wagenheber gefunden hatte, und voll aufgedrehter Heizung. Peter war im Hotel geblieben, er hatte keine Lust und zog den Swimmingpool im Esso-Motel vor.

Ich war nicht der Einzige auf der Strecke. Als ich an der Startlinie angehalten hatte, röhrten ein paar Alfa GTAs und Abarths an mir vorbei. Dann fuhr ich los. Nach zehn Kilometern, von sechzig, wurde es im Wagen mörderisch. Ich spürte förmlich den Hitzestau an der Brust, der Schweiß rann mir in die Augen, es brannte höllisch … eine Kurve folgte der anderen … ich hatte keine Möglichkeit, den Schweiß wegzuwischen.

Ab Kilometer dreißig fuhr ich nur noch wie in Trance. Meine Augen an einem Punkt hundert Meter vor mir auf dem Asphaltband fixiert und ich folgte mit leerem Hirn dem Punkt da vorne …

Irgendwann hatte ich die Runde hinter mich gebracht. Als ich mich im Innenspiegel betrachtete, blickte mir ein runzeliger Greis entgegen. Dann ging ich analytisch zu Werke. Von der Rennleitung hatte ich einen Routenplan der 60 km erhalten. Mit einem Bleistift teilte ich die Strecke in Viertel. Da war einmal der schnelle Teil vom Start weg, dann ziemlich kurvig durch einen Mischwald bis zu einem kleinen Dorf – das erste Viertel. Irgendwie erinnerte mich das an die »Rennbahn« Kapfenberg-Aflenz.

Bis zum Mittag hatte ich das erste Viertel auswendig gelernt – wie »Schillers Glocke« in der Vierten im Gymnasium – »… von der Stirne heiß – rinnen muss der Schweiß …«

Nach dem ersten Arbeitsgang aß ich in einer kleinen Trattoria Salat, Weißbrot und schüttete literweise Mineralwasser in mich hinein. Mit dem Streckenplan in der Hand ging ich noch einmal die ersten fünfzehn Kilometer der Strecke durch. Bis zum Abend hatte ich drei Viertel der Strecke einigermaßen in meinen Schädel gebrannt. Im Hotel setzte ich mich eine halbe Stunde in die Badewanne und fuhr »alles« noch einmal im Kopf durch.

Morgen würden ab Mittag die ersten Trainingsläufe beginnen. Ich hatte also am Vormittag noch Zeit, das letzte Viertel abzufahren – das hauptsächlich aus der Abfahrt vom Passo della Futa mit unendlich vielen und engen Haarnadelkurven bestand, dann folgte eine lange Gerade. Die hatte ich noch von der Fahrt mit Aldo Bersano ziemlich klar in Erinnerung – denn gegen Ende der Geraden war rechts ein Bauernhof mit einer Jauchengrube – und wenig später lag der entscheidende Bremspunkt von 250 km/h herunter auf achtzig Stundenkilometern.

Der Gestank von der Schweinescheiße drang bis ins Cockpit hinein – immerhin eine Erinnerung, dass man den Bremspunkt nicht verschlafen sollte – genau in der Schusslinie lauerte eine hohe Steinmauer.

Im Fahrerlager trafen wir ein paar Landsleute mit enttäuschten Gesichtern. Dem Duo Walter Roser/Lammy Hofer wurde keine Starterlaubnis erteilt. Sie waren zu spät zur Abnahme gekommen. Walter Roser schimpfte wie ein Rohrspatz, die Italiener wären alle Idioten und Verbrecher. Die Abnahme hätte man auch heute durchführen können, weil »die haben eh nix zu tun, die faulen Hunde!«

Peter fragte ihn, ob er nicht gewusst hätte, dass gestern der Termin für die Abnahme war? Roser, typisch wienerisch in einem Gemisch aus Ballawatsch und Mulatzag: »Ja, das weiß ich schon – aber ist es nicht egal, ob sie heut oder morgen mein Auto anschauen?« … Nachsatz: »Stimmt eh alles … brauchen ned amol hinschauen.«

So konnte man es auch sehen. Klaus Reisch, ein Vollblutathlet, nicht nur Tiroler Boxmeister im Mittelgewicht, sondern auch ein sehr erfolgreicher Bobrennfahrer, gab mir zum Thema Hitze wertvolle Ratschläge: Stunden vor dem Start literweise Getränke tanken.

Ich erinnere mich noch, wie er mehrmals betonte, Getränke ohne Kohlensäure, sonst »speibst di dauand au!« (sonst erbrichst du dauernd).

Klaus empfahl mir auch Salztabletten, weil mit dem Schweiß würde ich Salz verlieren. Ob ich Salz mit einem Teelöffel zu mir nehmen könnte, fragte ich ihn, worauf er antwortete: »Kchloa – wuascht wia's Soiz einikimmt – Hauptsoch, es kimmt eini!« (Klar – egal wie das Salz hineinkommt – Hauptsache, es kommt hinein.)

Am Samstag vor dem Rennen erreichte die Mannschaft der »Apollo 11«-Mission die Mondumlaufbahn. Die Landefähre »Eagle« würde am nächsten Tag dort landen. Beim Abendessen diskutierten wir über die zu erwartende Landung auf »Mister Moon«. Einerseits war es für uns nicht die große Sensation – der technische und ökonomische Fortschritt der Sechziger war so spektakulär, dass wir eigentlich schon weiter dachten. Wir erwarteten damals eine Besiedelung am Mond spätestens Ende der Achtziger … und ein bemanntes Raumschiff außerhalb des Sonnensystems irgendwann um die 2000!

Wir waren von den ersten privaten Computern noch Lichtjahre entfernt, es gab noch nicht einmal digitale Tischrechner, auch keine Mobilephones … nur in der Science-Fiction-Soap »Enterprise« telefonierten Captain Kirk, Spock und Co. damit. Der Optimismus war bei uns ungebrochen – mit dem Kalten Krieg hatte man sich abgefunden. US-Präsident Richard »Tricky Dick« Nixon versuchte die US-Truppen vom Vietnamkrieg zurückzubringen. Die Proteste gegen den Vietnamkrieg eskalierten sowohl in den USA als auch in der BRD zu wahren Straßenschlachten … in ein paar Monaten würde Jimi Hendrix mit seiner Gitarren-Machinegun die wahre Version von »Star spangled Banner« in Woodstock ins Volk rotzen …

Es war zwar noch früher Vormittag, aber bereits brütend heiß. Der Asphalt flimmerte, die Schuhsohlen blieben kleben. Unser Rennauto war in einem »parc fermé« angestellt – als ich die Kunststoffkarosserie berührte, schreckte ich zurück – man hätte Spiegeleier braten können. Ich erzählte Robin von einem Buch aus dem Afrikakrieg während des Zweiten Weltkrieges, als die Soldaten auf den Stahlplatten der Panzer Spiegeleier brieten.

Während der Fahrt zum Startplatz schüttete ich noch eine Flasche »stilles« Mineralwasser in mich hinein. Irgendwie bekam ich Angst, wie meine Blase auf diese Überschwemmung reagieren würde. Robin riet mir, einfach ins Auto zu pissen – wir würden das dann mit Hochdruck rausspritzen! Auch eine Lösung.

Am Start stand ein Alfa 1600 neben mir. Wenn ich mich recht erinnere, hieß er Tingi oder so ähnlich. Er zeigte mir seine Aqua-Minerale-Reserven am Nebensitz mit Isolierband gesichert – und dass er eine funktionierende Lüftung im Wagen hätte.

Dann ging's los. Warum ich ihm nicht den Vortritt gelassen hatte, kann ich mich nicht mehr erinnern, tut in Wahrheit nichts zur Sache. Ich fand sehr schnell meinen Rhythmus und ging die Sache recht forsch an. Bald war der Alfa aus meinem Rückspiegel verschwunden … und nach dem ersten Viertel der Strecke tauchte sogar das Heck eines vor mir gestarteten Chevrons auf. Die Jungs waren auch im Esso-Motel untergebracht.

Bei Streckenhälfte hatte ich sie eingeholt und plante bereits, wie und wo ich den Chevron am besten überholen könnte. Die Haarnadeln am Passo della Futa waren nicht geeignet, weil die Fahrbahn dort zu eng war und die Geraden dazwischen zu kurz. Ich wartete auf die »Schweinescheiße« und ließ dort länger stehen. Ich kam locker an dem Engländer vorbei, er hat sich auch nicht gewehrt.

An den Boxen war man offensichtlich mit mir zufrieden, Robin zeigte mir P 2 (zweiter Platz) und den Daumen nach oben. Also alles okay. Im Waldstück bemerkte ich ein Heck von einem roten Alfa. Ich hatte mich dann langsam an ihn herangesogen und bei der Kirche mit der Kuppe – Pfarrer, Zuschauer und Hund am Tor – hatte ich den Alfa dann unmittelbar vor mir. Ich hätte mit einem »Häf'nstück'l« (aus dem Jargon übersetzt: eine Tat, für die symbolhaft Gefängnis stehen würde) den Alfa vor dem Passo della Futa packen können, hielt mich aber zurück – das Rennen dauerte noch über sechs Runden, also über dreihundertsechzig Kilometer, das Auto jetzt wegzuschmeißen wäre dumm!

Der Alfa jubelte ordentlich die Haarnadeln beim Futa runter, ich hatte Mühe dranzubleiben. Ich wurde durchgeschüttelt und plötzlich wurde mir übel … dann kamen die ersten Blasen aus dem Magen … spürte schon die Magensäure … Scheiße, die erste Ladung purzelte aus meinem Mund … natürlich in die Balaclava … die sich beschissen anfühlte … das ganze begann fürchterlich stinken! War das Salz schuld daran?

Egal, irgendwie musste es weitergehen … auf der Geraden nach der Kurvenorgie saugte ich mich an den Alfa heran, dann bei der »Schweinescheiße« links raus und vor. In den schnellen Kurven zwischen den Alleebäumen konnte ich ihm sogar davonfahren. Robin fuchtelte wie wild an den Boxen … Peter winkte mit der »Einser«-Tafel, offensichtlich hatte ich beide so überrascht, dass sie die Platzierungstafel nicht schnell genug wechseln konnten.

Na, das schaut ja gut aus, dachte ich mir und konzentrierte mich wieder auf den berühmten »Punkt« vor mir. Einerseits war ich mir nicht mehr so sicher, ob ich jetzt nach der dritten Runde an die Boxen sollte … oder weiterfahren. Würde ich die vierte Runde schaffen, wäre das ein ungeheurer Zeitgewinn – die Alfas mussten nach drei Runden tanken. Andererseits, würde ich nach drei Runden zum Tanken an die Boxen, müsste ich auf jeden Fall nach drei Runden einen zweiten Stopp einlegen – fünf Runden wären unmöglich.

Die Gefahr, dass ich es nach vier Runden nicht bis an die Boxen schaffen würde, war natürlich groß. Die Aufholjagd bis zum Chevron, der eine Minute vor mir gestartet war, und bis zum Alfa, der sogar zwei Minuten vor mir losgefahren war, hatte sicherlich Sprit gekostet … ohne Sprit irgendwo während der vierten Runde in Führung stehen zu bleiben, bedeutete Höchststrafe!

Jetzt langsamer zu machen? … wahrscheinlich schon zu spät! Während es in meinem Hirn kochte und meine Gedanken hin und her wackelten, hatte ich die Konzentration verloren … und fuhr Scheiße!

Nachdem ich mir selber die »Gelbe« gegeben hatte, versank ich sogleich wieder in den »flow« – wo alles Denken ausgeschaltet ist und nur noch »tierische« Reflexe dem magischen Punkt folgen. Bis zur Kirchenanfahrt passierte ich zwei geparkte Porsches, einen 911er und einen 906er – keine Unfälle, sondern technische Defekte, die Fahrer standen neben ihren Fahrzeugen.

Dann ein Alfa T 33 … vorher schwarze Spuren am Asphalt … und das Auto irgendwo im Obstgarten. Rote Plastiktrümmer auf der Straße. In einem waldigen Stück begann der Motor plötzlich zu zucken – shit!

Nur das nicht. Wenig später blieb er stehen. Öldruck, Temperatur alles im so genannten grünen Bereich. Ich ließ den Wagen rechts in einen Seitenweg ausrollen und schaltete zuerst einmal alles ab.

Ich versuchte den Motor wieder zu starten. Nichts. Der Starter wurde immer langsamer. Eine Tragödie. Nachdem ich ausgestiegen war, die stinkende Balaclava runtergerissen und im hohen Bogen in den Graben geschleudert hatte, hob ich die Motorhaube an und suchte nach einem Defekt. Vielleicht hatte sich nur ein Kabel losgeprellt oder so ähnlich. Alles knisterte im Motorraum vor Hitze, die Kabel waren alle dran. Die Benzinpumpe glühte fast – ich kletterte wieder ins Cockpit und versuchte die elektrische Pumpe einzuschalten – aber da war kein Tick-tick-tick zu hören.

Okay, das war's dann. Ich setzte die Motorhaube wieder drauf und machte die Türen zu und setzte mich an den Straßenrand. Jetzt spürte ich meine Erschöpfung. Der Overall stank erbärmlich, mein Herz pochte in den Schläfen und an meiner Innenhand war eine aufgerissene Blase. Jetzt, wo alles vorbei war, schmerzte die Schulter, die Hüfte und auch das rechte Knie. Ich war enttäuscht. Es hatte so gut begonnen, da wäre sicher »was drin« gewesen.

Ich hockte mich am Straßenrand auf meinen Sturzhelm – den ganzen »Blues« im Gesicht. Zwei junge Italiener mit einem hübschen Mädchen kamen vorbei und versuchten mit Händen und Füßen zu erfahren, was los war. Ich griff tief in mein spärliches Italienisch und erklärte: »Benzina pumpa molto caldo – pumpa stop – no benzina - motore stop!«

Diese umfangreiche Erklärung reichte den dreien offensichtlich, denn sie deuteten mir, ihnen zu folgen. Der Seitenweg, an dem ich meinen Lotus geparkt hatte, führte in einen steilen Pfad durch den Wald … der sich weiter oben lichtete und vor uns war ein stattlicher Bauernhof. Beim Eingang erwartete mich eine Mama: rundliche Statur, tiefschwarze Haare und Augen, leichter Bartflaum an der Oberlippe, und führte mich ins Badezimmer. Während sie mir deutete, meinen nassen Overalls auszuziehen, ließ sie kühles Wasser in die Wanne.

Ich sank erschöpft in die Wanne und genoss das Nass an meinen ausgelaugten Körper. Die Tür ging auf und die Mama kam mit einer großen Schüssel gefüllt mit frischem Obst herein. Sie nannte mich »Erik« und murmelte etwas auf Italienisch. Ich hatte kein Wort verstanden, nickte höflich und wiederholte »molto grazie«. Auf den Tisch neben der Badewanne legte sie ein T-Shirt mit dem Aufdruck von »AS Roma« und eine kurze Hose, schnappte meine Rennutensilien und marschierte wieder raus.

Ich war im Paradies gelandet. Eigentlich müsste ich der blöden Benzinpumpe dankbar sein. Sicher wär's schöner gewesen, hätte die Mühle durchgehalten – aber hier in der Badewanne … Fehlte nur noch, dass die Tochter hereinkäme und mir den Rücken »schrubbte«.

Nachdem mein innerer Kern ausreichend gekühlt war und das frische Obst Körper und Geist – oder umgekehrt – wieder ins Lot gerückt hatte, kletterte ich aus der Wanne, schlüpfte in T-Shirt und Hose und spazierte frohen Mutes wieder hinaus in den Garten. Dort war eine riesige Tafel gedeckt, die Familie saß geschlossen am Tisch – es bot sich mir ein Bild wie aus den Mafiafilmen, wenn die ganze Sippe – mit Don Antonio an der Stirnseite – bei Pasta und Rotwein sich versammelt hatte.

Während aus dem Tal die Motoren heulten und die Fahrer sich fast zu Tode schwitzten, saß ich hier bei der Labung. Die Tochter des Hauses neben mir als Dolmetscherin, sie schien die einzige der Familie zu sein, die der englischen Sprache mächtig war. Mama und Papa wollten alles von mir wissen – Österreich, Wien – Neujahrskonzert, Opernball. Dann die Fragen nach meinen Eltern, Geschwistern. Ob ich verheiratet wäre? Nein? Verlobt? Ich wand mich wie ein Regenwurm …

Irgendwann wurde es dann unten im Tal ruhig, Zeit zu meinem Auto zu gehen. Mama übergab mir noch einen Leinensack mit Brot, Salami und Obst, deutete auf meinen ausgedorrten Körper und sagte, ich müsste mehr essen. Ja, Mama, danke.

Am Abend sahen wir im TV des Esso-Motels den Schritt auf den Mond: »That's a small step for a man, one giant leap for mankind!«

Ich musste an meinen Vater denken, der 1969 gestorben war – er war 1898 geboren und erlebte Kapfenberg ohne Strom und mit einem Nachtwächter – und war im Jahr der Mondlandung gestorben. Welch aufregende Geschichtsspanne.

Als kleiner Bub liebte ich es, am Schoß meines Vaters sitzend, immer wieder die Geschichte vom Kapfenberger Nachtwächter zu hören, wie er, mit Hellebarde und Petroleumlampe ausgerüstet, durch die Stadt marschierte und zu den Häusern hinauf rief: »Leit'ln losst eich sog'n, de Ua hot zeine g'schlog'n« (Leute, lasst euch sagen, die Uhr hat zehn geschlagen).

Während seiner Studienzeit waren sie zu Fuß nach Graz (über 50 km) spaziert, weil sich dort irgendwann eine italienische Caproni zwanzig Meter über dem Boden quälte …. inzwischen schafften Boeings 707 in knappen sieben Stunden die Atlantiküberquerung.

LOTUS 47: SCHEIDEN TUT NICHT WEH

Start zum Eröffnungsrennen des Österreichrings am 27. Juli 1969. Andrea De Adamich führt im Alfa Romeo Tipo 33/3. Am Ende des Feldes die zwei Lotus 47 von Horst Mundschitz und »Mr. Mzak«. Unser Autor hat den Start verschlafen und ist im dritten Lotus 47 nicht auf dem Bild

Eine Woche nach Mugello stand das erste Rennen auf dem neuen Österreichring auf unserem Programm. Wir waren am Montag in Bruck an der Mur bei Ford-Reichl angekommen und Robin machte sich sofort an die Arbeit, die Benzinpumpe zu reparieren. Es war eigentlich nicht die Pumpe, die »Manderln« machte, sondern der beschissene Elektromotor – der rein äußerlich dem Aggregat im Ford Cortina ähnlich war, aber den »falschen« Strom benötigte. Robin bastelte bis Mitternacht herum, es kam aber dabei nicht wirklich was heraus.

Merkwürdigerweise funktionierte der Motor bei den Testläufen wunderbar – nur Hitze passte der blöden Sau nicht! Da wir in der kurzen Zeit keine passende Benzinpumpe von England bekamen, baute Robin ein System aus Röhren, die den Motor mit Kühlluft versorgen sollten. Am Donnerstag fuhren wir im Konvoi zum Österreichring. Es waren Rennen für Tourenwagen, Formel V und ein internationales Sportwagenrennen ausgeschrieben. In Wahrheit diente es als »Vorrennen« für den 1000-km-WM-Lauf für Sportwagen und Prototypen vierzehn Tage später.

Wir hatten Peters Ford Escort TC in der Gruppe 2 bis 1600 ccm genannt. Seine unmittelbaren Gegner waren eine Horde Alfa Romeos, in einem saß der spätere Formel-1-Fahrer Harald Ertl. Helmut Marko startete in einem Chevy Camaro vom Team McNamara in der Klasse über 2000 ccm. Ich musste mit dem Lotus-Ford 1600er in der 2000-ccm-Kategorie gegen eine Horde Porsches 906 und 910 antreten – gegen die hatte ich auf dem schnellen Kurs null Chancen!

Im Training spielte Ronnie Peterson in Picko Trobergs Lola T 70 ein paar Runden mit mir. Seit Anderstorp waren wir Freunde geworden. Auf der Geraden zur Boschkurve duckte ich mich in den Windschatten des Lolas, um mich nach der Bosch, vor den beiden Linkskurven vorzuschwindeln. Ronnie hatte seine Gaudi mit mir. Irgendwann machte er Ernst und ließ mich wie eine Zigarettenkippe vor der Flatschacher Kurve liegen …

Von Ronnie angestachelt »matchte« ich dann rundenlang mit dem 910er von Richard Gerin. Aber auch nur ein paar Runden lang, dann war auch der aus meinem Blickfeld. Auf der Schönberggeraden war mein 1600er Motor einfach zu langsam. Und zwar um gute fünfzig Stundenkilometer. Erreichte ich auf der Schönberg gerade mal 230 km/h (laut Hewland-Drehzahldiagramm), fleckten die schnellen Porsches 908 oder de Adamichs Alfa T 33 dort mit knappen 300 dahin … und die Zweiliter-Porsches 910 immerhin mit 280 km/h.

Nach unserem Abschlusstraining am Samstag wurde das Rennen der Tourenwagen abgehalten. Helmut Marko war mit seinem Chevy Camaro natürlich Schnellster – er fuhr gerade so schnell, dass Peters Escort ihm nicht zu nahe kommen konnte. Ich erinnere mich noch genau, wie er nach Peters schnellsten Runden zu mir gekommen ist und gefragt hat, ob Peter schneller könnte? Nein, kann er nicht – und Helmut war zufrieden. Für uns spielte der Camaro keine Rolle, da Peter die Staatsmeisterpunkte in der 1600er Klasse bekommen würde.

Betonung bei »würde« – es kam wieder einmal alles anders. Gleich nach dem Start heftete sich Peter während der ersten Runden in den Windschatten des donnergrollenden Camaros. Helmut spielte mit und zog ihn eine Weile hinter sich her. Der Abstand zu den Verfolgern wurde immer größer. Er hätte es längst ruhiger angehen können, denn der nächste Verfolger war gute fünfhundert Meter hinter ihm.

Unser Robin deutete ihm von den Boxen »easy«, als er wieder an uns vorbeigeflogen kam – dann die

Auffahrt nach den Boxen – ein dumpfer Knall – und der Escort rollte in einer dichten, hellblauen Wolke am Pistenrand aus. Robin sagte nur: »Shit!« An der Seite des Motorgehäuses war ein riesiges Loch von einem überstrapazierten Pleuel geschlagen. Der Motor war Schrott.

Am Morgen des Renntages kam Richard Gerin zu mir. »Geh Erich, du kennst ja die Leute, kannst bitte den Picko Troberg fragen, was der Lola T 70 vom Peterson kostet? Ich hätte Interesse …« Also marschierte ich zu Picko, wir kannten einander schon seit Jahren. Ich stellte ihm Gerin vor und fragte ihn dann nach dem Preis des T 70. Picko, ein schlauer Bursche, fasste mich unterm Arm und schob mich sanft zur Seite – wir sollten außer Jo Bonniers Blickfeld sein. Der hatte uns aber längst bemerkt und schaltete sich sofort in die Diskussion ein. Bonnier war zu diesem Zeitpunkt Lola-Importeur in Schweden. Solche »Extratouren« schätzte er überhaupt nicht. Er sagte neben Troberg zu mir, Picko wäre der falsche Ansprechpartner zum Thema Lola-Verkauf, weil er, Bonnier noch immer der rechtmäßige Besitzer des Wagens sei. Picko hätte den Wagen noch nicht bezahlt. Auch Bonniers hübsche Frau mischte mit und meinte, das wäre typisch Picko, der Dinge verkaufe, ohne dass sie ihm gehörten.

Die Diskussion schwankte hin und her – Picko bestand darauf, dass er das Recht hätte, das Auto zu verkaufen – was wiederum Bonnier mit ruhiger Stimme bestritt. Schließlich riet ich Gerin, die Finger davon zu lassen, was er dann auch tat. Ich versprach ihm, mit Sid Taylor zu reden, der hatte ein paar Lola T 70 und ich wusste, dass er einen davon verkaufen wollte.

Am Nachmittag ging's dann endlich los – wie sagte doch Frank Gardner: »When the flag drops – the bullshit stops!«

Gegen vierzehn Uhr wurden die Sportwagen und Prototypen zum Start aufgerufen. Die schnellsten waren Masten Gregory und der Schwede Broström in Porsches 908, Andrea de Adamichs Alfa Romeo T 33, die beiden Porsches 908 vom Salzburger Importeur für Rudi Lins und Peter Peter sowie die Lola T 70 mit Jo Bonnier und Ronnie Peterson. Ich stand mit meinem Lotus-Zuckerl ziemlich weit hinten – es gab noch zwei weitere 1600er Leidensgenossen in ihren Lotus, die allerdings wesentlich langsamer waren als ich. Meine Stimmung war »unter null« – eigentlich hätte ich nicht an den Start gehen sollen.

In dieser Gemütslage hatte ich dann auch noch den Start verschissen – nur mit Mühe brachte ich den Motor wieder auf Drehzahlen und hechelte dem Feld hinterher. Oben an der Vollgasrechten gab's das übliche Gedränge, darum war ich gleich wieder »mittendrin«. In der rechts bergauf führenden Flatschacher Kurve wurde ich dann übermütig und presste mich in den Porsche-Pulk hinein … prompt wurde mein Optimismus bestraft. Ich erwischte einen weißen Carrera 6 am Heck – der sich daraufhin fast gedreht hatte – und ruinierte dabei meine Schnauze.

Der Lufteinlass für die Kühler bekam einen Riss, was ich in der Hektik nicht bemerkte. Über die Gerade hinunter zur Boschkurve konnte ich mich im Windschatten der Porsches halten. In den beiden Linkskurven und über die Kuppe zur Zielkurve war wieder alles okay. Wenn ich es schaffte, auf den Geraden eine Windschatten-Lokomotive zu haben, wäre noch nicht alles verloren.

Das ging auch mehrere Runden recht gut – bis, ja, bis beim Anbremsen zur Bosch plötzlich vorne ein fürchterliches Schleifgeräusch zu hören war. Im ersten Moment dachte ich schon an eine kollabierte Radaufhängung, merkte aber, dass sich das Auto, vor allem bei Vollgas, noch geradeaus fahren ließ. Schon beim nächsten Bremsmanöver ratschte und krammelte es wieder zum Gotteserbarmen im Auto.

VOLLGAS ODER NIX /// LOTUS 47: SCHEIDEN TUT NICHT WEH

Ronnie Peterson im Lola T 70

Erich Glavitza im Lotus 47 vor Ronnie Peterson im Lola T 70 beim Eröffnungsrennen

Ich fuhr sofort an die Boxen.

Robin tauchte vorne unters Auto – sprang wieder auf, öffnete die vordere Klappe, fischte das Reserverad heraus und bohrte zwei Löcher vorne in die Karosse, fixierte den »Spalt« mit Draht und klebte Duct-Tape über die »Wunden« – und deutete mir, wieder loszufahren. Das übrige Feld war inzwischen locker drei Runden weg – mein Enthusiasmus war null.

Nach weiteren vier oder fünf Runden blieb die Kiste dann am Anfang der Schönberggeraden stehen. Wieder die Benzinpumpe! Ich gab dem Wagen einen Tritt ans rechte Hinterrad und setzte mich an den Pistenrand und wartete, bis das Rennen vorüber war. Innerlich hatte ich mit dem Lotus 47 abgeschlossen – die »Ehe« war vorüber – gescheitert – das Scheißding musste weg!

///

Gleich am Montagmorgen rief ich meinen Freund Rico Steinemann (Powerslide) in der Schweiz an und fragte ihn, ob er jemand für meinen Lotus wüsste? Warum gerade die Schweiz? Weil dort die »G'stopften« (Jargon für Reiche) zu Hause waren.

Hellfried Kiwisch, Sohn aus altem steirischen Bergbauadel, hatte sich nach dem Training auf dem Österreichring für meinen Wagen interessiert. Er war dort mit einem gut getunten Lotus Elan unterwegs und deutlich langsamer. Darum kam er nachher mit seinem Oberschrauber Manfred »Mandi« Mlaker angeschlichen und umkreiste wie ein Habicht meinen 47. Auf die Frage nach dem Preis krümmte er sich vor Schmerzen und zog wieder ab. Darum war meine These, in der Schweiz eher jemanden mit Geld finden, grundsätzlich richtig. Rico hatte die Morands in Marly angerufen und von meinem Lotus erzählt. Wenig später meldeten die ihren Besuch in Bruck an der Mur an. Sie kamen zu dritt, sprachen kein Deutsch, schlechtes Englisch … blieb also nur noch Französisch … da waren wir wiederum schwach »auf der Brust«.

Wir zeigten ihnen die Papiere, das ganze Ersatzteilpaket und das Auto … und fair, wie ich nun einmal bin, erzählte ich ihnen mit Händen und Beinen fuchtelnd, von den Problemen mit der Benzinpumpe. Die Brüder sahen sich die Pumpe an, nickten … der ältere sagte auf einmal »No problem!« und kaufte das Ding.

Der »Express«-Motorschreiber Franz Robert »Billy« Billisich meldete sich nach dem Österreichring-Desaster bei mir und wollte eine Stuntman-Geschichte schreiben. Wir vereinbarten, uns im Café Landtmann gleich neben dem Wiener Burgtheater zu treffen. Nachdem ich ihm ein paar Schnurren von den 007-Dreharbeiten erzählt hatte, kamen wir irgendwie auf NASCAR-Rennen in den USA zu sprechen. »Billy« interessierte sich brennend für diese spektakuläre Rennserie und wollte mehr darüber wissen. Ich erklärte ihm, dass der Ursprung dieser Serie in der »Prohibitions«-Zeit lag, die Schwarzbrenner frisierten ihre Whiskytrucks, um der Polizei zu entkommen. Man nannte sie »Moonshiner« und am Wochenende geigten sie mit ihren Alko-Trucks auf Pferderennbahnen. Daraus wurden die berühmten »Stock-Car-Races«. Ich hatte in der Werkstätte von Alan Mann einen der NASCAR-Piloten kennengelernt. Es war ein Riese namens David Pearson, in dessen Handflächen hätte ich mich hineinsetzen können! Alan Mann hatte für Ford-USA den Torino von David Pearson in Arbeit. Ich durfte mit diesem Wagen sogar in Goodwood ein paar Runden drehen – das Ding vibrierte wie eine Rüttelmaschine für schweren Schotter und im Wagen dröhnte der V8-Motor, dass man taub wurde. Trotzdem – diese riesigen Ami-Renner waren eine geile Sache.

Dann rückte »Billy« plötzlich mit einer tollen Idee heraus: Seine Zeitung sollte einen Ford Torino in den USA kaufen, wir würden das Auto von Holman-Moody für die Gruppe 2 herrichten lassen und hier in Österreich bei Tourenwagenrennen einsetzen – und mit der Express-Leserschaft eine Art Wettlotterie veranstalten. Wir erinnerten uns Helmut Markos im Chevy Camaro, wie er die BMWs und Porsches verblasen hatte. Auf den ultraschnellen Strecken wie Salzburgring oder Österreichring, auch in Brünn oder Monza sollte der Ford Torino »alles« wegputzen.

Die Idee war sooo geil, dass ich kaum Luft bekam. Gleich nach dem Landtmann-Termin marschierte ich strammen Schrittes zum Büro von Ford Austria am Opernring. Als ich Willy Galambos die Idee vom Ford Torino und »Express« erklärt hatte, war er begeistert. Er setzte sich sogleich an den Fernschreiber und hämmerte ein Telex ins Competition Department im US-Ford-Headquarter in Dearborn. Dass aus dem Torino nichts wurde, lag an einem neuen Filmprojekt, das uns für das kommende Jahr voll eindeckte.

///

Ein Woche nach dem Grand Prix von Deutschland wurde auf dem Österreichring ein 1000-km-Weltmeisterschaftslauf für Sportwagen und Prototypen abgehalten. Ich hatte versucht mit dem englischen Roy Johnson Racing Team einen Deal für einen Start in einem Chevron B8 auszuhandeln – bis auf wenige Tage vor dem Rennen sah es recht gut aus, bis mir ein Deutscher den Sitz mit einer größeren »Mitgift« vor der Nase weggeschnappt hatte. Meinen Sponsoren war der Start nicht mehr als zehntausend Schillinge Wert und das war für die Versicherungsprämie zu wenig.

Die Besetzung für das Rennen war »first class« – Jo Siffert, Kurt Ahrens, Jackie Ickx, Jackie Oliver, Richard Attwood, Brian Redman, die Italiener Ignazio Giunti, Nanni Galli, Andrea de Adamich, Nino Vaccarella und so weiter … die gesamte Crème de la Crème der Sportwagenrennen. Porsche hatte sogar zwei 917er für die Team Siffert-Ahrens und Attwood-Redman mitgebracht.

Von der österreichischen Seite war der Vorarlberger Rudi Lins mit dem Franzosen Gérard Larrousse in einem 908er am Start, Richard Gerin mit Helmut Marko, Peter »Fäustling« Peter mit Berndt Brodner und Stuppacher mit Lauda, alle drei mit 910er Porsches.

Der nahezu 6 km lange Rundkurs war eine der schnellsten Rennstrecken der Welt. Jackie Ickx hämmerte während des Trainings mit seinem Mirage M 3 unglaubliche 1:47,6 mit einem Schnitt von 197,776 km/h in den Asphalt … im Rennen war er dann sogar noch schneller: 1:46,6 bedeuteten 199,621 km/h!

Niki Lauda hatte sich mit zwanzigtausend Schillingen in den zweiten Sitz von Stuppacher eingekauft. Nachdem Otto ein paar Runden mit dem 910er gedreht hatte, setzte sich Niki Lauda ins Auto – und war auch nach ein paar Runden kaum schneller. Otto hatte immerhin ein Jahr in einem Porsche 906 recht erfolgreich hinter sich gebracht – und der 910 war in seinem Verhalten dem Sechser sehr ähnlich. Darum bewegte er den Zehner recht anständig.

Schneller war natürlich die Nachbarbox mit Gerin und Marko – wobei der Marko den Gerin'schen Zehner ordentlich zur Brust genommen hatte und sofort Schnellster in der Zweiliterklasse war.

Nach Laudas Fahrt übernahm Stuppacher das Volant.

Ich notierte die Zeiten von Lauda-Stuppacher – natürlich nicht allein, sondern mit zwei hübschen Mädeln. Links Mariella Reininghaus, rechts »Mimi« Gerstinger. Wir blödelten herum und hatten eine Mordsgaudi.

Ein paar Meter links von mir Ottos Mama – die Frau »Commendatore« Stuppacher, damals eine der reichsten Frauen Wiens. Frau Stuppacher war eine geborene Gasselseder – ihr Vater war Besitzer einer der größten Gebäudeverwaltungen Wiens und so nebenbei auch ein Immobilien-Tycoon. Angeblich hatte er sich einen Großteil des Immobilien-Vermögens während der Nazi-Zeit erworben. Wie auch immer.

Als ich Otto vor Jahren kennenlernte, begann er mit dem Ex-Lauda-Mini-Cooper beim Asperner Flugplatzrennen. Damals hatte mir sein Dauer-Spezi Kurt Rieder zugeraunt, dass die Stuppachers so reich wären, dass sie niemals mehr arm sein könnten. Na ja ... das sollte sich einmal alles ändern.

Zurück zum Training auf dem Österreichring. Mutter Stuppacher stand gewichtig, breit, füllig mit einem riesigen Vorbau, turmhoher Frisur, grell geschminkt, mit schwerem Gold um Hals und Arme, ein paar Meter neben uns. Da tauchte Otto im 910er aus der Rechtskurve vor Start und Ziel auf und beschleunigte auf ... sagen wir mal zweihundertzwanzig Stundenkilometer, als rechts von ihm der Porsche 917 mit Jo Siffert aus dem Schatten geschossen kam und ihn mit gut und gerne dreihundert Stundenkilometern auf der Geraden stehen ließ.

Die Frau »Commendatore«, wie ein Straflagerkapo mit den Händen in die Hüften gestemmt, riss die Augen auf und rief in die steirische Luft: »Wos word'n noch'an deees?« (Was war denn das?)

Vorne an der Boxenmauer lehnte einer der zahlreichen Stuppacher'schen Satelliten, genannt »Charles« (er trug ständig einen Cowboyhut), wandte sich um und rief zurück: »A Sübzana – gnä Frau – a Sübzana!« (Ein Siebzehner – gnädige Frau – ein Siebzehner; gemeint war ein Porsche 917.)

Frau »Commendatore«, noch immer mit den Händen in die Hüften gestemmt, brüllte, dass es jeder hören musste: »Ma kaft an Sübzana – de Wöd sui segn, wo de Mariiiie is!« (Man kauft einen 917er – die Welt soll nur sehen, wo das Geld zu Hause ist.)

Otto Stuppacher war nicht nur eine österreichische Motorsporttragödie – sondern typisch für dieses Land. Das Land, das sich ständig großer und nahezu übernatürlicher Talente rühmt – da hört man von unglaublichen »Ballesterern«(Fußballern), die aus fünfhundert Metern das Tor träfen oder jahrelang, ohne zu essen oder schlafen, einen Ball »gaberln« könnten ... oder Rennfahrern, die alles niedermachen würden, wenn sie nur ... ja, wenn sie nur an ihrem Talent arbeiten würden. Zu Deutsch: trainieren.

Aber leider legten sie auf Ruhm und Erfolg keinen Wert ... darum das große Finale in der Trinkeranstalt in Kalksburg und wenig später »six feet under« – in der Grube.

Ich traf Otto Stuppacher das erste Mal in Wiens wichtigster »Hasen«-Hütte, dem »Scotch« am Parkring. Er hatte von meinen Filmgeschichten gehört – nicht gelesen, denn Otto las nur selten bis gar nicht. Irgendwie hatte ich dann erfahren, dass er Niki Laudas Mini Cooper gekauft hatte; Niki benützte das Geld als »Anrieb«(Anzahlung) für den 911er von Peter »Fäustling« Peter. Der Mini war nun in der dritten Station gelandet – für Chronisten: Zum schnellsten Cooper Österreichs durch Fritzl Baumgartner geadelt, dann ebenso erfolgreich unter Lauda, bis Otto Stuppacher Niki fragte: »Wos wüst'n dafia?« (Was willst du dafür?)

VOLLGAS ODER NIX /// LOTUS 47: SCHEIDEN TUT NICHT WEH

Otto Stuppacher

Der Otto Stuppacher/Niki Lauda Porsche 910 vor dem 910 von Dieter Spoerry beim 1000-km-Rennen auf dem Österreichring am 10. August 1969

Stuppachers erste Rennschritte mit dem Mini fielen eher medioker aus. Da er sich nie mit kleinen Brötchen abgefunden hatte, gab er den Mini bald weiter, und zwar an Helmut Koinigg (später Formel-1-Fahrer für Surtees) und kaufte sich einen Porsche Carrera 906. Nach ein paar Samstagen in Kottingbrunn fuhr er mit Kurt Rieder nach Monza zum 1000-km-Rennen um die Sportwagenweltmeisterschaft. Und siehe: Autorennen zu fahren scheint doch nicht so schwierig zu sein – die beiden Spaßbrüder kehrten mit einem Klassensieg nach Hause!

In Monza spürte aber Otto, dass die Halbwertszeit des Carrera 6 abgelaufen war, denn die Stuttgarter lieferten bereits den 910 aus. Der war um 40 kg leichter und hatte zwischen 10 und 20 PS mehr.

Der Brite Bill Bradley hatte seinen 910er zum Verkauf angeboten – Otto schlug zu. Jetzt hatte er zwei Rennwagen in der Garage. Das Geld schien für alle Zeiten abgeschafft. Der 910er kostete damals runde eineinhalb Millionen Schillinge – der Sechser um eine halbe Million dagegen wohlfeil.

Zwischen den Rennsonntagen drehte Otto täglich mit einer rund zwanzig »Freunde« umfassenden Entourage Runden durch die Wiener Barszene. Jeden Abend, den Gott werden ließ, traf sich Ottos fröhliche Truppe bei einer Weinecke nahe Stubenring. Gegen halb acht fuhr der Konvoi nach Grinzing zum »Zimmermann« oder »Welser«. Nach ausreichender »Beschüttung« mit Rebensaft ging's zurück in die City. Erster Treffpunkt war das »Scotch«, dann ab zwei Uhr weiter ins »Take Five« … bei Morgengrauen zog der noch atmende Rest in Ottos Garçonnière in der Rotenturmstraße gleich neben dem Stephansdom …

Als ich ihn einmal im Carrera 6 auf dem Österreichring beobachtet hatte, war ich über seine forsche Fahrweise überrascht. Aus diesem Grunde setzte ich ihn in ein Formel-Ford-Auto bei den Eröffnungsrennen in Innsbruck und Salzburg. Beide Male schlug er sich tapfer.

Otto Stuppacher verfügte über ausreichendes Talent für einen sehr guten internationalen Rennfahrer – da gab's Schlechtere, die es in diesem Metier zu etwas gebracht hatten. Er hatte ausreichend Geld im Rücken, sogar für eine Formel-Karriere. Locker wäre ein »Einkauf« in ein Team vom Format Roy Winkelmanns möglich gewesen; soll mir jetzt niemand erklären, der hätte sein Geld nicht genommen.

Stuppachers Fehler war, dass Rennfahren für ihn allein zur Bestätigung seines Egos gehörte. Ich will jetzt nicht behaupten, dass dies bei anderen Autorennfahrern anders gewesen wäre. Boxern liegt Kämpfen im Blut. Sie lieben Schmerz – ja, sie lechzen nach Schmerz. Diego Corrales hatte einmal eine Ringärztin angebrüllt, die ihn wegen eines Kieferbruchs, offenen Nasenbeinbruchs, der Zahnschutz war durch die Unterlippe geschlagen, aus dem Kampf nehmen wollte: »What the fuck! Who cares – a little cut here, a little cut there – we are in the painbusiness!«

Ich hatte mit Otto oft über seine Rennfahrerei gesprochen, hatte ihm empfohlen, sich darauf zu konzentrieren, er könnte es dort weit bringen. Vergebens.

Er war seinem »Leben« schon dermaßen verfallen, dass er ohne Applaus seiner Entourage, einem Kreis von Idioten, Taugenichtsen und Trinkern, die er alle ausnahmslos auf seiner »payroll« hatte, zu Deutsch: bezahlte, nicht mehr leben wollte – beziehungsweise konnte. Natürlich war, wann und wo immer der Otto-Club auftauchte, stets eine Mordsgaudi. Mal eine Schlägerei in einem Innsbrucker Motel oder ein Gerangel mit einem Kellner, dem die Truppe auf die Nerven gegangen war – wobei Otto naturgemäß nie selber schlug. Er sah immer nur lachend zu. Für ihn rauften seine Satelliten, dafür waren sie ja da. Ich erinnere mich an einen kräftigen Burschen, den er »Bulgare« nannte oder »Buckel«, der die Drecksarbeit erledigte. In Wahrheit war das aber ein harmloser Kerl, der sich zwar ständig als Ottos Leibwächter aufspielte, ein richtiger Straßenschläger hätte den »Bulgaren« innerhalb von Sekunden zu Zimtpulver zerrieben.

Stuppacher war der »österreichische Heurigen-Sportler« par excellence , wie es in Wien Tausende gab und heute noch gibt. Sie können etwas recht gut, in Wahrheit kaum mehr als Mittelmaß – Beisatz mit drohendem Unterton: Würden sie doch nur trainieren, dann müsste die Welt vor ihnen erzittern!

Trainieren oder zumindest ernst nehmen wollten beziehungsweise konnten sie aber nichts. Ihre Welt ist das Herumtreiben mit »bezahlten« Freunden, G'schichten erzählen am Heurigentisch und den Möglichkeiten, die sie gehabt hätten, nachzuweinen. Es ist das für Wien so typische Gejammere, dass hierzulande breite Bevölkerungsschichten nahezu lähmt, zuerst in die Weinseligkeit, später in die Entzugsanstalten treibt, die hierzulande stets voll besetzt sind.

Stuppacher war später ins Trabergeschäft gewechselt – sein Gesicht hatte inzwischen eine tiefrote Tönung angenommen. Ich traf ihn nur noch selten. Zumeist in einem weißen Seidenanzug und einer Frisur wie Ludwig der Vierzehnte. Er schleppte mich dann ins Café Sacher und erklärte mir die politische Weltlage und in einem Aufwasch das Entstehen des Universums.

Ein Bekannter, ebenfalls eine Niete und Mitglied aus dem »Otto-Club«, chauffierte ihn eines Tages zu meiner Ranch auf den Kreuzberg nahe dem Semmering. Ottos Kopf sah wie eine riesige Erdbeere aus und starrte stupide unter halb geschlossenen Augenlidern ins Leere. Als er von seinem Freund zum Auto zurückgeführt wurde, kollerten aus den Hosenröhren trockene Kugeln heraus … er konnte nicht mal mehr die Scheiße zurückhalten. Wenige Tage später war er tot.

Die Schlusskadenz war dann beim Begräbnis fällig. Vorher hatte mich überraschenderweise seine Mutter gebeten, die Grabrede zu halten. Ich lehnte mit der Bemerkung ab, dass ich in diesem Falle eine Rede zu seinen Freunden und Begleitern hielte, dass diese Drecksbande die Ohren anlegen würde. Das von ihm stets ausgehaltene Gesindel hatte seinem Schnapstod lächelnd zugesehen – und zu seinem Untergang auch noch applaudiert. Das Begräbnis wurde zu einem nahezu gespenstischen Schauspiel. Visconti hätte es nicht besser machen können. Erstens, die Mutter kam nicht. Sie hatte den Termin verwechselt! Zweitens, mitten in die Grabrede des Pfarrers tauchte plötzlich Ottos Schwester »Puppi« mit einem ihrer zahlreichen Jünglinge auf. Während er Pfarrer vorne sprach, begrüßte sie lautstark Bekannte.

Als dann die versammelte Trauergemeinschaft vor der offenen Grube stand und der Sarg hinabgelassen war, schnappte die Schwester Ottos Helm und donnerte ihn mit voller Wucht hinunter auf den Sarg. Der Helm trommelte wie ein Basketball auf dem Deckel auf und ab …

EIN PROBEFAHRT »UM DEN HÄUSERBLOCK«

Fords Rallye Zentrale in Boreham in England diente zum »Einkauf«

Ein Woche später hatte Ford-England zum großen »Ford Racing Day of the Year« im Mallory Park eingeladen und der noble Herr Generaldirektor Sternbach reichte die Einladung an uns weiter – und stattete uns auch mit ausreichendem Budget für die Veranstaltung aus. Peter sollte dort mit dem Escort gegen die schnellsten Gruppe-2-Ford Europas antreten und vor allem Österreich in Würde und Anstand vertreten.

Da war aber gleich einmal ein erstes Problem: Unser Transporter hatte nach den vielen Vollgasfahrten endgültig den Geist aufgegeben. Peter wusste Rat. Während einer der nächsten Stuppacher'schen Einladungen setzte er sich zwischen Otto und dessen wuchtige Mutter, die Peter besonders liebte. Klar, er sah ja aus wie der ewige Wiener Sängerknabe. Und während Hummer und Schampus mundeten, richtete Peter an Otto die Frage, ob er dessen Mercedes-Kleinlaster einmal probieren dürfe – möglicherweise würden wir den Wagen für unser Team kaufen.

Bevor Otto noch antworten konnte, schallte schon Muttis Stimme durch den Raum: »Klar doch – wann immer du willst, mein lieber Peter!«

Die Testfahrt »rund um den Häuserblock« umfasste eine Querung Europas bis zum Mallory Park, in Kirkby Mallory, in der Grafschaft Leicestershire.

Zuerst schauten wir noch in Boreham im Ford Competition Department vorbei. Herr von Sternbach hatte vor unserer Abfahrt gemeint, wir sollten dort vorbeifahren und könnten uns – in bescheidenem Rahmen allerdings – mit ein paar dringend benötigten Ersatzteilen für den Escort eindecken – und wegen des Geldes? Er lächelte milde und sagte, er »mache« das schon.

So eine Zusage war bei uns immer sehr gefährlich. Als wir zwischen den bumsvollen Regalen im Ersatzteillager der Rennabteilung stöberten, bekamen wir Leim an den Händen. Erst übten wir uns in Zurückhaltung, bis uns einer der Angestellten sagte, dass sie von Ford-Austria grünes Licht für die »Rechnung« erhalten hätten.

Nach einer Weile des hemmungslosen Wühlens hatten wir fast einen zweiten Escort in Ersatzteilen aufgeladen. Stuppachers Kleinlaster spürte erstmals seine Grenzen. Dann fuhren wir zu unserer britischen Heimat Mo Gomm in Old Woking und unterzogen Peters Escort erst einmal einer Generalüberholung. Robin zerlegte so ziemlich alles, was es zu zerlegen gab. Er baute den Motor aus – und einen neuen ein. Diesen neuen Motor hatten wir ebenso auf die Rechnung von Ford-Austria gegeben. Wir mussten uns doch »ein paar dringend benötigte Teile« auf deren Kosten besorgen.

Der Motor war von BRM in Bourne abzuholen – da Peter gerade mit Cindy, der Sekretärin von Alan Mann Racing Ltd, flirtete, empfahl ich ihm, Cindy zu fragen, ob sie so lieb wäre und ihm ihren neuen Austin 1100er als Motortransporter borgen könnte. Er trieb es nicht so schlimm wie mit Stuppacher – zumindest fragte er Cindy, ob sie ihn nach Bourne fahren könnte, um den Motor abzuholen. Cindy wiederum sah in Peters braves und liebliches Gesichtchen und sagte Ja. Ihm konnte in Wahrheit niemand widerstehen – trotzdem ein Tipp: Traue nie Menschen mit »lieblichen Gesichtern«.

Der Beifahrersitz wurde ausgebaut und Cindy fuhr mit Peter nach Bourne und nach sechs Stunden kamen sie mit einem neuen Ford TwinCam im Austin 1100 wieder zurück. Robin stattete ihn mit neuer Kupplung aus, checkte den kompletten Antriebsstrang – und kam dann auf eine tolle Idee, die Blattfedern einfach umzudrehen, weil damit der Schwerpunkt um »four inches« tiefer läge.

Ford Cosworth Allrad Formel 1

Allzu ausufernde Kreativität kann auch manchmal ins Gegenteil umschlagen – aber wir waren dermaßen positiv aufgeladen, dass wir uns sicher waren, den »andern« den Arsch aufzureißen.

Auf dem kleinen Rundkurs »Mallory Park«, rund um einen See gelegen, war bereits alles auf »Ford Festival 1969« geschmückt. Am Programm standen zwei Formel-Ford-Rennen mit der ganzen britischen Elite, dazu das »Escort Europe Summit« und ein Demolauf des neuen Ford-Cosworth-Allradrennwagens. Dieses Projekt wurde vom Oberboss Walter Hayes abgesegnet und exklusiv im Cosworth-Werk gebaut. Robin Herd wurde von McLaren »geliehen«, um gemeinsam mit Keith Duckworth das Monocoque-Chassis zu konstruieren.

Das Auto war eigentlich als Versuchswagen für zukünftige Konzepte vorgesehen. Hayes verriet mir, dass an einen Renneinsatz bei Grand-Prix-Rennen nicht gedacht war. Cosworth sollte immer ein Motorenlieferant für Kunden bleiben – und nicht Konkurrent werden.

Warum Allradantrieb? Es gab schon immer mehr oder minder bescheidene Versuche, über den Antrieb von vier Rädern die Leistung effizienter auf die Straße zu bringen. Während der brustschwachen 1,5-Liter-Formel 1 versuchte Harry Ferguson mit Tony Rolt über den Ferguson P99 zu Erfolgen zukommen. Graham Hill brachte es mit einem 2,5-Liter-Climax während der Tasman-Serie in Australien zu bescheidenen Platzierungen. Nachdem die neue Formel 1 mit 3-Liter-Motoren ordentliche PS an die Hinterräder brachte, merkten die Fahrer, dass sogar im sechsten Gang die Räder noch durchdrehten – bei regennassen Strecken war das besonders lustig.

Ab diesem Zeitpunkt begannen nahezu alle Techniker ernsthaft sich den Kopf über Allradantriebe zu zerbrechen. Sowohl Lotus, McLaren als auch Matra scheiterten jedoch. Während einer meiner Besuche in Colnbrook erklärte mir Bruce über das Fahren mit Vierradlern: »Es ist, als würdest du deine Unterschrift schreiben und jemand stößt dir ständig gegen den Ellbogen!«

Der Lastwechsel in den Kurven war nicht in den Griff zu bekommen. Die vergeblichen Versuche von Spitzenfahrern wie Jochen Rindt und Mario Andretti waren ein deutlicher Beweis dafür – Graham Hill weigerte sich überhaupt, das Auto zu fahren. Cosworths Auto sollte eigentlich ein mechanisches »testbed« für einen Allradantrieb sein; sie wollten die Machbarkeit und Zuverlässigkeit eines kompletten Antriebsstranges beweisen. Hintergrund war auch der Gedanke, in Zukunft den Kunden einen kompletten Antriebssatz von Motor über Kupplung, Getriebe bis zu den Antriebswellen anbieten zu können – sicherlich als Konkurrenz gegen die Getriebemanufaktur Hewland.

Nach ein paar Testrunden im Mallory Park fragte ich Jackie Stewart im Clubhouse bei einer »cup'o tea« über den Allrad von Cosworth. Der kleine Schotte zwinkerte mit den Augen und sagte: »Eric – das Auto ist sehr schwer an der Vorderachse, beim Einlenken fährt es mir dir – aber geradeaus!«

In Peters Escort hatte Frank Gardner Platz genommen und natürlich sofort gespürt, dass da irgendwas nicht stimmte. Ich erklärte ihm stolz Robins Wundertat, den Schwerpunkt tiefer zu legen – die Blattfedern an der Hinterachse verkehrt rum und so weiter. Frank stieg aus, nahm mich zur Seite, offensichtlich wollte er Robin nicht beleidigen, und sagte zu mir, dass wir das Fahrverhalten des Autos um hundert Prozent verschissen hätten!

Dann erklärte er mir, was mit dem Wagen alles passieren würde, wenn Peter in Kurven einlenkte, und was die Hinterachse beim Kurvenausgang machen würde und so weiter und so fort. Wir waren zu diesem Zeitpunkt im Stress und darum war mir Frank mit seiner ständigen »G'scheitheit« auf die Nerven gegangen. Ich sagte »Jaja, schon gut – ich werd's Peter ausrichten.«

Nach der dritten Trainingsrunde kam Peter an die Boxen – sein Gesicht gerötet – und bediente sich vulgärster Umgangssprache: »Das Auto liegt scheiße!«

Dann beschrieb er mir genau das – was ich dreißig Minuten vorher von Frank gehört hatte. Ich beschloss, nie mehr Frank zu widersprechen. Egal, wie stressig es war. Bis zum nächsten Training hatten wir nur eine knappe Stunde. Also Auto aufgebockt und mit Hilfe eines Mechanikers vom Team Alan Mann – Cindy schleppte literweise Tee ran – schafften wir den Wagen rechtzeitig an den Start zu bringen. Peters Puls schien noch immer in ansprechenden Höhen gewesen zu sein, denn er verfehlte nur um drei Hundertstel die Pole.

Frank spazierte bei uns vorbei, die Hände tief im Goodyear-Anorak vergraben, und blickte mir stumm in die Augen. Ich sagte nichts. Cindy reichte ihm Tee. Dann ging er zu Peter und nickte: »Ok, Vacuumcleaner (sein Spitzname für Peter, denn er sagte immer Huuva statt Huber … wie Hoover), if you bring more speed out of Gerard's, you could've made pole!«

Er hatte immer etwas zu meckern.

//

Am Abend fuhren wir vier in ein für dortige Verhältnisse nobles Hotel – einer der typischen US-Kästen wie Sheraton oder Marriott. Wir waren alle dort unter »Ford Motor Company« untergebracht. Robin und ich begaben uns dann völlig entspannt auf unsere Zimmer, bei Peter war das anders. Vor ihm stand die erste Nacht mit Cindy. Nun, Cindy war nicht gerade der Schönsten eine. Während wir im Lift hochfuhren, sah ich an Peters leidendem Blick, dass er mir in diesem Moment ein Vermögen bezahlt hätte, würde ich mit ihm tauschen. Als ich vor meiner Zimmertür stand, warf ich noch schnell einen Blick zu Peter, der auf der anderen Seite sein Zimmer hatte, sich in diesem Augenblick zu mir gedreht hatte und im weinerlichen Ton fragte: »Erich – muss das sein?«

Ich wurde steif, zeigte auf Cindy und sagte im barschem Befehlston: »Wurscht – das muss sein – los rein!«

Dann verschwand ich eiligst in meinem Zimmer, hüpfte herum wie Rumpelstilzchen und lachte mich halb tot. Ja, ich weiß, Männer sind und bleiben Schweine. Grunz, grunz …

Der Renntag wurde mit einem Lauf für Formel-Ford-Rennwagen eröffnet. Wie erwartet, artete dieses Rennen gleich in der ersten Runde in eine »Catch-as-catch-can«-Schlacht aus. Nach den Dunlop-Esses hin zu Shaws Corner, einer rechten Haarnadelkurve, fuhren sich die Verrückten gegenseitig in die Kisten, dass es nur so eine Freude war. Räder und Plastikverkleidungen flogen durch die Luft … das Rennen wurde abgebrochen und nach einer halben Stunde Aufräumarbeiten neuerlich gestartet. Ein Drittel des Feldes war nicht mehr dabei.

Dann wurden die Ford Escorts an den Start gerufen. Peter erwischte – trotz oder vielleicht gerade wegen der Cindy-Nacht – den Start wunderbar und bog hinter dem Polesitter aus Schweden nach der Kirby-Straight in die Gerards Bend. Er saß dem führenden Escort dicht im Nacken, ich erwartete, dass er schon in der nächsten Runde die Führung übernehmen würde.

Als sie aus Devil's Elbow in die Start-Ziel-Gerade eingebogen waren, blieb er rechts und für mich setzte er gerade innen zum Überholen an … als wir einen lauten Knall hörten … keine Bremslichter am Escort aufleuchteten … er sozusagen ungebremst in die Rechtskurve zu Gerards einbog … und ausrollte. Irgendetwas musste auch auf den Tribünen passiert sein, denn dort oben herrschte reges Treiben … Sanitäter bahnten sich ihren Weg.

Als es knallte, sagte Robin: »Oh shit – Peter did it again!«

Frank Gardner war neben mir ganz ruhig geblieben und sagte nur, dass das nicht der Motor war. Als Peter nach dem »langen Fußmarsch« bei uns angekommen war, erzählte er, dass es in Höhe des Getriebetunnels einen Mordskracher gemacht hatte und Trümmer durchs Cockpit knapp über seinen Schienbeinen und durch die Karosserie nach außen geflogen waren. Robin vermutete einen Getriebeblockierer. Frank hörte ruhig zu, schüttelte den Kopf und sagte nur: »Flywheel.«

Leider hat der Australier wieder einmal recht behalten. Als in der Werkstätte von Mo Gomm am Montag den Motor ausgebaut war, entdeckten wir eine völlig zerfetzte Schwungscheibe … wie konnte das passieren? Schließlich war es eine (nicht erlaubte) geschmiedete Formel-2-Scheibe und die sollte die Drehzahlen des TwinCams locker verkraften.

Frank stand mit einer Tasse Tee hinter uns und sagte nur: »Euer Mechaniker hat die Sicherungen an den Schrauben vergessen …«, und im selben Satz riet er uns, Robin zu feuern. Was wir auch taten. Denn so etwas zu vergessen war tödlich.

Die Trümmer der Schwungscheibe waren 2 cm über Peters Schienbeine geflogen – die hätten seine Haxen durchtrennt, ohne dass sie beim Weiterfliegen langsamer geworden wären. Ein paar der Trümmer waren bis in die Zuschauertribünen geflogen – darum die Rettungsleute unmittelbar nach dem Knaller. Die Teile der Schwungscheibe hatten in einem Aufwasch auch die Bremsleitungen gekappt. Bei der Anfahrt zur Rechtskurve nach Start-Ziel trat sein rechter Fuß ins Leere.

VOLLGAS ODER NIX /// EIN PROBEFAHRT »UM DEN HÄUSERBLOCK«

Wieder in Österreich hat mich Ford-Danninger angerufen und gebeten, mit »seinem« Auto beim Innsbrucker Flugplatzrennen zu fahren, er hätte zwar einen Kunden, der sich für das Auto interessierte – der wollte aber nicht gleich bei einem Rennen dabei sein. Also durfte/sollte ich mit Danningers Lotus fahren. Otto Stuppacher hatte neben dem Formel-Ford-Start auch seinen Porsche 910er in seinem Rennprogramm und für Peter ging es um den Staatsmeistertitel für Tourenwagen. Er musste in Innsbruck gewinnen.

Vor dem Training erklärte mir ein Knickerbockerzwerg von Ford-Salzburg, ich weiß nicht mehr, wie er hieß, irgendwie Gaul oder Kraul … dass das Danninger-Auto an einen anderen Händler verkauft war. Der Zwerg war von den USA zu Ford-Austria befohlen … und sollte sich dort wichtigmachen.

Die Debatte wurde ungut. Der arrogante Gerd Greil (Ford-Händler in Innsbruck) mischte auch auf einmal mit – wahrscheinlich war er angefressen, weil ich keinen Tiroler fahren ließ. Auf jeden Fall ist mir die ganze Geschichte ordentlich auf den Arsch gegangen und ich wollte eigentlich dort schon alles hinschmeißen. Die Rache würde schon noch kommen, wenn auch später.

Peter fuhr seinen Escort auf die Pole und rettete mit dieser properen Leistung meine Laune. Frank Gardner kam erst nach dem offiziellen Training, sein Flieger hatte Verspätung. Der Teamowner Sid Taylor, ein lustiger Kerl aus Manchester, jammerte, dass Frank nun keinen Trainingslauf absolviert hätte und möglicherweise am Sonntag nicht starten dürfte – wie üblich musste eine Mindestrundenanzahl absolviert sein, um beim Rennen zugelassen zu werden. Ich marschierte zum ÖASC-»Präse« Willy Löwinger und klärte die Sache. Er versprach, Gardner am nächsten Tag beim freien Training die erforderlichen Runden fahren zu lassen und die Zeit für einen Startplatz stoppen zu lassen – bei Einspruch der anderen Teams müsste er aber vom letzten Startplatz aus fahren.

Löwinger versprach aber zu »schauen, ob sich was machen ließe« – in Österreich ließ sich meistens was machen. Frank und Sid waren happy – umso mehr, als die Flughafenleitung ihm erlaubte, mit mir am Co-Sitz noch bei Dämmerung ein paar Runden zu drehen, damit er wenigstens die Übersetzung prüfen konnte.

Also zwängte ich mich neben Frank in den Lola T 70 und dann fuhren wir los. In dem furchtbaren Krawall im Cockpit zeigte ich ihm über Handzeichen den Kursverlauf. Es war schon geil, mit Frank herumzufetzen – nach ein paar Warm-up-Runden legte er ordentlich los, schaltete die Gänge, ohne zu kuppeln … ich stoppte mit … die Zeiten waren okay.

Die Gegnerschaft für das morgige Rennen war ordentlich. Eine Gruppe Porsche 908er sowie die komplette Werksriege von Abarth in schnellen Spyders mit Johannes Ortner und Arturo Merzario etc. Ich konnte mir nicht vorstellen, dass der schwere Lola gegen die wendigen Porsches oder Abarths eine Chance hätte.

Frau »Commendatore«, Otto Stuppachers Mutter, hatte am Samstagabend zum großen Diner ins Extrazimmer des Restaurants vom Tiroler Ex-Rennfahrer Walter Schatz geladen. Otto wusste um Franks Probleme wegen des Startplatzes, möglicherweise müsste er vom letzten Platz aus losfahren, ließ ihn über mich als Übersetzer wissen, dass er ihm Platz machen würde. Frank lächelte und sagte mir, ich möge Otto ausrichten: »Thank you, very nice!«

Ottos Schwester »Puppi«, damals noch nicht vom Whiskey aufgedunsen, hatte sich auf die Sekunde in Frank verliebt – und mich um seine Hoteladresse und Zimmernummer gebeten. Der Australier flüchtete.

Nach dem morgendlichen Warm-up kam das so genannte freie Training und Frank knallte gleich mal »aus dem Stand« eine neue Bestzeit auf den Beton. Nachdem sich die Zeit von Frank herumgesprochen hatte, schaute die Konkurrenz von Porsche und Abarth zuerst einmal blöd aus der Wäsche. Sogleich begann die Tuschelei im Fahrerlager und eine Delegation marschierte zu Löwinger und drohte sofort einen offiziellen Protest einzulegen, falls der Sid-Taylor-Lola an der Pole stünde.

Hatten sie noch gestern im Lola T 70 keine Konkurrenz gesehen – so hatten sie nun plötzlich die Hosen gestrichen voll.

Jetzt sah plötzlich alles anders aus. Auch Marko wechselte auf einmal die »Fronten«. Als er am Morgen vom Protest hörte, hatte er noch gesagt, ein Protest gegen Gardners Lola wäre peinlich: »Dann soll'ns halt schneller fahren«.

Zwei Stunden später hatte Johannes Ortner mit ihm gesprochen, Carlo Abarth wäre an einem möglichen Werksvertrag mit ihm interessiert – und Marko stellte sich sofort auf die Seite der Protestgruppe. Frank erledigte das Problem auf seine Art: Schon beim Anbremsen zur Rechtskurve nach dem Start pflügte er den Lola durchs halbe Feld, beim Links-rechts-links-Trapez auf der Gegengeraden schnupfte er den Rest auf. In der dritten Runde nahm er das führende Duo aus Abarth und 908er an die Brust und ward von da an nicht mehr gesehen. Er siegte überlegen – und erreichte rechtzeitig den Flieger zurück nach London.

Nach dem Start der Renntourenwagen warteten wir im Fahrerlager vergeblich auf unseren lieben Peter im blau-gelben Ford Escort. Scheiße! Als die Startfahne gefallen war und alles mit Vollgas losbrauste – brauste Peter nicht. Beim Auskuppeln war die Drehzahl des Motors plötzlich in den Keller gefallen. Ein kleiner beschissener Schaden an der Elektrik … und der Traum von der Staatsmeisterschaft war vorbei.

///

Auf dem Salzburgring wurde dann eine Woche später das zweite österreichische Formel-Ford-Rennen abgehalten. Mein englischer Kollege Nick Brittan war mit seiner Truppe aus britischen, belgischen und dänischen Fahrern von Innsbruck nach Salzburg getrampt. Der Linzer Ford-Mann Danninger hatte für das Salzburger Rennen wieder keinen Fahrer gefunden, er selbst wollte oder getraute sich nicht und bat mich deshalb, noch einmal in sein Auto zu klettern. Gut, kein Problem, machen wir noch einen Versuch – vielleicht klappt's diesmal.

Natürlich kam mir der »Gaul«-Zwerg in seinem Lodenjanker wieder in die Quere! Ich hätte ihm eigentlich in den Tiroler Bergen eine in die blöde Goschen knallen sollen – aber ich war nun mal gut erzogen …

Otto Stuppacher hatte ich wie in Innsbruck in den Wagen von Ford-Hinteregger gesetzt, er kam in seinem 911er von Wien angerauscht, an seiner Seite die quirlige Susi Riebl, ein ausnehmend hübsches Mädel, lustig und immer für Späße zu haben, und zwar für alle …

Im Rennwagen von Ford-Reichl/Bruck saß Junior Klaus. Ohne Ford-Händler im Rücken, sozusagen »free agent«, waren Hanno Maurer-Stroh aus der Kärntner Stroh-Rum-Dynastie und AUA-Flugkapitän Josef Starkbaum, nebenbei mehrfacher Heißluftballon-Weltmeister, am Start.

Die frühere Freundin Niki Laudas (lange voor Mariella), das Töchterlein der berühmten

Pischinger-Tortenecken-Dynastie, hatte mich mit einer feschen Blonden zusammengebracht. Nikis Ex war damals mit dem obersteirischen Rennstier Gerold Pankl unterwegs. Tja, die Paarungen wechselten damals wie die Groupies bei den Rockbands. Diese Mädeln waren aber keine Boxenluder im Sinne der Achtzigerjahre … sondern zumeist aus »gutem Hause«, wohlerzogen, eher konservativ bis britisch gekleidet (Schottenrock, Dufflecoat) und sprachen wunderbares Burgtheater-Deutsch, denn Wiener Dialekt war in diesen Kreisen verpönt.

Mein Steirisch fanden sie amüsant – zum Teil betrachteten mich die »höheren Töchter Wiens« wie ein exotisches Tier im Zoo. Wiener Dialekt blieb den »geilen Motorrad-Schnitten« vom Triumph-Club vorbehalten. Mit denen war es aber auch spannender …

Beim Training fuhr ich eine Weile hinter Helmut Marko im McNamara und fand nach den ersten Runden, dass entweder mein Lotus recht gut »ginge« oder sein McNamara nicht schnell war. Er war von uns beiden klar der Langsamere. In der Vollgasrechten über dem Fahrerlager war der McNamara am Heck etwas »loose« (nicht sehr stabil), während mein Lotus dort »klebte«. Mein Auto untersteuerte dafür in der Haarnadel nach Start und Ziel. Darum stellte ich den vorderen Stabilisator etwas weicher.

Immerhin hatten wir uns mitten unter die schnellen Engländer gemischt. Außer einem Mister Lawrence, der mit dem Merlyn recht flott unterwegs war, hatten wir den Rest im Griff. Auch Nick Brittan war langsamer.

Vor dem zweiten Trainingslauf dann ein Schicksalsschlag: Der amerikanische »Lodenschlurf« Graul oder Kaul erklärte mir plötzlich, dass ich mit dem Danninger-Auto wieder nicht fahren könne, ich müsste die alte »Demo-Kiste« vom Sommer fahren … er würde dafür sorgen, dass die Kleber und Startnummern gewechselt würden.

Beim zweiten Trainingslauf ging's mit mir bergab: Der alte Wagen scherte beim Bremsen nach rechts aus, ich wäre um ein Haar in den Leitplanken gelandet. Dann hätte ich dem Ami allerdings die Eier ausgerissen – und zwar langsam! Außerdem rutschte die Kupplung! Nach dem zweiten Trainingslauf war ich auf den neunten Platz zurückgefallen. Wir versuchten die Kupplung zu reparieren – nach einer halben Stunde »herumbasteln« sagte mir der Mechaniker, dass da nichts zu machen wäre … ich müsste halt beim Start aufpassen und während des Rennens dürfte ich die Kupplung nicht rutschen lassen … vielleicht »hält« sie.

Als ich zum Start rollte, merkte ich, dass die Kupplung hinüber war. Meine einzige Chance war, dass ich nach dem Start früh vom ersten in den zweiten Gang und während des Rennens ohne zu kuppeln schaltete. Zum Glück war der Salzburgring sauschnell und im Formel Ford brauchte man nur den dritten und vierten Gang. Die Schikanen wurden erst Jahre später eingebaut.

Ich hatte zwar beim Start gut reagiert, aber wegen des frühen zweiten Gangs sind mir einige von hinten vorgefahren. Auch der gute Klaus im Reichel-Rennwagen fuhr in der ersten Runde hinter mir nach … ab der vierten ging dann das Schalten ohne kuppeln flott dahin und ich saugte mich an die Gruppe vor mir wieder heran. Der Erste, den ich mir schnappte, war Otto Stuppacher. Otto war mir dann »geblieben« – er folgte im Windschatten und was immer ich mir einfallen ließ, er blieb dran.

In der vorletzten Runde richtete ich mich auf eine späte Attacke gegen Marko und den Salzburger Miedaner und ein paar Engländer ein … ich plante in der Fahrerlagerkurve in der letzten Runde ei-

Glavitza vor Marko im Formel Ford am Salzburgring 1969

nen »bösen« Angriff. Horst Miedaner nahm mir aber die Arbeit ab. Er hatte offensichtlich vergessen, dass man es zumindest versuchen konnte, Helmut Marko zu überholen – und das ausgerechnet in der Anbremszone vor der Fahrerlagerkurve.

Nachdem wir zu sechst mit voller Glut die rechte Vollgaskurve über dem Fahrerlager hinter uns gebracht hatten, Marko seinen McNamara auf seine unnachahmliche Art »aung´stöit« (angestellt) hatte – fuhr ihm Miedaner einfach in die Kiste! So deppert muss man erst einmal sein.

Helmuts Auto stieg auf, Miedaner drehte sich in einer riesigen Rauchwolke aus Gummi und Staub, irgendeiner der Briten krachte unmittelbar vor mir gegen die Leitplanken – und der Herrgott hatte wieder einmal Erbarmen mit mir und führte mich mit sicherer Hand durch die ganze Schlamastik. Ich erinnere mich noch an die Batterie von Markos McNamara, die mich in Kopfhöhe überholt hatte und in den Asphalt wie eine Granate einschlug. Mein aufstrebendes Talent Otto Stuppacher hatte sich schnell und ohne viele Aufhebens in die Leitplanken verabschiedet.

Einem Salzburger Reporter antwortete Stuppacher, über Miedaners Aktion befragt, nur mit einem knappen: »Ein festes Arschloch.«

Die Spitzengruppe vor uns war natürlich jetzt um gute hundert Meter weg und sosehr ich mich auch bemühte, außer dass ich mich im Windschatten während der letzten Runde vielleicht auf rührige zwanzig Meter herangearbeitet hatte, war nichts mehr drinnen. Als Trostpflaster gab's den Preis für den besten Österreicher … besser als ein Stein am Schädel. Pankl, Lauda und Co. haben vom Dach des Bosch-Transporters zugesehen und mit den fliegenden Trümmern ihre Gaudi gehabt.

Als ich aus dem Auto geklettert war, sagte Gerold zu mir: »Jetzt schaust endlich wie ein richtiger Mann aus!«

Niki fügte hinzu: »Älter als mein Großvater.«

Der Verkaufsleiter von Ford-Schmidt, Sponsor von Miedaner, kam zu mir: »Kann man gegen das Verhalten der Engländer nicht Protest einlegen? Die haben unseren Horstl rausgeboxt.«

»Wer soll wen rausgeboxt haben?«, fragte ich kopfschüttelnd.

»Na, die Engländer – ich hab's genau gesehen.«

Dann musste ich konkret werden: »Von da herunten können's überhaupt nix gsehn haben – außer Leitplanken sehen Sie von hier aus nix.«

Ich war aber relativ gut aufgelegt und versuchte dann ihm in aller Ruhe den Hergang zu erklären: »Es hat dort oben niemand irgendjemand rausgeboxt – der Horstl hat versucht Marko innen auszubremsen und des waß' a jeda, dos des durt ned get« (... und das weiß ein jeder, dass das dort nicht geht). »Der Knaller dort oben war ein ganz normaler Rennunfall – mehr nicht.«

Dann war Ruhe.

Bei der Anfahrt zur Siegerehrung im Festsaal des Flughafengebäudes in Salzburg hatte ich es etwas eilig, weil ich zu spät dran war, und überholte vor einer Unterführung etwas rüde einen mausgrauen VW 1600 TL (ja, dieser furchtbare Kübel, der bei Seitenwind auf der Autobahn fast von selbst umdrehte).

Pech – im Auto saß der Polizeikommandant der Stadt Salzburg. Ich war aber so schnell vorbei, gegen den Alten auch keine Kunst, dass er mich erst im Festsaal wieder bemerkt hatte. Er war dort als Ehrengast eingeladen und konnte mich schwer vor den anderen Ehrengästen strafen oder gar anzeigen. Er hatte mich ohnehin erst erkannt, als ich mit einem Pokal vom Formel-Ford-Rennen wieder zum Tisch zurückgehen wollte.

Am Klo hat er mich dann abgefangen und nebeneinander in die Schüssel zielend hielt er mir einen Vortrag – über seine Großzügigkeit, mich nicht zu strafen. Dafür hatte er dann einen ordentlichen Pissfleck an der Hosenröhre – schlecht abgeschüttelt!

Otto Stuppacher war mit seinem Porsche 910 beim Rennen für Sportwagen in Innsbruck auch dabei. Aber nicht lange. In der Haarnadel gleich nach dem Start ist ihm ein Italiener in die Quere gekommen – nach »Feindberührung« erwischte er die Leitplanken ... Entsprechend gut aufgelegt war die Stuppacher-Truppe während der Siegerehrung. Seine Freundin, die flotte Susi, goutierte das nicht besonders. Sie saß mir genau gegenüber und nach einer Weile berührten sich unsere Beine. Ich entschuldigte mich – sie zwinkerte schelmisch. Irgendwie hatte es sich dann ergeben, dass wir einander außerhalb des Aktionsbereichs der Otto-Entourage trafen. Sie fragte mich, ob ich sie nach Hause bringen könnte? Als Kavalier der alten steirischen Schule sagte ich naturgemäß sofort zu ... worauf sie postwendend: »Gut – los, fahr'n wir.«

Ich warf einen prüfenden Blick in die Runde, die gerade um den alten Zweimeter-Grafen Schönborn von Bosch-Austria versammelt war und mit offenen Mündern dessen G'schichten aus dem Zweiten Weltkrieg lauschte, als er mit einer Me 109 »Tommys« vom Himmel geschossen hatte.

Wie es nun einmal meine Art war, erfasste ich sofort die Situation, näherte mich in einem Bogen unserem Tisch, dass mich niemand bemerkte – schnappte meine Sachen, packte Susi am Arm und ab ging die Post. Bis Mondsee ließ ich sie von ihrem Leid der furchtbaren Beziehung mit dem unsteten Otto reden. In der Vollgasrechten (Mondsee) spürte ich ihre Hand auf meinem Oberschenkel ... einen Kilometer nach Mondsee sagte sie: »Du bist so ganz anders« ... dann kitzelte sie mich mit der Zunge am Ohr ... wir schafften es gerade noch bis zum nächsten Parkplatz.

STEVE MCQUEEN

Steve McQueen

Gösta neueste Errungenschaft, zwei Meyers-Tow'd-Buggys, waren inzwischen aus den USA eingetroffen. Diesmal handelte es sich um echte Rennfahrzeuge aus San Diego in Kalifornien. Die Buggy-Firma gehörte mehrheitlich Steve McQueen. Gösta war mit seiner damaligen Frau Renate drüben und hatte sich von den Amerikanern ein für unsere Rennen zugeschnittenes Auto bestellt. Für Regenschlachten empfahlen sie ihm extra breite Felgen und grobstollige Spezialreifen – diese Räder nannten wir dann treffend »Los Waschlos« (von »Waschel« kommend und so viel wie großes Monstrum meinend).

In mein Meyers-Rennauto kam ein 1600er VW-Rallyemotor und in das zweite Auto ein auf 2000 ccm aufgebohrter VW-Motor. Der Grund war, so glaube ich mich zu erinnern, dass die österreichische Meisterschaft »OSK-Pokal« nur für die 1600er Klasse ausgeschrieben war. In Großhöflein war die österreichische Feuertaufe für unseren neuen Meyers-Tow'd-Racer. Ein paar Tage vorher waren die hinteren Stoßdämpfer beim Großhöfleiner Sprung abgerissen. Nach einem weiten Sprung knickte die rechte Aufhängung einfach ein. Unser »Cheftechniker« verstärkte nicht nur das Chassis an dieser Stelle, sondern baute gleich zwei Stoßdämpfer ein. Auch vorne verstärkte er die Aufhängungen – die Sprungschanze war größer, als die Amis dachten.

Wenige Tage vorher hatte es zu schneien begonnen. Das Training artete in eine wilde Schlammschlacht aus. Dann kam die Sonne heraus, der Wind pfiff die Strecke trocken … und mit Zunahme der Zeit hatten wir den Schlamm abgehobelt und die Rundenzeiten kugelten in den Keller.

Damit mir nicht fad würde, hatte man meinen Partner Peter in den 2000 ccm-Meyers-Tow'd gesetzt, Richard Bochnicek startete in einem speziell »gekürzten« Citroën und in meiner 1600er Klasse waren als Gast der Express-Reporter Franz Robert Billisich im Vorjahrsbuggy, die Linzer Werner Eltz und der schnelle Heinz Günther in VW-Buggys – dazu Franz Wurz in einem Ford Escort TC und eine Mini-Cooper-Armada mit Rupert Hanner, Rudi Kronfues, Herbert Grünsteidl und Willy Neuner etc. Von »g'mahter Wies'n« (gemähte Wiese für »alles klar«) für mich keine Rede.

Nach dem Training waren Peter sowie Bochniceks »Zitrone« und natürlich Franz Wurz im Escort dicht an meinen Fersen. Ich musste mir also schnell was einfallen lassen. Die Stimmung im Team bekam vor Rennbeginn einen ordentlichen Dämpfer: Robert Billisich hatte während des Schlusstrainings vor der »Schikane« zu früh gebremst und wurde von einem dicht folgenden Kollegen unsanft weggeräumt – und hatte sich in der Folge mehrmals überschlagen. Mein guter, alter Sieger-Buggy vom Vorjahr hatte nur noch Schrottwert.

Meyers-Tow'd-Buggys, Glavitza vor Wurz

Am Sonntag herrschte dann Super-Rennwetter. Strahlende Sonne und eine steife Brise sorgten für eine trockene Piste. Es waren ideale Bedingungen. Im ersten Durchgang legte ich gleich mal eine ordentliche Bestzeit hin, knickte mir aber in der letzten Runde einen Stoßdämpfer ab. Wir tauschten den Dämpfer und machten das Auto für den zweiten Durchgang fit. Peter war nur eine halbe Sekunde hinter mir geblieben. Ich wusste aber, dass ich wegen des gebrochenen Stoßdämpfers die letzte Runde »adagio« angegangen war.

Peter startete zum Finallauf vor mir … ich kam am Schluss dran. Wurz und Bochnicek waren langsamer – Peter legte im zweiten Heat ordentlich zu. Er drückte meine Zeit aus dem ersten Gang um glatte fünf Sekunden. Da die letzte Zeit für den Gesamtsieg entscheidend war, musste ich jetzt mit dem 1600er g'scheit Gas geben.

Der Start war okay – ich fand einen guten Rhythmus, sprang nicht zu weit … nahm aber ausreichend Schwung mit und kappte noch einmal sechs Sekunden von Peters Rundenzeit. Damit war ich Gesamtsieger vor Peter und dem Linzer Günther. Nicht schlecht für den Anfang.

///

Am Montag rief Hubert Fröhlich an.
Ich fragte ihn: »Wo bist du – noch in Hollywood?«
»Nein, in Le Mans!«
»Was machst du in Le Mans?«
»Einen Film mit Steve McQueen – wie schaut's aus mit dir – machste mit?«
»Klar doch!«

Er erklärte mir noch, dass in den nächsten Tagen ein Agent nach Wien käme und sich bei mir rühren würde. Als ich aufgelegt hatte, glaubte ich Flügel zu haben … wieder eine große Filmproduktion in Aussicht! Wir hatten bald erkannt, dass es diese Größenordnungen im deutschsprachigen Raum nie geben würde. Wir waren gemeinsam zu den Münchner Studios gefahren – dort spielte sich so ziemlich alles für Deutschland ab –, aber die Budgetrahmen für »Special Effects« waren zu gering, um zu überleben, und zu groß, um zu sterben.

Andererseits waren damals Autostunts, ich meine ordentliche Überschläge, höchst selten. Das kam erst Mitte bis Ende der Siebzigerjahre – eigentlich löste Steve McQueens berühmte Autoverfolgung durch die Straßen von San Francisco in »Bullitt« eine Welle von Autostunts aus. Wobei man in Europa immer etwas dezenter drüber dachte als die Amis.

Ich erinnere mich an Stuntaufträge, wo ein Überschlag gewünscht war – aber das Auto durfte nicht beschädigt werden. Die amerikanischen Produktionen hatten von vornherein drei, vier Reservewagen dabei und bestanden sogar auf deren Vernichtung.

Damals wurden vom Auto-Metzger in Vösendorf gerade noch »rollende Autos« angekauft. Die erreichten kaum mehr dreißig Stundenkilometer – wie sollte man so eine Kröte überschlagen, außer man schmeißt sie über die Dachstein-Südwand runter?

Eine andere Produktion hatte sich einen nagelneuen Porsche Targa ausgeborgt, der aus Spargründen nicht versichert war! Es handelte sich dabei um eine üble Porno-Schmiere – mit einer Tschechin im

Lederoverall und Riesentitten. Peter musste laut Buch im Porsche mich, den »Bösewicht«, in einem Citroën verfolgen. Drehort war eine schmale Bergstraße irgendwo am Fuße des Hochkönigs. Ich raste durch den Wald, dass die Reifen quietschten, und blieb dann außerhalb des Kamerabereichs stehen – Peter kam mit dem böhmischen Atombusen im Porsche durch den Wald gedonnert – anschließend an mir vorbei. Ich dachte gerade, wieso er noch so deppert außerhalb der Kamera unterwegs wäre – als er den Porsche in einer Rechts-links-Kombination plötzlich »verloren« hatte und eine Felswand hochkletterte … ich sah nur noch, wie das Mädel zwischen Windschutzscheibe und Rollbügel bis zum Nabel schon aus dem Auto aufstieg … und Peter mit der Rechten nach ihr gegriffen hatte und sie zurück ins Auto zerrte.

Dann knallte der Porsche auf alle vier Räder wieder zurück auf die Straße – und es war plötzlich still …

Ich rannte hin – er blickte zu mir und drehte am Startschlüssel – und das Einzige, was er sagte, war: »Erich, der Motor springt nicht mehr an … ich versteh das nicht!«

Dabei war der Motor vom Getriebe abgerissen – und lag auf der Straße …

Der tschechische Monsterbusen griff Peter in den Schritt und stöhnte: »Du bist eine Mann …!«

Ich weiß nicht, ob jemand wissen will, wie's weiterging: Die Besitzerin des Porsche Targa hatte den Filmleuten den Porsche deshalb geborgt, weil ihr nur Standaufnahmen versprochen waren.

Im Café Sacher traf ich den Agenten von der Solar Filmproduction. Er war am Vorabend mit einem Journalisten von der »Kronenzeitung« in Grinzing unterwegs und sah deshalb entsprechend aus. Ich erzählte ihm vom Bond-Film und von meiner Rennfahrerei, hatte Bilder und Zeitungsausschnitte mit. Er nickte und sagte, das träfe sich günstig, weil jemand mit Ahnung von Special Effects, Stunts und vom Rennfahren selten wäre. Die echten Stuntmen konnten zwar von Pferden fallen, durch Fenster springen, sich filmgerecht in die Goschen hauen, aber mit dem Autofahren hatten sie allesamt Probleme – und mit einem Rennauto umgehen schon gar nicht. Und Rennfahrer hatten offensichtlich Probleme, offenen Auges in eine Mauer zu knallen. In meinem Hirn muss irgendetwas »falsch« geschaltet gewesen sein – denn ich hatte mit beidem keine Probleme.

Nach ein paar Minuten sagte er: You guys got the job!

///

Die Zeitungen berichteten sofort vom neuen Filmprojekt mit Steve McQueen. Diese Popularität wollten meine Sponsoren natürlich nützen – darum hatte ich für ein Salzburgring-Rennen so viele Sponsoren auf meinem Auto, dass die Startnummern fast verdeckt waren.

Für das Rennwochenende gab's aber ein Problem: Der Hauptsponsor »Milch aus Österreich« hatte darauf bestanden, dass ich am Samstagabend in Graz als Juror bei einem Wettbewerb für junge Schlagersänger mitmachen musste. Das war natürlich nicht so einfach. Am Samstag waren in Salzburg sowohl am Vormittag als auch am Nachmittag Trainingsläufe programmiert. Die mühsame 300-km-Route von Salzburg nach Graz führte über Bad Ischl, Pötschenpass, Aigen, Selzthal, St. Michael, Bruck/Mur.

Ich sollte um 20.00 Uhr im Rundfunksaal in Graz sein … und am nächsten Morgen wieder zurück in Salzburg beim Rennen. Da Geld im Motorsport »alles« ist, war und immer sein wird … musste ich mir was einfallen lassen. Ich hatte mit drei Fahrstunden zu rechnen, das machte mal Pi, dass ich um siebzehn Uhr spätestens vom Salzburgring losfahren musste.

Nachdem ich mit dem ÖASC-Büro in Wien telefoniert hatte, war ich erleichtert. Meine Trainingsdurchgänge waren am Vormittag um neun Uhr und am Nachmittag um fünfzehn Uhr angesetzt. Das würde etwa eine Stunde in Anspruch nehmen … mit anderen Worten, ich sollte um sechzehn Uhr vom Salzburgring wegkommen. Also kein Problem … vier Stunden? Locker … nicht mit dem Fahrrad, aber mit meinem Auto und steifem rechtem Fuß machbar.

Ich hatte zu diesem Zeitpunkt meinen BMW gegen einen soliden Volvo eingetauscht, denn die Hinterachse am Bayrischen hatte nicht mehr mitgespielt. Ich hatte schon immer einen Hang zum Norden, allein der hübschen Mädchen wegen, und erhoffte mir vom Volvo mehr Robustheit. Rückblickend hatte ich recht mit meiner These. Der Wikinger hatte wirklich das Naturell eines Panzers.

Im g'spaßigen Konvoi mit Stuppachers Entourage und meinem Volvo mit Anhänger und Formel-V-Rennwagen ging's zum Salzburgring. »A Gaudi« war somit garantiert. Otto hatte eine ganzes Haus am Rande der Salzburger Bundesstraße für uns angemietet. Die sieben Doppelzimmer reichten gerade für seine Mannschaft und Peter und mich.

Natürlich regnete es am Samstagmorgen. Otto hatte den 910er für sich genannt, den Carrera 906 fuhr sein »ständiger« Begleiter Kurt Rieder – der tausend Schillingscheine als »Fetzen« bezeichnete und eine Million »a Maeu'n« (eine Meile).

Für einen 906er-Start legte er die Versicherungsprämie auf den Tisch und wenn er das Rennen ohne Kratzer schaffte, legte Ottos Mutter die Prämie wieder auf den Tisch. Damals war wirklich alles möglich. Rieder ist mit dem 906er sehr flott umgegangen – sein »Chef« Otto musste sich im stärkeren 910 ordentlich »strecken«, um schneller zu sein. Andererseits passte »Kurtl« auf und hielt sich zurück, um seinen »big spender« nicht zu vergrämen.

Während alle beim Frühstück wegen des Regens schlechte Laune hatten, war ich eher gut aufgelegt. Ich sollte recht behalten. Nach dem Training auf regennasser Piste hatte ich die Pole um eine volle Sekunde. Der Regen hatte eine halbe Stunde nachher aufgehört – das hieß, der zweite Lauf würde auf trockener Piste gefahren und die Zeiten vom Vormittag wären zum »in-die-Haare-Schmieren«.

Dann sollte wieder einmal alles anders kommen. Gegen Mittag zogen dunkle Wolken über das Salzkammergut. Ein wildes Gewitter näherte sich der Rennstrecke – und der für Tourenwagen angesetzte Lauf wurde verschoben. Erst um eine halbe Stunde, dann eine Stunde … dann eineinhalb … schließlich um zwei Stunden. Das hieß für mich, ich könnte frühestens um siebzehn Uhr mit meinem Rennauto rausfahren. Ich wäre um achtzehn Uhr fertig … und in zwei Stunden bis Graz wäre sogar in einem Renn-Porsche nicht machbar! Scheiße! Inzwischen war der Regenguss wieder abgezogen und die Strecke staubtrocken geworden … meine Konkurrenten würden also auf trockener Piste neue Trainingszeiten fahren … ich stünde morgen am letzten Platz!

Um siebzehn Uhr fuhr ich los. Der Verkehr in den Süden war nicht aufregend – und mein Wikinger quietschte vor Vergnügen in den Kurven. Ich drehte die Mühle voll aus und war deshalb lange vor halb acht vor dem Grazer Festsaal. Es war eine merkwürdige Atmosphäre. Die Wichtigtuer vom Rundfunk wuselten herum, niemand war in der Lage, in normaler Lautstärke zu sprechen, es wurde nur gebrüllt und auf wichtig gemacht. Jeder hatte irgendwelche Mappen unterm Arm, alles rannte kreuz und quer über die Bühne.

Bald hatte ich »meinen Mann« von der Werbeagentur getroffen, er umarmte mich und wiederholte mehrmals wie »happy« er wäre, dass ich es bis Graz geschafft hatte. Ich bekam eine Cola-Flasche in die Hand gedrückt, knotzte mich in ein altes Fauteuil und sah dem verrückten Theater zu. Dann wurde gesungen. Mehrere Bands aus verschiedenen steirischen Städten oder Dörfern versuchten ihr Glück auf der Bühne, alle hatten aus ihrer unmittelbaren Heimat Fanklubs mitgebracht, die wie Ochsen beim Schlachten brüllten.

Die Gesänge waren furchtbar – zumindest für meinen Geschmack. Aber egal. Ich saß mitten in der Jury und wir mussten wie beim Eiskunstlaufen Tafeln mit Zahlen in die Höhe halten. Ich wollte keinem der Kerle da draußen wehtun und hielt mich an die Benotung meines Nachbarn. Als die Sache beendet war, wollte ich gleich wieder zurückfahren, wurde aber von meinem Werbeagenten aufgehalten, wir müssten noch Fotos bei der Abschlussparty machen, und dort wollte er mich auch den Direktoren der Molkereien vorstellen. Okay, das gehörte natürlich zu meinen Pflichten, also war ich mit den Leuten zur Party gegangen.

Meine Laune besserte sich gleich etwas, als ich eine fröhliche Schar hübscher Grazer Mädels entdeckte, die dort als »Celebrity-Girls« aufgetreten waren. Ich flirtete gleich munter mit zwei besonders lustigen Typen und hatte plötzlich viiiel Zeit. Ich erzählte ihnen von meinem Rennen morgen am Salzburgring und lud sie ein mitzukommen. Die beiden sagten zu!

Mein Agent fand das auch gut, denn dort wären zwei Fotografen von der Agentur und die könnten dann Bilder mit den Mädels in »Milch-Shirts« und mir im Rennwagen machen. Es war ungefähr halb zwei Uhr nachts, als wir von Graz losfuhren – und knapp vier Uhr, am Osten ein hellgrauer Streifen, als ich meinen Volvo vor der Pension angehalten hatte – damals gab's noch keine Sommerzeit. Die beiden Mädels waren unterwegs kurz eingenickt, ab Bad Ischl wieder pudelputzmunter, während ich mich »angeschlagen« fühlte.

Peter schlief wie ein Murmeltier – eines der Mädel zog sich aus und mit einem »den mach ich mir jetzt schnell munter« kroch sie unter die Decke. Peter fuhr in die Höhe, als hätte sich eine Klapperschlange bei ihm breitgemacht. Ich verschwand mit meiner neuen Begleiterin unter die Dusche. Nach einer turbulenten »Restnacht« schliefen wir gegen halb sieben ein – und wurden nach fünfzehn Minuten mit wildem Geschrei aus den Betten gerissen – davor war der gesamte Stuppacher-Klub versammelt: »Na hallo – do gez zua – treibt's die Viecher eina!« (Na, hallo, hier geht es rund – treibt die Tiere von der Weide herein.)

Unter Gejohle ging es dann zum Frühstück ... und dann zum Fahrerlager.

Ich traute mich nur zögernd, zum Anschlag der Trainingszeiten zu gehen. Dort hatten sie die Liste für die Startaufstellung der Formel-V-Rennwagen angeschlagen. Mein Blick begann in der letzten Startreihe ... aber da war nicht mein Name. Hatten sie mich aus der Wertung genommen? Ich blickte weiter hinauf bis zur ersten Reihe ... und da war mein Name auf der Pole! Vielleicht ein Irrtum – aber daneben war die komplette Startaufstellung angeheftet – und ich vorne!

Was war da bloß los gewesen? Bussek junior kam vorbei und lachte: »Da hast wieder mal einen Riecher gehabt! Sie hatten uns aufgerufen und kaum waren wir auf der Rennstrecke, ist ein Wolkenbruch mit Hagel niedergegangen, dass wir gleich wieder ins Fahrerlager geflüchtet sind. Das zweite Training haben sie abgesagt – und die Zeiten vom ersten Training wurden für die Startaufstellung herangezogen.«

Nach einem kurzen Blick nach oben und einem gemurmelten »Danke« schwebte ich wie auf Wolken zurück zu meinem Auto und den Mädels.

Für das Rennen wünschte ich mir Regen, nahm aber meine Bitte sofort wieder zurück, denn der Herr sprach einst zu den Seinen: »Du sollst nicht unverschämt sein!«

Gegen Mittag überfiel mich bleierne Schläfrigkeit. Die Sonne heizte runter, es war eigentlich nichts zu tun. Ich wurde immer müder. Unsere Mädels knotzten in Liegestühlen im Castrol-Corner herum und ich hatte Mühe mich für das Rennen »heißzumachen«. Irgendwann musste ich mich dann aber doch fertig machen. Für ein paar Sekunden war ich während der Mittagszeit eingenickt und fühlte mich nach diesem Sekundenschlaf noch mieser.

An der Startaufstellung stand Heinz Derflinger neben mir. Er war der Sohn eines großen Möbelhauses in Oberösterreich. Er zählte damals zu den »top-five« in der Formel V, trotzdem schien er Respekt vor mir gehabt zu haben, weil er vor dem Start zu mir gekommen ist und mich »gebeten« hatte, »fair« zu fahren. So ein Scheiß!

Gleich nach dem Start bildete sich ein Achter-Pack'l (acht Autos zu einem Pulk verpackt) zu einer Windschattenfahrerei. Auf trockener Piste war es unmöglich wegzufahren. Ich hätte sicher auf nasser Piste »was« machen können – mich zum Beispiel oben in der Vollgaskurve über dem Fahrerlager absetzen; im Training war ich dort viel schneller, weil mir die »Rutscherei« gelegen kam. Dazu kam noch, dass ich als Linkshänder in Rechtskurven immer Vorteile hatte.

Wegen der sehr langen Geraden am Salzburgring war es auch langsameren Fahrern möglich, immer wieder Anschluss an die Spitze zu finden. Nicht umsonst konnte ich im Vorjahr mit Helmut Marko mitfahren – auf einer kurvenreichen Strecke hätte ich nie und nimmer eine Chance gehabt. Ich hatte mich aus den Positionskämpfen unserer Gruppe rausgehalten. Nachdem ich nach den ersten zwei Runden merkte, dass ich mich nicht absetzen konnte, ließ ich mich auf den achten Platz zurückfallen und sah mir das Gemetzel von hinten an. Etwa fünf Runden vor Schluss hatte die »Eliminationsphase« begonnen. Der Fahrer vor mir hatte es in der Haarnadelkurve zu gut gemeint und verabschiedete sich in die Leitschienen. In der nächsten Runde waren sich Platz vier und fünf uneinig, wer auf der Zielgeraden den »Schlepper« machen sollte. Nachdem sie sich mehrmals in die Kiste gefahren waren … tauchten mein Vordermann und ich innen durch. Nach der Vollgaskurve über dem Fahrerlager kam das Auto vor mir von der Linie ab … und in der anschließenden Rechten nahm ich mir den »Nächsten« vor.

An den Boxen wurde mir die letzte Runde angezeigt. Jetzt hatte ich es auf einmal sehr eilig. Gemeinsam mit dem Fahrer vor mir … ich glaube, er hieß Vittig oder Nittig oder so ähnlich … nahmen wir uns den »Möbelkaiser« aus Vöcklabruck vor. Als der merkte, von rechts und links »kalt-warm« zu bekommen, wurde er nervös und während er dem Xittig links zumachte, tauchte ich an seiner Seite auf – und ich dachte mir, das müsste bis ins Ziel klappen.

Da rutschte der »dritte Mann« vor uns mit quer gestelltem Auto in die Kurve, ich wäre ihm um ein Haar in die Breitseite geknallt … und ging vom Gas. Der Möbelmann wurschtelte sich am besten aus dem »Kuddelmuddel« und schaffte es an der Spitze bis zum Ziel. Vittig oder so ähnlich wurde Zweiter und ich »angefressen« Dritter.

Bei der abendlichen Siegerehrung tauchte plötzlich die quirlige Susi Riebl auf. Sie setzte sich zwischen Otto Stuppacher und Kurt Rieder an unseren Tisch – genau gegenüber von mir. Wie gewöhnlich ging's wieder hoch her, Otto hatte mich in gewohnter Manier »auf der Schaufel«, schwer zu übersetzen, aber so viel wie: Er machte Witze über mich. Zuerst erzählte er der Runde groß und breit von unserem Abenteuer mit den Grazer Mädeln … Susi schaute ganz böse zu mir.

Einer seiner beliebten Scherze über mich: »Wisst's ia, warum's aum Soizbuagring olle Strohboin wegrammt haum?« (Wisst ihr, warum sie am Salzburgring alle Strohballen weggeräumt haben?), und deutete auf mich: »Weu's g'fuachtn ham, waun da Steira zu eana kummt – dos ea eana olle wegfrisst!« (Weil sie befürchteten, wenn der Steirer zu ihnen kommt, dass er ihnen alle wegisst.)

Und das ging eine gute Stunde in dieser Tonart dahin. Inzwischen strichen die Waden von Susi und mir sanft aneinander unter dem Tisch. Während einer Spaßpause hatten wir uns dann schnell vertschüsst. Ich hatte mein Rennauto im Fahrerlager am Salzburgring deponiert, weil ich am nächsten Sonntag in Behamberg ein »Racing-date« hatte – und mit dem Hänger von Salzburg nach Graz, dann Wien und am Freitag nach Steyr (in der Nähe ist Behamberg) wäre dumm.

Während die Grazer Mädeln ab Bad Ischl hinten im Volvo tief schlummerten, biss mir Susi ins Ohr und massierte meine Oberschenkel. In meinem Hirn glühte die Hypophyse. Nachdem wir die Grazerinnen abgeliefert hatten, lagen noch immer mühsame 200 Kilometer Bundesstraße über Hartberg, Wechsel, Mönichkirchen bis Wien vor uns. Susi verschlief diese mühsame Qual … und wachte erst bei Morgengrauen vor meiner orangen Lusthöhle wieder auf.

Ich hingegen war dem Koma nahe. Es war schließlich die zweite durchwachte Nacht – da wäre auch spanischen Zuchtbullen das Lachen vergangen. Die Dusche ließ ich »stehend schlafend« über mich rieseln. Als Susi mich einzuseifen begann, wurde ich aber schnell wieder munter. Ohne uns abzutrocknen, ließen wir uns einfach auf den hässlichen Spannteppich fallen … ineinander verknotet wie gut geölte persische Preisringer tobten wir bis ans Tageslicht …

Formel V am Salzburgring 1969

LE MANS

Am Donnerstag war Hubert Fröhlich am Telefon und »befahl« Peter und mir, am 9. Juni in Le Mans zu sein, das Rennen wäre am Wochenende und nach dem Rennen würden sofort die Dreharbeiten beginnen.

Am Freitag fuhr ich zum Salzburgring, holte meinen Kaimann-Formel-V aus dem Fahrerlager und fuhr nach Linz und quartierte mich im Esso-Motel ein. Das Wetter war zum Gotterbarmen. Es regnete seit Tagen. Ich mochte zwar nasse Rennpisten – aber wenn es tagelang nichts als »waschelte«, war meine Laune am Nullpunkt.

Start zum 24 Stunden Rennen in Le Mans 1970

Während der Abendstunden war wie üblich in Linz nichts als Party angesagt. Claus Peter Pozdnik hatte mit meinem »Fanklub« Rupert Hanner, Werner Eltz und Karl Singer zum üblichen Halali geblasen. Karl Singer wollte Tipps für seine AutoCross-Zukunft 1971 und Rupert Hanner plante eine Zukunft mit einem Escort TC ... ich hörte nicht zu und verzog mich mit einer »Frisöse« nach draußen ...

Am Rennsonntag die Katastrophe: Rupert Hanner fuhr mit seinem Mini-Cooper von der Startlinie ... verlor das Auto irgendwo auf halber Strecke in einer schnellen Rechtskurve und prallte gegen einen Telegrafenmast, wurde aus dem Mini geschleudert und war sofort tot.

Im ersten Moment bekam ich davon so gut wie nichts mit. Das Rennen wurde kurz unterbrochen, die Rettung fuhr hinauf und kam wenig später mit Blaulicht wieder runter, an uns vorbei und raste weiter Richtung Spital.

Im Gegensatz zu Rundstreckenrennen bekommt man von Unfällen bei Bergrennen kaum was mit. Ich startete in der Rennwagenklasse und die wurde gegen Ende des Startfelds losgelassen. Ich saß bereits angeschnallt in meinem Kaimann V, versuchte in meine innere Tiefe abzutauchen und ließ im Kopf die Strecke runterlaufen.

Erst als ich meinen Lauf hinter mich gebracht hatte, wurde mir im Ziel die ganze Tragödie erzählt – es war furchtbar. Der Hintergrund: Ich war vor dem Start zur Linie nach vorn gegangen, weil ich beobachtet hatte, dass die Zuschauer wegen der nassen Wiese immer wieder auf die Fahrbahn gestiegen waren und so Lehm vom Fahrbahnrand auf den Asphalt hinausgetragen hatten. Es hatte zwar inzwischen zu regnen aufgehört – aber die Straße war nass und lehmig geblieben.

Ich wollte sehen, welche Seite der Fahrbahn weniger verschmutzt war. Am Ende der kilometerlangen Geraden nach dem Start lauerte eine superschnelle Rechts-links-Kombination und dort mit vollem Hammer mit lehmigen Rädern einlenken war kein Spaß.

Rupert Hanner startete etwa fünfzehn Autos vor mir – und als ich an ihm vorbeigegangen war, rief er mich, schnallte sich los, stieg aus und sagte irgendetwas zu mir – ich hörte natürlich nicht hin und schnauzte ihn auch noch an, er möge mich jetzt in Ruhe lassen. Ich glaube noch heute, dass er, nachdem er wieder in seinen Mini geklettert war, vergessen hatte, sich anzuschnallen.

Ich war froh als das Rennen vorbei war – ich habe meine Durchgänge lustlos runtergespult, rasch aufgeladen und bin am schnellsten Weg nach Hause.

Dann die furchtbare Meldung aus England: Bruce McLaren war in Goodwood bei Testfahrten tödlich verunglückt. Ich rief sofort Mo Gomm an. Dort war gerade Jack Brabham, der Gomm erzählt hatte, dass die Heckverkleidung von Bruce CanAm-Rennwagen davongeflogen war, sein Auto von der Strecke rotierte und gegen einen Erdhügel geprallt war. Bruce hatte keine Chance, den Aufprall zu überleben.

Noch schlimmer und fast eine Parallele zu Jim Clark war der zwingende Weg in die Katastrophe. Jack Brabham war an diesem Vormittag zu Bruce nach Goodwood gefahren. Die beiden waren eng befreundet. Brabham hatte den Testfahrten zugesehen und auf Bruce gewartet. Sie wollten gemeinsam auf »Fish 'n' Chips« in einen nahen Laden fahren. Bruce war mit den Tests eigentlich fertig, hatte den Anorak übergeworfen und wollte mit Brabham losfahren, als er noch einmal beim Auto stehen geblieben war und zu seinem Mechaniker gesagt hatte, er werde noch eine Runde fahren, dann könnten sie aufladen und nach Colnbrook zurückkehren.

Die Geschichte hört sich genauso gespenstisch an wie jene Jim Clarks, der aus zwanzig Möglichkeiten, »nicht zu fahren«, die eine wählte: Die tödliche! Ich weiß bis heute nicht, wie wir dieses Rennsterben wegsteckten und weitermachen konnten, als gehörten diese Tragödien dazu.

///

Ich hatte Peter vor unserer Abfahrt nach Frankreich überzeugt, dass wir in Le Mans nur ein Auto für unseren lokalen Transport dort benötigten. Ich konnte mir nicht vorstellen, dass wir von der Produktion ein Auto bekämen, also schlug ich vor, mit meinem Volvo 144 nach Le Mans zu fahren. Ich packte Jeans, T-Shirts und etwas Unterwäsche in den Wikinger – Peter warf die Hälfte wieder raus und sagte, dass wir uns in Paris frisch einkleiden würden. Er fügte noch hinzu, etwas »Modebewusstsein« würde mir nicht schaden. Ich hatte klugerweise nicht widersprochen.

Dann ging's los. Es lagen an die zwölfhundert Kilometer mehrheitlich auf Bundesstraßen vor uns. Wir rauschten froher Dinge von Wien ab – und meldeten uns einen Tag früher als vorgesehen bei Hubert Fröhlich in der frisch aufgebauten Barackensiedlung »Solar Village«, Steve McQueens eigener Filmproduktionsfirma.

Huberts Assistent reichte uns die Unterlagen fürs Hotel und die Pläne für die kommenden Tage. Unser Hotel war eine schmale Bude, die Zimmer auch relativ klein – dafür sehr preiswert. Obwohl die Zimmerpreise während des 24-Stunden-Rennens in unverschämte Höhen schnellten, hatte Hubert mit strenger Feldwebelstimme sehr gute Preise ausgehandelt, weil er eine Belegung für mindestens fünf Monate garantiert hatte. Die Franzosen hatten feuchte Hände bekommen und akzeptiert – außer dem 24-Stunden-Rennen war in Le Mans das Jahr über »tote Hose«.

Nachdem wir uns in den Zimmern häuslich eingerichtet hatten, bei Peter dauerte das vier Stunden – bei mir drei Minuten, spazierten wir zum Hauptplatz von Le Mans, um uns ein bissl »umzuschauen«. Schließlich ist Frankreich berühmt für seine hübschen Mädchen.

Neben dem »Barackendorf« war ein riesiges Zelt aufgebaut, in dem eine Küche und dazu ein Restaurant eingerichtet waren. Hinter den Baracken standen mindestens hundert Wohnwagen sorgfältig in Reih und Glied aufgefädelt. Als Garderobe für außen gelegene Drehorte.

Die Anlage beziehungsweise der Aufwand war wesentlich größer, als ich sie beim James-Bond-Film in der Schweiz erlebt hatte. Unseren ersten Lunch verdrückten wir gemeinsam mit Fred Haltiner, einem in der Schweiz bekannten Bühnenschauspieler. Dann kam plötzlich John Sturges ins Zelt. Fast zwei Meter groß, breite Schultern, irgendwie erinnerte er mich an Harry Belafonte. Er führte beim Kultwestern »Die glorreichen Sieben« Regie.

Wir unterhielten uns gerade mit amerikanischen Kameramännern über die »Ideallinie« in der Kurve von Mulsanne, als ein dunkler 911er neben uns ausrollte – Steve McQueen und Jack Reddish. Da war er also – der Supersupersuperstar! Die Sonnenbrille hoch im blonden Wuschelkopf, in T-Shirt und Jeans, kam näher, eine lässige Andeutung eines Winks mit der Hand und sagte: »Hi guys – how're doin' …?«

Sein Blick wanderte von einem zum anderen und dann gab er jedem die Hand. Er deutete auf den Kurvenausgang, als wollte er wissen, was es hier zu sehen gäbe. Der Kameramann erzählte ihm, dass wir über den »Corner exit« sprachen. Steve nickte, seine Stirn in Falten, als würde ihn das interessieren. Ich

VOLLGAS ODER NIX /// LE MANS

◀◀◀◀ Steve McQueen und Jack Reddish

spürte, dass ihn das in Wahrheit nicht die Bohne interessierte. Er nickte: »Okay guys … good job … see ya'…«, stieg in seinen Porsche und rauschte ab.

Der Superstar war vom Himmel gestiegen und hatte uns die Hand gegeben – mir fiel das Lied von Hans Moser ein, in dem es um einen »guten Bürger Wiens« geht, dessen größtes Lebensglück es war, dass ihm einst der Herr Bürgermeister Lueger die Hand gegeben hatte …

Am Wochenende war das »echte« 24-Stunden-Rennen von Le Mans. Am Freitag traf ich Helmut Marko, der einen Porsche 908 gemeinsam mit dem Vorarlberger Rudi Lins für das Team Martini International Racing fuhr. Porsche-Salzburg hatte zwei 917er genannt – Jo Siffert und Brian Redman sowie Hans Hermann mit Richard Attwood. Das Martini-Team war mit einem 917er mit Gérard Larrousse und Willi Kauhsen am Start. Dieses Rennen wurde zur großen Schlacht – wie die Germanen gegen die Römer im Teutoburger Wald – Stuttgart gegen Maranello an der Sarthe!

Enzo Ferrari hatte seine Anteile an Fiat verkauft und das Geld in die Entwicklung und Bau des Ferrari 512S gesteckt. Er hat von diesem Typ insgesamt fünfundzwanzig Stück bauen lassen. Die Squadra Ferrari war mit vier 512ern gekommen – für Jacky Ickx, Peter Schetty, Derek Bell, Clay Regazzoni, Arturo Merzario, Ronnie Peterson, Nino Vaccarella und Ignazio Giunti. Dazu »hausnahe« Privatteams wie das NART-Team, Scuderia Filipinetti und die Ecurie Francorchamps ebenfalls mit 512ern.

Am Donnerstag traf ich den Schweizer Peter Schetty im Fahrerlager. Wir kannten einander vom Asperner Flugplatzrennen und Bergrennen in Italien. Er war einer der besten Abarth-Werksfahrer gewesen, bevor er zu Ferrari wechselte. Ich erinnere mich noch genau, als ich mich in Aspern mit dem silbernen Heisinger V abmühte – Peter mich im Fahrerlager zur Seite nahm, seinen Arm um meine Schulter legte und sagte: »So mein Freund – bevor du dich selbst umbringst – werde ich dir jetzt ein paar Tipps geben. Hör genau zu …« – ich hörte zu und darum lebe ich noch.

Insgeheim hoffte ich auch auf einen Ferrari-Sieg, denn die Arroganz der Schwaben war nicht enden wollend. Ich hatte noch immer den falschen »Grafen« (laut Weitmann) Huschke »von« Hanstein in den Ohren. Dass längst eine neue Generation in Stuttgart an der Spitze war, hatte sich bis zu mir noch nicht durchgesprochen.

Der Rennleiter des Salzburger Teams, Gerhard Strasser, hatte damals wenig bis nichts zur Anhebung meiner Empathie beigetragen. Ich erinnere mich noch an einen Besuch in seinem Büro im VW-Porsche-Hochhaus neben dem Bahnhof, als er mich gnädig empfangen hatte. Ich kannte das »Würstl«, als er noch ein kleiner Beistrich hinter der »Budl« (Tresen) des Ersatzteillagers eines Salzburger Ford-Händlers war. Ich hasse nichts so sehr wie Menschen, die nach einem unerwarteten Karrieresprung plötzlich so tun, als hätten sie die Spaltung des Atomkerns gefunden.

Dabei machte weltweit die Runde, als er bei einem 6-Stunden-Rennen in Watkins Glen Jo Siffert nach Rennschluss mit wilden Gesten wieder auf die Piste schicken wollte, weil er mit sechs Runden gegenüber dem Sieger im Rückstand war … er wollte ihn die sechs Runden »nachfahren« lassen. Die Einlage wurde zum Scherz des Jahres im Fahrerlager. Helmut Zwickl schrieb: Porsche hatte schon immer die Neigung, sich Hofnarren zu halten …

Helmut Marko war gerade am Sprung zum absoluten Weltklassefahrer. Er sollte gemeinsam mit Rudi Lins in einem bereits in die Jahre gekommenen 908er-Langheck in der Klasse bis 3000 ccm gegen

VOLLGAS ODER NIX /// LE MANS

Rudi Lins und Helmut Marko wurden Dritte im Rennen mit diesem Porsche 908/2

Der Porsche 908/2 von Herbert Linge und Jonathan Williams fuhr im Rennen mit und hatte vorne und hinten Filmkameras eingebaut

die schnellen Matras (mit dem Formel-1-Motor) mit Jack Brabham, Patrick Depailler, Jean Jabouille, Tim Schenken und François Cevert sowie den Alfas mit Rolf Stommelen und Piers Courage antreten. Vom Speed her sollte der Porsche keine Chance haben.

Die Solar Production Inc. von Steve McQueen ließ seinen privaten Porsche 908 mit montierter Kamera und Sondergenehmigung der Rennleitung beim Rennen mitfahren. Ich traf Helmut Marko an den Boxen, als es zu regnen aufgehört hatte und er ein paar nasse Proberunden gefahren war. Er hatte seinen Helm auf eine Bank gelegt, blickte hinaus auf die Piste, wo zwei Matras eine Regengischt hinter sich herziehend vorbeikreischten, und sagte: »Bei dem Speed da draußen herumrutschen is ka Gaudi!«

Die Adern pochten in seinen Schläfen, sein Gesicht auffallend gerötet, und zwei tiefe Falten hatten sich an den Mundwinkeln vorbei bis zum Kinn geschnitten. Die dreihundert Stundenkilometer und kaum Bodenhaftung in der Vollgasrechten bei Hunaudières hatten den jungen Grazer gezeichnet.

Über die Chancen gegen die Matras und Alfas sagte er: »Die sind auf der Geraden viel schneller – na ja, abwarten.«

Das Rennen wurde dann zu einer wüsten Schlacht und Ausfallorgie! Schon in der zweiten Stunde waren die Hoffnungen der schnellsten Ferraris in einem Haufen Schrott begraben. Der Schwede Reine Wisell musste wegen einer total ölverschmierten Windschutzscheibe am Filipinetti-Ferrari an die Boxen ... Clay Regazzoni im Werks-Ferrari bemerkte das langsame Auto zu spät und krachte hinein ... dann schepperte der zweite Filipinetti-Ferrari mit Mike Parkes in die Wracks von Reggazoni und Wisell... der nächste Ferrari in Fetzen! Dann kam Derek Bell angeflogen ... sah die Misere zu spät, machte zwar eine rettende Notbremsung ... überdrehte dabei den Motor .... beim Glockenschlag waren vier der schnellsten Ferraris draußen ... dabei waren noch zweiundzwanzig Stunden zu fahren!

Am späten Nachmittag hatte es zu regnen begonnen. Gegen Abend wurde der Regen stärker. In der Nacht ruhten die Hoffnungen bei Ickx/Schetty, die immerhin an zweiter Stelle lagen. Dann crashte Ickx schwer – ein Streckenposten kam dabei ums Leben.

Der Ferrari von Vaccarella/Giunti war zu diesem Zeitpunkt auch schon aus dem Rennen. Und Porsche? Jo Siffert überdrehte den Motor seines 917ers – out! Am grauen und regentrüben Morgen streikte der 917er des überlegen führenden Teams Vic Elford und Kurt Ahrens ... das Rennen war zu einem Gemetzel geworden. Als der Rennleiter um sechzehn Uhr am Sonntag die Zielflagge hervorholte, näherte sich der Porsche mit Hans Hermann und Richard Attwood als Sieger der Ziellinie, gefolgt vom zweiten 917er mit Gérard Larrousse mit fünf Runden Rückstand und dem sensationellen 908er mit Helmut Marko und Rudi Lins mit noch einmal drei Runden zurück.

Von der stolzen Ferrari-512er-Armada war nur das US-Duo mit Sam Posey und Ronnie Bucknum mit mehr als 400 km Rückstand (!!!) am vierten Rang geblieben. Insgesamt waren nur sieben Autos in die Wertung gekommen. Als Sechster wurde ein Porsche 914/6 GT mit fast sechzig Runden Rückstand gewertet!

Dick Attwood hatte sich gemeinsam mit Hans Hermann in die ewigen Annalen von Le Mans als Sieger eintragen lassen. Hermann war bereits in Ehren (Jahrgang 1928) ergraut und es stellte sich die Frage, ob er mit diesem Sieg seine Karriere beenden würde oder nicht. Er selbst pflegte auf diese Frage nur hintergründig und verschmitzt zu lächeln. Bei einer »cup o'tea« im Solar-Produktions-Zelt fragte ich Attwood, wie es nun mit Hermann stünde – in der Hoffnung, dass er als langjähriger Freund des Schwaben mehr wüsste. Attwood sah mich lange an und sagte: »I don't know – he doesn't know – nobody knows – so who knows?«

//

Dick Attwoods Humor war berühmt. Jahrzehnte später hat sich folgendes Szenario abgespielt: Während einer Hauptversammlung der Besitzer von Silverstone (Ende der Neunzigerjahre) hatte sich Bernie Ecclestone irgendwie in den mit schweren, dunklen Hölzern ausgekleideten Sitzungssaal hineingeschlichen – dazu muss man wissen, dass sich der quirlige Bernie in den oberen britischen Kreisen, bei den Eaton-, Oxford-, Cambridge-Absolventen sowie weitläufig Verwandten mit der englischen Königsfamilie, nicht übertriebener Beliebtheit erfreute. Er war in dieser ehrenwerten Gesellschaft immer der kleine und vor allem neureiche »Gebrauchtwagen-Tandler« geblieben.

Bernie wollte schon immer Silverstone kaufen und meckerte deshalb auch ständig an deren Management herum. Einmal bezeichnete er die Organisation des Großen Preises von England als Landwirtschaftsmesse, wo Traktoren und Einrichtungen für Schweineställe zu begutachten wären – als Durchführung eines Grand Prix entwürdigend! Die feine britische Gesellschaft (BRDC – British Racing Drivers' Club) »was not amused«!

Bernie hörte bei der Vorstandssitzung eine Weile zu und als die hohen Herren wieder einmal die Löcher im Budget monierten und Investitionen kappten, hob er den Arm, unterbrach kühn die Runde und machte ein finanzielles Angebot – das sich auch in diesen Kreisen sehen lassen konnte.

Die hohe Runde schwieg, blieb mit den Köpfen über den Papieren gesenkt und schien das Angebot von Bernie überhört zu haben. Erst nach ein paar Minuten des Schweigens soll Richard »Dick« Attwood in die Stille gesagt haben: »We don't need your money, little shit!«

//

Eines Abends hockten wir mit einer illustren Runde im Solar-Zelt: An der Spitze Ken Purdy, einer der Bookwriter für den Le-Mans-Film. Purdy war damals bereits wegen eines schweren Magenleidens abgemagert. Er war die Spitze der Motorsportschreiber. Mit »All but my Life« hatte er 1963 einen Bestseller über Stirling Moss geschrieben. Purdy hatte mir eine »Pan Books«-Paperbackausgabe seiner Moss-Biografie geschenkt. Stirling Moss wird auf den ersten Seiten mit folgendem Satz zitiert: »I took a very great deal out of motorracing, but I put a lot back, too. I do feel that I gave it all but my life.«

Mein Interesse richtete sich auf die Geschichten mit Purdys Kumpanen Ernest Hemingway und Henry Miller. Bei einem Glas Rotwein erzählte er von Hemingway und den gemeinsamen Besuchen in Tirol – vor allem wie Henry Miller unter den Grobheiten Hemingways gelitten hatte, der ständig mit den Fäusten vor Millers Gesicht herumgefuchtelt hatte. Als Ernest dasselbe bei einer Party mit dem ehemaligen Boxweltmeister im Schwergewicht Gene Tunney versucht hatte – und Tunney dabei an der Lippe getroffen hatte –, kassierte Hemingway eine schallende Ohrfeige und war von da an Tunney, der ein enger Freund von Bernard Shaw war, weiträumig aus dem Weg gegangen. Ken Purdy und ich waren von diesem Abend an enge Freunde geworden. Darauf war ich besonders stolz.

VOLLGAS ODER NIX /// LE MANS

Richard »Dick« Attwood gewann zusammen mit Hans Herrmann das 24 Stunden Rennen von Le Mans 1970 im Porsche 917

In der Abendrunde waren auch der Drehbuchautor Harry Kleiner (»Bullitt«), die Costume Designer Phil Abramson und Ray Summers sowie der Regisseur des »Second Units«, Jack Reddish. Und ein etwa sechzehnjähriges Mädel … ich glaube, es war die Tochter von Harry Kleiner. Irgendwann kam sie zu mir und deutete, ich möge ihr folgen. Hinter dem Zelt bot sie mir einen Joint an. Ich hatte bis zu diesem Zeitpunkt zwar über Joints gelesen – hatte aber nicht die geringste Lust, mir einen reinzuziehen. Damit war die Beziehung auf die Sekunde beendet.

Der Regisseur des »Second Units«, Jack Reddish, war für die Special Effects und Fahrszenen verantwortlich, also unser Boss. Jack stammte aus Salt Lake City und war zwischen 1948 und 1952 im amerikanischen Ski-Olympiateam. Er gewann 1948 die US-Abfahrts- und Kombimeisterschaft. Als ich ihm von meinem Skiurlaub am Kitzsteinhorn erzählte, sagte er plötzlich: »I was the first, who 'schusst' the Osthäng in St. Anton!«

Ich überprüfte diese kühne Meldung bei Othmar Schneider (Olympia-Gold in Oslo 1952) und Karl Schranz und beide bestätigten mir, dass der Reddish damals der »verrückteste und wildeste Hund« der US-Skiboys gewesen war. Reddish spielte an vorderster Filmfront bei »Gesprengte Ketten« (John Sturges, Steve McQueen), »Bonnie and Clyde« (Faye Dunaway, Warren Beatty), »Thomas Crown ist nicht zu fassen« (Faye Dunaway und Steve McQueen) und »Jesus Christ Superstar«.

Reddish und ich wurden sehr gute Freunde. Während der Dreharbeiten gab's auch jede Menge Gaudi – ich war damals goschert wie ein Brüllaffe. Als er einmal vor einem Crash zweifelte, ob ich ein kleines Loch mit versteckter Kamera in den Leitplanken mit einem schleudernden Auto »treffen« würde, grinste ich ihn an und fragte keck: »How much?«

Darauf er: »Eric, hundred grand if you hit that fucking camera!«

Ich kassierte.

Irgendwann musste im Hof der Solar-Baracken auch Amerikas wichtigste Nebensache gespielt werden: American Football. Mein Gegenüber war ein blonder Zweimetermann, muskulös, Hände wie Baggerschaufeln und ein Killerblick, dass ich im ersten Moment überlegte, ob es nicht klüger wäre, jetzt das Drehbuch zu studieren. Ken Purdy wollte mir noch einen guten Rat auf den Weg geben, ich möge mich nur auf »Bob« konzentrieren und wenn er an mir vorbeilaufen wollte, sollte ich ihn aufhalten – und lag schon am Arsch. Der Riese hatte mich einfach hochgehoben und dann unsanft in einen Sandhaufen entsorgt. Wenigstens sagt er »Sorry, Eric« und strich mir übers Haar.

Der Riese hörte auf den Namen Robert Bob Relyea, Chef/Partner von McQueens Solar Film Productions Inc. Relyae rauchte Zigarren, trug ständig Sonnenbrillen und war mit einer Wienerin aus Hietzing verheiratet. Ich brachte öfters Pakete für seine in Wien lebende Schwiegermutter.

Bob hatte früh erkannt, dass ich so etwas wie ein »Lauser« war. Wann immer ich irgendetwas im Schilde führte, drehte er sich mit gespielt strenger Miene zu mir und zog mit dem rechten Zeigefinger das untere Augenlid runter und sagte: »Eric, I'm watching you!« – und ich war sofort wieder brav (wenn auch nur für Minuten).

//

Es war ein Dienstagnachmittag und der komplette Set wanderte in den Rechtsknick bei Mulsanne, einem kleinen Dörfl am Ende der berühmten Les Hunaudières-Geraden. An diese Kurve kam man mit 370 km/h angeflogen und musste dann zur Mulsanne auf achtzig oder neunzig Stundenkilometer runter. Dort glühten in der Nacht die Bremsscheiben wie Sternschnuppen.

An der Innenseite dieser Rechtskurve war das Klubhaus des lokalen Golfkurses und genau dort hatte die Solar Production Inc. ein temporäres Camp aufgebaut. Außerhalb der Leitplanken paradierten Gruppen von Zuschauern auf. Vor jeder Gruppe marschierte ein junger Mann mit einer bunten Tafel, ähnlich den Touristen am Stephansplatz in Wien, die einem Guide nachrannten.

Einige der wichtigsten Dinge beim Film sind Nichtstun und Warten – und der Versuch, dabei nicht überzuschnappen oder zum Alkoholiker zu werden. Das ist besonders am Anfang schwierig, wenn man voll Tatendrang an den Set kommt, mit dem Vertrag ans Herz gepresst, und glaubt, dass nun eine Action die andere jagt. Nichts da. Die ersten Tage und Wochen vergehen zumeist in einer Art Starre. Man sollte tunlichst nichts fragen, nichts tun, nicht bewegen, unsichtbar sein. Aber man muss immer da sein. Denn es könnte ja plötzlich der Ruf zur »Action« schallen!

Über Hubert Fröhlich hatte ich erfahren, dass es zwischen Steve McQueen und dem Regisseur John Sturges zu offenen Streitigkeiten gekommen war.

Wir standen gerade an der Rechtskurve bei Mulsanne, als Steve McQueen vorbeikam. Er nickte mir zu, kam plötzlich zu mir und sagte, dass wir hier sehr viele Kameras aufbauen würden. Keine besondere Sensation. Ich nickte zuversichtlich – und entdeckte nahezu zeitgleich ein hübsches Mädel … drüben auf der anderen Straßenseite … zur Komparsengruppe »blaue Tafel« gehörend. Da war es natürlich von großer Bedeutung, dass Mister Superstar mit mir geplaudert hatte, das hatte mich wichtig gemacht. Wenn nicht sogar »überdrüberwichtig«! Mit wem würde schon ein Mister McQueen reden, wenn nicht mit einem Mister Wichtig? Der Superstar pflegte sich nicht mit Weicheiern zu unterhalten. Klar doch!

Als ich wieder zu dem feschen Mädel rüberschaute, spürte ich ihren Blick in meinen Augen. Puh! Teufel noch einmal – ihr Blick fuhr mir bis ins Mark. Sonst nicht gerade ein Kind von Traurigkeit, diesmal hatte ich fast in die Hosen gemacht. Fuck, das war mir noch nie passiert. Sie sah mich an – dunkle schwarze Augen – und ich traute mich nicht einmal zurückzugrinsen, sondern sah auf einmal verlegen zu Boden. Wie ein zwölfjähriger Depp!

Am Sonntag am Abend war ich noch kurz ins Solar Village gefahren. Hubert Fröhlich lehnte am Torrahmen zu seinem Büro. Als ich aus dem Auto gestiegen war, fragte er mich, ob ich Piers Courage gekannt hatte. Ich schüttelte den Kopf, nein, nicht wirklich, und sagte Hubert, dass ich Piers nur einmal flüchtig kennengelernt hatte, weil er mit meinen englischen Freunden Peter Gethin und Jonathan Williams zusammen war, und während ich so dahinplauderte, hielt ich kurz inne – richtete mich auf und fragte: »Wieso kannte?«

Hubert stieß sich vom Torrahmen ab, zog an seiner Zigarette und sagte: »Er ist heute Nachmittag in Holland verbrannt!«

Der kleine Jonathan Williams, ein langer »Weggefährte« von Piers Courage, huschte exakt in diesem Moment hinter uns zu seinem Wagen – ich spürte, er wollte jetzt mit niemandem reden. Er war mit Courage jahrelang mit einem Formel-3-Wagen durch Europa zigeunert. Wochenlang lebten sie nur vom bescheidenen Startgeld. Nach dieser Zandvoort-Katastrophe wollte er mit Rennwagen nichts mehr zu tun haben.

Später erzählte mir ein Bekannter, dass Jonathan Williams nach seiner Rennfahrerkarriere in Nizza als Berufspilot arbeitete und in Business-Jets reiche Franzosen herumgeflogen hatte. Jahrzehnte später läutete das Handy, mein Freund und Antique Car Collector Heinz Swoboda rief aus Italien an: »Erich, ich hab da einen Freund von dir am Apparat.«

Plötzlich hörte ich die leise Stimme von Jonathan Williams. Ein italienischer Autosammler hatte ihn aus seiner versteckten Eremitage, einem Wohnwagen an der Atlantikküste in Portugal, gescheucht und zu einem Autorennen für »alte Herren« in Italien eingeladen – und zwar mit dem original Iso Grifo V8, den Jonathan früher gefahren war. Als er vor dem Wagen aus seinen »stürmischen Tagen« gestanden ist und vom neuen Besitzer gebeten wurde, das Auto zu fahren, lehnte er ab: »Nein … wenn Sie schon das Auto zusammenhauen wollen, dann machen Sie das selber …«

Wie sagte Albert Einstein so treffend: Gravitation alone is no good excuse for falling in love.

Es dauerte nur wenige Tage, bis ich das hübsche Mädel von der Mulsanne-Kurve wieder getroffen hatte. Diesmal ließ ich sie nicht mehr aus. Wir verabredeten uns in einem Café in der City. Da ich nicht einmal schlecht Französisch sprach, trafen wir einander auf halbem Wege der »englischen Sprachbrücke«. Ihr Englisch war, wie bei Franzosen üblich, schrecklich.

Die Sprache war mir wurscht – meinem Herz auch. Es rotierte in mir wie ein Ferrari-Zwölfzylinder. Shit, ich war verliebt!

Die Spannungen zwischen Steve McQueen und dem Regisseur John Sturges erreichten kritische Ausmaße. Beim Lunch im Solar-Zelt erzählte mir Phil Abramson von den »Wickeln«. Die beiden hätte vollkommen unterschiedliche Ansichten über die Handlung. Phil erzählte mir, dass Sturges eine »Lovestory« um das Rennen »herumbasteln« wollte, während Steve an eine Dokumentation à la Norman Mailer dachte. Emotions nur als Randerscheinung einer realistischen Rennstory.

Mir war damals der Hintergrund und natürlich auch die Bedeutung so einer Streiterei nicht klar … wollte mich dafür auch nicht interessieren. Dass mit diesem Konflikt eigentlich das ganze Projekt am Spiele stand, war mir eigentlich bewusst. In meiner Naivität und simpel gestrickten Lebensauffassung konnte oder wollte ich mir nicht vorstellen, dass so ein Film einfach den Bach runtergehen könnte. Dabei war es zu diesem Zeitpunkt bereits so weit …

Ken Purdy hatte sich zu uns gesetzt und gesagt, er glaube nicht mehr, dass der Film gedreht würde. Abramson und Purdy waren gegangen, ich war alleine am Tisch geblieben und trank den fünften Kaffee und stopfte einen Kuchen nach dem anderen in mich hinein – als John Sturges plötzlich mit einem Tablett Obstsalat und Kaffee sich zu mir gesetzt hatte. Ich wollte ihn nicht zum Thema Sturges contra McQueen fragen, erstens ging es mich nichts an, zweitens kannte ich in Wahrheit keine Details, sondern nur Tratschereien.

Mich interessierten die Dreharbeiten zum Film »Die glorreichen Sieben«.

Er nickte und während er den Obstsalat in sich löffelte, sagte er, dass dieser Film noch immer »money« machen würde. Dann erzählte er mir die wunderbare Geschichte, wie »Die glorreichen Sieben« überhaupt zustande gekommen waren. Er hatte damals bereits Material für einen Western im Kasten … jedoch für ein völlig anderes Drehbuch. Aus diesem Film war aber nichts geworden. Grund: fehlende Finanzierung. Dann ersteigerte eine Gruppe, an der Sturges Anteile hatte, das Recht zur Verfilmung der japanischen Story »Die sieben Samurai« von Akira Kurosawa.

Nachdem sie das Buch mehrmals gelesen hatten, machte Sturges den Vorschlag, das »alte« Material zu dem neuen Projekt »Die sieben Samurai« umzuschneiden – neuer Titel: »The magnificent Seven« (Die glorreichen Sieben). Das große Problem: Niemand wollte ihm Geld leihen. Auch die bekannten Verleihriesen Hollywoods hatten sein Projekt abgelehnt. Obwohl die so viel Geld hatten, wie er mir erzählte, die hätten die Produktion aus der Hosentasche zahlen können. Hatten sie aber nicht. Es war das Jahr 1960 – und die Zeit der großen Westernfilme schien vorbei.

Da entschloss er sich spontan, den Film aus eigener Tasche zu bezahlen.

VOLLGAS ODER NIX /// LE MANS

 Steve McQueen und
Regisseur Lee Katzin

Er lachte, als er mir erzählte, dass er sein Haus, seine zwei Autos, drei Pferde verpfändet und sich von einer ehemaligen Freundin Geld geborgt hatte – und später mit dem Film Millionen verdiente. Dann erzählte er mir von dem ständigen Gezänk zwischen Steve McQueen und Yul Brynner. McQueen war damals noch ein unbekannter Schauspieler – Yul Brynner hingegen die unbestrittene Nummer eins der Besetzung.

Steve hatte es sich zur Angewohnheit gemacht, kleine Veränderungen in »closeups« einzubauen – ohne dass der Regisseur oder Brunner davon wussten. In der Szene, als die beiden sich auf der Kutsche zum Friedhof aufmachten und McQueen von einem der »Zuschauer« eine Schrotflinte bekam, nahm er jede einzelne Patrone, rüttelte sie an seinem Ohr, um zu prüfen, ob auch genügend Schrotkugeln drinnen wären.

Das hatte so nicht im Drehbuch gestanden und Yul Brynner blickte ihn überrascht an und sagte aufgebracht: »Was soll dieser Scheiß?«

Sturges hatte dieses Detail – dass sich McQueen selbst ausgedacht hatte – so gut gefallen, dass er es trotz Brynners Protest »im Kasten« gelassen hatte. Die Streitereien zwischen den beiden hatten sich bis zum Drehende fortgesetzt.

Ohne dass ich auf die gegenwärtige Situation eingegangen wäre, legte Sturges dann plötzlich von alleine los. Nachdem er sich eine weitere Tasse Kaffee von der Maschine geholt hatte, setzte er sich wieder zu mir und sagte plötzlich, dass ihm die Arbeit hier am Arsch ginge! Steve ändere ständig das Drehbuch, die Schreiber wüssten schon nicht mehr, was sie schreiben sollten. Ken Purdy hätte eine gute Basisstory verfasst – Steve alles über den Haufen geworfen, weil er selbst nicht wüsste, was er eigentlich wollte.

Er, Sturges, hätte ihm eine Handlung vorgeschlagen, die sich auch verkaufen ließe und »money« machen würde – er aber wolle nur einen Film über das »Scheißrennen« machen – und ihm gingen der »Scheißlärm« und die »Scheißautos« und die ganze »Scheiße« hier schon dermaßen auf die Nerven, dass er bald den Hut draufhauen würde – dann könnte » Mister Supersuperstar« selbst schauen, woher er das Geld bekäme!

Sturges Augen funkelten, in seinem Blick wilde Entschlossenheit. Er legte seine Hand auf meine Schulter und drückte sie so fest zusammen, dass es schmerzte. Dann nickte er, sagte: »Well, Eric ...«, stand auf und ging.

Na Servas.

Am Vormittag waren Reddish und ich an einer Vollgasrechtskurve etwa zwei Kilometer nach dem Eck bei Mulsanne gelandet. Diese Kurve war insofern etwas heimtückisch, als sie über eine leichte Kuppe führte. Dieser Buckel war zwar in einem PKW nicht spürbar – aber bei zweihundertfünfzig »Kilo« (km/h) wurden Rennautos spürbar instabil.

Ich fuhr mit Jack am Beifahrersitz in einem 911 Targa durch diese Kurve. Als ich mit »vollem Fleck« von links auf den »Apex (Scheitelpunkt)« zugeflogen war, griff er hastig mit seinen Händen nach den Seiten seines Sitzes. Nach dieser Kurve kam die Rechts-links-Kombination »Indianapolis« und danach Arnage, eine langsame Rechtskurve, und schließlich der Streckenabschnitt wieder zurück zu Start und Ziel.

Nachdem wir ein paarmal durch die schnelle Rechte durchgefahren waren und Jack sich an die Geschwindigkeit gewöhnt hatte, begann er die Kamerapositionen am Streckenrand zu markieren.

WHISKY A GO GO

Im Solar-Restaurantzelt begegnete ich beim Lunch einer sonderbaren Type. Er war groß, schlank und hatte in seiner rechten Hand ständig ein halb leeres Glas Whisky. Sein Gesicht war dunkelrot, die Haut glich der Oberfläche einer riesigen Erdbeere.

Er setzte sich zu mir und als ich ihm erzählte, dass ich von Austria wäre, nahm er zuerst einen Schluck und sagte dann in kalifornischem Slang: »I married my seventh wife in Salzburg – we had one thing in common – we hated each other right from the start!«

Dann lachte er schallend und trank wieder vom Whisky. Nach einer Weile stellte er sich mit »Elmer« vor und fügte hinzu, er wäre der Besitzer vom »Whisky A Go Go«-Club in Hollywood. Ob ich schon mal davon gehört hätte. Ich verneinte – worauf er laut auflachte und zu Jack Reddish am Nebentisch rief und dabei auf mich zeigte: »Hey Jack – that kid doesn't know the Whisky A Go Go!«

Jacks amerikanische Tischfreunde lachten alle über meine Unkenntnis. Elmer hieß mit dem Familiennamen Valentine, war in Chicago geboren und arbeitete dort nach dem Krieg als Polizist, »used to be a

Erich und sein Dienstwagen, der Ferrari 512S

cop in Chicago«. Anfang sechzig ging er nach Los Angeles und gründete dort nach dem Muster des Pariser Clubs »Le Whisky a Go Go« einen der berühmtesten Nachtclubs Hollywoods.

Wir unterhielten uns über den Film und dass es im Moment eben Probleme gäbe und John Sturges nicht gerade optimistisch über den Fortgang der Dreharbeiten wäre. Ich wusste zu diesem Zeitpunkt nicht, dass Elmer einer der engsten Freunde und Trinkkumpane Steve McQueens war. Steve war Dauergast im »Whisky A Go Go«.

Zum Thema John Sturges sagte Elmer nur: »Der Schwanzlutscher möge zur Hölle gehen«, und dazu: »… without Steve he'd be nowhere!«

Beim abendlichen Dinner setzte sich Steve mit Elmer, beide Grillgemüse und Bratkartoffeln, an meinen Tisch. Steve, wie immer »very cool«, Sonnenbrille hoch in den Haaren, raspelte eine Jumboladung Pfeffer übers Gemüse und fragte mich: »So – you're from Austria?«

Dann kamen die üblichen Geschichten übers Skifahren – außer Schnee und Ski schien Steve nichts über Österreich zu wissen. Zum Thema Rindt war er sehr überrascht, weil er ihn für einen Deutschen gehalten hatte – was ja richtig war. Elmer Valentine wusste mit dem Namen Jochen Rindt überhaupt nichts anzufangen. Der hatte überhaupt den ganzen Tag Probleme, seine Augenlider über die rot unterlaufenen Augäpfel zu halten.

Nachdem ich ihn über Jochens heimatliche Ursprünge aufgeklärt hatte, kam Steve auf Piers Courage zu sprechen, weil der laut Zeitungen der beste Freund Rindts gewesen wäre. Ja, das stimme, nickte ich, fügte aber hinzu, dass auch diese Freundschaft nur so weit gegangen war wie unter Rennfahrern möglich.

Ich versuchte ihm dann zu erklären, dass meines Erachtens nach die »Freundschaft« zwischen Rindt und Stewart »closer knitted« war, weil die beiden nahezu zur selben Zeit in die Formel 1 aufgestiegen waren und gegenwärtig die »Schnellsten« wären und – wie ich glaube – aus diesem gegenseitigen Respekt heraus so etwas wie Freundschaft entstanden wäre.

Wer von den beiden der Bessere wäre, fragte Steve. Ich sagte, Jochen wäre der Schnellere, Stewart hätte

die höhere Rennintelligenz – und somit wäre er der Erfolgreichere. Dann fragte er mich, wie gut ich Rindt kannte und ob ich »close« mit ihm wäre. Als ich ihm darauf sagte, Jochen wäre nicht einmal »close« mit sich selber, lachte er. Aber ich spürte, dass ihm diese Antwort gefallen hatte.

Zum Monaco-Rennen von 1969 und Jochens »last lap dash gegen Brabham« sagte ich, das wäre so eine typische Rindt-Geschichte gewesen – hatte Jochen einmal Blut gerochen, hätte er alles vor sich weggeräumt. Steve sagte, Rindt wäre in der Boxersprache ein »K.o.-Schläger«, und Elmer ergänzte, »… like a gunman in the Old West.«

Während McQueen in Gedanken verloren Weißbrot ins Olivenöl tunkte, schüttelte er den Kopf und sagte leise, fast mehr zu sich: Dieser Kerl ist eine Story für sich.

Ich dachte, diese Situation wäre jetzt ideal, eine private Bitte bei ihm anzubringen, und sagte ihm, dass ich ein Rennen am kommenden Wochenende in Wien hätte und ob ich am Freitag nach Österreich fliegen könnte. Er nickte und sagte »Of course, no problem – I'll take care, don't worry.«

Am Freitag waren wir noch in der Kurve von dem Rechts-links-»Indianapolis« beschäftigt. Das Problem war offensichtlich das Licht. Ab dieser Vollgasrechten war die Strecke von Bäumen eingesäumt. Ich glaube, dass Steve McQueen schon damals etwas »Besonderes« mit dieser Kurve vorhatte. Ich erinnere mich, dass Steve irgendetwas von »rain« gesagt hatte.

Der Lunch-Break war an diesem Freitag für uns im »Second Unit« später angesetzt und deshalb kamen wir erst nach zwei Uhr am Nachmittag ins Zelt. Als wir uns am Buffet mit den Tabletts angestellt hatten, kam Steve zu mir und sagte: »Don't worry Eric, we'll fly you to Paris … you'll reach your plane to Vienna.«

Um vier nachmittags kletterte ich in die Glaskugel eines »Alouette«-Helikopters und hob ab in Richtung Paris. Der Pilot steuerte das Gerät etwa zweihundert Meter über den Boden in einer kerzengeraden Linie von Le Mans zum Flugplatz Paris-Orly. Dort setzte er mich ab, ich spazierte mit einer hübschen Dame vom Bodenpersonal hinüber zur AUA-Maschine, stieg die Stufen zur »Caravelle« hinauf und wurde vom Kapitän mit Handschlag begrüßt … und durfte im Cockpit bis Wien »zuschauen«.

Zu diesem Zeitpunkt hatten die Wiener Tageszeitungen »Kurier«, »Krone« und »Express« bereits doppelseitig von meinem Le-Mans-Abenteuer und Steve McQueen berichtet. Der »Express« hatte sogar schon ein Foto von Catherine und mir in einer Le-Mans-Story. Es war einfach alles geil … Mädeln, schnelle Autos, Hubschrauber, Flugzeuge … ich hatte das Gefühl, »alles« wäre möglich.

Gösta Zwilling holte mich vom Flughafen ab und versprach mir, mich gleich nach dem Rennen am Gießhübl, südlich von Wien, wieder nach Schwechat zu bringen, denn ich musste die Abendmaschine nach Paris erwischen, am Montagmorgen musste ich pünktlich an der Rennstrecke sein.

Der Samstagvormittag war mit Interviews ausgefüllt. Steve McQueen war zu dieser Zeit nicht nur in Amerika, sondern weltweit ein Superstar. Seine Filme »Bullitt« und »Thomas Crown Affair« waren große Kassenschlager. In den amerikanischen Filmmedien war er zu dieser Zeit »number one box office star in the world«. An seiner Seite in einem Film zu arbeiten, war in Österreich eine Sensation.

Ich hatte für Gösta, dem geistigen Vater über dem ganzen AutoCross-Geschehen, auch ein paar Vorschläge für die Zukunft dieser Rennen parat. Steve und sein Porsche-Mechaniker hatten mir von ähnlichen Rennen in den USA erzählt – dort war man entweder von Las Vegas nach Barstow in der

VOLLGAS ODER NIX /// WHISKY A GO GO

««« Bei Mulsanne werden die Rennwagen zum Dreh vorbereitet

Wartezeit während der Dreharbeiten hinter dem Rechtsabzweig bei Mulsanne und der langen Geraden danach

Wüste oder in der Baja-Halbinsel zwischen Steinen und Kakteen unterwegs – oder man fuhr auf Oval-ähnlichen Rundkursen. Um die Attraktivität der Rennen anzuheben, hatte ich ihm empfohlen, in Zukunft die Strecken »flacher« und »schneller« zu planen – weil die Autos für die Zuschauer wesentlich attraktiver anzuschauen waren als auf schwierigem Gelände, wo Autos im Gegensatz zu MotoCross-Motorrädern nicht gut aussahen.

Meine Vision war überhaupt eine ähnliche Rundstrecke, wie ich sie in Lauterbrunnen für den James-Bond-Film bauen ließ. Eine breite Ovalbahn mit zwei Kurven mit großen Radien und einer Rechts-links-rechts-Schikane auf der Gegengeraden. Auf so einer Strecke könnte man auf Teufel komm raus bolzen und die Zuschauer würden lange Drifts und Überholmanöver sehen.

Ich machte Gösta auch den Vorschlag, er möge versuchen, dass alle Teams mit Meyers-Tow'd-Buggys oder ähnlichen Gefährten ausgestattet werden, damit wären die klapprigen Rostfetzen weg und zweitens die Rennen wegen der nahezu gleichwertigen Autos spannender. Er hatte die Idee nicht sonderlich goutiert, weil er eigentlich »sein« Team vorne sehen wollte – und an Konkurrenz kein Interesse hatte.

Die Strecke am Gießhübl war eng und holprig – mir hatte es während des ersten Durchgangs die Motoraufhängung abgerissen ... deshalb sprangen die Gänge heraus. Scheiße! Ich wurde gerade noch Dritter.

Nach der Zieldurchfahrt rannte ich gleich zum Auto von »Mimi« Gerstinger, zog mich drinnen um und ließ mich von ihr nach Schwechat fahren. Ich erreichte den Flieger ohne Probleme und von Paris ging's per Triebwagen nach Le Mans. Mein Hotel war zehn Minuten zu Fuß vom Bahnhof. Gegen Mitternacht rief ich Catherine an, als ich ihre tiefe Stimme hörte, bekam ich Herzrasen.

Am Montag sollte ich den Schauspielern in einem Porsche 911 Targa ein bissl »Hitze« unterm Arsch machen. Zuerst setzte sich Fred Haltiner zu mir in den Targa und ich fetzte gleich einmal ordentlich los. Wir starteten nach der Mulsanne-Ecke, dann ging's »flat out« durch die schnelle Rechte bis »Indianapolis«, anschließend die langsame Rechte bei Arnage und dann wieder voll bis zum »Maison Blanche«, dem berühmten weißen Haus, wo ein älteres Ehepaar lebte und im Garten vor seinem Haus Gemüse angebaut hatte.

Als ich mich der Kuppe mit der Rechtsbiegung nach Mulsanne im »full steam« näherte, verkrallte sich mein Schweizer Freund in den Seiten des Beifahrersitzes. Ich sah das natürlich in meinen Augenwinkeln – und Arschloch wie alle Männer nun mal sind, freute ich mich darüber. Tja, ich genoss sogar die Situation, dass mein Freund neben mir fast in die Hosen gemacht hatte.

Am späteren Nachmittag hatten wir die erste Regiebesprechung – von diesem Tag an hallte täglich gegen siebzehn Uhr der Ruf »Meeting!« durchs Solar Village. Wir versammelten uns vor dem Zelt; die Amis ausnahmslos mit vollen Whiskygläsern (Viertellitergläsern!!!), weißen »Tennispatschen« (weißen Tennisschuhen) und weißen Socken. Irgendwann kam dann Hubert Fröhlich mit einem Packen Listen in den Händen quer über den Hof anmarschiert. Seine Begleitung: Robert »Bob« Relyea, Huberts Assistent Peter Samuelson und Gus Agosti, der dann später die Rolle des Meeting-Chefs übernommen hatte.

Während dieser Meetings wurde der gesamte Arbeitsplan für den nächsten Tag vorgelesen und welche Schauspieler zum »shooting« dran wären, wer von uns bei »Special Effects«-Einsätzen wann wo sein musste sowie die Kamerateams, »Maske«, Kostüme und so weiter. Während dieser Meetings wurden die

Viertellitergläser geleert – und nach dem Meeting noch einmal »all up to the brim« (bis zum Rande) gefüllt.

Das erste Meeting war etwas früher angesetzt und dauerte nicht sehr lange, weil Steve sich mit dem Produktionsmanager zurückgezogen hatte. Ich fuhr in die Stadt und holte meine Catherine ab. Wir fuhren wohlgelaunt Richtung Mulsanne.

Am Golfplatz hielt ich an. Mike Hailwood, Derek Bell und Mike Parkes spielten eine Runde und luden mich ein mitzuspielen, obwohl ich ihnen sagte, dass ich mit Golf nichts anfangen konnte. Egal, Catherine und ich sahen ihnen eine Weile zu, folgten dem Trio bis zum ersten »Putting Green«, dann verdrückten wir uns Richtung »Driving range« in der Hoffnung auf Ruhe. Meine Vermutung war richtig. Wir breiteten uns völlig ungestört am Boden aus und schmusten uns in den Himmel.

Nachher führte ich sie in eines der feinsten Restaurants in Le Mans und brachte sie artig nach Hause.

//

Am Samstag den 4. Juli feiert Amerika den Unabhängigkeitstag. Auch bei uns in Le Mans sollte »nichts« trocken bleiben. Peter war auch nicht mehr allein. Seine neue Freundin hörte auf den Namen Giselle. Eine kleine quirlige Blondine, mit kurzen Haaren und einem fröhlichen Lachen. Ohne irgendetwas zu ahnen, fuhren wir mit unseren Mädels am späteren Abend ins Solar Village, denn am Samstag ruhte üblicherweise die Arbeit.

Im Village angekommen sahen wir eine feuchtfröhliche Runde um ein Lagefeuer tanzend, schwankend, der Whisky floss wie gewohnt in Strömen. Entsprechend war die Stimmung. Alles grölte, Gläser und Flaschen flogen durch die Luft und Steve McQueen kam auf seiner Husqvarna-400-MotoCross-Maschine angerast, verfehlte das Lagerfeuer knapp und donnerte in das Zelt. Man hörte nur noch den Husqvarna-Motor aufheulen, dann Krachen und Splittern des Mobiliars. Stille – schließlich taumelte Steve breit übers Gesicht grinsend heraus. Er wischte sich mit dem Handrücken über die blutige Nase und brüllte.

»Hi, guys – fuck youuuu!«

Dann entdeckte er uns und wankte heran. Zu meinem Missfallen legte er seinen Arm um Catherines Schulter und versuchte ihr lallend irgendeinen Blödsinn zu erzählen. Ich käme aus Österreich und wäre nett und so weiter und so fort. Mir war das nicht nur peinlich, sondern ich fand die Situation äußerst unangenehm. Was sollte ich machen – ihm eine in die Goschen hauen? Als er immer »anlassiger« (für: lästig zu nahe kommen) wurde, drehte ich Catherine geschickt aus seiner Umklammerung und gab ihr zu verstehen, dass wir uns jetzt so rasch wie möglich »verdünnisieren« sollten.

Ich hatte Glück und bevor die Situation eskalierte, war ich mit meiner Catherine verschwunden. Wir fuhren hinaus aufs Land in ein kleines Restaurant und ließen es uns gut gehen. Es war lange nach Mitternacht, als wir das Restaurant verlassen hatten, ins Auto stiegen und wie auf Kommando übereinander herfielen. Wir leckten und bissen an uns wie zwei Leoparden im nächtlichen Liebestanz – schließlich blies sie französische Klarinetten, dass ich Sidney Bechets »La petite fleur« zu hören glaubte.

Nachdem wir uns bis zur Erschöpfung ausgetobt hatten, machten wir uns auf den Weg zurück Richtung Le Mans. Der Sonntagmorgen graute bereits im Osten, als wir uns vom Süden kommend dem Stadtzentrum näherten.

VOLLGAS ODER NIX /// WHISKY A GO GO

Steve McQueen

Ich wollte sie eigentlich nach Hause bringen, brav wie ich nun einmal war oder noch immer bin. Die Route führte aber gezwungenermaßen an unserem Hotel vorbei, als ich plötzlich blaue Lichtblitze an den Hauswänden entdeckte. Die Feuerwehr? Je näher wir uns den gespenstischen Lichtspielen näherten, desto näher kamen wir unserem Hotel. Ob unser Hotel brannte? Wir bogen in die Gasse ein – und da standen vier Polizeiautos, eine Menge Uniformierter vor dem Hoteleingang. Einbruch, Überfall? Catherine und ich stiegen aus und entdeckten meinen Freund Peter splitterfasernackt, neben ihm ebenso nackt seine Giselle. Beide versuchten ihre delikaten Stellen mit Händen und Armen abzudecken. Ich musste mir die Augen reiben, um zu glauben, was ich da sah!

Als Peter mit seiner Giselle beim Hoteleingang angelangt war, winkte er lachend den Polizisten zu, einer der Cops lachte zurück, machte mit seiner Hand eine eindeutige Bewegung und rief ihm zu: »Continue Peteeer… haha … continueee!«

» Peter Huber alias Max Krummel und Erich alias Joseph Hauser in Le Mans

Da hatte mich Peter entdeckt und rief mir zu: »Erich – das war jetzt eine Gaudi! Ich erzähl dir alles morgen.«

Was war geschehen? Zur Erinnerung: 4. Juli, USA Unabhängigkeitstag, alles feierte, alles trank – und war besoffen. Ich war mit meiner Catherine längst über alle Berge, während Peter in der naiven Hoffnung war, dass dieses Fest noch ein schönes, gemütliches werden könnte. Das wurde es natürlich nicht! Die soffen sich unter den Tisch und schossen mit Champagnerkorken aufeinander und schütteten sich den Rest über die Köpfe.

Irgendwann merkte natürlich auch Peter, dass aus dieser »b'soffenen G'schicht« nichts mehr werden würde, und wollte weg. Das war aber nicht mehr so einfach, weil ihre Kleider völlig durchnässt waren. Peter sah neben den Solar-Baracken die Wohnwagen, blickte zu seiner Giselle und dann kam ihm eine »rettende Idee«: Man sollte sich einstweilen in einen der Wohnwagen zurückziehen – während draußen die Kleider trockneten.

Giselle war von dieser Idee auch angetan, also marschierten die beiden rüber, zogen sich aus, breiteten ihre Kleider über einen der danebenstehenden Wohnwagen und zogen sich in einen der komfortabel eingerichteten »Caravans« zurück. Steve McQueen war zu diesem Zeitpunkt zwar völlig besoffen, aber noch so klar im Kopf, dass er Peter beobachtet hatte, wie er mit seinem Has'n im Wohnwagen verschwand.

Wie hatte Friedrich Schiller in »Wilhelm Tell« der Welt kundgetan?

Es kann der Frömmste nicht in Frieden leben, wenn es dem bösen Nachbarn nicht gefällt.

Übersetzt in Peters Situation:

Es kann der Frömmste nicht in Frieden ficken, wenn es dem bösen Beobachter nicht gefällt.

Steve gab einem der Mitglieder seiner Spaß-Entourage ein Zeichen und beide schlichen sich an den Wohnwagen heran, in dem Peter gerade seine Giselle flachlegte.

Die McQueen-Bande fuhr mit einem Oldsmobile leise an den Wohnwagen ran, schloss die Hängerkupplung an und fuhr los. Die Fahrt führte in die City von Le Mans und ausgerechnet auf den Platz vor der Cathédrale stellten sie den Wohnwagen ab – und machten sich lachend und grölend wieder auf zurück ins Solar Village und soffen weiter.

Peter war froh, dass der Wohnwagen wieder zur Ruhe gekommen war, und fiedelte an seiner Giselle weiter. Irgendwann kamen dann ein paar Nachtschwärmer vorbei, klopften am »Caravan« und als sich nichts rührte, alarmierten sie die Polizei. Auch bei deren Klopfen stellten sich die beiden stumm. Die Polizisten forderten bereits in barschem Tone, die Tür zu öffnen und rauszukommen.

Als die Situation sich zugespitzt hatte und mit dem Aufbrechen gedroht wurde, öffneten sie zaghaft die Tür und kamen heraus. Die Polizei schnappte sie und fuhr sie aufs Revier. Dort stellten sie sich anfangs »deppert«, bis Giselle erklärte, dass sie Französin wäre, und versuchte die Situation zu klären. Die Polizisten glaubten ihr so halbwegs und riefen im Solar Village an – um vier Uhr früh, dort lagen jedoch nur B'soffene (Betrunkene) herum.

Nachdem niemand abgehoben hatte, war das Vertrauen gegenüber den beiden gegen null gesunken. Sie mussten in eine Zelle! Einer der Polizisten versuchte es nach einer Stunde wieder und ein »Halb«-B'soffener hob ab und erklärte lallend die Situation und vor allem, dass Peter tatsächlich einer der

»actööörs« wäre und so weiter und so fort.

Die Situation endete dann mit großem Gelächter, eine Rotweinflasche war gleich zur Hand, es wurde gemeinsam angestoßen und mit den Cops Bruderschaft getrunken. Schließlich wurde das nette Paar unter Absingen fröhlicher Gesänge zum Hotel gefahren.

Na, und dann tauchten Catherine und ich auf … Peter verdrückte sich aufs Zimmer und »continue – continue – ...«

Die Montagsausgabe der größten Tageszeitung von Le Mans titelte auf der ersten Seite: Monsieur Caravan … und erzählte die ganze Geschichte!

//

Der Boss des »Special Effects Department« war Sass Bedig, ein kleiner, rundlicher Brite, den wir vom Bond-Film in Lauterbrunnen kannten. Für die »Luftschlacht um England« hatte er ferngesteuerte Flugzeuge gebaut. Der erste Crash im Drehbuch sollte in der Vollgasrechten vor der Rechts-links-Kombination »Indianapolis« stattfinden. Diese Action hatte Steve bereits im Kopf, egal wie das Drehbuch umgeschrieben werden musste – in Wahrheit hatte er zu diesem Zeitpunkt den Verlauf der Rennaction komplett im Kopf – aber ohne Dialoge.

Es ging eigentlich darum, dass es während des Rennens einen ordentlichen Kracher geben sollte, und dazu brauchte es einen plausiblen Grund. Egal ob in der »human story« geschmust, geküsst oder geohrfeigt wurde. Steve hatte mir beim Gespräch über den ersten Unfall folgende Geschichte unterbreitet: Während des Rennens sollte es am Nachtmittag zu regnen beginnen – und zwar im südlichen Teil der Strecke. Dieser Teil deckte etwa Mulsanne und Arnage ab, während es im nördlichen Teil, der Start-Ziel-Kurve mit dem Dunlopbogen, den »Esses« und der ersten Hälfte der Geraden bei Hunaudières, noch trocken war. Ein durchaus realistisches Szenario.

In seiner Vorstellung verlor ein Lola T 70 in der schnellen Rechten nach Mulsanne die Haftung und drehte sich, ein Porsche kommt mit fullspeed herangerast und kann dem quer gestellten Lola nach einer »leichten« Berührung gerade noch ausweichen. Kurz darauf verliert ein Ferrari 512 wenige Hundert Meter nachher beim Anbremsen der Indianapolis-Passage die Haftung und donnert geradeaus in den Wald und explodiert – der Fahrer kann gerade noch flüchten.

Diese Explosion sieht der Fahrer im führenden 917er Porsche nach Ausfahrt Arnage im Augenwinkel, wird abgelenkt und kracht voll beschleunigend in die Leitplanken.

Steve und ich fuhren mit Motorrädern die einzelnen Passagen ab und suchten uns genau die Stelle, wo der 917er-Fahrer von dem Feuerball abgelenkt werden sollte. Wir hatten unsere Maschinen abgestellt – er eine Norton 750er Atlas und ich eine Bultaco. Steve hatte uns inzwischen mit dem Motorrad-Bazillus angesteckt. Peter kaufte sich eine Suzuki 350 und ich eine Bultaco-»Matador«-250-Geländemaschine.

Steve bat mich, nach Arnage in den schütteren Wald zu gehen und mich etwa an die Position zu stellen, an der er den Feuerball haben wollte. Ich winkte mit den Armen, ob er mich sehen konnte – er bat mich dann etwas nach links, dann wieder rechts, bis er rief: »Yeah, okay – I can see you from here.«

Mir war die Szene eigentlich plausibel. Waren bisher nahezu in allen Autorennfilmen die Unfälle

Die Doku über den Champion

Neuauflage inklusive Bonus-DVD mit Archivmaterial von Nina Rindt

Mit
Dr. Helmut Marko, Jackie Stewart, Helmut Zwickl

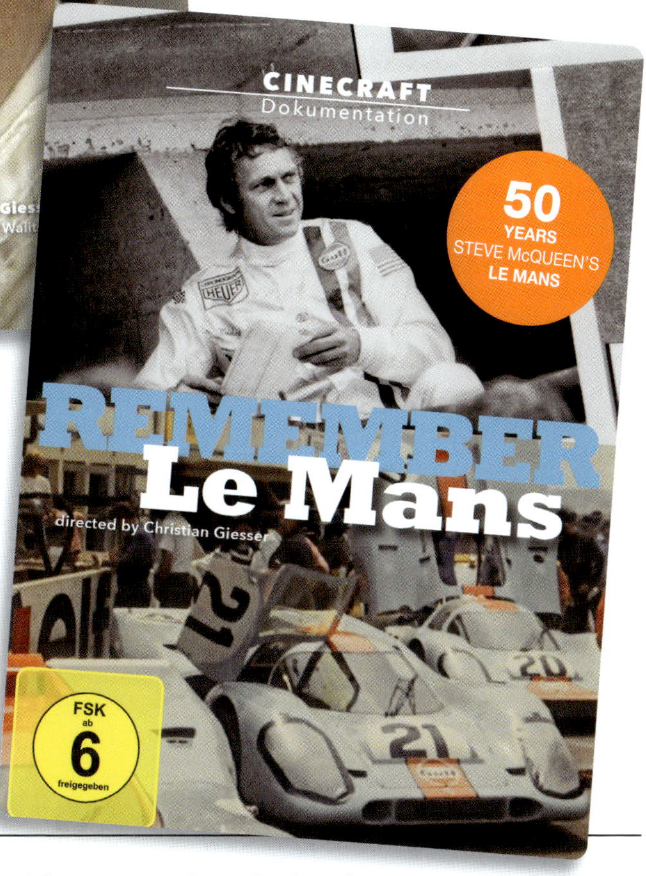

Das Making-Of des berühmtesten Motorsport-Films aller Zeiten

Mit
Peter Samuelson, Dr. Erich Glavitza, Herbert Linge, Peter Huber, Willi Kauhsen, Dr. Christian Riml, Jürgen Barth

---

Die Filme und weitere Produkte für Motorsportfans finden Sie unter:

McKlein Media GmbH & Co. KG • Hauptstr. 172 • 51143 Köln • Tel.: 02203-9242570 • E-Mail: contact@racingwebshop.com

beziehungsweise deren Ursachen eher an den Haaren herbeigezogen, so stellte der Ablauf der Handlung, wie ihn sich Steve vorstellte, eine realistische Begründung dar. Bei unserer ersten »Begegnung mit der dritten Art« musste Peter mit dem Lola T 70 bei regennasser Straße nach der schnellen Rechtskurve eine Pirouette vollführen – der Grund: Weil er mit Trockenreifen vom Regen überrascht worden war. Peter sollte mit dem Lola die Fahrbahn versperren, während ich mit dem Porsche angeflogen käme – ihn zu spät bemerke und nach einer leichten Berührung gegen die Leitplanke knalle. Steve bat mich, den Porsche dabei aber nicht »abzuschreiben«. Ich lachte zurück: »I'll see, what I can do!«

Nach dem Zeichen bin ich los, beschleunigte den Porsche auf »volle Kanne«, dann die Kuppe – ich hatte Peter gebeten, den Lola eher links zu »parken« – er stand dann perfekt in der linken Hälfte – ich stellte den Porsche quer, küsste Peter am rechten Kotflügel und ließ mein Auto genau in eine mit den Kameraleuten vereinbarte Stelle in die Leitplanken knallen.

Alles schien perfekt abgelaufen zu sein. Catherine stand neben Steve und sagte, dass er unmittelbar nachher nickte – aber nicht wirklich begeistert schien.

Während unser Regisseur Jack Reddish sehr happy war. Steve kam zu mir, rieb sich mit der Hand am Kinn und fragte, warum ich genau in das Loch in den Leitplanken gefahren wäre. Na, weil es mit der Regie so vereinbart war. Reddish gab mir dafür sogar eine Prämie von 50.000 US-Dollar.

Ich merkte, dass Steve nicht wirklich glücklich war, und fragte ihn, warum. Da sagte er, dass ich sehr gut gefahren wäre, man das auch sähe – aber der Schock käme nicht zum Ausdruck.

Okay, und …?

Er schlug vor das Ganze noch einmal zu drehen. Gut, warum nicht. Nur diesmal vermied er geschickt, dass Peter und ich uns vorher absprechen konnten. Ich war mit meinem Auto bis zum Mulsanne-Eck gefahren und hatte dort auf das Startzeichen gewartet. Peter hatten sie auf halben Wege abgefangen, er musste umdrehen und gleich wieder losfahren – und sich wieder drehen, nur wünschte Steve, dass sein Wagen nachher woanders stehen sollte. Was Peter auch befolgte. Ich wusste nun nicht, wo sein Lola »parkte« … während Peter gewendet hatte, wollte ich schon aus dem Auto steigen und ihn zu mir winken … da war er schon losgefahren. Dann kam »my turn«.

Ich rauschte los, donnerte über die Kuppe, sah Peter und seine »großen Augen« und verriss sofort den Wagen und hatte wirklich Glück, wie ich das gemacht hatte, weiß ich nicht mehr – auf jeden Fall ging's hauchdünn an ihm vorbei, mit dem Heck erwischte ich ihn, dass zumindest ein paar Teile vom Kotflügel und Scheinwerfer durch die Luft flogen.

Catherine hat mir erzählt, dass Steve in diesem Moment in die Höhe gesprungen sei und einen »Jagdschrei« von sich gegeben hatte. Natürlich war ich jetzt an dem vereinbarten Kameraloch vorbeigeflogen. Ich war wesentlich schneller als während des ersten Versuchs. Jack Reddish »was not amused«, aber er wagte nicht, Steve zu widersprechen. So streng waren die Sitten

VOLLGAS ODER NIX /// WHISKY A GO GO

Ein Porsche 917 wird »geopfert«

STURGES GEHT

Die Männer hinter den Kulissen: Von links Jack Reddish, John Sturges und Bob Rylea

Ich hatte mich eben mit Ken Purdy über meinen Lieblingsautor Henry Miller unterhalten, als sich Mike Parkes zu uns hockte. Ich erzählte Purdy, dass es in den Ämtern von Wien noch immer zuginge wie unter der Monarchie, und sagte, dass Franz Kafka das so gut beschrieben hatte. Darauf fragte mich Mike Parkes, ob mir Kafka gefalle? Was heißt gefalle – gab ich zur Antwort, Kafka wäre mein Lieblingsautor, neben Henry Miller. Damit hatte ich offensichtlich ins Volle getroffen – denn sowohl Ken Purdy als auch Mike Parkes waren von diesem Autor höchst angetan. Und als ich ihnen erklärte, Kafka wäre in Klosterneuburg, einem Vorort von Wien gestorben – und ich hätte dort ebenfalls jahrelang gelebt, war der Tag gerettet.

Parkes fragte mich, ob ich in nächster Zeit wieder einmal nach Wien käme? Ich sagte Ja, weil in wenigen Wochen das AutoCross-Rennen in Großhöflein am Terminkalender stünde. Er bat mich, ob ich ihm mehrere Kafka-Werke in deutscher Sprache mitbringen könnte. Na klar, kein Problem. Er würde eine Liste jener Titel anfertigen, die er gerne in deutscher Sprache hätte – er suchte schon lange nach dem Briefwechsel Kafkas mit seinem Vater. Ich könnte alles kaufen, was ich fände – auch in tschechischer Sprache, er würde schon jemanden finden, der ihm das übersetzen könnte.

Ich erklärte die historische Situation nach dem Ersten Weltkrieg in der Tschechoslowakischen Republik, die Probleme für die Bewohner, die nur die deutsche Sprache gesprochen hatten. Kafka war deutschsprachig und als Beamter tätig – hatte aber immer Wege und vor allem Gönner gefunden, die ihn unterstützt hatten. Ich war über Kafka recht gut informiert. Kaum ein Schriftsteller hatte mich so fasziniert wie Franz Kafka.

Ich erinnere mich noch genau, wie wir drei über Kafkas Konflikte mit seinem Vater und seine gescheiterten Beziehungen mit Frauen sprachen, und Ken Purdy erzählte von Henry Millers Problemen, wie er jahrelang um die Anerkennung seiner Mutter flehte – und sogar noch lange nach ihrem Tode unter deren Verachtung gelitten hatte. Wir diskutierten bis in die Abendstunden – plötzlich schallte der »Meeting«-Ruf von Gus Agosti über den Hof und wir waren überrascht, wie schnell die Zeit an uns vorbeigeflogen war. Ich hatte an diesem Nachmittag zwei neue, wertvolle Freunde gefunden – deren früher Tod mich heute noch sehr berührt.

Am nächsten Morgen warteten Peter und ich vor Fröhlichs Büro, um die finale »Befehlsausgabe« entgegenzunehmen, als John Sturges herauskam, sich zu uns wandte und plötzlich sagte: »I've enough, guys – I just quit!«

Ich fragte ihn, warum. Er steckte ein Scheckbuch in die Brusttasche seine Jeanshemdes und sagte dann völlig ruhig, dass er uns schon einmal gesagt hätte, dass er von Steve, den Autos und dem ganzen Scheiß hier genug hätte – und er wäre nicht so blöd und ließe sich weiterhin von diesem Chaos die Zeit stehlen.

In Bel Air warte ein riesiges Chalet mit Pool, zwei Porsches, einem Ferrari und Mustang – und nach einer Pause fügte er grinsend hinzu, und vier Mädeln. Er könnte sich dort tagelang einen blasen lassen und müsste nicht wie hier seit Monaten einem Drehbuch nachrennen und diesem Idioten, er zeigte zu Steves Office, und wegen jedem Scheißdreck stundenlang herumdiskutieren.

Er klopfte jeden von uns auf die Schulter und sagte »take care, guys« und ging – und ward nicht mehr gesehen. Ich stürzte sofort in Huberts Büro und fragte ihn, ob Sturges nun tatsächlich für immer gegangen wäre. Hubert nickte, zeigte mir einen Scheck und sagte: »Da schau her – einhundertzwanzigtausend Dollar – damit hat er sich aus dem Vertrag gekauft!«

Ich war schockiert. In diesem ganzen Millionengetriebe war ich nicht einmal ein Furz in zwanzigtausend Meter Höhe – mit John Sturges hatte ich mich gerade angefreundet. Sicherlich ist »angefreundet« übertrieben, aber ich hatte mich mit ihm öfters wunderbar unterhalten und er war eher ein derber gerader Typ, hätte er mich für überflüssig empfunden, ich glaube, er hätte mich das in der ersten Sekunde wissen lassen.

War ich alleine am Nachmittag im Zelt, setzte er sich mit einer Tasse (das war immer ein riesiger Häf'n, wie wir in Österreich sagen) Kaffee zu mir und wir unterhielten uns – besser gesagt, ich fragte ihn aus. Es war immer eine »einführende Vorlesung« über das Filmemachen. Und ich hörte mit offenem Munde fasziniert zu.

Er erklärte mir, wie Drehbücher zustande kämen und so weiter. Ich erinnere mich noch genau, wie er erwähnte, dass es in Hollywood eigene Dialogautoren gäbe – nicht nur das, sondern Autoren, die nur Dialoge für Flirts oder Streitereien schreiben würden. Autoren für »love-dialogues« könnten nie Dialoge schreiben, die zu einer Schlägerei führten, und Verfasser eines »Drehbuchs« selten bis nie brauchbare Dialoge.

Damit war es nun vorbei. Hubert zündete sich eine Zigarette an und sagte dann plötzlich, ich möge die Türe zu seinem Büro schließen und näher zu ihm an seinen Schreibtisch kommen.

Nachdem ich mich gesetzt hatte, sagte er: »Das ganze Projekt hier ist bankrott!«

Ich presse vor Schock meine Hand gegen die Lippen. War nun alles aus? Hubert deutete zur Tür: »John hatte schon gestern den ganzen Laden hingeschmissen und Steve gesagt, er soll ihn am Arsch lecken. Er war jetzt nur zu mir gekommen, um die Pönale zu zahlen. Ich hab ihm einen Hubschrauber organisiert, der ihn in zwei Stunden nach Paris bringt.«

Hubert zog tief an seiner Zigarette, sein Gesicht tiefrot, das linke Auge gegen den Rauch zugekniffen und schüttelte den Kopf: »Der kommt nicht wieder!«

Ich wollte natürlich mehr darüber wissen, war aber im ersten Schrecken nicht in der Lage, eine klare Frage zu formulieren, darum kam nur ein »Warum?« aus mir heraus.

Hubert klopfte die Asche ab, zog wieder an der Zigarette und sagte weiter: »Steve ist schuld an der ganzen Scheiße. Wir haben noch immer kein Drehbuch! Ich glaube, er weiß selbst nicht, was er will – das Budget ist um ein Viertel überzogen! Wir haben kein Geld – da muss dieser Wahnsinnige alle Autos von dem Rennen in Bausch und Bogen kaufen!«

Er machte eine Pause und schüttelte wieder den Kopf: »Stell dir vor, Erich – der kauft alle Rennwagen, die vor ein paar Wochen hier gefahren sind!«

Er wurde lauter: »Das gibt's doch nicht!«

Dann etwas ruhiger weiter: »Jetzt, wo Sturges alles hingeschmissen hat, sperrte unser Hauptfinancier Cinema Centre auch noch den Kreditrahmen. Wir stehen jetzt ohne Geld da – und nur weil Mister Supisupistar auf Blödmann macht! Hast du nicht gestern Robert Relyea gesehen? Der hat nach dem Meeting mit Bob Rosen einen Kreislaufkollaps bekommen – weil der ihm gesagt hat, dass er jetzt mal alles stoppt und in die USA fliegt, um dort seinen Bossen zu erklären, dass hier alles den Bach runtergeht!«

Er zog wieder tief an seiner Zigarette und blickte zum Fenster hinaus. Schweigen. Es kam mir vor, diese Stille würde eine Stunde dauern.

VOLLGAS ODER NIX /// STURGES GEHT

Spektakel: Elga Andersen aus Dortmund ist Lisa Belgetti, …

… das Schuhwerk ist zeitlos motorsportlich und angesichts des weiten Schlags der Hosen leider nur im Sitzen komplett zu sehen, …

… und Luc Merenda (alias Claude Aurac) wird wüst auf Unfallopfer geschminkt.

Dann wagte ich mich zu rühren: »Steve hatte mir erzählt, dass seine Solar Production den Film finanziere – stimmt das etwa nicht?«

»Die Solar, die Solar – was ist schon die Solar Production! Er hat sie nach Bullitt gegründet – die hat schon ein bisschen Geld, aber nicht genug, um so ein Riesenprojekt zu finanzieren. In Wahrheit ist er mit seiner Solar zu CBS gegangen und hat von denen die sechs Millionen Dollar bekommen – das reicht ja nicht mal für die Komparsen.«

Nach einer weiteren Atempause setzte er fort: »Sechs Millionen, sechs Millionen – wir brauchen hier das Zehnfache! Aber die Scheiße hat schon begonnen, als er im Vertrag die Bedingung festschreiben ließ, dass er allein das Sagen hätte ...«

Hubert wieder lauter: »Wer ist er denn schon? Er ist ein guter Schauspieler, aber mehr nicht! Spielt sich plötzlich auf als Drehbuchautor, Regisseur, Kameramann, mischt sich auch hier in die Produktion ein – will plötzlich alles alleine machen. Regisseur und die Autos fahren – alles in einem! Der Mann ist größenwahnsinnig!«

Hubert stand auf und fuchtelte mit dem Arm in der Luft: »... die ganzen Schauspieler sind nichts als ein größenwahnsinniges Pack!«

Er setzte sich wieder hin und zündete eine neue Zigarette an – die alte glühte noch halb abgeraucht im Aschenbecher: »Die sollen das Drehbuch ordentlich lernen und schauspielern und sonst die Klappe halten! Diese Popanze ruinieren alles ... alles ...«

Dann sah er mich lange an, ich spürte förmlich seinen Blick auf mir, und sagte: »Lass gut sein, Erich – wir bleiben Freunde ...«

Aus Hollywood kam ein neuer Regisseur angeflogen: Lee Katzin, bis dato völlig unbekannt im Filmbusiness, da er bisher »nur« bei TV-Soaps Regie geführt hatte. Katzin war ein sehr netter Kerl – zu nett für diese Branche –, er schwitzte dauernd, war nervös, fahrig und trug ständig einen Fischerhut am Kopf. Er hatte von der ersten Sekunde an gegen den »Super«-McQueen keine Chance. Schon nach wenigen Tagen hörte ich Steve in Richtung Katzin brüllen: »You can kiss my ass in Macy's Showroom – Fuck off!« – rannte vom Drehort und ward für fünf Tage nicht mehr gesehen!

Ich saß in einem Porsche und diskutierte mit einem der Techniker über die Montage einer drehbaren Arriflex-Kamera im Cockpit. Sie sollte sich während eines Überholmanövers im Cockpit mit dem »Überholten« mitdrehen – und dem Fahrer dabei nicht den Schädel wegreißen.

Als der Techniker gerade zum Werkzeugschrank (der rote von Snap-on Tools) gegangen war, stand plötzlich Lee Katzin neben mir, beugte sich runter und fragte, ob ich ihn einmal auf eine Runde mitnehmen könnte. Er möchte einmal den Sound und das »Vibrating« eines Rennautos spüren.

Klar doch, geht schon. Ich fragte noch schnell Jack Reddish, der nickte, also los.

Lee klopfte die Pfeife am Chassis des echten 512S aus und setzte sich rein. Reddish schnallte ihn fest. Bevor ich losfuhr, wandte sich Katzin zu mir und sagte, ich könnte ruhig schnell fahren – er wäre ein schneller Fahrer, er habe erst kürzlich in Bel Air ein »speeding ticket« von der Polizei aufgebrummt bekommen, weil er mit seinem Camaro mit 52 Meilen (etwa 80 km/h) erwischt wurde.

Also foa ma eua Gnod'n (Also fahren wir, euer Gnaden – berühmter Sager eines Wiener Fiakerkutschers).

Ich gaste los und rauschte gleich »full speed« durch den Dunlopbogen, einer Kuppe, bei der Lee nicht wissen konnte, wie's hinten weiterginge. Bei den »Esses« war dann Schluss – er kauerte käsebleich mit kaltem Schweiß auf der Stirn am Nebensitz. Ich hatte ihn noch vorher gebeten, falls es ihm zu schnell wäre, möge er mit der rechten Hand gegen das »Dashboard« klopfen – er hatte aber den Arm nicht mehr hochgebracht.

//

Trotz Querelen arbeiteten wir im »Second Unit« munter an den Unfällen weiter. Nachdem wir den ersten »crash« gut erledigt hatten, stand nun ein »radio-controlled« Knaller auf dem Programm. Sass Bedig hatte einen »Dummy«-Ferrari mit einer ferngesteuerten Lenkung ausgestattet. Es war ein ramponiertes Lola-Chassis mit Chevy-V8-Motor und mit einem Vorder- und Heckteil aus Polyester, das einem Ferrari 512 ähnelte. Zuerst probierten wir das Chassis mit mir am Volant, wie die Funkfernsteuerung funktionierte. Wir hatten einen »laaaangen« ersten Gang ins Getriebe gesteckt und richteten die vorderen Achsschenkel auf extremen Nachlauf, damit sich das Auto selbst gerade richten würde. Nachdem die Tests positiv waren, ging's zu »action please«.

Um den Film möglichst realistisch zu gestalten, wurde schon eine unglaubliche Anzahl echter Rennwagen gemietet

Ferngesteuerte Rennwagen wurden für die Unfallszenen verwendet

Ich setzte mich auf das Dach eines Kleinbusses mit einem Schaltpult, wir starteten den Motor und betätigte »fern« die Kupplung, Sass legte den Gang ein und machte einen Schritt zurück. Per Funk erhöhte ich die Drehzahl und ließ die Kupplung kommen, dann, frei nach Daumen mal Pi, schenkte ich voll ein und versuchte das Auto auf eine durch abgeschnittene Zweige markierte Stelle zu »zielen«. Ich hatte Glück.

Mit einem wilden Brüller des V8-Motors schoss der Fake-Ferrari über die Sandschanze mit Volldampf in den Wald. Dort lauerte genau in der Schusslinie ein Fotograf – und jetzt hatten wir Pech und Glück zugleich!

Der Baum, den der Ferrari im Fluge getroffen hatte, riss den Funkempfänger vom Deckel des Hewland-Getriebes und obwohl ich wie ein Wilder den Totschalter gedrückt hatte, raste das Ding weiter – Erinnerungen an Goethes »Zauberlehrling« …

Das Glück: Aus irgendeinem Grunde blieb das wild gewordene Ungetüm ungefähr einen Meter vor dem am Boden liegenden Kameramann stehen. Es war eigentlich unglaublich – wir sind haarscharf an einer Katastrophe vorbeigeschrammt. Der Mann wäre geköpft worden. Das Auto ist head-on genau auf ihn zugeschossen. Er dachte, das wäre alles gewollt und kontrolliert gewesen, und sagte nachher voller Freude: »Süpeeer, Erique …« – ich hatte fast in die Hosen gemacht, denn von meiner Position aus war der Mann schon tot.

Der nächste und Haupt-Knaller wurde dann auf der Geraden zwischen Arnage und Maison Blanche gedreht. Zu Beginn arbeiteten wir an der Szene, wo der Fahrer im Porsche 917 – es war dann Michael Delaney (Steve McQueen) – nach der Rechtskurve bei Arnage beschleunigt und vom Feuerball des in den Wald »entsorgten« Ferraris abgelenkt wird und einen Porsche mit marodem Motor übersieht, seinen Wagen verreißt und in die Leitplanken knallt.

Das hat sich nun aus der herrschenden Wetterlage immer mehr verzögert. Es war gerade ein riesiges Hoch über Frankreich, eigentlich eine Hitzewelle, im Drehbuch war aber Regen gefordert. Aus Gründen der Beleuchtung genügte es nicht, nur die Straße zu bewässern, die Kameras brauchten bewölkten Himmel.

Das spielte es aber nicht. Jeden Tag brannte die Sonne vom Himmel. Ab fünfzehn Uhr wurden die Dreharbeiten abgebrochen. Soweit möglich, wurde an anderen Orten gedreht. Als wir zwischen der Ausfahrt der »Esses« und dem Rechtsknick in die Hunaudières arbeiteten, hatte Steve seine Husqvarna 400 MotoCross mitgebracht, ich meine Bultaco »Matador« und ein blonder Hüne aus Kalifornien eine Triumph-650-Trophy (Einvergaser).

Wir hatten immer viel Zeit, bis die Kameras an der Strecke aufgebaut waren – und begannen mit unseren Maschinen auf einem improvisierten Rundkurs zu »crossen«. Es war eine Mordsgaudi und ich war mit einem Male vom MotoCross-Bazillus befallen, und zwar ordentlich! Steve hatte mir wenige Tage vorher kundgetan, die Autorennfahrer wären in Wahrheit alles »Wichser« – die echten Kerle würden MotoCross fahren! Das hatte mich dermaßen beeindruckt, dass ich fortan nur noch MotoCross-Zeitschriften las und mit MotoCross-Handschuhen herumlief. Dann hatte ich mir vom wöchentlichen Taschengeld als Schauspieler eine Bultaco 250 »Matador« gekauft.

Nach unserem Spaßrennen kaufte ich Steve die Husky 400 als Draufgabe ab (wäre heute Millionen wert) – und begann im nächsten Jahr mit dieser Maschine in Österreich bei MotoCross-Rennen zu fahren. Dieser Bazillus sollte noch Jahrzehnte in meinem Hirn festsitzen … Steve war schuld!

Zurück nach Le Mans: Inzwischen hatte sich Mike Hailwood uns angeschlossen. »Mike the bike« war vor dem Wechsel zu den Rennautos mehrmals Motorradweltmeister geworden. Eine unglaubliche Karriere.

Wir drei entwickelten uns zum Terror des Lagers. Bald hatten wir den Spitznamen »Trio infernale«. Niemand war vor uns sicher.

Als Jo Siffert seinen Porsche 911 einmal unbewacht im Solar Village geparkt hatte, schlichen wir uns heran und vertauschten die Kabel am Zündverteiler … es dauerte viele Minuten, bis der Herr Grand-Prix-Fahrer dahintergekommen war.

Eines Nachmittags waren blonde Zwillinge am Set erschienen; ich taufte sie »Eichelköpfe«, weil sie nach zehn Minuten in der Sonne einen knallroten Schädel hatten. Wir knobelten, wer von uns dreien mit beiden Köpfen noch heute Abend in die Horizontale musste ... die Wahl fiel auf ... verrate ich nicht ...

Mike musste an einem Donnerstagabend nach Paris-Orly, er flog anschließend nach England. Er lenkte ein orangefarbenes Fiat 850 Coupé und ich sollte mit dem Auto zurückfahren. Am Flughafen fand er plötzlich, das Auto wäre eine lahme Ente und »shitbox« und knalle es frontal gegen einen Lichtmast. Ich schaffte es mit verzogener Vorderachse gerade noch zurück bis Le Mans – und dort stellte ich das schwer gezeichnete Auto schnell im hintersten Winkel des Solar-Parkplatzes ab und verdünnisierte mich.

Die Versicherung hatte für den »großen« Unfall nach Arnage die Anwesenheit des »Grand Prix Medical Services« gefordert. Louis Stanley, Chef des BRM (British Motor Racing Ltd)- Formel-1-Teams, hatte nach 1967 eine mobile Notfallstation in einen großen Transporter installieren lassen. Darin gab es einen kompletten Operationssaal und alles für die erste Versorgung nach Rennunfällen.

Während Peter und ich in den Rennwagen auf das Startzeichen zum großen »crash« warteten – stand neben uns auch die rollende Notfallstation. Es war aber weit und breit keine Wetteränderung in Sicht. Das Hoch über Mittelfrankreich schien festgemauert.

Wir drehten deshalb die Szenen an den Boxen. Ich fuhr als »Josef Hauser« mit dem Ferrari 512 an die Boxen und übergab das Auto an »Erich Stahler«, den bayrischen Schauspieler Sigi Rauch. Ich sprang heraus, rief dem Sigi irgendetwas von »Öl in Ordnung« zu. Das wurde dann fünf oder sechs Mal wiederholt und aus verschiedenen Kamerapositionen aufgenommen. Die belichteten Filme wurden am Abend nach Paris ins Labor geflogen, dort entwickelt und nach ungefähr drei Tagen kamen die Rollen wieder retour und wurden gegen 22 Uhr in einem Vorführraum neben dem Solar-Zelt angesehen. Dann wurde entschieden, ob die Aufnahmen »gekauft« waren – oder nicht.

Das Klima im Solar Village hatte sich über Nacht extrem verschlechtert. Das amerikanische Kamerateam wurde auf Protest der französischen Gewerkschaft gegen eine französische Mannschaft getauscht. Auch Steve McQueens Regieassistenten aus Hollywood mussten gehen. An ihrer Stelle arbeiteten nun Franzosen und Belgier, die allesamt mit der englischen Sprache Probleme hatten.

Wie von Hubert angekündigt, war von Robert Relyea nichts mehr zu sehen. Er war nach Los Angeles geflogen, um den Film zu retten. Ken Purdy war der einzig »Lockere« am Set. Gut, er hatte nichts zu verlieren. Ken hatte ein Rohscriptum fertiggestellt und bereits eine entsprechende Gage kassiert. Er war knapp an die sechzig und versuchte seine Tage schmerzfrei hinter sich zu bringen. Wie er mir erzählte, musste er jeden Tag eine Handvoll Tabletten in sich hineinschütten.

Da im Moment wenig zu tun war, die Arbeit mehr oder minder auf »idle« (Standgas) zurückgeschraubt war, hatten wir sehr viel Zeit für unsere Gespräche. Meistens war auch Mike Parkes mit seinem Dalmatiner dabei. Parkes war mit seinem einmotorigen Sportflieger, der Hund am Copilotensitz, von England angeflogen.

An einem dieser »afternoon-talks« fragte mich Parkes, ob ich Ludwig Wittgenstein kenne. Ich verneinte. Er sagte, das wundere ihn, denn Wittgenstein wäre ein berühmter Philosoph aus Österreich, hätte in Cambridge studiert, später dort einen Lehrstuhl innegehabt und wäre auf dem Ascension Parish Burial Ground-Friedhof begraben.

VOLLGAS ODER NIX /// STURGES GEHT

Erich steigt als »Josef Hauser« in seinen geliebten 512S

Nein, noch nie gehört. Parkes fragte mich nach dem so genannten »Wiener Kreis«, einer Philosophenrunde, die sich regelmäßig im Café Zentral getroffen hatte, und er erzählte mir, dass es da eine Denker-Brücke zum »Positivismus« mit England gegeben hatte.

Ich verstand nur »Bahnhof«. Gott sei Dank unterstützte mich in meiner Unwissenheit Ken Purdy, der zwar immerhin wusste, dass es Wittgenstein gegeben hatte, vom »Positivismus« aber auch wenig Ahnung hatte. Parkes riet mir, während meines nächsten Besuchs in einer Wiener Buchhandlung mir eine Ausgabe des »Tractatus logico-philosophicus« zu besorgen, er würde dann mit mir das Werk lesen und erklären. Ken Purdy meldete sich auch zu dieser »einführenden Vorlesung« über die Wiener Philosophie an.

Nach unserem Ausflug in die Philosophie kamen wir natürlich auch auf die Probleme am Set zu sprechen. Purdy wusste mehr als Parkes, der stets den Eindruck erweckte, über jeden Tratsch erhaben zu sein. Der Gentleman, stets in teuren Sakkos und Maßschuhen, schien über den profanen Dingen des Lebens zu stehen.

Laut Purdy hatte Bob Rosen Steve folgendes Ultimatum gestellt: erstens mehr Einfluss von Cinema Centre Inc. auf das Drehbuch und zweitens eine Reduktion seiner Gage um fünfundzwanzig Prozent! Steve war mit allen Punkten einverstanden. Ihm war schließlich nichts anderes übrig geblieben. Cinema Centre hätte ihn glatt gefeuert und an seiner Stelle Robert Redford engagiert – und mit Redford wäre John Sturges wieder zurückgekommen!

Cinema Centre hatte eigentlich damit gerechnet, dass Steve seine Millionenforderung nicht zurückziehen würde, und hatte sich bereits auf Robert Redford in der Hauptrolle und John Sturges zurück am Regiepult eingestellt. Die Verhandlungen mit Redford waren schon »im Kasten«.

Als ich Ken gefragt hatte, ob es bereits eine Art »Love Story in Le Mans« geben würde, nickte er. Dann erzählte er uns, dass er die Geschichte gemeinsam mit Sturges erarbeitet hatte und das Buch bis auf wenige Korrekturen im Prinzip fertig »in der Lade« läge. Als Parkes ihn um den Inhalt der Story fragte, erzählte Purdy, dass er die wilde Lebensgeschichte eines spanischen Playboy-Rennfahrers namens Alfonso de Portago als »Faden« genommen hatte.

Wir wollten mehr wissen. Ken holte zuerst einmal tief Luft und sagte dann, de Portago hatte »Alfonso Antonio Vicente Eduardo Angel Blas Francisco de Borja Cabeza de Vaca y Leighton Marquis de Portago« mit vollem Namen geheißen und stammte aus einer der reichsten Familien Spaniens. De Portagos Vater nannte sich etwas schlichter Antonio Cabeza de Vaca und hatte sich beim Polo das Genick gebrochen. Seine Mutter heiratete dann den um mehr als vierzig Jahre älteren Francis John Mackey, der sich dann in den Schädel geschossen und der Witwe und ihren Kindern ein nahezu unüberschaubares Vermögen hinterlassen hatte. Klar, bei dem vielen Geld ward dem jungen Alfonso fad und er kugelte entweder mit Filmstars im Bett herum, die heute niemand mehr kennt, wie Linda Christian, Dorian Leigh oder Carroll McDaniel und vielen anderen. Seine Mädeln waren mehrheitlich deutlich älter als er … ein Fall für Sigmund Freud.

Egal, im Mai 1957 kam dann bei der Mille Miglia die Katastrophe: Auf einer Geraden zwischen Cerlongo und Guidizzolo platzte an seinem Ferrari 335 S ein Reifen. Das Auto schleuderte in die Zuschauer und tötete neun – davon fünf Kinder. Das Auto überschlug sich mehrmals, de Portagos Körper wurde in der Mitte auseinandergerissen, seinem Beifahrer Edmund Nelson das Genick gebrochen.

Mike Hailwood

Mike Parkes

Alfonso de Portago 1956 im Ferrari 857S

Er war ein Verrückter, fuhr stets mit allerhöchstem Risiko und wenn ein vor ihm fahrender Konkurrent nicht gleich Platz gemacht hatte, pflegte er ihm einfach ins Auto zu fahren. Bei der besagten Mille Miglia hatte er seine Geliebte, die amerikanische Filmschauspielerin Linda Christian, natürlich auch eine Verrückte, am Pistenrand entdeckt, hielt an, sprang aus dem Auto, küsste sie, riss sie fast vor Leidenschaft zu Boden, sprang wieder zurück ins Auto … und raste kurz darauf in den Tod.

Ein irrsinnige Story, die Ken Purdy in das Drehbuch für den »Le Mans«-Film einflechten wollte.

GAME OVER – MEMENTO MORI!

Drehpause mit Steve McQueen

Ausgerechnet das »Kuratorium für Verkehrssicherheit« und TV-Regisseur Lucky Schmidtleitner kontaktierten mich in Le Mans und fragten an, ob ich für die »Verkehrsrundschau« von Fritz Senger, eine monatliche Produktion des ORF, einen »Knaller« (Dialekt für Unfall) bauen könnte. Ich sagte natürlich zu und flog wieder nach Wien.

Die Aluminiumwerke in Ranshofen hatten ein Leitplankensegment »erfunden«, das im Falle eines Aufpralls nachgeben und somit ein hineinkrachendes Auto daran hindern würde, gemäß Pingpong-Effekt wieder zurück auf die Fahrbahn zu schleudern. Sie hatten Alukästen mit Stoßdämpfern entwickelt, die die Aufprallenergie »schlucken« würden. Zur Information: Bisher hatten so genannte »Slibar«-Maschendrahtzäune die Fahrbahnen voneinander getrennt. Ist ein Auto in so ein Gittergeflecht gerast, hatte es sich drinnen überschlagen, den Fahrern das Genick gebrochen und die Stahlpfosten und Schellen sind wie Schrapnelle einer Granate herumgeflogen.

In Zukunft sollte die Autobahn rechts und links von Leitplanken »armiert« sein und an neuralgischen Punkten mit hoher Unfallhäufigkeit sollte die Ranshofener Erfindung schleudernde Autos abfangen. Während der Regiebesprechung machte ich den Vorschlag, sowohl Autos mit Vorder- als auch Hinterradantrieb in die »Planken« zu fahren. Das Kuratorium für Verkehrssicherheit organisierte vom »Auto Metzger« in Vösendorf entsprechende Fahrzeuge. Meine Mindestforderung: Sicherheitsgurte.

Am Drehtag herrschte strahlendes Wetter. Ich fuhr am frühen Morgen mit Loisl Rottensteiner nach Kottingbrunn, dort hatten die ORF-Leute gemeinsam mit den Technikern von Aluminium Ranshofen schon alles aufgebaut. In den Boden waren Stützen betoniert, oben ragten die Auffangarme ungefähr einen Meter in die Fahrbahn. Einer der Ranshofener Ingenieure erklärte mir, dass zum Auffangen ein Federweg von ungefähr dreißig bis fünfzig Zentimeter zur Verfügung stünde.

Inzwischen war zahlreiche Prominenz erschienen. Fritz Senger hatte alles, was sich in der Beamtenschaft und Politpartie für wichtig gehalten hatte, eingeladen. Hinter den Leitplanken befand sich ein etwa drei Meter hoher Hügel. Am Boden hatte man mit Farbe die Einfahrspuren aufgemalt. Fritz Senger legte seinen Arm um meine Schulter und stellte den »Buam« der hohen Prominenz vor. Ich erinnere mich noch an die ordengeschmückten Generäle der Exekutive und des Militärs! Warum oder wofür sie diese Orden hatten, war mir bis heute ein Rätsel geblieben. Vielleicht beim Preisschnapsen oder Kegeln?

Es konnte losgehen. Als Frontantriebsauto hatte ich einen DKW »Junior« 750 und einen DKW 3=6. Ich nahm den »Junior« an die Brust und knallte ihn mit einem Hunderter gegen die Leitplanken. Bummsti – krach!

Die Leitplanken wichen elastisch zurück und fingen das Auto sicher auf. Dann gleich noch einmal mit einhundertzwanzig Stundenkilometer. Senger lachte jovial, strich mir über den Scheitel und sagte: »Ja, ja, die Buam.«

Die Herren Politpromis und Generäle wurden inzwischen auf dem Feldherrenhügel von jungen Damen in T-Shirts mit »Aluminium Ranshofen«-Aufschriften und damals hoch in Mode befindlichen Miniröckchen mit Speis und Trank reichlich bewirtet.

Die Knallerei machte mir Spaß. Während ich da munter hineinkrachte, war offensichtlich den Kameraleuten auch »fad« geworden und sie näherten sich mutig den Barrieren – bis einer sich mit der Kamera sogar drunterlegte und mit dem Kopf zwischen Stahlschiene und Boden heraus filmen wollte.

Zur Abwechslung ein Knaller für die Verkehrssicherheit

Das wurde mir dann zu viel – ich hatte nicht vor, Scharfrichter mit der Stahlguillotine zu spielen. Wenn eine Halterung nachgäbe, würde der Kopf des ORF-Mannes in die Wiese rollen. Ich winkte Fritz Senger zu mir und bat ihn, den jungen Mann am Boden zurückzupfeifen.

Aber auch die p.t. Gäste waren immer mutiger geworden. »Is jo nix g'scheh'n – also …« (ist doch nichts geschehen, also …). Die Promipartie stieg nach jedem Kracher um einen Meter tiefer und somit näher an die Versuchsstation – natürlich um günstiger ins TV-Bild zu kommen. Die Wagen mit dem Hinterradantrieb waren ein Renault-Dauphine und zwei Peugeot 403. Diese Autos waren damals noch mit verchromten Zierleisten, glänzenden Zierkappen und Stoßstangen ausgerüstet. Als ich mit einem der 403er in die Planken knallte, löste sich eine Zierleiste und raste wie ein Speer wenige Zentimeter an der noblen Zuschauerpartie vorbei – und bohrte sich dahinter in die Wiese.

Loisl Rottensteiner kam zu mir und sagte, ich möge dafür sorgen, dass die Zuschauer wieder auf den Hügel gingen, sonst würden sie von einer Zierleiste aufgespießt. Meine Warnungen nützten natürlich nichts – »Na, was der Bua sagt … wir Generäle und Direktoren … wissen es besser …«

Diese Promideppen wussten natürlich nichts! Als ich wieder mit einem der 403er in die Planken gekracht war, vernahm ich hinter mir einen dumpfen Knall – der aber mit dem üblichen Geschepper von Karosserieblech nichts zu tun hatte. Ich drehte mich um und suchte vergeblich im Rückspiegel nach Fritz Senger – ich konnte ihn nicht mehr sehen. Wie vom Blitz getroffen, war er zu Boden gestürzt.

Einer der Alukästen war zur Bombe geworden und explodiert. Ein Stück davon hatte Senger am Schienbein getroffen – und den Unterschenkel fast durchtrennt. Der Grund: In einem Alukasten hatte es einen Stoßdämpfer zerrissen. Auf der Autobahn war nun aller Wahrscheinlichkeit nach maximal in Wochenintervallen ein Knaller zu erwarten – aber nicht alle fünf Minuten und das fünfzehn Mal. Der Stoßdämpfer bekam plötzlich ein thermisches Problem, weil er keine Zeit hatte abzukühlen. Irgendwann war der »Siedepunkt« erreicht und der Stoßdämpfer explodierte im Gehäuse, das darauf zur Granate wurde.

Loisl erzählte mir, dass die meisten Splitter wild rotierend etwa einen Meter über die Köpfe der »Ehrengäste« gerast waren! Ich blieb sofort stehen und rannte zu Senger, der bewusstlos und alleine in der Wiese lag. Ich kniete mich nieder und bildete mit der Hand einen Schatten vor seinen Augen, damit ihn die Sonne nicht blendete. Er war dann langsam aufgewacht und ansprechbar. Damals hatte es keine

VOLLGAS ODER NIX /// GAME OVER – MEMENTO MORI!

Handys gegeben, ein Chauffeur raste zur nächsten Tankstelle und telefonierte nach der Rettung.

Während ich auf Senger beruhigend einredete, blickte ich einmal kurz in die Runde – und siehe da, es war unglaublich – die meisten der erlauchten Gäste waren in aller Stille abgehauen. Ich glaube, das werde ich mein Leben nicht vergessen – der Fritz Senger lag schwer verletzt in der Wiese und die beschissenen Promis flüchteten alle »heim zur Mutti« … So eine Scheißpartie hatte ich noch nicht erlebt!

Zehn Meter von uns standen die Direktoren der Aluminium Ranshofen und ich konnte deutlich hören, wie sie sich halblaut unterhielten: »… der Junge hatte ihm ohnehin gesagt, dass …« und »… jetzt ist die ganze Werbung futsch – alles im Eimer – die Investitionen …« Es war zum Erbrechen.

Irgendwann kam dann die Rettung und raste mit lautem Tatüüü …Tataaa mit Senger in Richtung Badner Spital davon. Ich war dann mit dem Loisl auch hingefahren. Von der werten Gesellschaft war niemand da – nach seiner Gesundung würden die Drecksäcke alle wieder in seinem Arsch wohnen!

Ein Arzt kam aus dem Operationssaal und hatte uns erklärt, dass Fritz Senger einen offenen Unterschenkelbruch erlitten hatte und die Gefahr einer Embolie wäre gerade noch gebannt worden. Am nächsten Tag war in den Tageszeitungen in großer Aufmachung ein Bericht über den Unfall … Fritz Senger war damals eine bekannte Persönlichkeit, seine TV-Sendung »Verkehrsrundschau« sehr beliebt. Beim Bericht war ein Bild vor mir … nicht gerade vorteilhaft, weil ich darauf wie ein Lausbub »triumphierend« grinste. Meine Mutter war entsetzt … ich hatte sie dann mit einem Besuch in Kapfenberg wieder beruhigt.

Bevor ich wieder zurück nach Frankreich geflogen war, besuchte ich den Buchladen Morawa in der Wiener Innenstadt. Ich kaufte einmal alles, was an Kafka-Literatur in deutscher Sprache zu bekommen war. Mike Parkes würde seine Freude haben. Dann fragte ich die Verkäuferin nach dem »Tractatus logico-philosophicus« von Ludwig Wittgenstein. Die Verkäuferin suchte eine Weile im dicken Katalog und verschwand dann in die hinteren Räume. Nach einer Weile kam sie mit einem dünnen Bändchen zurück. Ich zeigte auf dieses »Heftchen« und fragte sie, ob das alles wäre – ein Freund hätte gesagt, der »Tractatus« wäre das wichtigste Werk des Wiener Philosophen.

Die junge Dame zuckte nur mit den Achseln, ein Verkäufer kam näher und fragte uns, ob er helfen könne. Ich fragte ihn über den »Tractatus« und ohne lange nachzudenken, antwortete er, während er auf das dünne Bändchen in meinen Händen deutete, ja, das wäre der berühmte »Tractatus« … mehr gäb's da nicht. Ich blätterte darin und dachte, das sehe aus wie ein Inhaltsverzeichnis, wenn das alles wäre? Ein Satz hatte sich allerdings sofort in mich eingeprägt:

Die Welt ist alles, was der Fall ist.

Dann fuhr ich in die »Altweiber«-Konditorei am Kohlmarkt und traf dort Jochen Rindt. Wir beide waren inzwischen älter und reifer geworden – er hatte nicht einmal von meiner Torte gekostet!

Ich musste ihm von Le Mans erzählen. Er sagte mir, dass CBS ihn kontaktiert hatte, weil Steve McQueen wünschte, dass er ebenfalls beim Film mitfahre, aber sein Vertrag mit Lotus hatte es ausdrücklich verboten. Ford hatte natürlich kein Interesse an dem Film, da im Skript hauptsächlich Porsches und Ferraris eine Rolle spielten.

Nachdem ich ihm erzählt hatte, wie der Ferrari 512er »geht« – und wie nicht anders erwartet, er kaum zuhörte –, erzählte er mir vom Projekt seines Schwiegervaters Curt Lincoln, finnische Fertigteilhäuser aus Holz gemeinsam mit Jochen nach Österreich, Deutschland und der Schweiz zu exportieren. Er hatte zwar zu diesem Zeitpunkt längst eine eigene AG in der Schweiz, wollte sie aber aus irgendwelchen Gründen für das Häuser-Geschäft nicht nützen und fragte nach meinen Geschäftsverbindungen in der Schweiz, einer Aktiengesellschaft, die meine Filmarbeiten im Ausland erledigte. Für unser nächstes Meeting versprach ich alle Unterlagen mitzubringen.

Er hatte es diesmal nicht besonders eilig. Wir plauderten noch, wie es im Filmbusiness weiterginge – ich versprach ihm, beim nächsten Projekt an ihn zu denken. Jochen jammerte wieder über das »knappe money« in der Formel 1 und dass wahrscheinlich nur bei Rennen in den USA und beim Film »wirklich Geld« zu machen wäre.

Ich hatte den Eindruck, dass er sich verändert hatte. Der Tod von Piers Courage und Bruce McLaren hatten ihn für mein Gefühl ernster gemacht. Zum Abschied schüttelten wir einander die Hände – es war das letzte Mal, dass wir einander sahen.

///

In Le Mans, besonders im Solar Village, war inzwischen die Hölle los gewesen. Steves Frau Neile (erste Ehe) war mit ihren Kindern aus den USA gekommen und zu ihm ins Château Lornay wenige Kilometer vom Solar Village eingezogen. Die Tochter Leslie war elf Jahre, sein Sohn Chad zehn. Als sie in Le Mans mit einem Privatflugzeug landeten, wurden sie am Flugplatz von Steve mit einem der jungen »Groupies« an seiner Seite empfangen. Damit war der Startschuss für ein Drama gefallen.

Was ich nicht wusste und wahrscheinlich auch wegen meiner Naivität nicht erkannt oder gesehen hatte, war, dass Steve auf Teufel komm raus kokste. Alle sahen es und wussten es … nur ich nicht. Zu mir war er auch immer nett, eigentlich ein »klasse Kerl«, wie man bei uns zu sagen pflegt. Er zeigte sich immer sehr locker und very cool. Dass es in ihm kochte wie in einem Vulkan, dass er in Wahrheit unsicher war bis zum Gehtnichtmehr, eine extrem gespaltene Persönlichkeit hatte, verstand er geschickt zu verbergen. Nach einer schwersttraumatisierten Kindheit war er raketenhaft zu einem Superstar hinaufgeschossen – all das und vieles mehr hatte er zeit seines Lebens nicht verkraftet.

Ich war geschockt, als ich erfahren musste, dass er seine Frau, während wir in Le Mans waren, blutig verdroschen hatte, völlig zugekokst mit Revolvern vor ihrem Gesicht herumgefuchtelt hatte – andererseits junge Mädchen unter dem Vorwand, sie sollten für eine Rolle bei ihm vorsprechen, in eine noble Suite eines berühmten Hotels in Hollywood eingeladen hatte, um sie dann flachzulegen! Das war einfach zu viel für mich. Wie kann ein Superstar zu solch beschissenen Wichser-Methoden greifen, um ein Mädel … nein, schrecklich!

Neile McQueen hatte mich eines Nachmittags im Solar-Zelt entdeckt und war zu mir gekommen, um sich zu bedanken, dass ich ihren kleinen Chad an einem Sonntag zu einem MotoCross-Rennen mitgenommen hatte. Ich setzte den Kleinen auch manchmal zu mir in den Ferrari 512 – was natürlich eine besondere Gaudi für ihn war.

Ich erzählte ihr von Österreich, als sie plötzlich mehr über Wien und Salzburg wissen wollte. Ich hab mir nichts dabei gedacht – später war mir klar, warum ausgerechnet Wien und Salzburg. Aber davon später.

Sie fragte mich nach meiner Kindheit und erzählte mir dann von den schwierigen Jahren des jungen Steve. Sein Vater war untergetaucht, als Steve noch nicht geboren war – seine Mutter Bartänzerin, mit sechzehn ein Junkie und hatte ihn früh weggegeben. Steves Jugendjahre waren ein »In-and-out« in Erziehungsanstalten oder Jugendgefängnissen. He was like a lost rolling stone ... sagte sie.

Seine Schauspielerkarriere war lange Zeit erfolglos. Neile hatte damals recht gut verdient und ernährte im Alleingang die Familie. Die Zeitungsstorys, dass er mit Motorradrennen sein Schauspielstudium bezahlte, seien völliger Schrott, sagte sie. Steve hatte sich damals nicht mal ein altes Fahrrad leisten können. Auch die ersten Rollen mit guten Kritiken hatten so gut wie nichts eingebracht. Begonnen hatte sein Aufstieg erst mit dem Film »Die glorreichen Sieben«.

Während wir so dahinplauderten, fragte mich Neile überraschend, ob ich Maximilian Schell kennen würde. Ich antwortete, nein, nicht wirklich. Ich erinnerte mich gerade noch, dass er in »Das Urteil von Nürnberg« und »Topkapi« Hauptrollen spielte und vor wenigen Jahren Kafkas »Das Schloß« produziert hatte. Mehr war mir zum Thema Maximilian Schell nicht eingefallen. Als ich sie fragte, ob sie ihn vielleicht näher kannte, nickte sie und lächelte dabei.

Als draußen vor dem Zelt zwei hübsche Mädchen vorbeispazierten, sagte sie plötzlich, sie habe Steves ständige Abenteuer und Weibereien bis obenhin. Dann holte sie gleich noch weiter aus, er wäre mit dem Erfolg ein völlig anderer geworden. Hatten sie anfangs gemeinsam Drehbücher studiert und zu Hause an Rollen gearbeitet ... so war es nun mit diesen Gemeinsamkeiten vorbei. Er kümmere sich auch nicht um seine Kinder. Wenn die Kameras dabei wären schon – dann spielte er das große Theater vom Familienmenschen, umarmte sie ... sein Leben wäre seit Jahren nichts als Kulisse und Bühne. Steve hätte ganz schnell das oberste Gebot der Society Hollywoods kapiert: Was du bist, ist nicht wichtig, nur was die anderen glauben, was du bist, ist wichtig!

Neile gab den Drogen die Schuld für seine ständigen Ausraster. Koks machte ihn aggressiv und unberechenbar. Ich war erschüttert. Diese kleine, zierliche, spindeldürre Frau – und der grobe Klotz von einem Steve mit erhobener Faust über ihr. Mir wurde übel.

Ich hatte plötzlich eine enttäuschte und verbitterte Frau vor mir. Sie sah mich mit ihren traurigen Augen an und spürte wahrscheinlich auch, was ich in diesem Moment gefühlt hatte. Gewalt gegen Frauen rangierte in meinem inneren Ranking an oberster Stelle der Todsünden. Neile stand auf, sie musste gehen – in mir war wieder ein großer Brocken meiner heilen Welt zerbrochen.

Am Abend war Steve wieder lässig und locker, mit einem Whiskyglas in der Hand beim Meeting: easy, cool, shades hoch in den Haaren, nur langsame, lockere Bewegungen mit den Händen ...

Hi, how're doin' ....

In Großhöflein stand Ende August das große AutoCross-Fest des Jahres am Programm. Ich hatte dafür wieder von Steve höchstpersönlich freibekommen – die Gage für die »Urlaubswoche« wurde trotzdem bezahlt. Außer Bob Rosen wagte ihm niemand zu widersprechen. Ich hatte irgendwie bei ihm einen »Stein im Brett«, denn für gewöhnlich führte er sich wie ein Diktator auf. Einen seiner Satelliten hatte er in der Sekunde gefeuert, nur weil der die vertraglich gesicherten 50 RayBans nicht gleich bei der Hand hatte. War einer vom Team der Scriptwriter auch nur einen Funken anderer Meinung, war er am nächsten Tag nicht mehr am Set. Einfach verschwunden wie die Mafia-Gegner mit Betonpatscherln im Hudson River.

 Mit Catherine in Le Mans

 Franz Wurz

 Motocross

Die Atmosphäre am Set war »scary«.

Ich wollte eigentlich Catherine nach Wien mitnehmen – aber die Eltern erlaubten es nicht. Am Abend vor dem Abflug gingen sie ins Theater und nachher mit Freunden »aus« – das bedeutete sturmfreie Bude. Ihr Bruder und ein paar Freunde waren auch da, aber das »tangierte« uns wenig. Bis nach Mitternacht brannten wir wie der Wasserstoffkern in der Sonne. Bevor ich zum Auto ging, legte sie die Platte von Jaques Brel auf »Ne me quitte pas«…

///

Für das AutoCross in Großhöflein hatte es in unserem Team eine Änderung ergeben. Teamboss Gösta Zwilling hatte meinen Partner Peter gefeuert und wie befürchtet den Waldviertler Franz Wurz engagiert. Jahre später sind wir gute Freunde geworden – im Sommer 1970 waren wir das nicht. Dazu war er zu schnell. Außerdem fuhr er mit dem 2-Liter-Motor, während ich mit dem 1600er unterwegs war, denn bei mir ging es um den österreichischen Meistertitel.

Schon im Training war klar, dass ich mich am Sonntag ordentlich strecken müsste, um den »Mann vom Wald« zu schlagen. Die anderen Starter waren kein Problem. Wurz fuhr eher einen unauffälligen Stil und das war auch das Gefährliche daran. Er vermied spektakuläre Drifts und Sprungeinlagen und konzentrierte sich auf eine saubere Linie und hatte in den Kurven immer viel Schwung mitgenommen. Mein Glück war, dass ich den Meyers-Tow'd-Renner besser kannte. Der 1600er war auf der kurvigen Piste mit den weiten Sprüngen leichter zu fahren als der 2-Liter-Wagen.

Im Rennen war mir im ersten Durchgang ein recht flotter Lauf gelungen. Franz war aber nur um ein paar wenige Zehntel hinter mir. Ein kleiner Schluckauf hätte genügt und er wäre vorn gewesen. Scheiße – eine ungute Situation. Ich war noch nie so unter Druck geraten. Der Waldviertler machte ordentlich Dampf!

Vor dem Start zum Finallauf zog ich mich in Göstas Auto zurück und spielte im Kopf die Runde durch. Ich zerlegte sie in die wichtigsten Bestandteile: Wo ging's am längsten im Vollgas – dort machte man bekanntlich die Zeit. Okay, der nächste Schritt: Was war unmittelbar vor diesen Vollgasabschnitten – zwei Rechtskurven – und dort, genau dort würde die Entscheidung fallen …

Ich stieg aus dem Auto, ging die beiden Kurven zu Fuß ab und suchte Visierpunkte zum Einlenken, um dann »volle Kanne« zu geben, damit auf der Ausfahrlinie der Motor die volle Beschleunigung entwickeln könnte. Es war natürlich nicht so, dass ich die großen Entdeckungen gemacht hatte – aber ich kann mich noch gut erinnern, dass ich eine Linie in die Zielgerade gefunden hatte, auf der ich den angehäuften Sand am Außenrand vermeiden konnte – der dicke Mull hätte den 1600er Motor beim Beschleunigen gebremst. Der kräftigere 2000 ccm-Motor vom Franz hatte sich dort begreiflicherweise leichter getan.

Der »Spaziergang« hatte sich gelohnt – »when the going get's tough«, war ich meistens gut. Schlecht ging es mir immer dann im Leben, wenn mir die Dinge zu leicht gefallen waren – und mein Biss nachgelassen hatte. Im Finale war mir nahezu ein perfekter Lauf gelungen. Gesamtsieg! Das war schön. Die Luft war verdammt dünn geworden.

Im Solar Village war inzwischen die Situation am Überkochen. Im Château Lornay hatte es zwischen den McQueens einen ordentlichen Krach gegeben. Es war sogar die Polizei alarmiert worden.

Fröhlich hatte mir verraten, Steve hätte seine Frau mit einem Revolver bedroht, nachdem sie ihm »gebeichtet« hatte, schwanger zu sein. Beide sollen sich anschließend zugekokst haben und dann wäre ein furchtbarer Streit entbrannt – weil Steve die Vaterschaft bezweifelt hatte. Irgendwie soll dabei der Name Maximilian Schell gefallen sein!

Das Wetter hatte sich noch immer nicht geändert. Das Hoch war über Mittelfrankreich wie angeklebt. Jetzt gab's plötzlich ein Terminproblem: Der Chauffeur vom »Grand Prix Medical Service« stellte uns Anfang der Woche ein Ultimatum, entweder wir drehten den »Crash« bis Dienstag ... oder wir müssten eine volle Woche warten, denn am kommenden Sonntag wäre in Monza der Italien-Grand-Prix. Von Le Mans bis Monza würde er mit dem großen Transporter mindestens drei Tage benötigen ... er müsste also Dienstag abends losfahren, um bis Freitag in Monza zu sein.

Am Dienstagmorgen saßen wir wieder in den Rennwagen und warteten auf das Kommando »Action!«. Nach dem Funkspruch von Gus Agosti »Send the watertruck!« schüttete der Tankwagen wieder Hektoliter Wasser auf die Piste – aber die Sonne konnte niemand wegschütten.

Gegen Mittag gab Hubert Fröhlich dem rollenden Operationswagen grünes Licht, Richtung Monza abzufahren. Am Abend waren wieder neue Kisten mit fertig entwickeltem Filmmaterial vom Pariser Labor eingetroffen. Lee Katzin und Jack Reddish waren froh, dass ein paar Tage Ruhe war, weil sie sich auf die »cuts« der letzten Wochen konzentrieren konnten.

Catherines Vater hatte mich am Samstag zum Tontaubenschießen eingeladen. Ich machte noch schnell einen Sprung ins Solar Village und holte meine Bultaco, um mit Catherine zum Schießplatz am Stadtrand von Le Mans zu fahren. Ich mochte ihre Arme um meine Brust ... und wenn ich hart bremste, drückte ihr Busen gegen meinen Rücken.

Bevor wir losfuhren, gingen wir noch schnell ins Solar-Zelt auf einen Kaffee und ein paar Croissants. Einer der Porsche-Mechaniker erklärte mir das »How-to« fürs Tontaubenschießen. Steve McQueen näherte sich dem Eingang des Zelts, hielt vorne eine Weile an, blickte sich um, als würde er jemanden suchen, sah mich und kam rasch her: »Eric, Jocken Rindt – killed in Monza – this afternoon.«

Jochen Rindt

EPILOG

Die Arbeiten zu »24 Stunden von Le Mans« endeten in Tragödien – menschlichen wie finanziellen. Die Drohungen mit dem Revolver McQueens gegenüber Neile waren nicht nur ein Gerücht gewesen. Er hatte sie im Koksrausch verprügelt und übel zugerichtet. Im Zuge des Gewaltausbruchs beichtete Neile ihm von ihrem Verhältnis mit Maximilian Schell – nachdem Steve den Wiener Schauspieler der »Vaterschaft« verdächtigt hatte, zwang er Neile zum Abbruch der Schwangerschaft. In Frankreich war zu diesem Zeitpunkt eine Abtreibung gesetzlich untersagt. Neile flog nach London.

Die Ehe war nicht mehr zu retten. Das Paar lebte nach dem Ende der Filmarbeiten getrennt. Steve startete am Memorial Day 1971 noch einen Versuch und lud sie in das noble »Chez Jay« in Venice Beach ein. Es war alles sehr friedlich. Während der Heimfahrt fischte er aus dem Handschuhfach eine Ladung Koks – beide »hoben ab«. Plötzlich entstieg wieder der »alte« Steve aus dem Nebel und begann sie wild zu verprügeln und trat sogar nach ihr, als sie am Boden lag …

Zwei Wochen später reichte sie am Gericht von Santa Monica die Scheidung ein. Während die Anwälte um die Aufteilung des Vermögens fochten, tauchte Steve in die Arbeit für »Junior Bonner« weg. Dazu meldete sich der IRS (Internal Revenue Service – Steuerbehörde der USA) und forderte 2 Millionen Dollar – die er nicht mehr hatte. Nach dem »Le Mans«-Film war er pleite.

Das Budget war um ein Vielfaches überzogen, ohne Steves private Reserven wäre das Projekt gestorben. Seine »Solar Film Production Inc.« wurde nach Zahlungsunfähigkeit in den Konkurs geschickt.

Er war bei den finalen Schneidearbeiten nicht mehr anwesend – als er den Film das erste Mal gesehen hatte, wusste er, dass John Sturges recht hatte: Dem Film fehlte eine »story«. In einem seiner raren Momente der Reue entschuldigte er sich bei Bob Rosen – bei niemand sonst.

Mit seinem frühen Förderer und ständigen Wegbegleiter Bob Relyea hatte er sich total verkracht – er hatte ihm sogar Betrug vorgeworfen. Sein Altspezi Jack Reddish flüchtete von Steve schwer enttäuscht zurück nach Salt Lake City. John Sturges hatte Steves Namen aus seinem Notizbuch gestrichen.

Lee Katzin drehte für Otto Preminger »Salzburg Connection« – Peter und ich fuhren die Stunts. Wir luden ihn dann ein paar Tage nach Wien ein und zogen mit ihm durchs Wiener Nachtleben. Der Name Steve McQueen durfte nicht erwähnt werden. Nach seiner Rückkehr in die USA wollte er vom Kino nichts mehr wissen und arbeitete wieder für TV-Soaps.

… und mein Partner Peter und ich? Im Spätherbst führten wir unsere Mädeln in Paris aus. Unterwegs im Volvo plauderten wir über unser Formel-2-Projekt. Ich spürte, dass mir in Wahrheit nach dem 5. September die Lust an der Autorennerei vollkommen vergangen war. Ich sah plötzlich den ganzen Karneval von Idioten, reichen Müßiggängern und Wichsern vor mir, auf deren Kosten ein paar junge Leute sich auf Risiken einließen, von denen sie keine Ahnung hatten oder die sie in ihrer Blödheit verdrängten.

Steve hatte uns beide in der Zwischenzeit zu »Motorcycle-pals« verwandelt. Während ich so dahinsinnierte, sagte Peter zu mir, ich wäre immer eine »arme Sau« gewesen und jetzt unser Geld in ein Rennprojekt zu stecken wäre nicht nur deppert, sondern der Oberirrsinn zum Quadrat. Lauda, Marko und natürlich auch er hatten begüterte Eltern im Hintergrund – wenn es schiefginge, dann könnten sie sich zumindest wieder zu Hause anlehnen. Ich nicht …

In Paris besuchten wir den »Pariser Autosalon« mit einer kleinen Nebenhalle für Motorräder. Beim Kawasaki-Stand blieben wir stehen und Peter meinte: »Glaubst kann man diese Motorräder in Österreich auch verkaufen?«

Ich nickte und schrieb einen Brief an Kawasaki Heavy Industries Tokyo:

»Dear Sirs …«

Im Juli des nächsten Jahres verbrannte der Mexikaner Pedro Rodríguez in einem der Film-Ferrari 512 am Norisring bei Nürnberg – im Herbst Jo Siffert vor meinen Augen im BRM in Brands Hatch, nachdem ihm vor der Hawthorn-Kurve die Lenkung gebrochen war.

Er hatte nach einem seiner seltenen Unfälle seine Frau gesagt: »Ich denke, dass jeder Rennfahrer eine Art Scheckheft besitzt. Bei jedem Unfall reißt einem das Schicksal ein Blatt raus – doch niemand weiß, wie viele Blätter noch übrig sind.«

Als 2010 die Feierlichkeiten zum 40-jährigen Todestag Jochen Rindts kein Ende nehmen wollten, hatte ich im Wiener »Standard« folgenden Text geschrieben:

ZUM TOD JOCHEN RINDTS

»Wo waren Sie, als …?« Die Zahl jener, die noch immer Aufenthaltsort, Uhrzeit und Wetterlage memorieren, als die Nachricht vom Tod des »Österreichers« Jochen Rindt in Monza verkündet wurde, ist bemerkenswert. Das Eigentümliche an der Sache ist weniger die Tatsache, dass man sich an einen Unglücksfall erinnert, der in den Jahren der Aluminiumkisten nachgerade alltäglich war, sondern dass Österreichs langlebige Trauer einem »Österreicher« gilt, der kein Österreicher war.

Jeder kennt den Witz, dass wir Großmeister im Ein- und Ausbürgern sind bzw. waren. Hitler wurde 1945 schneller zum Deutschen gemacht, als ein Lämmlein mit dem Schwanz wackeln kann, und Beethoven ebenso flink zum Österreicher umgebürgert. Rindt war in Mainz geboren – und wenn ich mich recht erinnere, hat es in den späten Sechzigern kaum einen Menschen gegeben, der globaler lebte und dachte als der junge Mann mit der charakteristisch eingedrückten Nase und einer Großmutter in Graz.

Seit Jahren brennen dort zu Allerheiligen am Grab des verunglückten Rennfahrers Hunderte Kerzen und weiteres Lichterzeug. Davor sind stets ein paar Dutzend Menschen versammelt, zum Teil in dunkler Tracht, mit übereinandergelegten Händen und finsteren Mienen, wie vor einem Kriegerdenkmal. Dabei raste der junge Mainzer derart durch sein Leben, dass ihm selbst für solche Momente der Trauer oder gar Einkehr angesichts der vielen Toten während seiner Rennjahre keine Zeit blieb.

Wer ihn unmittelbar nach seinen Rennerfolgen erlebte, wird sich auch daran erinnern, dass er nicht einmal Zeit fand, sich über seine Siege zu freuen. Er war sogar der Sekunde, in der er gerade lebte, um Tage voraus. Ich hatte den Eindruck, dass im Moment des Abwinkens, wenn er über die Ziellinie raste, seine größten Sorgen der Höhe des Preisgelds und der Frage galten, wie er auf dem schnellsten Wege den nächsten Flieger erreichen könnte. Für sublime Gedanken war da nie Zeit.

Jahrestage zum Tode von … werden in diesem Lande in der Regel zu Oratorien und nationalen Trauerfesten. Politiker pflegen dann zumeist etwas zu sagen wie »Er war ein guter Mensch«. Jochen Rindt war alles andere als ein »guter Mensch«. Kein Formel-1-Fahrer ist während seiner aktiven Zeit ein so genannter »guter Mensch«. Kampfsport ist gesetzlich erlaubter Totschlag – vor Publikum, das im Geiste enthusiastisch mitschlägt.

Nach den Politikern treten dann viele Zeitgenossen vor die Kamera und skandieren das Lied vom »Guten Freund«. Jochen Rindt war niemandes Freund, nicht einmal sein eigener. Er hielt alle und jeden auf Distanz und sogar seine Hofschreiber pflegte er zumeist mit: »Wos mochst'n du scho wida do?«, zu begrüßen.